权威·前沿·原创

皮书系列为

“十二五”“十三五”“十四五”时期国家重点出版物出版专项规划项目

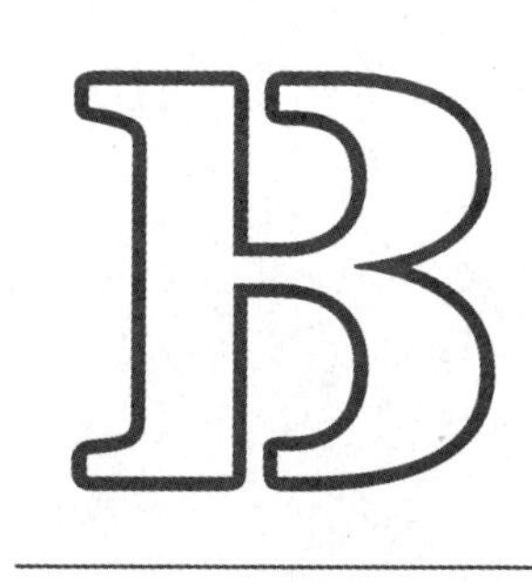

智库成果出版与传播平台

毕节高质量发展报告（2022）

ANNUAL REPORT ON HIGH-QUALITY DEVELOPMENT OF BIJIE (2022)

主　编／郑云跃　李华红
副主编／邓小海　王红霞

社会科学文献出版社
SOCIAL SCIENCES ACADEMIC PRESS (CHINA)

图书在版编目（CIP）数据

毕节高质量发展报告．2022 ／ 郑云跃，李华红主编；邓小海，王红霞副主编．--北京：社会科学文献出版社，2022.11
（毕节蓝皮书）
ISBN 978-7-5228-1010-2

Ⅰ.①毕… Ⅱ.①郑… ②李… ③邓… ④王… Ⅲ.①区域经济发展-研究报告-毕节地区-2022 Ⅳ.①F127.732

中国版本图书馆 CIP 数据核字（2022）第 205598 号

毕节蓝皮书
毕节高质量发展报告（2022）

主　　编／郑云跃　李华红
副 主 编／邓小海　王红霞

出 版 人／王利民
责任编辑／侯曦轩　桂　芳
责任印制／王京美

出　　版／社会科学文献出版社·皮书出版分社（010）59367127
地址：北京市北三环中路甲 29 号院华龙大厦　邮编：100029
网址：www.ssap.com.cn
发　　行／社会科学文献出版社（010）59367028
印　　装／天津千鹤文化传播有限公司

规　　格／开 本：787mm×1092mm　1/16
印 张：27.5　字 数：411 千字
版　　次／2022 年 11 月第 1 版　2022 年 11 月第 1 次印刷
书　　号／ISBN 978-7-5228-1010-2
定　　价／168.00 元

读者服务电话：4008918866

《毕节蓝皮书·毕节高质量发展报告（2022）》
编　委　会

主要编撰者简介

郑云跃　贵州省社会科学院党委常委、副院长、研究员。长期从事宏观经济、区域经济发展等研究。组织研究起草贵州省第十一次党代会报告、省委“十三五”规划建议等重要文件文稿，组织起草省委主要领导在党的十八大、中央经济工作会以及省委全会、经济工作会、省委中心组学习、省委全面深化改革领导小组会和中央领导同志来黔视察汇报提纲等重要文稿。参与国发〔2012〕2号文件、省第十二次党代会报告调研起草工作。组织开展《支持贵州发展总体思路及综合政策研究》《大数据战略》《开放型后发赶超战略》《推动黔中经济区上升为国家战略》等研究；承担国家社科基金、省社科规划课题研究；编撰《政策学原理》《贵州区域经济发展战略探析》等。担任省委改革办专职副主任期间，主抓改革办日常工作，着力推动中央和省委全面深化改革领导小组重大决策部署、依法治省重要改革举措的落实。

李华红　贵州省社会科学院农村发展研究所所长、研究员，贵州生态文明建设评价研究中心执行主任，贵州大学公共管理、农村发展等专业硕士生导师，贵州省甲秀文化人才，贵州脱贫攻坚群英谱（文化骑兵）入选专家，全国社科农经协作网络大会理事，曾任贵州省贫困县退出专项评估检查专家组成员。主持国家社科基金课题2项（其中“良好”等次结项1项），作为核心成员参与完成国家社科基金课题5项，主持或主持完成中央农办农业农村部乡村振兴专家咨询委员会软科学课题、省社科规划重点课题、省软科学重点课题、省理论创新课题以及省领导指示圈示课题等近20项，参与完成各类省部级课题10余项。主持或参与省、市、县经济社会发展战略规划或专项规划多项。在《经济日报》《中国青年研究》等报刊发表学术论文30多篇。多项科研成果获省部级奖项或省主要领导肯定性批示。

邓小海　贵州省社会科学院农村发展研究所副所长、研究员、管理学博士，贵州财经大学MTA校外导师，中国注册会计师、注册税务师，主要从事旅游经济管理、乡村旅游、乡村振兴等方面研究。主持参与各级各类课题30余项，其中主持参与国家社科基金项目4项；在《旅游学刊》《经济日报》等刊物公开发表论文50余篇，其中核心期刊近20篇；出版著作3本；成果多次获省部级领导肯定性批示。

王红霞　贵州省社会科学院农村发展研究所助理研究员，贵州省乡村振兴研究院理事。主要研究方向为现代农业、数字乡村建设、反贫困等。主持完成省、厅级课题10余项，出版专著1部，发表论文20余篇，多项成果获省领导肯定性批示。

出版说明

毕节曾是我国西部贫困地区的典型。1988 年国务院批准建立毕节“开发扶贫、生态建设”试验区。党的十八大以来，在以习近平同志为核心的党中央坚强领导下，各级党委政府和社会各界大力支持，当地广大干部群众艰苦奋斗、顽强拼搏，毕节经济社会发生巨大变化，实现了人民生活由普遍贫困到全面小康、生态环境从不断恶化到明显改善的重大跨越。

2018 年 7 月 18 日，习近平总书记对毕节做出重要指示，要求确保按时打赢脱贫攻坚战，做好同 2020 年后乡村振兴战略的衔接，着力推动绿色发展、人力资源开发、体制机制创新，努力把毕节试验区建设成为贯彻新发展理念的示范区。

为深入贯彻落实习近平总书记重要指示精神，按照《国务院关于支持贵州在新时代西部大开发上闯新路的意见》（国发〔2022〕2 号）有关部署，推动《毕节高质量发展规划》落地，贵州省社会科学院策划编撰《毕节高质量发展报告》，着重就新时代继续推进毕节改革发展，探索绿色发展路径、推进资源型经济全面绿色转型，丰富人力资源开发模式、培养源源不断的高素质劳动者，深化体制机制创新实践、增强经济社会发展动力活力等方面进行前瞻性研究，以期为毕节市委、市政府决策和全省相关经济社会发展服务。本书也是广大干部群众和理论爱好者了解特殊类型地区高质量发展的重要参考读物。

编者

2022 年 7 月

摘　要

《毕节高质量发展报告（2022）》以习近平新时代中国特色社会主义思想为指导，深入系统地研究了2021年毕节建设贯彻新发展理念示范区、加快推进高质量发展的若干重大问题。本报告由总报告、综合篇、乡村振兴篇、绿色发展篇、人力资源开发篇、体制机制创新篇等六部分构成。

总报告首先系统回顾了毕节在示范区建设方面取得的初步成效，即乡村振兴推进有序有力，绿色发展稳中加固显韧性，改革发展动力强劲激发，同心发展强大合力充分凝聚，高质量发展“远景图”精心绘制。同时，也指出毕节面临着巩固拓展脱贫攻坚成果任务重、绿色发展困难较多、人力资源开发任务艰巨、体制机制创新仍有短板等诸多困难和挑战。总报告认为，奋力建设贯彻新发展理念示范区，既要准确把握新发展理念的战略意义，全面提升示范区建设路径的科学性，又要强力巩固拓展脱贫攻坚成果，全力打造乡村振兴新典范；更为关键的是，要强力推动“绿色发展、人力资源开发、体制机制创新”，夯实高质量发展支撑。

综合篇主要介绍了毕节从“试验区”到“示范区”的辉煌发展历程，以及2021年毕节经济运行总体态势、县域经济高质量发展等方面的内容。乡村振兴篇主要就毕节如何防范出现规模性返贫，如何促进山地特色高效农业可持续发展、家庭农场高质量发展、乡村产业振兴以及如何构建“三治融合+”的乡村治理体系等问题进行系统研究。绿色发展篇着重介绍了毕节生态文明建设成效、绿色治理新模式构建，以及新型工业化、旅游产业化、苗绣产业等生态友好型产业的发展问题。人力资源开发篇系统研究了毕节人力资源开发新体系构建思路、毕节职业教育高质量发展路径以及毕节技能人才队伍建设、毕节农民高质量创业就业等专题。体制机制创新篇着重研究了多党合作助推毕节建设贯彻新发展理念示范区、党支部领办集体合作社、毕节新型城镇化高质量发展、毕节城乡基本公共服务均等化供给等方面的相关体制机制创新问题。

2021 年，毕节地区生产总值达 2181.48 亿元，比上年增长 6.8%，第一产业实现增加值 526.49 亿元，同比增长 7.8%，第二产业实现增加值 590.92 亿元，同比增长 8.4%，第三产业实现增加值 1064.06 亿元，同比增长 5.4%；城镇居民人均可支配收入达到 37263 元，同比增长 8.7%，增速同比提高 3.7 个百分点；农村居民人均可支配收入达到 12441 元，同比增长 10.7%，增速同比提高 2.3 个百分点。研究表明，毕节经济发展实现持续恢复性增长，呈现稳中加固、稳中提质、稳中趋优的特点。

毕节扎实推动实现巩固拓展脱贫攻坚成果同乡村振兴有效衔接。2021 年实现 22571 户 95007 人防贫监测对象动态清零；着力推动 4 个国家乡村重点帮扶县实现乡村振兴，6 个村庄入围省级特色田园乡村·乡村振兴集成示范试点，30 个市级示范试点全部启动。

毕节绿色发展成效显著，产业提质升级加快。其森林面积从 1987 年的 601.8 万亩增加到 2021 年的 2127 万亩，森林覆盖率从 1988 年的 16.98%增加到 60%以上；新型建材、现代化工、大数据电子信息等新兴产业占比持续提升至 20%，新能源和可再生资源发电占比提升至 30%；城镇加速扩容提质，常住人口城镇化率达 44.7%，16 个省列示范小城镇、120 个特色小城镇建设稳步推进。

毕节劳动力资源丰富，人力资源开发潜力巨大。2021 年，毕节常住人口达 689.96 万人，其中劳动人口数量占 57.84%；教育普及水平大幅提升，九年义务教育巩固率达 95.31%，高中阶段教育毛入学率达 91.96%；各类职业院校共计 20 余所，在校生达到 80588 人，以产教融合发展模式为主，且结构合理。全市居民受教育程度大幅提升，尤其大学文化程度人口大幅增加。

毕节不断创新体制机制，激活高质量发展活力。多党合作助推毕节建设贯彻新发展理念示范区取得较好成效，创造了具有全国影响力的“同心品牌”工程。毕节党支部领办合作社是将党支部的政治功能与合作社的经济功能进行有机融合的一种制度创新，充分保证了合作社的正确发展方向。

关键词： 高质量发展　新发展理念示范区　毕节

Abstract

Guided by Xi Jinping Thought on Socialism with Chinese Characteristics in all Respects for a new era, *Annual Report on High – quality Development of Bijie (2022)* conducts in-depth and systematic research on the major issues of building a demonstration zone for implementing new development concepts and accelerating high-quality development in Bijie in 2021. This report consists of six parts: the General Report, the Comprehensive Reports, the Rural Revitalization Reports, the Ecological Development Reports, the Human Resources Development Reports, and the Institational and Mechanism Innovation Reports.

In 2021, the GDP of Bijie will be 218. 148 billion yuan, an increase of 6. 8% over the previous year, the added value of the primary industry will be 52. 649 billion yuan, an increase of 7. 8% over the same period last year, and the added value of the secondary industry will be 59. 092 billion yuan, an increase of 8. 4% over the same period last year. The added value of the tertiary industry reached 106. 406 billion yuan, an increase of 5. 4% year-on-year; the per capita disposable income of urban residents reached 37, 263 yuan, an increase of 8. 7% year-on-year, and the growth rate increased by 3. 7 percentage points year-on-year; the per capita disposable income of rural residents reached 12, 441 yuan, an increase of 10. 7% year-on-year, and the growth rate increased by 2. 3 percentage points year-on-year. Research have shown that Bijie's economic development has achieved sustained and restorative growth, showing the characteristics of strengthening while maintaining stability, improving quality while maintaining stability, and improving while maintaining stability.

Bijie solidly promotes the effective connection between the achievement of consolidation and expansion of poverty alleviation and rural revitalization. In 2021,

22, 571 households with 95, 007 people will be dynamically cleared of poverty prevention monitoring objects; efforts will be made to promote the rural revitalization of 4 key national rural aid counties, 6 villages have been shortlisted for provincial-level characteristic pastoral villages and rural revitalization integrated demonstration pilots, and all 30 municipal-level demonstrations have been launched Pilot.

The ecological development of Bijie has achieved remarkable results, and the upgrading of industries has been accelerated. The forest area has increased from 6. 018 million mu in 1987 to 21. 27 million mu in 2021, and the forest coverage rate has increased from 16. 98% in 1988 to more than 60% ; the proportion of emerging industries such as new building materials, modern engineering, and big data electronic information continues to be The proportion of power generation from new energy and renewable resources has increased to 30% ; the urbanization rate of urbanization has been accelerated to 20% , and the urbanization rate of the permanent population has reached 44. 7% . The construction of 16 provincial demonstration towns and 120 characteristic small towns has been steadily promoted .

Bijie is rich in labor resources and has great potential for human resource development. In 2021, the permanent resident population of Bijie will be 6. 8996 million, of which the labor force will account for 57. 84% ; the level of education popularization will be greatly improved, the consolidation rate of nine-year compulsory education will reach 95. 31% , and the gross enrollment rate of high school education will reach 91. 96% ; Over 20 various vocational colleges have more than 80, 588 students in the school, and the structure is reasonable. The education level of the city's residents has been greatly improved, especially the population with university education has increased significantly.

Bijie continues to innovate the institutional and mechanism to activate the vitality of high-quality development. Multi-party cooperation has boosted Bijie's construction of a demonstration zone for implementing new development concepts and achieved good results, creating a nationally influential "Concentric Brand" project. The Bijie Party branch leading the cooperative is a system innovation that organically integrates the political function of the Party branch with the economic function of the cooperative, which fully guarantees the correct development direction of the cooperative.

Keywords: High-quality Development; New Development Concept Demonstration Area; Bijie

目 录

I 总报告

II 综合篇

Ⅲ　乡村振兴篇

Ⅳ　绿色发展篇

Ⅴ　人力资源开发篇

Ⅵ 体制机制创新篇

皮书数据库阅读使用指南

CONTENTS

I General Report

Ⅱ Comprehensive Reports

Ⅲ Rural Revitalization Reports

Ⅳ Ecological Development Reports

V Human Resource Development Reports

VI Institutional and Mechanism Innovation Reports

总 报 告

General Report

B.1 坚持建设贯彻新发展理念示范区的方向，奋力推动毕节高质量发展

邓小海　郑云跃*

摘　要： 高质量发展是体现新发展理念的发展。毕节建设贯彻新发展理念示范区、走高质量发展道路不仅是落实习近平总书记重要指示批示精神的重大举措，也是政治逻辑、现实逻辑和历史逻辑共同作用使然。当前，毕节脱贫攻坚成果得到巩固拓展，发展后劲显著增强，“绿色家底”不断厚植，干事创业力量充分凝聚。在高质量发展路上，毕节发展成效逐渐显现：乡村振兴推进有序有力，绿色发展稳中加固显韧性，改革发展动力强劲激发，同心发展强大合力充分彰显，高质量发展“远景图”精心绘制。然而，毕节也面临着巩固拓展脱贫攻坚成果任务重、绿色发展任重道远、人力资源开发任务艰巨、体制机制创新仍需加强等诸多困难和挑

* 邓小海，贵州省社会科学院农村发展研究所副所长、研究员，博士；研究方向：旅游经济学；郑云跃，贵州省社会科学院党委常委、副院长、研究员，研究方向：宏观经济学。

战。毕节奋力推进高质量发展，既要准确把握新发展理念的战略意义，全面提升示范区建设路径的科学性，又要强力巩固拓展脱贫攻坚成果，全力打造乡村振兴新典范；强力推动“绿色发展、人力资源开发、体制机制创新”，夯实高质量发展支撑。

关键词： 新发展理念示范区　高质量发展　毕节

高质量发展是当前经济建设的主旋律，是体现新发展理念的发展。“建设贯彻新发展理念示范区”是习近平总书记在毕节试验区建设30周年之际赋予毕节的新使命。就毕节而言，推动高质量发展就是要落实习近平总书记重要指示，奋力建设贯彻新发展理念示范区。“绿色发展、人力资源开发、体制机制创新”新三大主题的确定，既指明了毕节未来高质量发展和转型升级的路径，也为毕节立足新起点、全面开启社会主义现代化建设新征程指明了方向。

一　毕节推动高质量发展的逻辑理路

毕节推动高质量发展有着深刻的历史和现实归因，既饱含着习近平总书记和党中央的深情关怀和高度信任，也深含着进入新时代、新发展阶段的现实要求和时代意蕴，更体现着“历史性成就”取得后的再出发。

（一）政治逻辑：习近平总书记和党中央对毕节的深情关怀与高度信任

从“试验区”向“示范区”的升级转变，是毕节发展的重大跨越和深刻变革，是毕节发展实践与马克思理论有效结合的必然结果，是科学社会主义在毕节发展历程中的具体实践。毕节30多年来的发展奋斗历史，既是我国改革开放发展成果的生动鲜活展现，也是党中央和国家领导人长期深切牵挂、关心支持贫困地区发展和人民生活的真实写照。从“试验区”的设立，到“试验区”建设取得的巨大成就，再到“示范区”新使命的赋予，一步步走来，充分体现了党中央和国家领导人心系人民，生动诠释了“中国共产党为什么能”。毕节试验区的设立本身就源于30多年前中央领导人对毕节极度贫困状况的关注。在此背景下，毕节试验区从设立之初就肩负着“近期作示范，长远探路子”的使命和重任，其不仅仅是解决贫困和吃饭问题，更要为相类似的地区探索发展出路。在党中央的坚强领导和关心下，毕节人民勠力同心、不负众望，创造出了辉煌业绩，“开发扶贫、生态建设、人口控制”三大主题实践效果明显。

党的十八大以来，习近平总书记心系毕节，高度关注毕节试验区发展，并在多次讲话中提到过毕节，做出多次重要指示批示，这对毕节试验区发展起到根本性推动作用。习近平总书记的重要讲话和重要指示批示，既有对毕节试验区建设发展工作的肯定鼓励和取得成果的认可，也有对毕节试验区建设发展的特殊关怀和支持，更有对毕节试验区建设发展的期望要求和科学指引。在毕节试验区成立30周年时，习近平总书记做出重要批示，称赞毕节是脱贫攻坚的生动典型，要求确保按时打赢脱贫攻坚战，提出要努力建设成为贯彻新发展理念的示范区。这赋予了毕节发展新的使命，为毕节发展提供了战略性指导和根本遵循。2021年2月3日，习近平总书记把毕节作为视察贵州的第一站，对毕节取得的发展成效感到欣慰和高兴，同时要求接续推进乡村振兴，并再次强调了要努力将毕节建设成为贯彻新发展理念的示范区。可以看出，“建设贯彻新发展理念示范区”新使命的赋予既是基于毕节较好地完成了试验区发展历史使命的现实，也倾注了习近平总书记和党中央对毕节的深切关怀。在发展的关键时期，习近平总书记为毕节高质量发展指明方向，充分体现了习近平总书记对毕节试验区30年建设发展的实践探索和宝贵经验的高度信任。可见，毕节推动高质量发展，加快实现从“试验区”向“示范区”的升级转变，既是习近平总书记和党中央对毕节关心关注的延续，也是中国共产党人民性的深刻展示，更是习近平总书记人民至上理念和为民情怀的充分彰显。

（二）现实逻辑：毕节对进入新时代更高发展要求的回应

党的十八大以来，中国特色社会主义进入新时代，我国经济社会发展进入新的历史方位。新时代和新的历史方位无疑对毕节发展提出了更高要求，而最为具体的便是推动毕节经济社会高质量发展。具体而言，就是要加快推动经济社会绿色发展，把推动发展的重点转向质量和效益提升上来，通过不断转变发展方式、优化发展结构、转换发展动力，实现发展动力变革、质量变革、效率变革。这要求毕节以“新发展理念”引领发展实践，在新的历史起点、新的征程上，加快思想解放、观念转变，推动体制机制创新，充分发挥人的关键作用，实现理论和实践的互促互进。这是因为“新发展理念”揭示了实现更可持续、更加公平、更为安全、更有效率、更高质量发展的必由之路。然而，对毕节而言，受制于自身基础和条件，开展“新发展理念”全方位示范面临着诸多制约。为此，习近平总书记站在党和国家战略全局高度将毕节示范区主题确定为“绿色发展、人力资源开发、体制机制创新”三个方面，这既是对毕节发展现实的精准把脉，也是对新时代发展趋势和要求的准确回应。

首先，需要把“生态优先、绿色发展”这一高质量发展的核心要义作为基本原则，贯穿毕节经济社会发展的始末，加快推动绿色发展变革，构建与绿色发展相适应的发展方式、生活方式、领导方式和思维方式，努力在生态文明建设上出新绩。有效统筹经济效益与生态效益、产业转型与污染防治、经济发展与生态保护、长远利益与眼前利益的关系，以生态产业孕育“绿色动能”、以生态建设夯实“绿色根基”、以生态理念筑牢“绿色堡垒”，牢牢守好发展和生态底线。其次，需要把“人力资源开发”作为推动毕节高质量发展的活力源泉，坚持以人民为中心，把人作为发展的关键要素。新时代对人发展的要求、对经济社会优质发展的要求，必然要基于高水平的人力资源开发。社会发展、产业发展、人的发展都离不开人力资源的可持续开发。适应新时代发展的更高要求，就需要不断加大人力资源开发力度和提高人力资源开发水平，提高人力资源开发层次和品质，最大限度地激活

“人”这一发展最为关键和活跃的因素，为推动毕节实现更充分、更平衡发展及现代化提供源源不断的生力军。最后，需要把“体制机制创新”作为推动毕节高质量发展的关键一招。新时代、新阶段、新理念、新格局需要破旧立新，涉及思维、行为、工作等一系列方式的变革以及利益、社会、工作等一系列关系的调整。这就需要聚焦发展中面临的问题和桎梏，以新发展理念为引领，全面深化改革，在机制创新、体制转换、制度完善、政策突破上持续发力，切实把不利于发展、不合时宜的障碍弊端破除，不断形成推动毕节高质量发展的强大动力。

我国正处在“两个一百年”的历史交汇期，从全面小康到社会主义现代化，毕节也要适应这种趋势，加快实现试验区高质量发展。在上述宏观背景下，主动求变，不断克服短板，充分发扬优势，加快实现从“试验区”转向“示范区”，理应成为新时代毕节发展的应有之义，唯有如此，毕节才能更好地担当起奋进新时代、续写新篇章的重要任务。因此，继续推进毕节改革发展，实现由以“开发扶贫、生态建设、人口控制”为主题的“试验区”向以“绿色发展、人力资源开发、体制机制创新”为主题的“示范区”升级，既是时代赋予毕节探索资源型地区、生态脆弱地区等特殊型地区高质量发展路径的重大使命，也是毕节推动试验示范在范围上从“一域到全国”、在主题上“从微观到宏观”、在目标上“从生产到可持续发展”的必然要求。

（三）历史逻辑：毕节取得“历史性成就”后的再出发

“以建设贯彻新发展理念示范区为方向，推动高质量发展”是毕节试验区建设的提档升级，有着更高发展标准、更严发展要求、更大发展范围和更重发展任务，其底气源自毕节发展所取得的“历史性成就”。在党中央的坚强领导下，经过 30 多年的建设，毕节试验区发生了翻天覆地的变化，三大主题实践效果明显，各项事业大踏步前进，实现绝对贫困历史性消除、综合实力历史性增强、生态环境历史性改善、基础设施历史性突破、人口素质历史性提升。截至试验区成立 30 周年的 2018 年，毕节经济实力持续提升（见图 1），实现地区生产总值（GDP）1921.4 亿元，三次产业结构比调整为

21.6∶36.3∶42.1，人均实现GDP 28794元；人民生活水平大幅改善，常住居民人均可支配收入达16856元（其中：城镇居民人均可支配收入29888元、农村居民人均可支配收入9354元）；发展支撑显著增强，公路通车里程达32127公里，科技型企业备案增至1057家；公共服务水平大幅提升，人均受教育年限达8.9年，共有医疗卫生机构4920个，广播综合覆盖率92.04%；生态环境不断改善，森林覆盖率达到56.13%。①

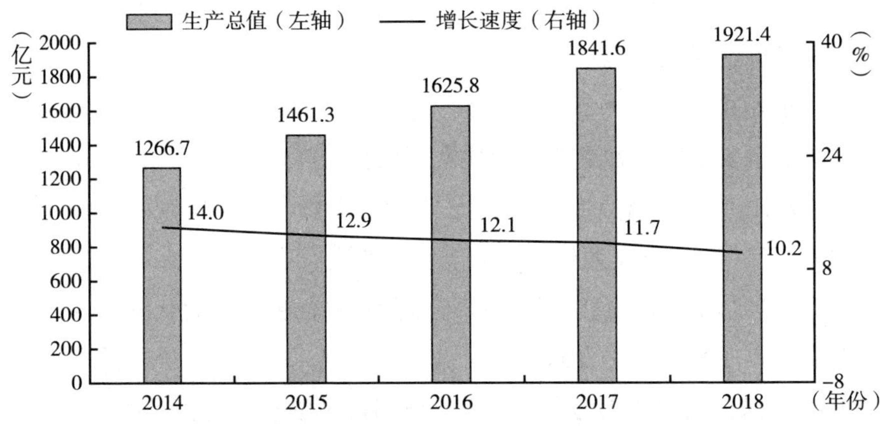

图1　2014~2018年毕节地区生产总值及其增长速度

资料来源：毕节市统计局、国家统计局毕节调查队《毕节市2018年国民经济和社会发展公报》，毕节市人民政府网，https://www.bijie.gov.cn/zwgk/zfsj/tjxx/tjgb/202001/t20200122_74918969.html，最后检索时间：2022年7月20日。

30多年来，特别是党的十八大以来，毕节所取得的业绩和“历史性成就”是综合性、多层次、全方位和有目共睹的。习近平总书记曾在毕节试验区成立30周年的重要批示中盛赞毕节为贫困地区脱贫攻坚生动典型。汪洋主席对毕节试验区“三大主题”建设中取得的成就用了三个“重大跨越”来总结。毕节发展成果突出表现为：经济建设上守好发展底线，实现持续快

① 毕节市统计局、国家统计局毕节调查队：《毕节市2018年国民经济和社会发展公报》，毕节市人民政府网，https://www.bijie.gov.cn/zwgk/zfsj/tjxx/tjgb/202001/t20200122_74918969.html，最后检索时间：2022年7月20日；《2019年毕节市人民政府工作报告》，毕节市人民政府网，https://www.bijie.gov.cn/zwgk/zfgzbg/201901/t20190108_74904087.html，最后检索时间：2022年7月20日。

速发展，决战决胜脱贫攻坚、历史性消除绝对贫困，迈出了转型升级坚实步伐，初步构建起现代基础设施体系；政治建设上凝聚了干事创业磅礴力量，全面阐释中国共产党领导的多党合作统一战线服务改革发展实践，探索新经验、新规律；文化建设上凝聚起推动毕节发展的强大精神动力，赓续“文朝荣精神”“天渠精神”“同心思想”等一脉相承的试验区精神，不断构筑各民族共有的精神家园；社会建设上交出了民生福祉合格的答卷，社会治理能力得到提升，构建起社会大局稳定、惠民生促和谐的格局；生态文明建设上厚植绿色发展生态底蕴，“绿色毕节”全面提升。毕节“五位一体”的“历史性成就”既是实现毕节在范围上从“试验区”的一域拓展到“示范区”的全国、在目标上从“试验区”的解决生存问题上升到“示范区”的可持续发展、在主题上从“试验区”的微观层面上升到“示范区”的宏观层面的坚实基础，也是毕节人民在新阶段奋力建设好新发展理念示范区、不断满足美好生活向往和追求的底气来源。

二　开启毕节高质量发展的现实基础

30 多年来发展所取得的“历史性成就”、所发生的一系列巨大变化和重大跨越以及所积累的经验和凝聚的干事“精气神”是毕节推动高质量发展、实现从“试验区”建设转向“示范区”建设的自信和底气。在党中央的坚强领导和关心支持下，毕节综合实力实现质的突破，发展支撑不断夯实，体制机制不断完善，实现从普遍贫困到全面小康、从生态不断恶化到生态持续改善、从控制人口数量到重视人力资源开发的重大跨越。同时，在 30 多年“试验区”建设过程中，毕节还形成了多党合作支持发展、服务改革发展的生动实践。这些共同构成了毕节高质量发展的基础，为实现从“试验区”向“示范区”转变提供了强有力的支撑。

（一）脱贫攻坚成果巩固拓展

2016~2021 年，毕节坚持精准扶贫方略，精准脱贫事业纵深发展。区域

内贫困人口全部实现清零，累计减少贫困人口 130.16 万人，1981 个贫困村全部出列，7 个国家级贫困县全部摘帽；农村居民人均可支配收入由 2016 年的 7668 元增加到 2021 年的 12373 元，年均增长 10.1%（高于城镇居民可支配收入增长 1.8 个百分点），城乡居民人均可支配收入比由 2016 年的 3.26∶1 下降到 2021 年的 2.99∶1。[①] 截至 2020 年底，毕节彻底解决了绝对贫困问题，与全国人民一道全面建成小康。此后，毕节主动适应"三农"工作重心从"脱贫攻坚"转向"乡村振兴"的新形势，准确把握过渡期新特点和阶段特征，聚焦实现脱贫攻坚成果巩固拓展总体目标，着力健全防止返贫动态监测帮扶机制，持续巩固"两不愁三保障"成果，深化易地扶贫搬迁后续扶持，织密兜牢基本生活保障底线，抓好抓实扶贫项目资产管理监督、东西部协作等重点工作，"3+1"保障基础不断夯实，脱贫群众收入稳定增长，巩固脱贫成效明显，群众幸福感获得感不断增强。2021 年，毕节用好用足过渡期政策，累计投入财政资金 26.2 亿元、易地搬迁后扶资金 3.26 亿元、东西部协作资金 4.2 亿元，用于巩固拓展脱贫攻坚成果、筑牢不发生规模性返贫基础。[②]

（二）经济实力大幅提升

借助贵州"黄金十年"的东风，毕节经济持续快速增长，实力大幅提升（见表 1）。2021 年，毕节实现地区生产总值 2181.48 亿元，稳居贵州省第三，是 2010 年 600.85 亿元的 3.63 倍，11 年来平均增长 12.44%。毕节产业转型升级迈出了坚实的步伐，农林牧渔业总产值从 2010 年的 192.71 亿元增加到 2021 年的 880.72 亿元，规模以上工业总产值从 2010 年的 329.48 亿元增加到 2021 年的 658.34 亿元。[③] 更难能可贵的是，在新冠肺炎疫情的影响下，2020~2021 年毕节依然实现了经济较快发展。2016~2021 年，毕节经

① 资料来源：《2022 年毕节市人民政府工作报告》。

② 资料来源：《2022 年毕节市人民政府工作报告》。

③ 根据《毕节地区 2010 年国民经济和社会发展统计公报》和《毕节市 2021 年国民经济和社会发展统计公报》数据计算得出。

济平均增长速度达到了7.5%，规模以上工业增加值平均增长速度达8.1%，社会消费品零售总额平均增长速度达9.1%，旅游综合指标（接待旅游人次、旅游综合收入）平均增长速度达20%以上。①

表1　2010~2021年毕节市（地区）地区生产总值及增长情况

单位：亿元，%

年份	地区生产总值	增长率	一产增加值	增长率	二产增加值	增长率	三产增加值	增长率
2010	600.85	14.6	124.37	6.5	259.73	19.8	216.75	14.7
2011	737.41	16.8	133.95	3.0	342.23	24.6	261.23	14.7
2012	877.96	15.3	160.07	8.6	405.97	17.1	311.92	16.0
2013	1041.93	15.1	196.60	6.8	449.75	17.2	395.58	16.0
2014	1266.70	14.0	252.80	7.0	522.80	15.4	491.20	15.0
2015	1461.30	12.9	324.70	6.9	566.60	12.6	570.10	15.5
2016	1625.80	12.1	344.40	6.0	617.30	12.0	664.10	15.2
2017	1841.61	11.7	378.61	6.8	692.20	10.1	770.80	15.6
2018	1921.43	10.2	414.76	6.9	697.03	9.3	809.64	12.5
2019	1901.36	8.0	439.36	5.7	520.67	6.8	941.33	9.9
2020	2020.39	4.4	486.55	6.3	533.45	3.8	1000.39	3.9
2021	2181.48	6.8	526.49	7.8	590.92	8.4	1064.06	5.4

资料来源：2011~2021年《毕节市国民经济和社会发展统计公报》。

（三）发展后劲显著增强

完善的基础设施网络体系既是改善民生的重要内容，也是推动地区经济社会发展的基石。一直以来，毕节高度重视基础设施建设，始终将补齐基础设施短板作为推动地区经济社会发展的重要内容，以基础设施建设“大会战”为抓手，着力提升地区发展支撑能力，初步构建了现代基础设施体系，为推进“试验区”向“示范区”升级提供了有力支撑。特别是党的十八大以来，毕节基础设施网络体系的服务质量和服务能力加速提升。

① 资料来源：《2022年毕节市人民政府工作报告》。

交通方面，坚持交通优先发展，遇水架桥、逢山开路，实现了一系列“零”的突破。硬化路“组组通”、沥青（水泥）路“村村通”、油路“乡乡通”、高速公路“县县通”，机场、高速铁路从无到有，创造了毕节交通发展“速度最快、成效最大、质量最好”的“黄金十年”。截至 2021 年底，毕节公路通车里程达 33994 公里，其中高速公路通车里程 1016 公里、二级以上（不含高速）公路通车里程 1837.51 公里，境内公路密度达到 126.59 公里/百平方公里；直飞航班连接 20 多个城市、通程航班 130 多个城市；铁路通车里程达 538 公里，其中普通铁路 413 公里、高速铁路 125 公里；境内水运通航总里程达 399 公里，等级航道占比达 97.24%。[①] 2021 年，毕节道路运输平安运送旅客 1803 万人次，水运货物周转量达 91.34 万吨，机场吞吐量位列贵州省支线机场前茅。[②]

水利方面，水利建设蹄疾步稳，目标成就可圈可点，历史记录不断刷新。骨干水源工程、农村人饮工程等水利基础设施建设深入推进，供水保障能力大幅度提升，为经济社会高质量转型发展提供了强有力的支撑。“十三五”以来，毕节持续加大水利水务投资力度。仅“十三五”时期，毕节水利水务获得上级资金投入就达 260 多亿元，是“十一五”时期的 10 余倍，是“十二五”时期的近 3 倍。在持续加大投资的推动下，毕节水利基础设施建设加快推进，续建新建了以夹岩水利枢纽等为代表的一批骨干水源水库工程；实施农村饮水安全巩固提升工程，解决了农村安全饮水问题，农村集中供水率提高至 90%以上；加大农田水利建设，实施灌区续建配套与节水改造工程，新增农田有效灌溉面积近 50 万亩；实施病险水库除险加固、中小河流治理、抗旱应急水源等工程（项目），防洪抗旱减灾能力持续增强；实施水土流失综合治理和水土保持工程，持续提升水土保持和加强生态建设。[③] 2021

---

① 资料来源：《2022 年毕节市人民政府工作报告》《毕节市 2021 年国民经济和社会发展统计公报》。汪瑞梁：《毕节：基础设施建设激活发展引擎》，《贵州日报》2022 年 1 月 5 日，第 2 版。

② 资料来源：《毕节市 2021 年国民经济和社会发展统计公报》。

③ 《毕节水利建设：蹄疾步稳保生产惠民生》，澎湃网，https://www.thepaper.cn/newsDetail_forward_10330382，最后检索时间：2022 年 7 月 20 日。

年，毕节持续加大对水利水务的投资，完成固定资产投资 80 亿元，[①] 夹岩水利枢纽及黔西北供水工程等骨干水源工程建设取得突破，农村供水保障能力持续提升，城镇污水处理设施建设推进有力。毕节市水务局被水利部列为“全国水利扶贫工作先进集体”，纳雍县水务局被水利部列为“全国脱贫攻坚先进典型”，毕节市河长制办公室被水利部评为“全面推行河长制湖长制先进集体”，金沙县被水利部表彰为“2021 年度国家水土保持示范县”。

电讯方面，电力设施不断提升，完成新一轮农网改造升级工作；通信设施不断夯实，实现 30 户以上自然村寨 4G 网络全覆盖、行政村光纤全覆盖。金沙县、黔西市被列入国家数字乡村试点，在贵州省率先完成第七批“电普项目”建设，累计建成通信基站 40566 个，通信光缆总长达 33.073 万公里。2021 年，毕节电信业务总量达到 61.27 亿元，增速排贵州省第二；新建 5G 基站 3270 个（累计 5291 个），排贵州省第三，初步建成覆盖主城区、工业园区、大型景区等重点区域的 5G 网络；围绕医疗卫生、教育、文旅、税务多个领域推动落地 5G 应用项目 24 个。[②] 2021 年末，毕节共有电话用户 673.06 万户、移动互联网用户 563.10 万户、固定互联网宽带接入用户 136.55 万户。[③]

（四）“绿色家底”不断厚植

立足生态建设主题，毕节全域严保护、优环境，以改善生态环境质量为核心，大力实施山水林田湖草综合治理，不断厚植绿色发展生态底蕴，使绿水青山底色更加亮丽。水环境质量方面，2021 年，毕节境内湖库和河流断面水质优良比例为 93.94%，水质状况总体为优；县城及以上集中式饮用水源地（共监测 17 个）水质达标率为 100%，农村千人以上及乡镇集中式饮用水源地（共监测 344 个）Ⅲ类以上标准达标率 100%。2021 年，毕节 8 个县（市、区）空气质量优良率天数比例均在 95%以上，各项监测指标二级标准（《环境空气质量标准》GB3095—2012）达标率 100%（见表 2），境内

① 资料来源：《毕节市水务局 2021 年工作总结和 2022 年工作计划》。

② 资料来源：《毕节市工业和信息化局（市大数据局）2021 年工作总结和 2022 年工作打算》。

③ 资料来源：《毕节市 2021 年国民经济和社会发展统计公报》。

无酸雨出现。2021 年，毕节森林覆盖率达 60%，同比增长 3%；森林面积 2416 万亩，林蓄积量达 6210 万立方米，比 2020 年增长 331 万立方米。截至 2021 年底，毕节建成自然保护区 11 个（县级 7 个、省级 2 个、国家级 2 个），总面积达到 54368. 09 公顷，占国土总面积的 2. 03%；建成森林公园 12 个（县级 1 个、市级 3 个、省级 3 个、国家级 5 个），总面积为 2922. 3 公顷，占国土总面积的 0. 11%；建成风景名胜区 4 个（其中国家级 2 个），总面积为 46830 公顷，占国土总面积的 1. 74%；建成国家级水产种质资源保护区 2 个，总面积为 918. 56 公顷，占国土总面积的 0. 034%。①

表 2　2021 年毕节市各县（市、区）环境空气质量统计

县区	七星关区	大方县	黔西市	金沙县	织金县	纳雍县	威宁县	赫章县
SO_2	9	10	11	14	18	14	7	9
PM10	38	37	42	43	36	34	32	36
NO_2	14	10	13	14	12	9	10	11
CO(mg/m^3)第 95 百分位数	0. 8	1	1	1	1	1	0. 9	0. 9
PM2. 5	26	21	27	25	26	25	18	21
O_3 第 90 百分位数	121	112	121	111	127	134	126	118
优良率(%)	97. 5	98. 6	96. 4	97. 0	96. 7	95. 9	99. 5	99. 2
首要污染物	O_3	O_3	PM2. 5	PM2. 5	O_3	O_3	O_3	O_3
综合指数	2. 74	2. 5	2. 88	2. 84	2. 89	2. 74	2. 35	2. 5

资料来源：毕节市生态环境局《毕节市 2021 年生态环境状况公报》，毕节市人民政府网，https：//www. bijie. gov. cn/bm/bjssthjj/hjzl/hjzkgb/202206/t20220610_ 74767117. html，最后检索时间：2022 年 7 月 20 日。

此外，2021 年毕节城乡垃圾收运行政村 100%覆盖，建成 4 个垃圾焚烧发电项目，建成绿色矿山 188 个（国家级 4 个、省级 184 个），获批绿色工厂 6 家（国家级 2 家、省级 4 家），林下经济利用森林面积达到 378. 85 万

① 毕节市生态环境局：《毕节市 2021 年生态环境状况公报》，毕节市人民政府网，htt ps：//www. bijie. gov. cn/bm/bjssthjj/hjzl/hjzkgb/202206/T20220610_ 74767117. html，最后检索时间：2022 年 7 月 20 日。

亩。[①] 毕节生态建设成效明显，生态环境监管有力有效、体制机制建设取得新成果、生态示范创建实现新突破，进一步厚植了高质量发展的生态底色。

（五）干事创业磅礴力量充分凝聚

30 多年来，在极端恶劣的生产环境下，毕节以“开发扶贫、生态建设、人口控制”为统领，不断攻克发展壁垒，彻底撕下绝对贫困标签，全面建成小康社会，成为“贫困地区脱贫攻坚的一个生动典型”，经济大幅提升，发展基础支撑更加夯实，生态环境持续改善。在此过程中，毕节民生大幅改善，社会事业全面进步。毕节教育高质量发展迈出坚实步伐，2021 年学前教育三年毛入园率达 91. 89%、九年义务教育巩固率达 95. 31%、高中阶段教育毛入学率达 91. 96%；卫生健康保障能力全面提升，医疗卫生机构提质扩能，乡镇卫生院中医馆全覆盖，2021 年每千常住人口执业（助理）医师数达 2. 31 人、床位数达 6. 71 张、注册护士数达 3. 05 人；社会保障水平大幅提升，2021 年城乡居民养老保险基本实现政策全覆盖，城乡居民医保参保率稳定在 95%以上，农村敬老院床位利用率居贵州省前列、达 60%，获评“全国老干部工作先进集体”，发放救助保障资金 30 亿元；文体事业大步前进，2021 年电视综合覆盖率达 95. 24%（农村电视综合覆盖率达 95. 15%），广播综合覆盖率达 92. 16%（农村广播综合覆盖率达 92. 12），在贵州省率先实现农体工程全覆盖。[②] 在不断创造共治共富新生活的同时，毕节人民精神面貌焕然一新，实现从自弃到自信、从自卑到自尊的根本性变化，成为推进“示范区”建设的强大动力。老百姓洋溢着获得感和幸福感，成为不断凝聚建好“示范区”信心和决心的有效法宝。在长期“筚路蓝缕，风雨兼程”过程中形成的“文朝荣精神”“天渠精神”“同心思想”等“坚定信念、艰苦创业、求实进取、无私奉献”的毕节试验区精神和“深化改革、锐意创新、埋头苦干、同心攻坚”的新时代“毕节精神”是建设好“示范

---

① 资料来源：《2022 年毕节市人民政府工作报告》。

② 资料来源：《2022 年毕节市人民政府工作报告》《毕节市 2021 年国民经济和社会发展统计公报》。

区”的不二法宝。越来越强的信心决心、越来越宽的工作思路、越来越多的落实办法、越来越足的干事劲头以及各级各界、各行各业想干事、能干事的干部群众是毕节推动高质量发展、建好贯彻新发展理念示范区的底气。

三　毕节经济社会高质量发展取得的初步成效

在党中央、国务院亲切关怀以及贵州省委、省政府的支持下，围绕示范区三大主题，毕节充分发挥自身独特优势，自信自强、锐意创新、同心攻坚，加快推进高质量发展，不断书写精彩毕节篇章。

（一）乡村振兴推进有序有力

毕节着力推动4个国家乡村重点帮扶县乡村振兴工作，6个村庄入围省级特色田园乡村·乡村振兴集成示范试点，30个市级示范试点全部启动。2021年全年农业总产值和农村常住居民人均可支配收入持续增长，实现22571户95007人（脱贫不稳定户10345户45205人、边缘易致贫户12189户49629人、突发严重困难户37户173人）防贫监测对象动态清零；通过抓实资金项目监管，不断推进中央和省级财政衔接资金项目建设进度，25.22亿元中央和省级财政衔接资金实施项目2139个；通过抓实东西部协作，落实对口帮扶资金4.2亿元，实施项目158个；举办劳务协作培训班320期，培训农村劳动力14080人，新增帮助脱贫农村劳动力转移就业61951人，实现毕节农产品销往广州、深圳27.56万吨，销售金额达22.23亿元；通过抓实社会帮扶，有效动员社会力量参与，充分发挥第三次分配的作用，拓展社会力量参与医疗、教育、乡村治理等领域帮扶新路径，深入实施民营企业“万企兴万村”行动。[①] 如今，毕节正大踏步迈向“共同富裕”的伟大时代，这成为毕节接续推进高质量发展的最强基石。

① 毕节市乡村振兴局：《中共毕节市委乡村振兴领导小组关于巩固拓展脱贫攻坚成果同乡村振兴有效衔接工作报告》，2022。

（二）绿色发展稳中加固显韧性

毕节坚持节能降碳、绿色转向，毕节积极推动绿色发展，加快产业提质升级。2021 年，围绕“四新”主攻“四化”，毕节发展质量效益稳步提升。农业提速增效，一产增加值达 526.49 亿元（同比增长 7.8%），蔬菜、水果、食用菌等产业规模居贵州省第一，农产品加工转化率达 55%，培育市级以上农业龙头企业 452 家；工业加快转型升级，十大工业产业总产值达 870 亿元，新型建材、现代化工、大数据电子信息等新兴产业占比持续提升至 20%，新能源和可再生资源发电占比提升至 30%，全年供应煤电达 2530 万吨，居贵州省第一；旅游业加快复苏，全年接待游客 8020.23 万人次，实现旅游综合收入 793.2 亿元，旅游市场主体达 3.2 万家，百里杜鹃集团步入亿元营收俱乐部；城镇加速扩容提质，中心城区建成区常住人口达 101 万人，常住人口城镇化率达 44.7%，面积提高到 104 平方公里，黔西撤县设市，16 个省列示范小城镇、120 个特色小城镇建设稳步推进。① 此外，毕节开放型经济加速形成，2021 年就引进省外重点项目 792 个，新增重点产业招商引资到位资金 696.98 亿元。②

（三）改革发展动力强劲激发

毕节始终将改革置于经济社会发展的全过程，积极探索实践，持续深化经济体制改革，大力推进政治体制、社会体制、文化体制改革，努力发挥示范角色定位功能。商事制度改革获国务院的表扬，行政执法“三项制度”改革得到了国家层面的肯定，“法治政府”示范创建工作入围全国 50 强；“贵人服务 · 毕须办”服务品牌持续擦亮，入围贵州省第一批“一窗通办 2+2 模式”改革试点，率先在贵州省实现企业开办“一日办结”，推行“四减一降”集成套餐，建成贵州省首家 5G 智慧办税大厅。加大对外开放力

---

① 资料来源：《2022 年毕节市人民政府工作报告》《毕节市 2021 年国民经济和社会发展统计公报》。

② 资料来源：《毕节市 2021 年国民经济和社会发展统计公报》。

度，打造高质量开放型经济，以矿产资源、劳动力资源和产品加工为纽带，搞好内外联合，引进了一大批重点企业、重点项目，引进了资金、技术和人才。截至 2021 年底，毕节市场主体居贵州省第三，总量达 57.93 万户；2021 年，毕节工业项目到位资金占比达 55.89%，引进优强企业 238 家、重点产业项目 741 个；引进优强企业、到位资金、工业项目到位资金占比等指标均居贵州省前列。①

（四）同心发展强大合力显著提升

习近平总书记的重要指示批示凝聚了毕节高质量发展的磅礴时代伟力。自 2018 年 7 月 18 日习近平总书记指示“要努力把毕节试验区建设成为贯彻新发展理念的示范区”以来，全国统一战线加大帮扶力度，积极发挥智力密集、人才荟萃等优势，全面参与毕节建设贯彻新发展理念示范区工作，主要包括：巩固拓展脱贫攻坚成果，共实施各类帮扶项目 1445 个，项目资金共计 5.27 亿元；推进统一战线参与贯彻新发展理念示范乡镇建设，民主党派中央分别支持 6 个乡镇作为统一战线参与建设贯彻新发展理念示范乡镇；探索开展统一战线聚力乡村振兴工作，初选了 18 个村（社区）开展工作；帮助制定示范建设规划，打造统一战线帮扶共建示范产业园和示范项目。②

（五）高质量发展“远景图”精心绘制

针对“示范什么”，习近平总书记给予了毕节明确的定位，即推动“绿色发展、人力资源开发、体制机制创新”三大主题。围绕三大主题建设示范区，将是毕节今后很长一段时期发展的总目标。在此指引下，毕节立足当下、着眼长远，站在新的历史起点，科学谋划了高质量发展的“远景图”。毕节市第三次党代会为高质量发展绘就了宏伟蓝图，搭建了毕节未来发展的

① 资料来源：《2022 年毕节市人民政府工作报告》。

② 毕节市委统战部：《统一战线参与毕节建设贯彻新发展理念示范区情况》。

“四梁八柱”，确定了“一区三高地、五个新毕节”① 的战略定位，指明了发展的目标愿景、主题路径和发展举措，部署了“五项行动”的重点任务。同时，提出了必须忠诚践行“两个维护”、必须守牢底线再创新绩、必须担当责任狠抓落实、必须同心同向群策群力、必须持续深化自我革命的要求，发出了“继承传统、锐意创新，埋头苦干、聚力攻坚”的号召，增强了示范区发展的向心力和凝聚力。此外，为加快推进示范区建设，国家相关部委和贵州省相继出台了一些支持毕节发展的政策措施，如贵州省委、省政府出台的《关于支持毕节试验区按时打赢脱贫攻坚战夯实贯彻新发展理念示范区建设基础的意见》等。

四　毕节进一步推进高质量发展面临的困难与挑战

30 多年来，在党中央坚强领导和社会各界大力支持下，毕节人民艰苦奋斗、顽强拼搏，赓续探索发展途径，推动毕节发生了巨大变化，为推动毕节高质量发展、谱写新发展理念示范区新篇章奠定了坚实的基础和优势。然而，必须看到，在高质量发展背景下，面对更高发展标准、更严发展要求、更大发展范围和更重发展任务，发展底子薄、发展质量不高依然是毕节当前最基本的现实，是制约“示范区”发展的最根本因素。毕节在“绿色发展、人力资源开发、体制机制创新”方面的试验示范仍面临诸多困难与挑战。

（一）巩固拓展脱贫攻坚成果任务重，乡村振兴推进难度大

受制于自然区位条件，毕节部分地区曾被认为是贵州省最难啃的深度贫困区域。经过艰苦卓绝的努力，尽管取得脱贫攻坚的全面胜利，与全国一道全面小康，但脱贫户、出列村、摘帽县长效性“造血”与自我发展机制尚未完全建立和形成，发展基础较为薄弱，仍存在一定数量且较为集中的脱贫不

① “一区”即贯彻新发展理念示范区；“三高地”即绿色发展高地、人力资源开发高地、体制机制创新高地；“五个新毕节”即实力强劲新毕节、生活富裕新毕节、文明和谐新毕节、美丽宜居新毕节、活力迸发新毕节。

稳定户、边缘易致贫户和基本生活因故出现严重困难户，仍面临较大的返贫风险压力，巩固拓展脱贫攻坚成果的任务十分艰巨。并且，对常住人口城镇化率仅有44.7%的毕节来说，[①] 全面推进乡村振兴面临的任务更加艰巨。

一是脱贫攻坚成果巩固拓展压力大。首先，防贫监测任务艰巨。毕节有建档立卡脱贫人口41.06万户179.11万人，约占贵州省的1/4、全国的1/50，脱贫人口基数大。截至2021年底，毕节累计识别易返贫致贫户22571户95007人，返贫致贫风险高，监测和帮扶工作压力大。[②] 其次，持续脱贫形势非常严峻。脱贫攻坚期间，按照“六个精准”要求，虽然对每个贫困户都精准制定了帮扶措施和规划，在产业发展的类型、数量上都具体到户，使其有收入来源和增收保障。但必须看到，农民（特别是脱贫户）收入水平仍然不高。2021年，毕节农村常住居民人均可支配收入为12441元，低于全国6490元，低于贵州省415元。[③] 兼之，脱贫人口自身发展能力不足、增收驱动较为狭窄单一、抵抗风险的能力较弱，返贫问题依然较为突出，巩固拓展脱贫攻坚成果形势非常严峻。此外，脱贫劳动力就业质量不高，需进一步强化易地扶贫搬迁劳动力就业扶持。特别是在新冠肺炎疫情的持续影响下，经济下行压力较大，全球疫情走势存在很大变数，经济领域压力向就业领域传导，稳住外出务工人员压力还比较大，以外出务工为主要收入来源的农户深受影响，进一步加剧了巩固拓展脱贫攻坚成果的难度。

二是乡村产业发展基础较薄弱。产业发展是推动农民持续增收的重要途径。没有产业支撑，缺乏能真正给当地村民带来收入增长的特色产业，农村地区的发展将无从谈起，巩固拓展脱贫攻坚成果和推进乡村振兴也将缺乏必要支撑。在农业产业发展上，毕节耕地破碎，海拔落差较大，农业基础设施配套条件差，水利排灌、农村物流、冷链仓储、分拣包装等设施配套不足，

---

① 毕节市人口净流出地区，若按户籍人口计算，其城镇化率会更低。

② 毕节乡村振兴局：《毕节市2022年巩固拓展脱贫攻坚成果同乡村振兴有效衔接工作要点》。

③ 资料来源：《毕节市2021年国民经济和社会发展统计公报》《贵州省2021年国民经济和社会发展统计公报》《中华人民共和国2021年国民经济和社会发展统计公报》。

难以适应农业现代化生产需求。同时，在农村水利保障上，毕节属于典型的喀斯特地貌，保水性较差，资源性缺水和工程性缺水问题突出，特别是边远农村人员居住分散，稳定水源少，供水距离远、成本高。由于历史的原因和自身的条件，毕节大部分农村产业发展较为缓慢，农业产业规模化、集约化、标准化程度偏低，特色产业发展不充分、带动效应不明显。农业产业链条较短，农产品深加工滞后，种植、养殖“两头独大”的问题依然存在，有产品缺规模、有商品缺精品，与大市场的矛盾依然突出，市场竞争力有待提高。2021 年，毕节农产品加工转化率为 55%，[①] 低于全国和贵州省平均水平。农业龙头企业培育仍显不足，新型经营主体总体规模较小，村集体经济尚未做大、做强，带动能力和发展后劲仍需提升，无法形成对乡村产业的有效带动。农村产业发展主要依赖政府扶持资金，三产融合发展深度不够，农业新经济发展不够充分。加之农民对市场了解不足，难以充分利用好当地资源优势、生态优势发展新兴产业，导致产品结构单一、产品规模不大、产品品质不高，普遍存在竞争力不强、效益不好和抗风险能力较弱的状况，种植业、养殖业对农民增收效应不明显，主要收入来源仍为外出务工。

三是乡村振兴任务繁重。首先，乡村建设水平仍亟待提升。围绕“在乡村振兴上开新局”，毕节将工作重点从解决“两不愁三保障”转向推动乡村全面振兴、从突出到户到人转向推动区域发展、从以政府投入为主转向政府与市场有机结合“三个转变”，切实推动乡村振兴开新局、走前列、作示范。然而，各地乡村振兴推进的进度不平衡，经济条件好、列入示范（试点）或重点帮扶的县、村实施进度快、效果较好，而经济实力不强、尚未列入示范（试点）或非重点帮扶的县、村实施进度普遍较慢、效果较差。村庄规划层次不高、特色不突出，大部分村庄缺乏有特色的规划，甚至部分村庄规划缺失，出现乡村建设杂乱无序状况。农村人居环境整治任重而道远，“脏乱差”现象仍然较为普遍。农村精神文明建设尚存不足，宗教迷信、滥办酒席、早婚早育、人情攀比等问题仍存在。其次，乡村振兴人才匮乏。“两委”成员年龄偏

① 资料来源：《2022 年毕节市人民政府工作报告》。

大成为普遍现象，对驻村干部依赖性强。乡村振兴人才严重匮乏，农村年轻党员外出多，年轻有知识、懂技术的人才不断外流，致富能人回乡创业意愿不强、服务乡村发展积极性不高。在乡村振兴推进过程中，农民主体作用发挥不充分，虽都很支持乡村振兴，但参与度不高，所需投入依然以政府为主，承担工作主要靠乡村干部，社会参与和群众参与不多。

（二）绿色发展困难仍存，高质量发展任重道远

1. 发展差距仍较明显

自“试验区”建立以来，毕节进入了历史上发展最快的时期，取得了突出成绩。特别是党的十八大以来，毕节步入高速发展的“黄金期”。30 多年以来，毕节地区国内生产总值（GDP）由 1987 年的不足 20 亿元（17.8 亿元）增长到 2021 年的 2181.48 亿元，森林覆盖率从 1987 年的 14.94%提高到 2021 年的 60%。[①] 被党和国家领导人赞誉为“改革开放以来中国沧桑巨变的缩影和党的十八大以来我国现代化建设取得历史性成就的缩影”。然而，必须看到，毕节发展仍不够充分，距离贯彻新发展理念示范区的目标要求依然有很大差距。

一是经济发展水平仍有差距。从历史性角度进行纵向比较，无疑毕节取得的历史性成就非常亮眼和突出。但从横向上进行比较，毕节和省内其他地区还存有差距，而与国内发达地区的差距就更大了。从经济总量上看，2021 年，毕节 GDP 规模为 2181.48 亿元，在贵州省位列第三；而同期，同为“金三角”的贵阳市和遵义市 GDP 规模分别为 4711.04 亿元和 4169.90 亿元；毕节 GDP 仅为贵阳市、遵义市的 46.31% 和 52.31%，分别相差 2529.56 亿元和 1988.42 亿元。[②] 从人均水平上看，2021 年，毕节人均 GDP 仅为 31871 元，排位在贵州省各市（州）挂末，仅为贵州省、贵阳市、遵

---

① 孔德文、赵德虎：《以经济高质量发展引领贯彻新发展理念示范区建设》，《贵州社会主义学院学报》2021 年第 2 期，第 71~75 页；《毕节市 2021 年国民经济和社会发展统计公报》。

② 资料来源：《毕节市 2021 年国民经济和社会发展统计公报》《贵阳市 2021 年国民经济和社会发展统计公报》《遵义市 2021 年国民经济和社会发展统计公报》。

义市的62.73%、40.90%和50.45%，分别相差18937元、46048元和31299元（见图2）。[①] 另外，毕节经济增长结构性问题依然较为突出，产业结构不优，经济转型任务比较重，传统“煤、电、烟”产业占比大，新兴产业起步晚、体量小、发展缓慢。一产体量大而不强、二产基础薄弱、三产质效不高，农产品保鲜、加工、冷链物流等设施利用不足，数字化企业、研发创新型工业企业、先进制造业企业数量少，高端生活性服务业、生产性服务业发展滞后。同时，毕节投资稳增长压力仍然较大。2021年固定资产投资负增长，比上年下降8.8%。[②] 农业、住建、交通、卫生等重点领域投资出现不同程度下滑，“四化”基金项目谋划质量不高，在建和拟建项目资金缺口较大。

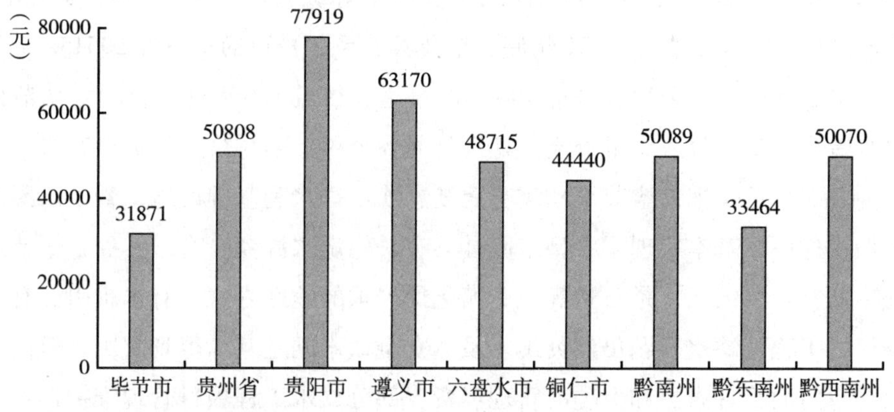

图2　2021年贵州省各市（州）人均国内生产总值

资料来源：贵州省各市州《2021年国民经济和社会发展统计公报》。

二是发展基础仍有短板。近年来，毕节不断筑牢发展之基，为推动经济快速发展、按时打赢脱贫攻坚战提供了强有力的支撑。然而，整体上看，毕节现有的经济社会发展基础与建设贯彻新发展理念示范区的要求仍存在较大

① 资料来源：《毕节市2021年国民经济和社会发展统计公报》《贵阳市2021年国民经济和社会发展统计公报》《遵义市2021年国民经济和社会发展统计公报》。毕节国内人均生产总值根据地区生产总值和常住人口计算得出。

② 资料来源：《毕节市2021年国民经济和社会发展统计公报》。

差距。首先，从支撑经济社会发展的基础设施上看，毕节基础设施建设不断完善，有了较大的改观，成为激活经济社会发展的重要引擎。然而，整体上看，毕节基础设施依然相对落后，成为制约毕节经济高质量发展的重要因素。“水电路讯”等基础设施仍需进一步提档升级，具体表现在以下四个方面。①交通方面。毕节的交通发生了巨变，实现了县县通高速，高速铁路、机场加快发展，但受制于地理自然环境，毕节的公路密度、公路等级等都需要进一步提升。2021 年，毕节的公路密度为 126. 59 公里/百平方公里，比同期遵义市的公路密度低 3. 42 公里/百平方公里；2021 年，毕节三级及以上等级公路通车里程为 3909. 28 公里（其中：三级公路 1055. 77 公里、二级公路 1700. 82 公里、一级公路 136. 69 公里、高速公路 1016. 00 公里），仅占全部公路通车里程的 11. 5%；而四级及以下等级公路达到 30084. 74 公里，占比高达 88. 5%。截至 2021 年底，毕节县、乡、村道通车里程 29515. 79 公里（县道 5565. 29 公里、乡道 7942. 48 公里、村道 16008. 02 公里）。毕节公路改造升级急需投入大量资金，特别是通乡公路、通村公路的提档升级。②水利方面。近年来，毕节不断完善灌溉、饮水等水利基础设施，骨干水源工程加快建设，基本实现了中型水库县县有、稳定水源乡乡有。然而，毕节地处喀斯特岩溶山区，是云贵高原石漠化最严重的地区之一，有水难引、有水难存，工程性缺水问题仍然突出。虽然安全饮水问题基本得到解决，但由于缺乏专门的管理人员和专项的管理经费，部分饮水工程项目管理维护仍存在短板。③电力方面。毕节部分输电线路等级不够，难以满足快速增长的用电需求，出现设备“过负荷”和线路“卡脖子”问题，急需升级改造电网、提高电网电能质量、提升电网自动化水平。④通讯方面。当前，毕节实现光纤网络行政村全覆盖、4G 网络 30 户以上自然村全覆盖。然而，由于乡村地域宽广、地处偏远、地形复杂，毕节部分农村地区依然存在网络覆盖不到位、通讯信号弱等问题。农村地区通信信息还比较闭塞，对市场信息掌握不及时。此外，新型基础设施是经济转型升级的重要支撑和数字经济发展的基础，加快新型基础设施建设是毕节加快建设贯彻新发展理念示范区的应有之义。因此，毕节亟须在 5G 基站、工业互联网、物联网、大数据中心、人工智能、新能源汽车充电桩等新型基础设施建设上加快布局。其次，从经济社会发展的软性实力来看，毕节持续推动经济社会高质量发展面临着严峻挑战。部分领域风险隐患不容忽视。财政收入增速回落，“三保”等刚性支出增加，收支矛盾十分突出。政府债务负担较重，还本付息压力较大。民生保障尚有差距，教育医疗领域投入不足，基层社会救助工作力量薄弱，救助服务水平亟待提高，与人民群众的期望存在差距。

2. 生态文明建设短板仍需补齐

绿色发展是进入生态文明时代的必然要求，也是新发展理念的重要组成部分。30 多年来，毕节紧紧围绕“生态建设”主题，把经济发展置于生态建设之中，以生态建设促进经济发展，生态环境质量明显改善。但在建设贯彻新发展理念示范区的更高要求下，毕节生态文明理念还需进一步增强，生态建设和保护仍需加强。

一是生态文明理念有欠缺。生态美是建设贯彻新发展理念示范区的关键之一，推动绿色发展是建设贯彻新发展理念示范区的三大主题之一和现实要求。自试验区成立以来，毕节围绕“生态建设”主题，在恢复生态、植树造林、石漠化治理等方面取得了巨大成就，然而生态文明理念还需增强，绿色发展仍面临诸多亟待解决的问题。突出表现在以下三个方面。其一是生态环保意识需进一步增强。尽管近年来不断加大生态环保宣传力度，生态环保重要性逐渐得到广大群众认同，但由于部分企业受经济利益驱使、个人粗放生活习惯短期难以扭转等原因，损害生态环境的事件仍有发生，生态环保工作面临的形势依然严峻。其二是绿色消费的观念还未深入民心。绿色消费不只是在消费内容上体现为绿色环保，而更应在消费行为上体现保护环境、保护绿色。从生产角度来看，毕节企业绿色化工艺有待提升，绿色产品生产供给有待增强，当前生产尚不能满足市场对绿色产品的需求。由于毕节的产业发展相对较为滞后，缺乏相应的管理经验、资金和技术，在满足绿色生产工艺的研发和技术引进方面相对不足，在产业生产的节能、减排、降耗等方面有待进一步完善和加强，需要加快推动产业结构调整和转型升级，不断推动绿色生产。从消费角度看，随着经济社

会的发展，人们的绿色意识、生态意识、环保意识显著提升，但依然不能达到绿色消费的要求，多数人对绿色消费的理解也只是停留在消费内容（绿色产品）上。减少污染排放、减少资源消耗、减少浪费，建成环境友好型、资源节约型社会，毕节的路还很长。其三是绿色制度有待进一步完善。当前，毕节经济发展与生态保护之间存在一定程度上的矛盾。毕节具有丰富的矿产资源，然而典型的喀斯特地貌造就了毕节生态环境的脆弱性，如何在不破坏生态环境的前提下，依托资源优势加快经济发展，是当前毕节统筹经济发展与生态保护面临的现实问题，需要探索一条能实现开发与保护兼容的新路，实现生态资源向经济资源和经济优势的转化。这需要不断推动绿色制度的完善。

二是生态建设和保护有不足。毕节地处乌蒙山区，境内喀斯特地貌占到了区域总面积的73%以上，是我国石漠化严重的地区之一，生态环境脆弱。毕节人均耕地少，坡耕地多。根据第三次全国国土调查数据，毕节市共有耕地814056.18公顷（1221.08万亩），坡度在6度以上的耕地为734301.41公顷（1101.44万亩），占到全部耕地的90.2%，其中：25度以上的耕地为144237.87公顷（216.36万亩），占到全部耕地的17.72%；15~25度的耕地为228489.89公顷（342.73万亩），占到全部耕地的28.07%。[①] 经过多年的不懈努力，毕节生态建设取得了巨大成效。2021年，毕节森林覆盖率达到了60%，但依然低于贵州省平均水平（62.12%），在贵州省各市（州）中位列倒数第二，仅高于贵阳（55.0%），毕节的森林覆盖率、森林蓄积量在贵州省的排位短期内难以提升。[②] 毕节生态建设和环境保护虽然成效显著，但跟有些地区相比差距依然较大，森林质量不高，仍需加大石漠化治理力度，退耕还林任务还比较重，生态环境指标仍有较大提升空间。毕节农村

① 毕节市第三次全国国土调查领导小组办公室、毕节市自然资源和规划局、毕节市统计局：《毕节市第三次全国国土调查主要数据公报》，毕节市人民政府网，https://www.bijie.gov.cn/zwgk/zfsj/tjxx/tjgb/202201/t20220111_74919010.html，最后检索时间：2022年7月25日。

② 资料来源：《毕节市2021年国民经济和社会发展统计公报》《贵州省2021年国民经济和社会发展统计公报》《贵阳市2021年国民经济和社会发展统计公报》。

生态环境治理较为艰巨。一方面，农业生产对环境的污染比较严重。传统种植业大量使用化肥和农药，造成土壤有机质含量降低、土壤质量退化以及水体污染。另一方面，农村生活垃圾和生活污水排放也带来了生态环境问题。城乡垃圾收运能力不足，未完全覆盖毕节农村 30 户以上自然村寨。污水垃圾等环境基础设施承载能力有限，生活污水、垃圾处理率有待提高。毕节资源综合利用水平需进一步提高。毕节一次性能源产品占比大，能源资源综合利用率和深度转化率较低，潜力并未完全被挖掘利用。工业固体废弃物利用率虽然逐年提高，但堆存量仍有 5000 余万吨，消纳压力大；煤层气勘探程度低、资金需求大、投入周期长，严重制约产业发展，利用率仅 55.4%。[①] 毕节生态环境的脆弱性以及生态环境存在的污染，既制约了经济社会的健康发展，也危害了居民的生产生活。

（三）人力资源开发任务艰巨，高质量发展人才支撑不足

毕节作为贵州人口最多的地区，2021 年常住人口达到 684.5 万人，具有先天的劳动年龄人口规模优势，但长期以来毕节的人力资源开发仍处于较低水平，人力资源优势未能充分释放，贯彻新发展理念示范区建设和高质量发展的人才支撑不足。

一是人才资源占比低。整体而言，毕节人口素质相对较低，劳动年龄人口受教育程度低于全国平均水平。毕节 15 岁及以上文盲人口总量大、文盲率高及受教育程度低。根据公开的“七普”数据，毕节 15 岁及以上人口的平均受教育年限为 7.71 年，比贵州省的 8.75 年低 1.04 年；15 岁及以上文盲人口为 70.12 万人，文盲率为 10.16%，占贵州省的 27.24%，文盲率比贵州省平均水平高 3.46%；每 10 万人口中拥有高中文化程度人数占比为 7.79%，比贵州省平均水平低 2.16%；每 10 万人口中拥有大学文化程度人数占比为 6.47%，比贵州省平均水平低4.48%。[②]

① 毕节市发展和改革委员会：《毕节市绿色发展工作开展情况》。

② 资料来源：毕节市教育局。

截至2021年，毕节劳动年龄人均受教育年限为10.8年，低于全国平均水平的10.9年。① 毕节人才资源总量小，人才占比低，整体竞争力较弱，有人口缺人才现象明显，人才规模与建设“人力资源开发高地”战略定位名不副实。2021年，毕节人才资源总量突破95.4万人，② 人才资源总量位居贵州省第三，仅占贵州省总量的15%左右，而按照每万人人才资源数指标进行排位的话，毕节位列贵州省最后一位。③ 特别是在当前青壮年劳动力净流出的背景下，毕节农村老年化、空心化、空巢化现象极为突出，创新型人才和新型经营管理人才特别缺乏，致富的内生动力不足，人力资源开发任务艰巨。全面建成小康社会后，毕节巩固拓展脱贫攻坚成果、接续推进乡村振兴的任务仍然很重。毕节广大农村地区极其缺乏一支真正懂技术、会管理、懂规划的人才队伍。努力建成贯彻新发展理念示范区，人才是关键。只有加快提高人口素质，将现有人口优势转化为人力资源优势，才能不断实现经济社会持续发展，加快推动建设贯彻新发展理念示范区步伐。

二是职业教育基础弱。毕节职业教育发展总体水平与建设贯彻新发展理念示范区的要求相比，仍有较大差距。首先，职业教育办学基本条件薄弱。截至2021年，毕节共有各级各类职业院校22所（含中等职业学校15所、普通高等院校6所、成人高等院校1所），规模与毕节人口大市的实际情况不相符。④ 此外，各职业院校基本办学仍然薄弱。教学实训设施设备不能满足教学需要，教学、科研仪器陈旧，生均占地、校舍面积偏低。织金县、纳雍县、威宁县等地的中职学校容纳量与人口大县的生源优势不相匹配，职教

① 《推动人力资源开发 强化高质量发展人才支撑》，《贵州日报》2022年7月18日，第1版；教育部：《2021年全国教育事业统计主要结果》，中华人民共和国教育部，https://www.moe.gov.cn/jyb_xwfb/gzdt_gzdt/s5987/202203/T20220301_603262.html，最后检索时间：2022年7月26日。

② 毕节市人力资源和社会保障局：《2021年全市人力资源社会保障工作总结》。

③ 刘克仁、吴建洪、曹咏梅、吕翔：《推进毕节试验区建设贯彻新发展理念示范区研究》，《贵州社会主义学院学报》2021年第1期，第52~57页。

④ 毕节市教育局：《2021年教育事业》，毕节市人民政府网，https://www.bijie.gov.cn/bm/bjsjyj/zwgk/jytjnb/202203/t20220317_74671019.html，最后检索时间：2022年7月27日。

城2期工程进展缓慢，制约了毕节职业教育的发展和人力资源开发。其次，师资力量不强，现有教师编制缺口大。部分高职院校是近年才在中职学校基础上创建的，办学时间较短，办学经验积累不够，师资水平与高等职业教育需求不相匹配，教育科研能力较欠缺。如2021年毕节幼儿师范高等专科学校在校生约7000人，需专任教师380人，尚缺约210人；毕节职业技术学院在校生约11000人，缺编300人以上。① 再次，产教融合和校企合作有待进一步深化。目前各职业院校虽然在产教融合和校企合作工作上取得一定的成绩，但层次较低、质量不高。从大的环境看，职教城与毕节高新区比邻，但校企合作数量不多、贡献度不高。又次，专业设置不够合理。学校专业设置与学校办学定位不够吻合，和地方产业需求联系不够紧密，专业基础不扎实，特色不鲜明，各校优势特色专业不突出，错位发展、协调发展、共同发展的格局尚未形成。最后，项目专项经费到账难。有的县（市、区）中职学校项目专项经费到账难，导致中央、省级职业教育项目建设进展缓慢，相关县（市、区）和学校在贵州省项目和资金安排中受影响，有的学校正常运转难以保障。此外，在技能培训方面，培训的精准度仍需提高，项目制培训难以满足所有人的需求，培训实效性和针对性需进一步提高，技能品牌培育还不够有力，人事考试、职称评审领域仍有潜在风险，工作思路和举措需要进一步改进。

（四）体制机制创新仍需加强，高质量发展动力活力激发不足

30多年来的改革探索，毕节在某些领域成功完成了“探路子”“做示范”的使命。但必须看到，在转向建设贯彻新发展理念示范区背景下，体制机制创新成为新的主题，毕节在体制机制创新方面仍然存在较多困难和挑战。当前，毕节体制机制创新活力不足，在经济社会高质量发展的关键环节和重点领域依然面临着一些体制机制障碍，需要进一步突破。本部分仅以毕节营商环境为例进行阐述。2021年，毕节营商环境综合得分为84.09分

① 资料来源：毕节市教育局。

（第三方评估），在贵州省市（州）排第3位。[①] 然而，毕节营商环境与高质量发展的要求之间依然存在不小差距。

一是行政审批制度改革有差距。[②] 毕节市人民政府办公室承担的2021年度毕节市社科理论创新课题调研结果显示，毕节行政审批制度改革差距主要表现在以下四个方面。（1）“简政放权”不到位。一些部门和地方在简政放权中，精简权力还不够好，权力下放还不够彻底，主要包括：①“减证便民”有短板，一些县区服务窗口和部门要求办事群众提供相关证明；②“并联审批”有差距，指标牵头部门与责任部门、县市区联动不够紧密，举措不够有力，动真碰硬偏软，合力发挥不够；③“权力下放”有堵点，一些地方和部门放权不彻底，还存在以备案、登记等名义，变相设置和实施审批的现象，一些部门之间审批职责边界不清，审批事项交叉，导致企业和群众办事时重复提交相同的审批材料。（2）“清单管理”不够好。存在权责清单管理不够完善、权力名称不规范、承接事项不到位、清单更新不及时等问题，主要包括：①权力承接不到位，如存在县区商务部门对下放的“对外贸易经营者备案登记”网上办理流程业务不熟的情况；②清单更新不及时，存在因受机构改革、部门职能职责调整及人员划转而导致权责清单更新不及时的情况；③权力数量差异大，权力数量最多与最少县（市、区）两者之间权力数量相差多达434项。（3）“审批效率”不够高。存在审批数据不畅通、不联通等情况，主要包括：①审批程序繁杂，存在办事上下跑、多头跑的情况；②审批数据不联通；③“一网审批”未覆盖，审批业务所需资料还需通过打印纸质材料、人工传递后才能办理，影响为企业群众办事的效率。（4）“审批能力”不够强。存在审批场所建设薄弱、审批设施落后的问题，主要包括：①基础薄弱，部分乡镇便民服务中心审批设施不健全、功能不完善；②服务不好，审批意识还不够到位，窗口业务人员业务不够精通，

---

① 毕节市投资促进局：《毕节市投资促进局关于印发〈2021年全市投资促进工作总结〉的通知》（毕投字〔2022〕1号）。

② 贵州省毕节市社会科学届联合会：《毕节调研2021年度毕节市社科理论创新课题选编》，2021年，第80~87页。

距靠前服务、主动服务、精准服务的目标还有差距；③能力不足，一线人员业务素质参差不齐，“最后一公里”未打通等问题依然存在。

二是企业发展生态不够优。截至 2021 年底，毕节市场主体总量为 577836 户，其中企业 89205 户、个体工商户 474562 户、农民专业合作社 14069 户。然而，毕节市场企业主体绝大多数较为传统，现代化程度不高，在产业生态构建上短板比较明显，企业发展生态仍有待优化。突出表现在：其一是产业链中企业诚信意识不强，契约精神缺失、合作意识不强，隐瞒、欺骗、毁约等不良行为时有发生；其二是中小微企业融资渠道受阻，融资限额低、融资审批长、融资渠道窄等问题依旧是制约中小微企业发展的重要因素；其三是创新人才引不进、留不住，创业环境不优、配套保障不强、薪酬待遇不高等造成毕节本地人才不愿留、外地人不愿意来等困境。

五　毕节加快推进高质量发展的对策建议

“以建设贯彻新发展理念示范区为方向，推动毕节高质量发展”既要准确把握新发展理念的战略意义，全面提升质量发展路径的科学性，也要围绕“绿色发展、人力资源开发、体制机制创新”主题，强力巩固拓展脱贫攻坚成果，全力打造乡村振兴新典范，全力夯实高质量发展产业、人才、体制机制支撑，奋力谱写建设贯彻新发展理念示范区新篇章。

（一）准确把握新发展理念的战略意义，全面提升高质量发展路径的科学性

一要深刻认识新发展理念对毕节开启高质量发展新征程的意义。建设贯彻新发展理念示范区要求对新发展理念这一系统的理论体系进行准确理解、完整把握和全面落实，统筹处理好点与面、内与外、近与远等辩证关系。新发展理念是毕节开启高质量发展新征程的“指挥棒”，要将新发展理念贯穿于示范区建设的方方面面，不断谱写毕节社会主义现代化建设新篇章；新发展理念是毕节开启高质量发展新征程的“加力器”，把新发展理念作为示范

区建设过程中分析解决问题、破解瓶颈等的钥匙，不断推动示范区建设；新发展理念是毕节开启高质量发展新征程的“试金石”，把新发展理念作为检验示范区建设工作成色的标尺，

二要准确把握“以建设贯彻新发展理念示范区为方向，推动毕节高质量发展”的关键核心。习近平总书记给予了毕节清晰、明确的定位，凝聚为“绿色发展、人力资源开发、体制机制创新”三大新主题。同时，习近平总书记在批示中也明确了打赢脱贫攻坚战以及推进乡村振兴的具体要求。因此，以建设贯彻新发展理念示范区为方向，推动毕节高质量发展，要突出乡村振兴这一关键抓手，推动脱贫攻坚成果巩固拓展同乡村振兴有效衔接，树立脱贫地区乡村振兴典范；要突出产业发展这一关键支撑，推动“四化”高质量发展，打造绿色发展样板，探索欠发达地区“两山”理念转换的有效路径；要突出人力资源开发这一关键依仗，推动人口优势向人力资源优势转变，建设人力资源开发培训基地；要突出体制机制创新这关键一招，发挥改革试验田作用，打造体制机制创新先行区。

三要准确把握“以建设贯彻新发展理念示范区为方向，推动毕节高质量发展”的推进进路。高质量发展是一个系统性工程，并非一朝一夕之功，不可能一蹴而就。这必然要求：一方面，要准确把握从“试验区”建设转向“示范区”建设的衔接过渡，确保各项工作、各项制度等的有效衔接，逐步实现转向和优化；另一方面，要准确把握“示范区”建设的阶段性，结合国家、贵州省战略规划部署，科学划定“示范区”建设阶段及具体目标。

（二）强力巩固拓展脱贫攻坚成果，全力打造乡村振兴新典范

巩固拓展脱贫攻坚成果、大力推进乡村全面振兴，是“以建设贯彻新发展理念示范区为方向，推动毕节高质量发展”的基本前提和首要任务。从“试验区”的开发扶贫转向“示范区”的乡村振兴，必须切实把高质量发展贯穿当前农业农村工作的各个方面，强力巩固拓展脱贫攻坚成果，全力打造乡村振兴新典范。

一是全力织牢返贫防御网。一方面，在防止返贫监测上下功夫，坚决守住不发生规模性返贫底线。严格贯彻落实过渡期“四个不摘”要求，健全防止返贫动态监测和帮扶工作机制，建立健全易返贫致贫人口快速发现和响应机制，充分用好“一中心一张网十联户”工作机制，发挥好驻村干部、第一书记的“哨点”作用，持续加强常态化跟踪监测，做到“应纳尽纳、应帮尽帮”。另一方面，在强化政策落实上下功夫，持续巩固脱贫成果。聚焦脱贫不稳定户、边缘易致贫户和突发严重困难户三类群体，开展常态化走访排查。聚焦安全饮水、教育、医疗、住房等重点领域，持续落实“3+1”保障和兜底保障政策，突出抓好产业和就业帮扶。聚焦易地扶贫搬迁“五个体系”建设，做实做细稳定就业、产业发展、公共服务、社区稳定等重点工作，全力确保搬迁人口稳得住、有就业、逐步能致富。持续深化东西部协作和定点帮扶。同时，严格按照“双责任、双台账、双销号、双追责”要求，全力推进各类问题的整改工作，坚决守住脱贫成果。

二是全力构建乡村产业新体系。因地制宜，实事求是，在发展产业就业上下功夫，把乡村产业发展作为工作的重中之重，不断增加群众收入。充分利用自身资源优势，把握市场发展规律，让产业发展成为推动乡村振兴的新动能。坚持标准化、规模化、品牌化、特色化发展方向，聚焦 12 个农业特色优势产业，着力发展一批首位产业、建设一批特色农产品优势产区、打造一批产业示范基地、引进和培育一批精深加工企业、拓展一批市场销售渠道，加速构建山地特色高效生态农业体系。大力提升农产品加工水平，强化“产加销”对接，加快健全农产品市场流通体系，大力推进“毕货出山”“乡货进城”，让毕节农产品风行天下。积极推广订单生产、返租倒包、产业托管、入股分红、资产收益等利益联结方式，让农民分享更多产业增值收益。全力拓宽就业渠道，全面落实减负稳岗、扩大就业、支持创业措施，持续做好有组织的劳务输出，抓好东西部劳务协作、扶贫车间等工作，加强对符合条件的就业困难人员的就业援助，力争让每个劳动力都有业可就、有事可做、有钱可赚。

三是全力绘就美丽乡村新画卷。把环境宜居、生态宜人作为毕节发展的方向和最大亮点。坚持人与自然和谐发展，努力践行“两山”理念，加大生态建设力度，大力推进乡村绿色发展。坚定不移走绿色发展之路，大力提升农民群众环保意识和生态意识，积极倡导绿色生产、绿色消费、减少污染、降低能耗。大力推行绿色有机种植，加快实现低花费、低农药种植。聚焦生态宜居要求，大力实施农村环境综合整治，继续实施“厕所革命”。聚焦乡风文明要求，大力提升农民群众道德水平和科学文化素质，不断增强农村群众生态涵养，以及通过生态发展致富的信心，激发乡村绿色发展内生动力。持续优化乡村空间布局，实现生产、生活、生态空间协调统一，加快形成产业发展与生态环境改善和谐共促新局面，着力构建人与自然和谐共生新格局，全力绘就美丽乡村新画卷。

四是全力打造乡村振兴新典范。在抓好示范试点上下功夫，努力推进乡村振兴开新局。提档升级农村基础设施，加快推进信息基础设施建设，高质量推进“四好农村路”建设，加强农村安全饮水、农田水利基础设施建设和管护。全面激发农村活力，选优配强乡村两级班子，构建“三治”乡村治理体系，推进村集体合作社发展。紧紧围绕产业、人才、文化、生态、组织五大振兴，按照分类分级要求，紧盯“四园四美”远景目标，突出全景式打造、全要素聚合，扎实推进乡村产业、农村人居环境整治提升、乡风文明建设、乡村治理行动，着力抓实“特色田园乡村·乡村振兴集成示范试点”建设，集中力量打造一批乡村振兴示范点，努力在乡村振兴上开新局、作示范、走前列。

（三）强力推动绿色发展，擦亮高质量发展的底色

以大生态战略行动为引领，开拓生态文明建设新路径，把绿色发展贯穿于“四化”全过程和各环节，积极探索实践“两山”理念的有效路径，大力建设绿色毕节，不断提高高质量发展产业支撑水平，奋力打造绿色发展样板区。

一是全力推动“增绿减污”。在“增绿减污”上下功夫，持续筑牢“两江”上游生态安全屏障，打造绿色发展先行高地。深入开展国土绿化行动，

大力实施重点流域水环境综合治理、“两江”上游生态保护修复、石漠化和水土流失综合治理、国家储备林基地建设等重大工程，落实长江十年禁渔，深化河（湖）长、林长制，持续加大退耕还林和植树造林的力度，统筹推进山水林田湖草系统治理和历史遗留矿山修复工作。以“五场战役”“双十工程”为抓手，深入打好污染防治攻坚战。实施水、气、土、固体废物治理，农村人居环境整治，生态环境风险防范“六大攻坚行动”。加强农业面源污染综合防治，推进化肥农药减量化和土壤污染治理，全面开展城市建成区黑臭水体综合治理，加快补齐生活污水垃圾收集处置短板，加快推进垃圾分类，推进大宗固体废弃物综合利用示范基地建设。加大环境治理力度，加强对污染物排放的监督。

二是全力推动“节能降碳”。把绿色低碳发展和资源高效利用理念置于经济社会发展全过程，在“节能降碳”上下功夫，全面推进“生态产业化、产业生态化”，有序推进碳达峰、碳中和。坚持先立后破原则，通盘考虑、有序推进，加快推动绿色低碳转型发展。围绕“双碳”远景目标，建立完善的绿色发展制度体系，深入实施绿色经济倍增计划，积极发展新能源，加快先进绿色低碳技术应用，推动高耗能行业绿色化、清洁化改造，进一步提升能源利用效率。强化能源消费强度和总量双控，严格项目建设环境准入和空间管控，严控“两高”项目盲目发展。巩固森林生态系统碳汇能力，发挥森林固碳效益，积极推动全市碳汇交易工作，大力发展林下经济，探索“两山”理论转化路径与生态产品价值实现机制。营造绿色环保的良好氛围，全面提高公民生态文明素养，引导养成绿色行为，树立绿色、低碳的生活理念和消费方式。完善配套服务，健全绿色消费激励约束机制，引导和鼓励消费绿色产品。

三是全力推动“销号清零”。在“销号清零”上下功夫，全力推动环境突出问题的整改。坚决扛起环保督察问题整改政治责任，严格落实生态环境保护“党政同责、一岗双责”要求，抓好中央和贵州省委生态环保督察、赤水河流域等反馈问题整改，做好交办信访件办理工作。特别注意中央生态环保督察正式反馈的问题，要进一步提高站位，切实履行环保督察问题整改主体责任，对标对表、认真研判，迅速制定整改措施，明确整改目标、责任单位和完成时限，全力以赴加快整改，推进相关问题和信访件尽快销号清零。同时常态化开展生态环保问题排查整治，加大执法检查力度，依法查处各类生态环境违法行为。

四是全力推动“绿色转型”。着力推动绿色发展，将生态化、绿色化置于“四化”全过程、全环节，在“绿色转型”上下功夫，推进重点产业提质发展。其一是加快工业转型升级，把新型工业化置于高质量发展的关键位置，着力推动工业大突破，大力实施工业倍增行动，加快延伸煤炭产业链条，奋力打造煤电一体化、煤电化、煤电建三条产业链。积极培育做强白酒产业、做优生态特色食品产业、补齐大数据电子信息及装备制造产业短板。加大绿色工厂、绿色园区培育力度，推动园区产业特色化、专业化、集群化发展。大力实施创新驱动战略，全力抓好传统优势产业提质升级，做大做强战略性新兴产业、地方特色产业和新型煤化工产业，全面推动产业链配套升级，抓实县城首位产业发展，努力构建现代工业体系新格局。其二是着力推动城镇大提升，加快城镇扩容提质。立足山地新型城镇化发展路径，深入推进以人为核心的新型城镇化战略，按照“双 300”远景目标，增强中心城区人口聚集、产业集聚能力，提速“七星关—金海湖—大方”同城化进程，打造“川滇黔”三省结合部重要区域性中心城市。大力推进县城城镇化，增强县城承载能力，做优做强县城。加快特色小镇和小城镇建设，推进小城镇特色产业培育工程和基础设施提速工程，打造一批小而特、小而美、小而精的小城镇。大力实施城市更新、城市生态修复行动，推进污水处理及供气、供热、地下综合管网等市政基础设施和教育、医疗、体育等公共服务设施建设，加强城市园林绿化和城市公园建设。其三是着力推动农业大发展，加快农业提质增效。严守耕地红线，立足“藏粮于地、藏粮于技”，加快高标准农田建设，健全农业保险制度，提升粮食综合生产能力。深入实施农产品加工业提升行动，大力推进农产品精深加工，做优做精特色优势农产品，提高重要农产品标准化、规模化、品牌化水平。瞄准粤港澳、长三角等主要消费市场，健全农产品市场和冷链物流体系，大力推动“毕货出山”。积极创建现代农业示范区，增强现代农业装备支撑和现代农业科技创新应用。大力发展适度规模经营，探索构建融合发展、运行高效、功能互补的现代农业组织体系，构建富农增收利益联结机制。其四是推动旅游大提质，加快旅游业提速发展。发挥毕节生态、气候、文化等资源禀赋，深入实施市场主体培育、业态升级、服务质量提升、盘活闲置低效项目攻坚行动，推动旅游产业创新发展，建设一批精品旅游景区、打造一批精品旅游路线、开发一批高质量旅游产品，整合传统媒体、新媒体、自媒体开展全方位宣传，持续提升旅游品牌美誉度和影响力，做强“洞天湖地、花海毕节”旅游品牌。大力推动智慧文旅企业、智慧旅游景区建设，扎实做好“旅游+”“+旅游”文章，加快发展以大旅游为引领的健康养老、文化体育、餐饮住宿、现代物流、金融商贸等现代服务业。

（四）强力推动人力资源开发，夯实高质量发展人才支撑

将人才作为实现高质量发展的第一要素，立足西部地区重要的人力资源开发培训基地建设，将教育放在首要位置、人才培养引进置于优先位置，强力推进人力资源开发，有效提高人口素质，夯实“示范区”高质量发展人才支撑。

一是全力推进教育优质发展。大力夯实教育发展基础，全力推进教育优质发展，努力把人口资源转化为人才资源。办好学前教育，推动学前教育普及普惠发展，通过合理规划布局，构建以公办幼儿园为主的学前教育体系，不断满足人民群众的多元化选择。推动义务教育优质发展，推进义务教育免试就近入学全覆盖，完善随迁子女入学措施，落实“优才卡”等群体入学优待政策，提升义务教育课后服务水平，实施“公办强校计划”，引进优质教育资源，不断提升义务教育质量。推进普通高中特色多样化发展，推进高考综合改革和育人方式改革，评选新教材、实施新课程，开展选课走班试点，大力推进“申示”“升类”迎评工作。加快构建毕节特色职业教育体系，大力改善职业教育办学基本条件，提升职业教育师资水平，全面开展产教融合和校企合作，进一步明晰办学定位，优化专业设置，加快形成错位发

展、协调发展、共同发展的格局。推进高等教育内涵式发展，大力推进贵州工程应用技术学院特色优势学科、紧缺学科和“双一流”建设，支持毕节职业技术学院进入“双高计划”。优化经费投入结构，提高教师待遇。加大教育财政经费投入，认真落实教师待遇保障政策。

二是全力推进“人才大汇聚”。实施人才优先发展战略，在提升人才总量上“下功夫”，围绕毕节经济社会高质量发展需求，大力培养引进实用型人才，深入推进引才、育才、用才、留才“四大工程”，建设一流的人才队伍。创新人才激励机制和体制，破除制约人才发展的体制机制，营造良好的人才发展环境。大力办好高等教育和职业教育，积极引进优质教育资源，培养更多助力贯彻新发展理念示范区建设所需的高层次人才。坚持“高端人才扩容、中端人才提质、初端人才倍增”总体思路不动摇，认真贯彻落实《毕节市提升人才资源数量质量的若干措施》，建好任务清单、强化目标分解、注重考核问效。加快推进“招才引智”体制机制改革，健全完善人才流动机制，吸引省内外人才集聚，充分利用人博会、“人才强市”引才计划等载体，充分发挥事业编制岗位招才、引才和留才的“蓄水池”功能，全力推进“人才大汇聚”。

三是全力提升本土人才产出。坚持教育优先发展战略，在提升人才质量上“做文章”，全面提升人口受教育年限和本土人才产出率。进一步加大职业技能培训力度，抓实技能等级认定评价工作，打造培训品牌，推动技工教育与职业教育深度融合，不断壮大技能人才总量。持续深化职称制度改革，破除“四唯”倾向，加快建立以创新价值、能力、贡献为导向的评价体系，提升专业技术人才质量。结合地方产业发展，注重创业型人才与职业技能人才培育。聚焦乡村振兴和农业现代化需要，加大农业农村领域人才培育，提升农村实用人才质量。加大对社会工作专业人才的培养力度，大力培养懂农业、懂技术、懂管理、懂市场的专业人才，实现职业等级认定的社会专业人才倍增。实施党政人才、技能人才、企业经营管理人才、专业技术人才培养工程，推动选派干部到发达地区、国家有关部委等挂职锻炼。

四是全力提升人才服务水平。实施人才优先战略，在提升服务效能上

“用实劲”。完善人才服务保障体系，研究制定引才、育才、用才、留才等系列政策，鼓励人才交流合作，优化人才资源配置，让高端人才“引得进”“能用好”“能留下”。常态化开展“人才日”活动，实施好“优才卡”和人才服务专员制度，用好“人才之家”平台和“96567”人才服务热线，切实优化人才服务环境。有序推进县级及以下事业单位建立管理岗位职员等级晋升制度和事业单位“一件事”服务工作，继续抓好深化公立医院薪酬制度改革，落实事业单位工作人员基本工资标准正常调整机制。认真做好奖励表彰工作和各类人事考试工作。

（五）强力推动体制机制创新，夯实高质量发展制度支撑

充分发挥毕节改革试验田作用，聚焦制约发展的关键领域和突出问题，强力推进体制机制创新，强化改革创新举措系统集成，打造改革创新示范前沿、体制机制创新先行区，不断夯实高质量发展制度支撑。

一是完善统一战线参与机制。持续发挥统一战线优势，增强多党合作的制度效能，推动多党合作从“试验区”建设的“定点帮扶”向“示范区”建设的“全面支持”拓展。围绕“示范区”建设关键环节和重点领域存在的短板以及急需支持的项目，以统一战线参与贯彻新发展理念示范乡镇建设、统一战线助力乡村振兴示范点建设、统一战线帮扶共建示范产业园、统一战线帮扶示范项目等为依托，积极主动争取外部支持，积极探索统一战线参与建设贯彻新发展理念示范区新经验，打造多党合作的展示平台。围绕新发展理念示范区建设需要，加强示范区专家顾问组建设，不断充实专家顾问组的力量。用好联席会议机制，实现汇报沟通常态化、交流对接常态化和争取支持常态化。健全完善双向互派干部挂职锻炼机制，加强毕节与统一战线中央机关、东部十省市、省直机关的干部交流。

二是全力激发参与主体动力活力。坚持“市场主导、政府引导、社会参与”原则，加快形成“政府有为、市场有效、社会有机”的良性互动局面，全力激发新发展理念示范区建设各个参与主体的动力活力。优化政府与市场的关系，充分发挥政府与市场的协同效应，科学挑战资源配置方式和利

益结构，健全完善经济发展有效机制。把营商环境优化置于重要地位，聚焦企业发展和“放管服”改革存在的问题，突出目标导向、需求导向和问题导向，持续推进“贵人服务”品牌打造，不断简化办事程序，降低企业时间成本和办事成本，着力构建“亲”“清”的政商关系，提升市场主体办事体验感、满意度和获得感，精心打造营商环境新高地，助力“示范区”经济社会高质量发展。以乡村振兴为契机，聚焦农村综合改革主线，抓好重大制度性、基础性改革任务落实工作，积极推进农村体制改革，完善脱贫攻坚成果巩固拓展与乡村振兴有效衔接的体制机制，深化农业科技体制改革，完善农业支持保护制度，引导更多资金投向农业农村发展，激发农村发展内生动力，为率先实现农业现代化提供支撑。构筑高水平对外开放新高地，切实提升开放的层次和水平，畅通对外开放合作通道，积极参与“一带一路”建设，加快融入成渝双城经济圈，加强与粤港澳大湾区合作，构建“东部研发+毕节制造”“东部总部+毕节基地”“东部市场+毕节产品”“东部企业+毕节资源”合作模式。

三是全力完善共治共享体制机制。全面实施居民收入倍增行动，大力发展富民增收产业，认真落实积极的就业政策，全面抓好支持创业、扩大就业、减负稳岗措施落实，突出抓好重点群体就业工作。突出就业优先导向，围绕发展新型工业化，创造一批新就业岗位，吸纳一批产业工人就业；围绕推进新型城镇化，建设更多双创基地，强化返乡创业园区和示范项目带动作用，提高就业吸纳能力；以推进农业现代化为契机，积极培育高素质农民，促进更多农村劳动力实现就近就业；全力支持旅游产业化增加就业，把旅游业作为带动就业的重要方向。着力提升就业质量，以提高城乡居民收入为目标，聚合资金、政策效用，完善就业扶持体系，拓宽灵活就业渠道，支持发展新就业形态。持续推进“雁归兴毕”返乡创业计划，不断提升创业带动就业能力。大力推动基本公共服务均等化，围绕群众“急难愁盼”问题，加快补齐基本公共服务短板。加快建设健康毕节，推动医疗卫生优质资源下沉、医疗卫生工作重心下移，进一步推动村卫生室补齐短板、乡镇卫生院提质增效、县级医院突破发展。完善公共文化服务体系，提升毕节文化事业产业发展层次和水平，繁荣发展少数民族文化。做好社会保障兜底工作，在完善覆盖全民社保体系上实现新突破。强化民主法治建设，着力建设法治政府，全面推进信用体系建设。

参考文献

彭雪莲：《从试验区到示范区：时代价值、现实困境和实现路径——关于习近平总书记对毕节工作重要指示批示意义的思考》，《贵州社会主义学院学报》2022 年第 1 期。

赵德虎：《学习贯彻习近平总书记重要指示建设新发展理念示范区》，《理论与当代》2019 年第 3 期。

覃淋：《努力建设贯彻新发展理念示范区——毕节社会各界热议贯彻习近平总书记重要指示精神》，《当代贵州》2018 年第 30 期。

本报评论员：《全面开启建设贯彻新发展理念示范区新征程》，《贵州日报》2022 年 7 月 16 日，第 3 版。

王世凤、李帮燕：《深化毕节试验区建设贯彻新发展理念示范区的认识》，《贵州社会主义学院学报》2021 年第 4 期。

马丹：《毕节筑牢示范区建设基础》，《当代贵州》2022 年第 14 期。

傅立勇：《努力建设贯彻新发展理念示范区》，《贵州日报》2021 年 2 月 24 日，第 10 版。

汪瑞梁：《「聚焦毕节“两会”」五年来，毕节这些成绩可圈可点》，天眼新闻，https：//baijiahao. baidu. com/s？id = 1721271193853798684&wfr = spider&for = pc，最后检索时间：2022 年 7 月 3 日。

韩春华：《毕节市生态示范创建实现新突破 主要河流水质综合评价为“优”》，多彩贵州网，http：//bj. gog. cn/system/2022/08/01/018194361. shtml，最后检索时间：2022 年 8 月 2 日。

李晓谷、张琼：《毕节试验区改革开放的成果和经验》，《乌蒙论坛》2011 年第 3 期。

张学立：《深入推进贯彻新发展理念示范区建设》，《贵州日报》2022 年 4 月 13 日，第 8 版。

刘蓝予：《把新发展理念贯彻到经济社会发展全过程和各领域 推动实现高质量发展》，《人民日报》2022 年 4 月 18 日，第 9 版。

综 合 篇

Comprehensive Reports

B.2

从“试验区”到“示范区”：毕节改革发展的历程、经验与启示（1988~2021年）

彭雪莲*

摘 要： 1988年6月，毕节试验区成立，其主题是“开发扶贫、生态建设、人口控制”。经过30年的探索发展，毕节试验区发生了巨大变化。2018年7月，习近平总书记对毕节试验区工作做出重要指示批示：“努力把毕节试验区建设成为贯彻新发展理念示范区”，示范的主题是“绿色发展、人力资源开发、体制机制创新。”30年来，“试验”解决了毕节贫困落后、生态恶化、人口膨胀的现实生存问题；今天，“示范”着眼于通过发展实践总结出可复制、可推广、可借鉴的“毕节经验”，推动实现高质量发展。毕节从“试验区”到“示范区”，是改革开放以来中国沧桑巨变的一个缩影，是党领导人民奋力拼搏、实现美好生活的壮丽篇章。

* 彭雪莲，贵州工程应用技术学院马克思主义学院副教授，研究方向：毕节示范区研究。

关键词： 毕节　试验区　示范区

1985 年 5 月下旬，新华社记者刘子富在毕节赫章县的报道《赫章县有一万二千多户农民断粮，少数民族十分困难却无一人埋怨国家》以《国内动态清样》上报新华社总社，6 月上旬，时任中共中央书记处书记的习仲勋同志对报道做出重要批示：“有这样好的人民，又过着这样贫困的生活，不仅不埋怨党和国家，反倒责备自己不争气，这是对我们这些官僚主义的严重警告!!! 请省委对这类地区，规定个时限，有个可行措施，有计划、有步骤地扎扎实实地多做工作，改变这种面貌。”毕节曾以“贫困震惊中南海”，1988 年，为改变毕节经济落后、人民贫困、生态恶化、人口膨胀的落后状态，时任中共贵州省委书记的胡锦涛同志，在听取汇报、亲自调研的基础上，邀请各方面的专家对如何解决毕节贫困进行有针对性的把脉，提出：“毕节地区是开发扶贫、生态建设试验区。这是毕节地区的情况所决定的，也是毕节试验区与全国其他经济特区、开发区所不同的。”①

一　毕节试验区成立的源起

1988 年 6 月，毕节成立“开发扶贫，生态建设”试验区。在党的领导下，经过 30 年的建设，毕节“闯出了一条贫困地区建设小康社会的新路子”。2018 年 7 月 18 日，在毕节试验区成立三十周年纪念大会上，习近平总书记亲自指示批示“把毕节试验区建设成为贯彻新发展理念示范区”，为毕节的未来发展指明了方向。当前，毕节试验区已经撕掉了千百年来绝对贫困的标签，与全国全省人民一起实现全面建成小康社会的目标，正在按照习近平总书记视察贵州重要讲话精神和对毕节工作的重要指示批示精神，意气风发走在建设贯彻新发展理念示范区的道路上。

---

① 胡锦涛：《胡锦涛文选》（第 1 卷），人民出版社，2016，第 2 页。

（一）毕节人民走出贫困落后状况的主观期盼

处于喀斯特连片贫困山区的毕节，在20世纪80年代，人与自然的矛盾突出，经济社会发展方式传统落后，体制机制建设滞后，人口基数大且增长过快，劳动力素质不高，解决贫困问题的方法主要是较为单一的输血式扶贫，可谓是“苦甲天下”。受传统多子多福观念的影响以及社会保障家庭化，当地人口增长迅速，人口增加导致了对农业林业资源的掠夺性开发、乱砍滥伐和毁林开荒。1985年，因人口增加对土地过度开发，使毕节地区森林覆盖率由1957年的12.84%降到8.53%，林灌覆盖率由27.49%降为19.17%，草被率由28%降到18.5%，农业垦殖率由30%上升到46.38%。毕节人口从1949年的241.67万人增加到1987年的557.9万人，人均占地从16.67亩减少到7.22亩，人均林地由6亩降到1.9亩，人均占有草地从4.5亩下降到1.2亩。① 土地沙化，水土流失严重，1985年，毕节地区发生水土流失14097.73平方公里，占总面积的52.51%，年侵蚀模数4927吨/公里^2，年侵蚀厚度3.6毫米。② 总之，土壤贫瘠沙化严重，土地使用率下降，毕节人口与自然的相互关系呈现出“越生越穷、越穷越生”的恶性循环。除此之外，毕节人力资源、交通条件、金融体系、工业基础都处于较为匮乏的状态。“贫困面积大，贫困人口多，贫困程度深”的显著特点，使农民基本生活条件都无法满足、基本生存都是问题，因此，毕节试验区的成立是毕节人民走出贫困落后状况的主观期盼。

（二）毕节人民解放思想、深化改革的时代使然

党的十一届三中全会以来，中国经济社会发展进入崭新一页。家庭联产承包责任制的实现促进农村体制机制的变革，农村生产力得到极大解

① 吴愿学：《关于毕节试验区建立背景的研究报告》，《历史的必然——毕节试验区二十周年论文集》2008年9月1日。

② 吴愿学：《关于毕节试验区建立背景的研究报告》，《历史的必然——毕节试验区二十周年论文集》2008年9月1日。

放，农业、农村、农民都得到较大的发展。经济体制改革也推动了城镇经济的发展，同时增加了城市经济要素和活力。到20世纪80年代末，中国经济发展进入快车道，取得了令人瞩目的成绩。当然，事物的发展都是辩证的，经济快速发展中也伴生了相应的矛盾，出现了经济发展和资源环境不协调、城市和农村差距加大的矛盾。随着矛盾的发展，解决矛盾的方法也应该创新。1987年1月，中共中央印发了《把农村改革引向深入》的通知，为农村的改革指明了方向，随后召开的党的十三大，被称为“前进的里程碑”，改革开放走向深入，党的“一个中心、两个基本点”基本路线的确立，尤其是农村经济政治体制机制的改革，使毕节试验区在全面贯彻学习党的十三大精神基础上，开始着力解决深度贫困问题。正如胡锦涛同志在试验区成立大会上的讲话指出，“建立开发扶贫，生态建设试验区的设想，是在学习贯彻十三大精神过程中逐步形成的，是进一步解放思想、深化改革的产物”，毕节试验区正是在这样的历史机遇下成立的。因此，毕节试验区的成立，是党领导人民解放思想、深化改革、摆脱贫困的时代使然。

（三）国家扶贫计划和全球可持续发展的历史必然

毕节试验区“开发扶贫、生态建设、人口控制”三大主题的确定，是在深入实际调查研究、有针对性解决毕节现实问题的基础上反复论证做出的决定，也是当时国家扶贫计划推进和全球可持续发展的历史必然。

1985年国家划定贫困县时，毕节全区8个县中有5个国家级贫困县、1个省级贫困县，贫困人口达412万人，占农业人口的80.8%，其中，6个贫困县有贫困人口372.54万人，占贫困县农业人口的91.4%。[①] 由于发展起点低、贫困人口规模大，在整个国家发展进程中，随着改革开放的深入，毕节发展过程中伴生了新的矛盾，在发展过程中出现的新问题也比其他地区

① 吴愿学：《关于毕节试验区建立背景的研究报告》，《历史的必然——毕节试验区二十周年论文集》2008年9月1日。

多，毕节呈现和发达地区综合差距拉大的特点。为解决区域平衡和贫困人口发展滞后问题，国家在战略上制定了扶贫开发计划，自1986年开始，中国启动并实施了大规模的扶贫开发计划，我国扶贫事业大踏步前进。在这样的历史机遇面前，“开发扶贫”成为毕节试验区三大主题第一位，这是发挥历史主动精神，主动抓住机会的战略性思考，同时也是为了解决毕节当时最迫切最现实的问题。因此，毕节试验区正是在中国大规模开启开发扶贫事业的历史机遇面前成立的。

在此之前的20世纪70年代末，世界经济获得前所未有的发展。1972年6月，联合国人类环境会议通过的《人类环境宣言》中指出，人类在发展中对资源的过度开发和使用不当，致使生物界的平衡被打破，环境被人为破坏。联合国希望通过《人类环境宣言》呼吁各国人民合作，保护和改善人类环境，把经济发展和资源环境保护协调起来，走可持续发展道路。1987年，世界环境发展委员会受联合国之托提交了名为《我们共同的未来》的著名报告，第一次提出了可持续发展观。正是在这样的世界发展趋势下，毕节试验区确立了“生态建设”的发展主题。

毕节人口基数大、人口自然增长率高、人均受教育程度不够、人口素质不高，很难把人口资源转化为有效的人力资源，在市场经济发展中人口要素支撑不够。1962~1983年的21年间，毕节人口自然增长率高达30.33%，高出全国9.19个千分点。人口密度为每平方公里218人，比全国高出15人、比贵州高出35人，是解放初期94人的2.22倍。人口多、基数大、素质低，1985年全区文盲、半文盲占到总数人口的48%。① 针对毕节这一人口特点，确立了“人口控制”这一主题，“人口控制”并不是简单的人口数量的减少增加，而是人口数量的合理增长和人口素质提高的密切结合。

综上所述，毕节试验区的成立、毕节试验区“三大主题”的确立，是国家扶贫计划和全球可持续发展的历史必然。

---

① 毕节试验区理论研究课题组编《改革创新 科学发展——毕节试验区20年的理论与实践》，贵州人民出版社，2008，第3页。

二　从“试验区”到“示范区”：毕节改革发展的历史沿革

毕节试验区成立以来，经过30多年辉煌的发展历程。从以“三大主题”为重点，到加快发展协调，最后整体推进取得历史性成绩、发生历史性巨变，从而进入新发展阶段——建设贯彻新发展理念示范区的阶段。在党领导人民的努力奋斗下，毕节将与全国一道迈入建设社会主义现代化国家的新征程。

（一）“三大主题”试验探索（1988~2000年）

毕节试验区成立之后，着力解决“三大主题”的突出问题。其中，最要紧最现实的问题是贫困落后和生态恶化，因此，试验区的第一要义就是加速经济发展、制止人为生态破坏、科学控制人口过度增长。在解决突出问题的过程中，“三大主题”不是割裂的，而是齐头并进、统一推进的，采取当时一切有利于摆脱贫困的政策措施，在经济发展过程中加快交通等基础设施建设，同时逐步建立协调生态的体制机制，实现生态建设和经济发展相互促进，从而使毕节走上经济社会发展和生态环境改善的可持续发展道路。

在开发扶贫方面，进行农业技术推广，实施“科技兴农”措施，如育苗移栽、地膜覆盖、绿肥聚拢免耕、烟麦轮等。在治理水土流失方面，实施农田基本建设、“坡改梯”、小水窖、农田改造等措施，使粮食产量逐年增高。在提高经济方面大力发展“两烟”产业，增加税收，大力开展扶贫救济工作。在生态建设方面，结合联合国粮援“中国3356工程”、“长江上游水土防治工程”等进行退耕还林，利用毕节土地破碎的特点实施“三农一茶”工程，种植用材林、经济林、果木林和茶园，在实事求是中总结探索出“山上植树造林戴帽子，山腰种地埂树栓带子，坡地种植绿肥铺毯子，山下大搞乡镇企业、庭院经济抓票子，基本农田集约经营种谷子”的“五子登科”的“毕节模式”。在人口控制方面，进行政策宣传，实施目标管理，使人口增长得到有效控制。“三大主题”齐抓共管，使基础设施主要是交通和通信设施得到改进，移动电话和程控电话网络初步构建，经济上粮食产量稳步增长，工矿业发展促使乡镇企业突起，农业生态环境、水土流失治理、森林覆盖率等方面都得到有效提升，国有经济得到发展，国民经济整体迅速发展。

在这一发展期间，各民主党派中央、全国工商联为实现长期持续帮扶毕节发展，在针对毕节的帮扶中逐步形成长效机制，组建了“支援贵州毕节试验区规划实施专家顾问组”，在顾问组的关心联系下，开启了30多年对毕节的持续帮扶，最终形成“统一战线助力地方改革发展实践展示窗口”。因此，1988~2000年，毕节试验区“三大主题”内涵得到深化，“试验”和“探索”齐头并进，“毕节模式”初具雏形。

（二）“三大主题”有机结合、统筹推进（2001~2011年）

经过前期发展积累，毕节试验区“三大主题”内涵得到深化，使全面建设小康社会顺利实施。其中，开发扶贫从救济式扶贫转为开发式扶贫，实现变外力推动扶贫为依靠内生动力发展，生态建设从恢复到建设生态经济，人口控制从控制人口增长到整体提升人口素质。

“三大主题”有机结合、统筹推进。开发扶贫和生态建设协同发展，经济发展以重化工为主，尤其是矿产资源的开发利用仍然是毕节这一时期的重要支柱，矿产资源的开发利用将会带来地质灾害和工业废渣废水等污染。为实施生态建设，试验区在工矿产业发展中对传统开采发放许可证，对污染实行总量控制，新建企业按照新型工业化要求进行环境影响评估，对环境风险大的企业严格执行主体生产设施与环保设施同步设计、同时施工、同期运作的方式，开发与保护同时进行。重化工产业从基础工艺入手进行创新和改造，促使重化工产业转向环境友好型产业。生态农业建设、集约经济、商业发展等都得到推进，并开始推进城镇化建设。同时，水利基础设施以洪家渡水电站开工为代表，交通基础设施以厦蓉高速、杭瑞高速为主要代表，飞雄机场动工开建，风电使用提上日程。在人口控制方面，提高人口素质，转变落后思想观念，毕节在统一战线参与建设过程中得到帮助，基础教育得到发展，高等教育得到大力推动，建立了第一所地方本科高校——毕节学院，同一时期建立毕节职业技术学院，为工业发展提供人才支撑，毕节人才建设走上正轨。这一时期，“三大主题”得到有机结合、统筹推进，经济总量上升到贵州省第三，逐步从“探路子”走向“闯新路”，试验区精神得到提炼，“同心思想”形成，逐渐走出了一条既不同于东部省份，也不同于其他西部省份的道路，毕节试验区经济、政治、文化、社会发展都得到整体升华。

（三）“三大主题”深化发展（2012~2017年）

党的十八大以来，习近平总书记三次对毕节试验区发展做出重要指示批示，在多次重要讲话中提到毕节，对试验区经济社会发展起到根本推动作用。毕节人民牢记殷切嘱托，毕节干部忠诚干净担当，坚持党的全面领导，锐意进取，攻坚克难，使试验区“三大主题”成效显著，“两新”使命结出硕果，较好地完成了党中央和习近平总书记赋予的历史使命。2012 年，《国务院关于进一步促进贵州经济社会又好又快发展的若干意见》（国发〔2012〕2 号）发布，毕节抓住机遇争取政策支持获得跨越式发展，试验区“三大主题”内涵得到深化。在毕节试验区成立 30 周年之际，毕节试验区“三大主题”所承担的历史使命迈入新阶段，在毕节未来“怎样继续成功”的关键时期，习近平总书记对毕节工作做出重要指示批示，要求毕节：“着力推动绿色发展、人力资源开发、体制机制创新，努力把毕节试验区建设成为贯彻新发展理念示范区。”为毕节的继续前进和未来发展指明了方向，毕节一定会在贯彻新发展理念中走在时代前列，在开拓中前进，作好建设示范。

自 2012 年以来，在党的领导下，毕节采取超常规举措取得了历史性成就。经济实力显著提升，现代产业体系不断完善，高铁、高速、航运、空运立体交通运输网络基本形成，节能减排和资源综合利用能力提高，水利设施和农村饮水安全问题基本得到解决，土地石漠化势头得到根本扭转，生态建设成效明显，城乡面貌明显改善，能源、通信设施建设不断加强，绿色农业有效发展，新型工业化和新兴产业发展加快，旅游业、现代服务业加速前进。教育、医疗卫生事业得到全面提升，就业和社会保障水平不断提高，民生水平历史性提高，人口素质得到极大提高，人民对美好幸福生活的向往正在逐步实现。毕节改变了试验区成立时“去不得”的落后形象，历史性地完成了脱贫攻坚任务，为贫困地区脱贫攻坚走出了一条生态优先、绿色发展的可持续发展新路子，在统一战线参与毕节建设中构建了全面开放的新格局。“三大主题”试验探索的历史任务完成，绿色发展、人力资源开发、体制机制创新“新三大主题”的历史机遇应运而生，毕节整体形象得到历史性重塑，“三大主题”得到深化发展。

（四）从“试验”转向“示范”：“新三大主题”的新要求（2018年至今）

2018 年毕节试验区成立 30 周年。30 年的奋斗实践充分证明：“毕节试验区发生的历史性巨变，是改革开放以来中国沧桑巨变的一个缩影，是新时代党和国家事业取得历史性成就的一个缩影，是党的十八大以来贵州经济社会大踏步前进的一个缩影。”① 在以习近平同志为核心的党中央坚强领导下，毕节试验区的“三大主题”试验成果丰硕，为建设贯彻新发展理念示范区打下坚实的基础。现在，毕节进行“绿色发展、人力资源开发、体制机制创新”新三大主题的示范建设，为毕节实现“一区三高地、五个新毕节”战略目标指引方向，“新三大主题”将奋力争取国家政策的大力支持，奠定实力强劲新毕节、生活富裕新毕节、美丽宜居新毕节、活力迸发新毕节、文明和谐新毕节的基础。未来毕节的“示范”，将结合自身的实际特点，实现巩固拓展脱贫攻坚成果和乡村振兴的有效衔接，补齐发展短板，强力推进“绿色发展、人力资源开发、体制机制创新”。

在绿色发展上，毕节将“示范”绿水青山就是金山银山理念，建立现代产业体系，改造传统产能转型、提质升级，持续科学推进生态建设，建成

① 《深入贯彻落实习近平总书记重要指示精神 全力以赴开创毕节高质量发展新局面 谱写建设贯彻新发展理念示范区新篇章》，《毕节日报》2022 年 7 月 19 日，第 1 版。

乡村振兴典范，“坚持生态优先、绿色发展，牢牢守好发展和生态两条底线”。在人力资源开发上，毕节将立足自身实际，着力提高人口素质，为提升产业层级大力发展现代职业教育，同时加大人才培养和引进力度，全方位地为毕节发展储备教育、医疗、产业方面的人才，为毕节加快推进“四化”提供人才保障。在体制机制创新上，将继续丰富和完善统一战线参与毕节建设，打造全国统一战线社会服务基地、党外干部实践基地、培训示范基地，深化经济发展、社会治理体制改革，完善共建共享机制，优化营商环境，扩大对外开放，把推进经济高质量发展和生态环境高水平建设结合起来，破除绿色发展和人力资源开发的体制机制障碍，继续凝聚众志成城的力量深入实施“示范”，真正建设贯彻新发展理念示范区。

三　毕节“试验”与“示范”的关系

从“试验”发展到“示范”，试验区“三大主题”试验攻坚为示范区“新三大主题”打下坚实基础。两个阶段既相互区别又有重大联系，试验区“三大主题”是摆脱贫困、奋起直追，着眼于解决当时现实问题，示范区“新三大主题”是开拓新路、争先示范的跃升。如果没有坚定不移的持续推进“试验”的超常规举措，毕节就不可能在今天开启建设贯彻新发展理念示范区新征程。两个阶段的目标指向从根本上说是一致的，搞清楚毕节“试验”和“示范”之间的关系，体现了党领导人民正确把握毕节发展阶段的历史主动精神，彰显党领导人民立足现实、着眼未来，坚决扛起建设贯彻新发展理念示范区重任的时代担当。

（一）“试验”和“示范”的内在联系

1. 目标指向一致性

习近平总书记指出：“人民对美好生活的向往，就是我们的奋斗目标。”党坚持以人民为中心，始终把人民对美好生活的追求和期待作为奋斗的落脚点和出发点。试验区建设过程中，通过持续提高人民群众收入、改善生态环境、培育发展内生动力，毕节彻底撕下千百年绝对贫困标签，胜利实现了同步全面建成小康社会的奋斗目标，进入建设社会主义现代化国家新征程，群众获得感、幸福感、自豪感大幅提升。在建设贯彻新发展理念示范区道路上，毕节面临难得的发展机遇，市委、市政府将团结带领全市人民，立足“一区三高地、五个新毕节”战略定位，着力解决好人民日益增长的美好生活需要和不平衡不充分发展之间的矛盾，奋力谱写百姓富、生态美、多彩贵州新未来的毕节答卷。两个阶段的发展目标指向一致，都是为了实现人民对美好生活的向往和追求，都是中国共产党初心和使命的生动实践和写照。

2. 投入产出的必然性

深度贫困的毕节试验区，曾经是“西部贫困地区的典型”，发展基础和起点低，是发展的“瓶颈”和“短板”，是贵州需要攻克的“贫困堡垒”。前一个阶段，攻克“贫困堡垒”实现跨越式发展，党中央前所未有的持续关注和相关政策指导毕节试验区的建设，中共贵州省委、省人民政府倾力支持，高强度投入形成毕节发展的历史“合力”，超常规举措推动试验区建设取得历史性成就。后一个阶段，毕节将以更高标准、更可持续、更惠民生的措施，推动建设贯彻新发展理念示范区再创新辉煌。毕节“试验区”建设的投入，造就了今天的产出，两个阶段的连续性发展，是毕节历史演进的必然。

3. 政策举措的连贯性

习近平总书记指出：“中华民族伟大复兴是一场接力跑，需要一代又一代人为之接续奋斗。”毕节试验区前 30 年的建设成就，是一代又一代中国共产党人团结带领毕节人民努力奋斗的必然结果，是党中央扶持政策持续跟进的必然结果，是统一战线倾力帮扶的必然结果。前一个阶段的政策支持、目标引领、组织保障持续并一以贯之。试验区“三大主题”着力解决生活贫困、生态恶化等非常急迫的现实问题，示范区“新三大主题”主要是在发展模式、发展力量汇聚、发展体制机制创新上系统思考，建立“五位一体”协调发展理念。两个阶段的前后跟进，既锚定长远目标，又脚踏实地，必将推动毕节实现从生存方式的现实解决到生产方式的跃升、从外延式发展向内涵式发展的变革。前后两个阶段的持续性发展，是长期战略发展和中期政策规划的统一。正是党中央及贵州省委、省政府关于毕节发展政策举措的连贯性，体现了上层建筑反作用经济基础的历史唯物主义规律，体现了中国共产党的执政规律。可以说，两个阶段都是党领导毕节人民为实现理想，在探索中前进、在前进中接续奋斗的生动体现。

（二）“试验”对“示范”的内在支撑

1. 塑造和增强了政治优势

过去30年，毕节试验区沿着党制定的方向和目标接续奋斗。党的十八大以来，遵循着习近平总书记的指引，在中共贵州省委、省人民政府的全力支持，统一战线和兄弟省市的倾力帮扶下，毕节举全市之力、集全民之智，全力决战决胜脱贫攻坚，彻底撕下了千百年绝对贫困标签，试验区“三大主题”实践取得的巨大成就，载入了毕节发展史册，为未来毕节建设贯彻新发展理念示范区塑造和增强了政治优势。未来毕节的发展，党的全面领导是毕节建设贯彻新发展理念示范区的强大政治优势；党中央、中共贵州省委的长期持续关注使毕节发展充分彰显中国特色社会主义制度的优势；统一战线汇聚力量将更加凸显中国新型政党制度的优势，建设贯彻新发展理念示范区将成为毕节新的政治优势。

2. 建设和厚植了生态优势

试验区30多年的建设，毕节坚持走生态优先、绿色发展之路，深入实施生态文明示范工程，打好污染防治攻坚战，大力推进国家储备林建设，国土空间开发保护格局不断优化，生态环境质量得到巩固，生态安全屏障地位更加牢固，为未来建设贯彻新发展理念示范区建设厚植了生态优势。毕节将深入贯彻习近平生态文明思想，持续推动生态文明建设体制机制创新，成为建设国家生态文明先行区的重要支撑，健全毕节国土空间开发保护机制，持续完善生态补偿机制，构建生态保护治理体系，全域列入国家生态保护修复重大工程规划，建成区域性生态产品交易中心，加入全国生态交易市场，形成生态文明政策机制。

3. 提升和锻造了人力优势

试验区 30 多年的建设，毕节把人才作为第一资源，深入实施“人才强市”战略，制定出台系列政策文件，着力构建人才工作大格局，奋力推进人才大汇聚，为未来建设贯彻新发展理念示范区提升了人力优势。毕节将着力发挥人才红利优势，提升劳动者就业能力和收入水平，搭建好就业创业服务平台，深化要素市场化配置改革吸引人才，为主攻“四化”全方位培养、引进、用好人才，完善育才、引才、聚才机制，以产业发展聚焦人才，以城镇化吸引人才，建设完善的人才服务保障体系，努力成为有吸引力、凝聚力的人才高地，实现毕节“聚天下英才而用之”。

4. 构建和优化了体制机制优势

试验区 30 多年的建设，充分发挥政府的宏观调控作用，始终把改革创新发展作为第一动力，完善各级各类要素市场化配置，统筹推进经济、政治、文化、社会、生态文明重点领域改革，通过治理能力和治理体系的提升逐步优化营商环境，深化体制机制创新推动扩大对外开放。在全面深化改革中，将继续以供给侧结构性改革为主线，加快推进传统产业转型升级，现代制造业加快发展，战略性新兴产业迅速成长，特色轻工业快速发展，农业现代化加快推进，为未来毕节建设贯彻新发展理念示范区培育和形成了产业优势。毕节要把推进新型工业化作为高质量发展的首要任务，推动煤、酒、电等传统优势产业实现提质转型，加快建设新型综合能源基地；在全面推进乡村振兴中实现农业现代化，努力建设成为现代山地特色高效农业大市，推动农村一二三产业融合发展；推进全域旅游产业化提质升级，实现数字产业化发展，为贵州构建数字产业体系提供重要支撑。

5. 构建和优化了区位优势

试验区建设阶段，毕节奋起直追，大力发展交通事业，高铁、航空、公路、水运、信息+网络系统立体交通网络使毕节通江达海，谱写新时代贵州“高速平原”的毕节壮丽篇章，为未来建设贯彻新发展理念示范区构建和优化了区位优势。未来在发展过程中，毕节将推动内陆开放型经济建设，深度参与西部陆海新通道建设，向北对接成渝经济圈，向南联通粤港澳大湾区，向西对接滇中城市群进而连接中缅经济走廊，向东融入黔中城市群；毕节将加快推动开放合作，提升对外开放合作水平，建成国际内陆港；打造川滇黔区域性新型能源中心、数据产业中心、商贸物流中心，从而深度融入长江经济带发展，成为粤港澳大湾区、长江经济带、成渝经济圈、北部湾等地区联系的区域性中心，融入并成为“一带一路”内陆重要枢纽。

（三）“试验”和“示范”的不同

1. 解决主要矛盾不同

在“试验”阶段，毕节要解决的主要矛盾是人民生存问题，发展到一定的阶段，肩负着“为贫困地区脱贫攻坚闯出一条新路子”的新任务。在打赢脱贫攻坚战后，立足新发展阶段进行“示范”，主要目标是实现“人民对美好生活的向往和追求”，要求完整、全面、准确贯彻新发展理念，高质量推动毕节全面发展，着眼于通过发展实践总结出可复制、可推广、可借鉴的“毕节经验”，要求更高、范围更广、期望更大。

2. 发展目标不同

在“试验”阶段，从党中央到省市各级部门，为消除毕节绝对贫困问题，一段时间内大力采取了“输血式”扶贫措施，发展到一定阶段之后，逐渐培育了毕节的“造血式”内生动力，补齐毕节发展短板。在发展目标上，毕节人民生活实现了从普遍贫困到全面小康的重大跨越，实现了生态环境从不断恶化到明显改善、人口从数量控制到人力资源开发的转变。在“示范”阶段，毕节将通过内外联动的内涵式发展，立足本来，吸收外来，走出贵州、走出西部，践行“绿色发展、人力资源开发、体制机制创新”更高标准的“示范”。

3. 历史使命不同

在“试验”阶段，毕节更多的是着眼于当时的现实，立足点和出发点都是从自身出发，是“生产什么”的问题，同时“试验”本身生存发展需要外部协调支持，是解放思想、大胆探索的问题，体现了“破旧立新，破立并举”。而“示范”是“试验”的纵深发展，实现从“为我”到“为人”

的示范，是试验成功后继续开辟成功的高质量发展，回答的是“怎样生产”问题，是“先立后破，立破并举”的示范。

四　毕节发展的经验与启示

中国特色社会主义进入新时代，“实现中华民族伟大复兴进入了不可逆转的历史进程!”以习近平同志为核心的党中央，对新时代的中国发展进行了适合中国实际和时代特征的路线、方针、政策的战略谋划，在全面建成小康社会的基础上，2035 年基本实现现代化，到 21 世纪中叶，在基本实现现代化基础上，把我国建设成为富强民主文明和谐美丽的社会主义现代化强国。到时候，我国经济、政治、文化、社会、生态文明得到全面提升，而毕节是贵州也是全国实现现代化建设的重要一环。当前，毕节进入新的发展阶段，即实现从“三大主题”的“试验”到“新三大主题”的“示范”，这是毕节走向现代化的根本遵循。毕节发展的动能体现在以下 3 个方面。

1. 始终坚持人民至上的价值理念

毕节试验区的创立，是党中央对贫困地区的关心关怀以及对落后地区如何想办法尽快跟上时代步伐的战略思考，后续的政策跟进是“全面建成小康社会”内涵的丰富，包括覆盖领域、人口、区域都要更全面。毕节试验区的探索、试验一直得到党中央和国务院的支持关心，尤其是党的十八大以来，当试验区发展到一定阶段，习近平总书记对贵州和毕节的工作提出了新的要求，充分彰显了以习近平同志为核心的党中央的为民情怀和人民至上理念，深刻地展示了人民性是中国共产党的根本政治立场，彰显了中国共产党的执政规律，毕节的发展实践证明了“中国共产党为什么能”。

2. 始终坚持马克思主义立场观点方法

从试验区到示范区，是毕节改革发展的深刻变革，是毕节发展历史阶段的重大跨越，是科学社会主义理论在中国基层的具体实践，是历史唯物主义关于上层建筑对经济基础巨大能动作用这一社会规律的深刻体现。如何把马克思主义普遍原理与毕节建设贯彻新发展示范区实践相结合，是以习近平同志为核心的党中央赋予毕节新的历史使命。毕节试验区建立时期，更多的是着眼于解决当时的生存现实问题，而今天建设贯彻新发展理念示范区，标志着毕节生产方式层级的跃升，毕节成为贵州“开创百姓富、生态美、多彩贵州新未来”的重要组成部分，深刻说明毕节发展实现了从量的积累到质的飞跃，体现了社会发展的渐进性规律，是马克思主义普遍原理在中国的生动实践。毕节从试验区到示范区的发展说明，把马克思主义普遍原理和中国具体实际相结合走中国特色社会主义道路是实现中国式现代化的唯一正确道路，毕节的发展实践证明了“马克思主义为什么行”。

3. 抓住主要矛盾解决发展中现实问题的方法论

毕节试验区成立时的“三大主题”，是从具体物质层面解决毕节发展滞后的现实问题，是一个生产力发展阶段、水平问题，是着眼于“为我”。今天建设贯彻新发展理念示范区，需要在经济、政治、文化、社会、生态文明上协同系统思考，是发展到一定阶段在发展中总结可复制经验，着眼于“为人”的问题。30 多年的建设，试验区“三大主题”成效明显，“新三大主题”更宏观更注重制度建设，解决的是根本的、长远可持续战略发展的问题。从“试验区”到“示范区”方法论实践上是党领导人民抓主要矛盾、以问题为中心，从探索、试验到开辟道路的伟大变革，毕节的发展实践证明了“中国特色社会主义为什么好”。

2021 年春节前夕，习近平总书记再次亲临贵州视察调研并发表重要讲话，充分体现了以习近平同志为核心的党中央对贵州工作的高度重视、对贵州发展的殷切希望、对贵州人民的关怀厚爱。[①] 以习近平同志为核心的党中央对毕节的发展深切牵挂，为毕节发展指明方向，给毕节人民巨大鼓舞，毕节人民将永远牢记习近平总书记的嘱托，感恩奋进、倍加珍惜，在新征程新

---

① 《中共贵州省委关于深入学习贯彻习近平总书记视察贵州重要讲话精神 坚持以高质量发展统揽全局努力开创百姓富生态美多彩贵州新未来的决定》，《贵州日报》2021 年 5 月 6 日，第 1 版。

历史起点上，按照“高质量发展统揽全局”的总要求，积极投身于“十四五”规划建设中，投身于乡村振兴战略中，向着全面建设社会主义现代化而前进，为实现中华民族伟大复兴的中国梦而努力奋斗。

参考文献

《习近平谈治国理政》，外文出版社，2014。

《习近平谈治国理政》（第二卷），外文出版社，2017。

《习近平谈治国理政》（第三卷），外文出版社，2020。

常近时：《全球视野的毕节试验区发展研究》，人民出版社，2020。

B.3

2021年毕节经济运行分析报告

谢 松*

摘 要： 2021年，毕节坚持稳中求进工作总基调，全面贯彻新发展理念，守好发展和生态两条底线，统筹疫情防控和经济社会发展，努力建设贯彻新发展理念示范区，经济发展实现持续恢复稳定增长，呈现稳中加固、稳中提质、稳中趋优的良好态势。但经济运行中仍然面临投资下降、经济增长动力不足等问题困难。未来推动毕节经济高质量发展应全力主攻“四化”，确保固定资产投资稳定增长，提高投资效率，优化营商环境，强化要素保障。

关键词： 经济运行 新发展理念 毕节

一 2021年毕节经济运行特点

2021年，毕节坚持以习近平新时代中国特色社会主义思想为指导，坚持稳中求进工作总基调，深入贯彻新发展理念，守好发展和生态两条底线，统筹疫情防控和经济社会发展，按照“一区三高地、五个新毕节”工作部署，围绕“四新”主攻“四化”，努力建设贯彻新发展理念示范区，经济发展实现持续恢复稳定增长，呈现稳中加固、稳中提质、稳中趋优的良好态势。

* 谢松，贵州省社会科学院工业经济研究所副所长，贵州省工业经济运行研究中心副研究员，研究方向：产业经济、区域经济、工业发展战略。

（一）经济运行持续恢复，稳定增长

2021 年，毕节市完成地区生产总值 2181.48 亿元，按可比价格计算，比上年增长 6.8%，增速比贵州省平均增速慢 1.3 个百分点，比全国平均增速慢 1.3 个百分点，经济规模和增速分别位居贵州省第 3 和第 7。从季度数据看，经济运行持续恢复，稳定增长。第一季度，毕节市地区生产总值同比增长 13.5%，增速比上年同期升高 16.0 个百分点；上半年，毕节市地区生产总值同比增长 9.1%，增速比上年同期升高 7.3 个百分点；前三季度，毕节市地区生产总值同比增长 7.6%，增速比上年同期升高 4.3 个百分点；2021 年增速比上年升高 2.4 个百分点（见表 1）。

表 1　2020 年、2021 年毕节市、贵州省、全国地区生产总值与三次产业增加值及其增速

单位：亿元，%

区域	项目	2020 年	2021 年第一季度	2021 年上半年	2021 年前三季度	2021 年
毕节市	地区生产总值	2020. 39	466. 32	1019. 23	1585. 86	2181. 48
	增长率	4. 4	13. 5	9. 1	7. 6	6. 8
	第一产业增加值	486. 55	77. 91	203. 68	357. 11	526. 49
	增长率	6. 3	5. 9	7. 6	8. 3	7. 8
	第二产业增加值	533. 45	134. 2	285. 86	420. 35	590. 92
	增长率	3. 8	18. 5	10. 1	9. 5	8. 4
	第三产业增加值	1000. 39	254. 2	529. 68	808. 4	1064. 06
	增长率	3. 9	13. 5	9. 1	6. 3	5. 4
贵州省	地区生产总值	17826. 56	4336. 47	9075. 47	13985. 53	19586. 42
	增长率	4. 5	16. 1	12. 1	8. 7	8. 1
	第一产业增加值	2539. 88	462. 98	1054. 96	1993. 65	2730. 92
	增长率	6. 3	6. 5	7	7. 7	7. 7
	第二产业增加值	6211. 62	1490. 29	3214. 48	4833. 84	6984. 7
	增长率	4. 3	20. 2	13. 6	9. 2	9. 4
	第三产业增加值	9075. 07	2383. 2	4806. 03	7158. 04	9870. 8
	增长率	4. 1	15. 7	12. 3	8. 6	7. 3

续表

区域	项目	2020 年	2021 年第一季度	2021 年上半年	2021 年前三季度	2021 年
全国	地区生产总值	1015986	249310	532167	823131	1143670
	增长率	2.3	18.3	12.7	9.8	8.1
	第一产业增加值	77754.1	11332	28402	51430	83086
	增长率	3	8.1	7.8	7.4	7.1
	第二产业增加值	384255.3	92623	207154	320940	450904
	增长率	2.6	24.4	14.8	10.6	8.2
	第三产业增加值	553976.8	145355	296611	450761	609680
	增长率	2.1	15.6	11.8	9.5	8.2

资料来源：2021 年《中国统计年鉴》，2021 年《贵州统计年鉴》，2021 年《毕节统计年鉴》，2021 年《中华人民共和国国民经济和社会发展统计公报》，2021 年《贵州省国民经济和社会发展统计公报》，2021 年《毕节市国民经济和社会发展统计公报》，2021 年各月《毕节市统计月报》。

（二）三次产业稳步增长

2021 年，毕节市大力推进新型工业化、新型城镇化、农业现代化、旅游产业化，三次产业实现稳步增长。第一产业实现增加值 526.49 亿元，同比增长 7.8%，增速同比提高 1.5 个百分点，比同期贵州省第一产业平均增速高 0.1 个百分点。第二产业实现增加值 590.92 亿元，同比增长 8.4%，增速同比提高 4.6 个百分点，比同期贵州省第二产业平均增速低 1.0 个百分点。第三产业实现增加值 1064.06 亿元，同比增长 5.4%，增速同比提高 1.5 个百分点，比同期贵州省第三产业平均增速低 1.9 个百分点。

1. 农业经济发展势头良好

2021 年，毕节市持续深化农村综合改革，有力有序推进乡村振兴，大力推进山地农业现代化，巩固拓展脱贫攻坚成果同乡村振兴有效衔接，特色产业转型升级加快，农业绿色发展提速，脱贫成果巩固拓展，乡村振兴实现良好开局，农业现代化水平不断提高，农业实现持续快速增长、提质增效，农业经济发展势头良好。建成高标准农田 35 万亩，培育市级以上农业龙头

企业452家，累计认证农产品地理标志产品12个、绿色食品29个、有机食品188个。畜禽粪污资源化综合利用率达86.9%，农作物秸秆综合利用率达89.8%，单位耕地面积化肥使用量、农药使用量减少，蔬菜、水果、食用菌、马铃薯、肉牛、家禽等产业规模位居贵州省第一，建成贵州省最大的喜凉蔬菜基地、南方最大的安格斯牛养殖基地。

2021年，毕节市完成农林牧渔业总产值880.72亿元、增加值555.41亿元，同比分别增长9.4%和7.8%，增速同比分别提高3.0和1.6个百分点。在农业总产值中，种植业总产值626.6亿元，同比增长9.5%，增速同比提高1.7个百分点；种植业总产值占农林牧渔业总产值比重为71.15%，比上年提高3.66个百分点。林业总产值36.6亿元，同比增长8.2%，增速同比提高0.2个百分点；林业总产值占农林牧渔业总产值比重为4.16%，比上年提高0.04个百分点。畜牧业总产值180.4亿元，同比增长9.2%，增速同比提高6.1个百分点；畜牧业总产值占农林牧渔业总产值比重为20.48%，比上年下降3.71个百分点。渔业总产值2.9亿元，同比增长12.1%，增速同比下降1.1个百分点；渔业总产值占农林牧渔业总产值比重为0.33%，比上年提高0.01个百分点。农林牧渔服务业总产值34.2亿元，同比增长8.9%，增速同比提高3.4个百分点；农林牧渔服务业总产值占农林牧渔业总产值比重为3.88%，比上年提高0.02个百分点。农业主要以种植业和畜牧业为主。

2021年，全市拥有粮食播种面积1140.88万亩，产量243.89万吨，同比分别增长0.1%和1.2%；蔬菜及食用菌种植面积432.67万亩，产量501.77万吨，同比分别增长1.4%和11.7%；果园面积235.02万亩，水果产量88.84万吨，同比分别增长1.0%和25.8%；猪牛羊禽肉产量44.29万吨，同比增长9.5%；禽蛋产量7.32万吨，同比增长7.6%；猪存栏324.15万头、出栏363.79万头，同比分别增长17.4%和9.8%。牛存栏99.08万头、出栏37.17万头，同比分别下降5.5%和增长7.7%；羊存栏75.84万只、出栏52.47万只，同比分别下降0.8%和9.4%；家禽存栏2245.42万羽、出栏3034.03万羽，同比分别增长2.8%和下降3.0%；猪、牛出栏增速同比分别提高 11.76 个和 5.42 个百分点，家禽、羊出栏增速同比分别下降 23.92 个和 14.94 个百分点（见表 2）。

表 2　2020 年、2021 年毕节市农林牧渔业产出及增速

项目	绝对额		增速(%)	
	2020 年	2021 年	2020 年	2021 年
农林牧渔业总产值(亿元)	812.6	880.72	6.4	9.4
种植业总产值	548.4	626.6	7.8	9.5
林业总产值	33.5	36.6	8.0	8.2
畜牧业总产值	196.6	180.4	3.1	9.2
渔业总产值	2.6	2.9	13.2	12.1
农林牧渔服务业总产值	31.4	34.2	5.5	8.9
农林牧渔业增加值	513.11	555.41	6.2	7.8
粮食产量(万吨)	241.0	243.89	1.09	1.2
肉类总产量(万吨)	40.5	44.29	-0.37	9.5
禽蛋(万吨)	4.4	7.32	17.96	7.6
家禽出栏(万羽)	3128.8	3034.03	20.92	-3.0
猪出栏(万头)	331.3	363.79	-1.96	9.8
牛出栏(万头)	34.5	37.17	2.28	7.7
羊出栏(万只)	57.9	52.47	5.54	-9.4
家禽存栏(万羽)	2184.01	2245.42	—	2.8
猪存栏(万头)	276.11	324.15	—	17.4
牛存栏(万头)	104.8	99.08	—	-5.5
羊存栏(万头)	76.47	75.84	—	-0.8

资料来源：2021 年《毕节统计年鉴》，历年《毕节市国民经济和社会发展统计公报》。

2. 工业经济提速发展，效益稳步提升

2021 年，毕节市大力推进新型工业化，实施工业倍增行动，深化工业领域放管服改革，全力为企业纾困解难，印发《毕节市“十四五”工业发展规划》，出台《毕节市新型工业化倍增行动方案》《毕节市推进开发区高质量发展方案》等系列文件，谋划布局一批重大工业项目，工业经济实现提速发展、效益稳步提升，呈现出稳中有进、稳中提质的良好发展态势。

2021 年，毕节市全部工业增加值为 461.64 亿元，同比增长 11.2%，增速同比提高 9.0 个百分点，比贵州省同期约低 1.1 个百分点；工业增加值在全市地区生产总值中的比重为 21.16%，比上年提高 1.12 个百分点；工业经济增长对国民经济增长的贡献率大幅提高；工业增加值增长对地区生产总值增长的贡献率为 33.01%，拉动经济增长 2.24%，比上年分别高出 22.78 个百分点和 1.79 个百分点。

分季度看，受上年基数影响，2021 年毕节市全部工业增加值增速呈前高后低走势。第一季度全部工业增加值 110.31 亿元，同比增长 18.8%；上半年全部工业增加值 230.07 亿元，同比增长 13.6%，增速比第一季度增速减缓 5.2 个百分点；前三季度全部工业增加值 333.25 亿元，同比增长 11.5%，增速比上半年增速减缓 2.1 个百分点；全年全部工业增加值增速比前三季度增速减缓 0.3 个百分点。

从规模以上工业企业看，2021 年毕节市规模以上工业增加值同比增长 12.1%，比第一季度、上半年分别减缓 8.5 个和 0.9 个百分点，比前三季度提高 0.2 个百分点，增速呈下降趋稳回升走势。与全省相比，2021 年毕节市规模以上工业增加值增速比同期全省平均水平低 0.8 个百分点，增速在全省市州中位列第四。

2021 年三大门类工业均实现快速增长，其中，规模以上采矿业，电力、热力、燃气及水的生产和供应业均实现两位数以上增长，增加值同比分别增长 14.5%和 13.2%，增速同比分别提高 7.5 个百分点和 19.3 个百分点，比全省同期平均水平分别高出 2.0 个和 9.1 个百分点。制造业增加值同比增长 9.4%，增速同比提高 4.9 个百分点，比全省同期平均水平低 5.7 个百分点。

分行业看，2021 年酒、饮料和精制茶制造业，黑色金属矿采选业，食品制造业实现高速增长，工业增加值同比增速均超过 30%，非金属矿采选业，电力、热力生产和供应业，煤炭开采和洗选业，计算机、通信和其他电子设备制造业均实现两位数以上快速增长，七行业工业增加值分别同比增长 120.9%、51.2%、31.1%、21.8%、14.4%、14.5%和 12.7%。农副食品加工业、医药制造业、非金属矿物制品业、化学原料和化学制品制造业均出现两位数以上负增长，四行业工业增加值同比分别下降 47.2%、38.9%、11.0%和 10.6%。与同期全省同行业平均增速相比，毕节市酒、饮料和精制茶制造业工业增加值增速高出 80.2 个百分点，非金属矿采选业工业增加值增速高出 51.0 个百分点，煤炭开采和洗选业工业增加值增速约低 0.4 个百分点，计算机、通信和其他电子设备制造业工业增加值增速低 15.1 个百分点。

分轻重工业看，轻重工业均实现增长，轻工业发展快于重工业。2021 年，毕节市轻工业工业增加值增速为 27.9%，重工业工业增加值增速为 7.1%，轻工业增速高出重工业增速 10.8 个百分点，比全市规模以上工业增加值增速高出 15.8 个百分点，比同期全省规模以上轻工业工业增加值增速高出 8.1 个百分点。重工业工业增加值增速比全市规模以上工业增加值增速低 5 个百分点，比同期全省重工业工业增加值增速低 1.1 个百分点。

从经济效益看，2021 年全市规模以上工业企业实现营业收入 658.34 亿元，同比增长 16.1%，增速比同期全省平均水平低 2.8 个百分点；实现利润总额 23.6 亿元，同比增长 52.5%，增速比同期全省平均水平高 10.5 个百分点；营业收入利润率 3.58%，同比提升 0.85 个百分点，比同期全省营业收入利润率低 7.22 个百分点；税金总额 40.37 亿元，同比增长 25.4%（见表 3）。

表 3　2020 年、2021 年毕节市工业增加值增速

单位：%

项目	工业增加值增速				
	2020 年	2021 年			
		第一季度	上半年	前三季度	全年
全部工业	2.2	18.8	13.6	11.5	11.2
规模以上工业	3.2	20.6	13.0	11.9	12.1
采矿业	7.0	—	—	—	14.5
煤炭开采和洗选业	9.6	34.3	11.1	9.1	14.5
黑色金属矿采选业	—	42.6	46.2	61.0	51.2
非金属矿采选业	—	61.8	21.5	24.3	21.8
制造业	4.5	—	—	—	9.4
农副食品加工业	12.9	27.6	-7.0	-33.3	-47.2
食品制造业	0.3	171.1	52.5	33.5	31.1

续表

项目	工业增加值增速				
	2020 年	2021 年			
		第一季度	上半年	前三季度	全年
酒、饮料和精制茶制造业	35.8	118.9	149.1	129.9	120.9
烟草制品业	2.5	-1.5	0.8	4.8	6.9
化学原料和化学制品制造业	—	26.0	6.8	-3.7	-10.6
医药制造业	—	11.7	-37.8	-46.1	-38.9
非金属矿物制品业	5.3	22.2	-2.0	-7.0	-11.0
有色金术冶炼和压延加工业	—	14.9	-2.5	-0.1	-3.0
金属制品业	—	80.8	16.3	5.7	5.2
汽车制造业	—	-47.4	-48.8	-66.5	-3.2
计算机、通信和其他电子设备制造业	16.0	48.1	35.6	16.2	12.7
电力、热力、燃气及水的生产和供应业	-6.1	—	—	—	13.2
电力、热力生产和供应业	—	41.8	23.0	18.1	14.4
水的生产和供应业	4.1	31.0	16.3	1.5	-2.0

资料来源：历年《毕节市国民经济和社会发展统计公报》，2021 年各月《毕节统计月报》。

3. 服务业稳步增长，旅游业加快复苏

2021 年，毕节市继续深化服务业领域供给侧结构性改革，强化顶层设计，建立专班工作推进机制，聚焦旅游强市建设，扎实推进服务业提档升级高质量发展，旅游业加快复苏，服务业实现稳步增长。

2021 年，毕节市第三产业增加值为 1064.06 亿元，同比增长 5.4%，增速同比提高 1.5 个百分点，比全省同期增速低 1.9 个百分点。第三产业增加值在毕节市地区生产总值中的比重为 48.78%，比上年下降 0.73 个百分点，第三产业增加值增长对毕节市地区生产总值增长的贡献率为 39.32%，比上年下降 4.77 个百分点；拉动经济增长 2.67%，比上年提高 0.73 个百分点。

从季度走势看，第三产业增速呈现前高后低走势。第一季度第三产业增加值 254.2 亿元，同比增长 13.5%；上半年第三产业增加值 529.68 亿元，同比增长 9.1%，增速比第一季度增速回落 4.4 个百分点；前三季度第三产业增加值 808.4 亿元，同比增长 6.3%，增速比上半年增速回落 2.8 个百分

点；全年第三产业增加值增速比前三季度增速回落0.9个百分点。

分行业看，2021年，毕节市大力推进旅游产业化，深入实施“四大行动”，克服新冠肺炎疫情影响，加快培育旅游市场主体，推动一大批旅游服务项目相继开工建设、建成投产见效，旅游业加快复苏，实现恢复性增长，旅游总收入和接待旅游人次均实现两位数以上增长。其中，旅游总收入实现793.2亿元，同比增长31.3%，增速比上年大幅提高76.8个百分点；接待旅游人次为8020.23万人次，同比增长12.8%，增速比上年大幅提高54.0个百分点。县域旅游发展竞争力不断增强，大方县上榜2021中国县域旅游综合竞争力百强县市，织金县入围2021中国县域旅游发展潜力百强县市榜，黔西化屋村入选“中国民间文化艺术之乡”，百里杜鹃迎丰村获批“中国华侨国际文化交流基地”，百里杜鹃锶锂温泉、阿西里西波浪路等一批新产品成为网红打卡地。全市新增金沙安底温泉旅游景区、赫章千年杜鹃景区、威宁百草坪旅游景区等11个3A级旅游景区，新增2个全国乡村旅游重点村（镇）和14个省级乡村旅游重点村，新增459个乡村旅游标准化单位和经营户，其中甲级乡村旅游村寨2家、精品级客栈1家。

2021年，毕节邮政行业业务总量为7.81亿元，同比增长27.3%，增速同比提高17.6个百分点；快递业务量2329.82万件，快递业务收入4.91亿元，同比分别增长46.8%和38.8%，增速同比分别提高27个和12.3个百分点；固定互联网宽带接入用户数达到136.55万户，同比增长24.9%，增速同比提高7.1个百分点；移动互联网用户数达到563.1万户，同比增长7.8%，增速同比提高6.6个百分点（见表4）。

（三）固定资产投资总体下降，产业投资有升有降

2021年，毕节市固定资产投资出现下降，同比下降8.8%，增速同比降低11.8个百分点，比同期全省投资增速低5.7个百分点，增速在全省市州排位最末。从季度看，第一季度投资高速增长，增速达到25.3%，上半年投资增速转负，同比下降12.9%，前三季度投资降幅继续扩大，同比下降16.7%，全年投资降幅逐渐收窄，同比下降8.8%，增速比第一季度下降34.1

表 4　2020 年、2021 年毕节市服务业产出及增速

项目	绝对值					增速(%)				
	2020 年	2021 年				2020 年	2021 年			
		第一季度	上半年	前三季度	全年		第一季度	上半年	前三季度	全年
批发和零售业增加值(亿元)	150. 25	40. 72	81. 02	123. 26	172	1. 6	26. 0	16. 5	13. 0	10. 9
交通运输、仓储和邮政业增加值(亿元)	77. 3	16. 84	39. 57	62. 78	84. 6	5. 0	23. 1	16. 2	8. 0	8. 3
住宿和餐饮业增加值(亿元)	57. 02	15. 42	30. 58	47. 14	65. 2	-12. 3	58. 7	38. 5	20. 3	16. 6
金融业增加值(亿元)	79. 42	25. 9	46. 51	69. 59	84. 6	7. 2	6. 8	5. 7	4. 9	6. 1
房地产业增加值(亿元)	64. 04	16. 46	33. 76	50. 17	83. 6	4. 8	12. 0	7. 1	9. 2	3. 1
其他服务业增加值(亿元)	545. 53	133. 45	282. 56	432. 32	545	7. 0	7. 4	4. 7	2. 8	2. 4
旅游总人数(万人次)	7110. 73	—	—	—	8020	-41. 2	—	—	—	12. 8
旅游总收入(亿元)	603. 78	—	—	—	793	-45. 5	—	—	—	31. 3
邮政行业业务总量(亿元)	6. 32	—	—	—	7. 81	9. 7	—	—	—	27. 3
快递业务收入(亿元)	3. 54	—	—	—	4. 91	26. 5	—	—	—	38. 8
快递业务量(万件)	1587. 15	—	—	—	2329. 82	19. 8	—	—	—	46. 8
电话用户(万户)	648. 18	—	—	—	673. 06	1. 6	—	—	—	3. 8
固定互联网宽带接入用户(万户)	109. 34	—	—	—	136. 55	17. 8	—	—	—	24. 9
移动互联网用户(万户)	522. 57	—	—	—	563. 10	1. 2	—	—	—	7. 8

资料来源：历年《毕节市国民经济和社会发展统计公报》，2021 年各月《毕节统计月报》。

个百分点，比上半年回升 4.1 个百分点，比前三季度回升 7.9 个百分点。

分产业投资看，2021 年毕节市三次产业固定资产投资有升有降，第二产业固定资产投资快速增长，增速达到12.9%，同比提高6.7 个百分点，其中工业固定资产投资增长 12.0%，工业投资增长有力地支撑了工业的转型升级。第一产业、第三产业均出现下降，第一产业固定资产投资同比下降6.9%，从上年的高增速转为负值，比上年大幅降低 31 个百分点。第三产业固定资产投资同比大幅下降 15.5%，增速比上年降低 17.5 个百分点，第三产业固定资产投资降幅最大。与全省三次产业固定资产投资相比，第一产业固定资产投资增速比同期全省平均水平低 40 个百分点，第二产业固定资产投资增速比同期全省平均水平低 6.7 个百分点，第三产业固定资产投资增速比同期全省平均水平低 4.8 个百分点。从重点领域看，房地产投资高速增长，同比增速达到 28.4%，比上年提高 4.1 个百分点，比全省同期平均增速高出 29.4 个百分点。基础设施投资大幅下降，比上年下降 24.1%，比全省同期平均增速低 8.6 个百分点。产业投资占比达到 44%，比上年提升 3.5 个百分点，民间投资占比达到 51.4%，比上年提升 12.2 个百分点（见表 5）。

2021 年，毕节市围绕“四新”主攻“四化”，不断优化投资结构，优化营商环境，开展产业大招商，推进“六网会战”，积极谋划实施了一批重大工程，一大批产业投资项目和基础实施项目开工新建、建成。织金聚乙醇酸、黔西碳酸二甲酯等 75 个工业项目开工建设，62 个工业项目建成；新建 83 个农产品产地冷藏保鲜设施项目；建成 3270 个 5G 基站，建成天然气干线管道 316.75 千米，黔西市新仁至化屋旅游公路、威围高速建成通车。

表 5　2020 年、2021 年毕节市、贵州省、全国固定资产投资增速

单位：%

区域	项目	增速	
		2020 年	2021 年
毕节市	固定资产投资	3.0	-8.8
	第一产业固定资产投资	24.1	-6.9

续表

区域	项目	增速	
		2020 年	2021 年
毕节市	第二产业固定资产投资	6.2	12.9
	第三产业固定资产投资	2.0	-15.5
贵州省	固定资产投资	3.2	-3.1
	第一产业固定资产投资	45.5	33.1
	第二产业固定资产投资	11.4	19.6
	第三产业固定资产投资	-0.4	-10.7
全国	固定资产投资	2.7	4.9
	第一产业固定资产投资	19.5	9.1
	第二产业固定资产投资	0.1	11.3
	第三产业固定资产投资	3.6	2.1

资料来源：2021 年《中国统计年鉴》，2021 年《贵州统计年鉴》，历年《毕节市国民经济和社会发展统计公报》，2021 年《中华人民共和国国民经济和社会发展统计公报》，2021 年《贵州省国民经济和社会发展统计公报》。

（四）消费市场大幅回升，城乡消费快速增长

毕节市社会消费品零售总额比上年增长 14.3%，增速同比提高 10.5 个百分点，比全省平均增速高 0.6 个百分点，在全省市州中位列第三；两年增长 8.9%，增速同比提高 3.86 个百分点。分城乡看，乡村消费品零售总额增速快于城镇，2021 年，毕节市城镇消费品零售总额同比增长 12.9%，增速同比提高 9.0 个百分点，比全省平均增速约低 0.1 个百分点。乡村消费品零售总额同比大幅增长 19.4%，增速同比提高 16.0 个百分点，比全省平均增速高出 0.8 个百分点。乡村消费品零售总额 2021 年增速比城镇快 6.5 个百分点（见表 6）。

分行业看，2021 年，毕节市餐饮业增长最快，随后依次为零售业、住宿业和批发业。餐饮业营业额同比增长 26.5%，增速同比提高 31.2 个百分点；零售业零售额同比增长 14.7%，增速同比提高 10.6 个百分点；住宿业营业额同比增长 5.6%，增速同比提高 15.1 个百分点；批发业零售额同比增长 2.3%，增速同比降低 6.1 个百分点。

表 6　2020 年、2021 年毕节市、贵州省、全国社会消费品零售总额增长率

单位：%

区域	项目	增长率	
		2020 年	2021 年
毕节市	社会消费品零售总额	3.8	14.3
	城镇消费品零售总额	3.9	12.9
	乡村消费品零售总额	3.4	19.4
贵州省	社会消费品零售总额	4.9	13.7
	城镇消费品零售总额	4.2	13.0
	乡村消费品零售总额	10.2	18.6
全国	社会消费品零售总额	-3.9	12.5
	城镇消费品零售总额	-4.0	12.5
	乡村消费品零售总额	-3.2	12.1

资料来源：历年《毕节市国民经济和社会发展统计公报》，历年《中华人民共和国国民经济和社会发展统计公报》，2020 年、2021 年《贵州省国民经济和社会发展统计公报》。

（五）脱贫攻坚成果持续巩固，城乡居民收入持续增长

2021 年，毕节市把握巩固拓展脱贫攻坚成果新特点，聚焦巩固拓展脱贫攻坚成果同乡村振兴有效衔接，突出健全防止返贫动态监测帮扶机制，深化易地扶贫搬迁后续扶持，织密兜牢基本生活保障底线，用好五年过渡期政策，不断夯实“3+1”保障基础，脱贫成果巩固拓展，乡村振兴有序推进。织金、纳雍、威宁、赫章四县列入国家乡村振兴重点帮扶县，启动黔西市新仁乡化屋村，纳雍县寨乐镇新寨社区、勺窝镇务井村，赫章县哲庄镇还山村，金沙县木孔镇信安社区，威宁县板底乡曙光村 6 个省级特色田园乡村 · 乡村振兴集成示范试点和 30 个市级示范试点建设工作，脱贫群众收入不断增加，城乡居民收入持续增长，收入水平不断提高。

2021 年，毕节市城镇居民人均可支配收入达到 37263 元，同比增长 8.7%，增速同比提高 3.7 个百分点；与全省相比，毕节市城镇居民人均可支配收入比全省平均收入水平低 1948 元，为全省城镇居民平均收入的

95.03%，在全省市州中位列第七，位次与上年持平；增速比全省平均增速高0.1个百分点，在全省市州中位居第五，位次比上年后退1位。毕节市农村居民人均可支配收入达到12441元，同比增长10.7%，增速同比提高2.3个百分点；与全省相比，毕节市农村居民人均可支配收入比全省平均收入水平低415元，为全省农村居民平均收入的96.77%，在全省市州中位列第7，位次与上年持平；增速在全省市州中位列第三（与铜仁市并列），位次比上年前进1位。分城乡看，2021年毕节市农村居民人均可支配收入增速比城镇居民人均可支配收入增速快2.0个百分点，城乡居民收入差距继续缩小，城乡收入差距缩减为3.0，比2020年继续缩减0.05。收入差距小于全省平均水平，比全省平均水平小0.05（见表7）。

从收入构成看，工资性收入、经营性收入、转移性收入是城乡居民收入的三大主要来源，其中工资性收入占比最大，是第一收入来源。2021年城乡居民收入中，工资性收入、经营性收入实现增长，其中农村居民工资性收入增长最快，随后依次为城镇居民经营性收入、城镇居民工资性收入、农村居民经营性收入，增速分别为29.3%、19.7%、13.7%和5.7%。

表7　2020年、2021年毕节市、贵州省城乡居民收入与增速

单位：元，%

项目	毕节市		贵州省	
	2020年	2021年	2020年	2021年
城镇常住居民人均可支配收入	34274	37263	36096	39211
增长率	5.0	8.7	4.9	8.6
工资性收入	17180	19538	20472	22490
增长率	4.3	13.7	8.0	9.9
占可支配收入的比重	50.0	52.4	56.72	57.36
经营净收入	9891	11843	5808	6755
增长率	3.9	19.7	1.7	16.3
占可支配收入的比重	29.0	31.8	16.09	17.23
财产净收入	2488	2038	3252	3405
增长率	8.3	-18.1	-5.3	4.7
占可支配收入的比重	7.0	5.5	9.01	8.68
转移净收入	4716	3845	6564	6561

续表

项目	毕节市		贵州省	
	2020 年	2021 年	2020 年	2021 年
增长率	8.5	-18.5	4.2	持平
占可支配收入的比重	14.0	10.3	18.18	16.73
农村居民人均可支配收入	11238	12441	11642	12856
增长率	8.4	10.7	8.2	10.4
工资性收入	4697	6073	4822	5331
增长率	1.7	29.3	1.0	10.5
占可支配收入的比重	42.0	48.8	41.42	41.47
经营净收入	3739	3952	3445	3912
增长率	-0.7	5.7	0.5	13.6
占可支配收入的比重	33.0	31.8	29.59	30.43
财产净收入	500	131	188	125
增长率	293.2	-73.7	55.8	-33.9
占可支配收入的比重	4.0	1.1	1.61	0.97
转移净收入	2302	2284	3187	3489
增长率	24.1	-0.8	30.9	9.5
占可支配收入的比重	20.0	18.4	27.38	27.14
城乡收入比	3.05	3.00	3.10	3.05

资料来源：历年《毕节市国民经济和社会发展统计公报》，历年《中华人民共和国国民经济和社会发展统计公报》，历年《贵州省国民经济和社会发展统计公报》。

（六）财政收支出现下降，金融存贷保持稳定

2021 年，毕节市一般公共财政预算收入为 123.82 亿元，同比下降 6.2%，增速同比降低 7.5 个百分点；一般公共财政预算支出为 675.40 亿元，同比下降 9.7%，增速同比降低 18.2 个百分点，财政收支出现下降。

在财政收入中，全年完成税收收入 73.6 亿元，同比下降 7.7%，降速同比收窄 7.6 个百分点。其中，完成增值税 25.4 亿元，占全部税收的 34.51%，仍是毕节市财政收入的主要来源；随后依次主要是企业所得税、

城市维护建设税、契税等，分别为7.6亿元、7.1亿元、6.2亿元，分别占全市财政收入的10.33%、9.65%、8.42%。从增长率看，企业所得税、城市维护建设税增长较快，同比分别增长16.2%和12.4%，增速同比分别提高32.2个百分点和16.0个百分点。个人所得税与上年基本持平，增长0.3个百分点，增速同比提高0.9个百分点。契税、环境保护税、增值税均为负增长，同比分别下降23.3%、3.3%和0.1%。

在财政支出中，住房保障支出、卫生健康支出实现增长，同比分别增长10.4%和7.1%。科学技术支出、农林水支出、文化旅游体育与传媒支出、交通运输支出、节能环保支出大幅下降，同比分别下降52.1%、33.9%、30.4%、25.1%和20.3%。一般公共服务支出、社会保障和就业支出、教育支出有所下降，同比分别下降4.3%、3.9%和0.6%。

2021年，毕节市金融存贷保持稳定，贷款余额增长较快。全年全市金融机构人民币各项存款余额为2062.73亿元，比年初增加102.58亿元，增长5.2%。其中，住户存款1430.55亿元，比年初增加155.31亿元，增长12.18%。金融机构人民币各项贷款余额为2515.05亿元，比年初增加331.18亿元，增长15.2%。其中，住户短期贷款575.13亿元，比年初增加98.21亿元，增长20.59%；住户中长期贷款522.79亿元，比年初增加51.73亿元，增长10.98%。

（七）绿色经济加快发展，生态环境质量不断提升

2021年，毕节市坚持生态优先，改革创新，统筹谋划，精准施策，协同高效，践行“绿水青山就是金山银山”理念，聚焦绿色发展，全面构建生态文明制度体系，大力推进节能降碳，加快产业转型升级，全力打好污染治理攻坚战，加强林业生态建设，全面加强生态环境突出问题整改，绿色经济加快发展，资源综合利用水平不断提高，节能降耗成效明显，单位GDP能耗同比下降4.5%，生态环境质量不断提升。

绿色能源、绿色矿山加快建设。大力发展风电、太阳能、天然气等绿色能源，建成风力发电站39个、光伏发电站45个、充电桩600个，光伏发电

总装机容量达到270.46万千瓦，2021年新能源和可再生能源发电装机容量占比提升至30%。实施历史遗留废弃矿山生态修复项目18个，建成国家级绿色矿山4个、省级绿色矿山184个。绿色制造体系加快构建。建设绿色工厂，发展绿色产品，金沙华润水泥、威宁西南水泥等企业获批国家级绿色工厂，永贵机电、织金慷骅、远大建材、皇冠建材等企业获批省级绿色工厂。截至2021年，拥有国家级绿色工厂2家、省级绿色工厂7家、省级绿色园区2家，拥有认证农产品地理标志产品12个、绿色食品29个、有机食品188个。农村综合环境不断优化。完成697个村农村环境综合整治，2021年畜禽粪污资源化综合利用率达86.9%，农作物秸秆综合利用率达89.8%，单位耕地面积化肥使用量、农药使用量均实现负增长。环保基础设施不断完善。城市生活污水处理率达87.9%，城市生活垃圾无害化处理率达98.3%，农村垃圾收运覆盖率达92.8%。生态环境质量不断提升。通过实施集中式饮用水源地环境整治巩固提升工程，全市河流和湖库断面水质状况总体为优，水质优良比例为93.94%，全市17个县城及以上集中式饮用水源地水质达标率为100%，344个乡镇及农村千人以上集中式饮用水源地水质均达到地表水Ⅲ类以上标准，达标率均为100%。全市无酸雨出现，森林覆盖率达60%，完成治理水土流失面积73.88平方公里。截至2021年末，已建成11个自然保护区（其中国家级、省级各2个）、2个国家级省级水产种质资源保护区、12个森林公园（其中国家级5个、省级3个）、7个湿地公园（其中国家级3个）、4个风景名胜区（其中国家级2个）。

二　毕节经济运行中存在的问题和面临的困难

（一）经济增长结构性问题突出，经济增长持续动力不足

2021年毕节市三次产业结构比为24.13∶27.09∶48.78。第一产业占比多年来一直保持在23%以上，第一产业比重过高，第二产业比重偏低，产业结构不优，一产体量大而不强，农业现代化水平较低，农产品保鲜、加

工、冷链物流等设施利用不足；二产基础薄弱，工业占比偏低，制造业发展不足，数字化、研发创新型工业企业，先进制造业企业数量少，支撑能力较弱；三产质效不高，高端服务业、生产性服务业发展滞后，数字经济处于起步阶段，人力资源开发水平不高，工业化、城镇化水平不高，经济高质量发展基础薄弱，经济增长结构性问题突出，经济发展新动力不强，经济增长持续动力不足，经济增长下行压力增大。

（二）固定资产投资大幅下降，投资稳增长压力增大

2021 年，全市固定资产投资大幅下降，降速达到 8.8%，比全省固定资产投资降速低 5.7 个百分点。三次产业投资只有第二产业投资增长，第一产业、第三产业投资均有所下降，农业、住建、交通、卫生等重点领域投资不同程度下滑，“四化”基金项目谋划质量不高，部分在建和拟建项目资金缺口较大，建设时间长，“投转固”工作卡点锚点多，转固工作推进困难，转固工作推进缓慢，部分项目投资完成率低，投资稳增长压力增大。特别是一、三产业投资下降，会引致一、三产业发展动力不足，进而对经济稳定增长、高质量发展形成严重制约。

（三）区域经济发展不均衡，城乡差距大

一是全市 10 县（市、区）经济发展水平差异较大，无论是规模，还是增速，都体现出不平衡的特点。从规模看，2021 年，排名第一的七星关区地区生产总值规模达到 500.06 亿元，比排名第二的威宁县超出 212.23 亿元，是威宁县的 1.74 倍；比排名第八的赫章县超出 348.49 亿元，是赫章县的 3.30 倍；比排名最后的百管委超出 457.89 亿元，是百管委的 11.86 倍。从增速看，排名第一的金海湖区增速为 5.2%，超出排名最后的黔西县 1.7 个百分点。二是城乡居民可支配收入差距较大。2021 年，毕节市城乡居民收入差距尽管有所缩小，但是仍然达到 3.0，处于较高水平，比全国平均水平高出 0.44。

（四）消费增长面临较大压力

2021年，毕节市消费市场大幅回升，回升力度大。尽管如此，受新冠肺炎疫情影响，毕节市消费市场的稳定运行仍然面临较大压力。这主要体现在，新冠肺炎疫情对旅游、文化产业的发展形成较大制约，跨区域人员流动、生产要素流动出现不畅，到毕节旅游的各方游客数量尽管在2021年出现大幅回升，但无论是游客数量，还是旅游总收入，都未能达到疫情前的水平，与疫情前的水平差距较大。游客数量缩减，引致食、住、行、购、娱等旅游消费减少，消费增长受到较大挤压，消费增长空间受限，对经济增长的拉动作用不足。

三　对策建议

（一）全力主攻“四化”，增强经济增长持续动力

完整、准确、全面贯彻新发展理念，围绕建设贯彻新发展理念示范区，聚焦建设实力强劲新毕节，全力主攻“四化”，加快创新驱动，着力绿色发展，努力实现新突破，推动毕节高质量发展。

一是加快新型工业化，努力实现工业大突破。加快实施工业倍增行动，大力振兴十大工业产业，做大做强主导产业。加快推动传统优势产业提质增效。加快能源转型发展，优先建设大容量、高参数、低排放的大型燃煤机组，着力建设千亿级规模现代能源产业基地。持续扩大煤电先进产能，保持产能稳步提升。大力发展新能源和可再生能源，推进“水火风光储”一体化发展，打造风光水储一体化新能源综合开发基地，不断提升新能源和可再生能源发电装机容量占比。加强优势矿种勘查开发，提升磷、煤等矿产资源深加工能力，积极发展资源精深加工业，延伸磷煤化工产业链，打造新型能源化工基地。加快发展新兴产业，着力培育壮大先进装备制造产业、新型材料、新型建材、新能源汽车零部件、健康医药等产业，不断提升新兴产业占

比。加快数字毕节建设，促进大数据与实体经济融合发展。

二是加快新型城镇化，奋力实现城镇大提升。加快推进七星关—大方同城化，推进南环高速、同心大道、碧阳三道等骨干路网建设，加快构建“一环多放射”城市交通体系，不断扩大中心城区面积，增强中心城区产业和人口聚集能力，推动产业和人口向城镇集中，加快县城提质扩容，不断提升城镇化率。以“四改”为重点，加快实施城市更新行动，遵循“建成一批、开工一批、储备一批”的工作思路，加快城镇老旧小区、棚户区、背街小巷、地下管网、生活垃圾处理设施建设改造，做好项目开工和谋划储备工作，持续提升城镇品质。加快城乡基础设施一体化，推动重要市政公用设施向城市郊区和规模较大中心镇延伸。

三是加快农业现代化，奋力实现农业大发展。加快农业产业标准化、规模化、品牌化发展，加强土地整治和高标准农田建设，积极推进山地农业机械化发展，加快农村一二三产业融合发展，提升特色农产品加工转化率，提高农业现代化水平。大力发展现代山地特色高效农业，着力建设高山冷凉蔬菜生产基地、高山生态茶产业基地、南方马铃薯生产基地和生猪、肉牛(羊)、肉禽养殖基地。

四是加快旅游产业化，奋力实现旅游大提质。加快推动织金洞、阿西里西·韭菜坪等重点旅游景区提质升级，加快“旅游+”融合发展，积极培育壮大旅游市场主体，力争新创建一批全国乡村旅游重点镇（村），丰富旅游产品类型，完善旅游服务条件，增强旅游服务能力，提高旅游服务水平，持续提升“洞天福地·花海毕节”旅游品牌美誉度和影响力，打造避暑、休闲、度假、康养胜地，不断提升旅游及相关产业增加值占地区生产总值比重。

（二）千方百计确保固定资产投资稳定增长，提高投资效率

当前，毕节经济处于结构调整、转型升级和动力转换的关键时期，正围绕“四新”目标，加快“四化”进程。固定资产投资稳定增长是确保新型工业化、新型城镇化、农业现代化、旅游产业化加快推进，实现经济高

质量发展的主要动力。为此，要千方百计扩大固定资产投资规模，确保固定资产投资稳定增长。一是要坚持项目引领，着力加强重大项目规划建设。促进资源、资金、生产要素跟着项目走，注重短期与长远相结合，着力建成一批利当前、管长远的重大项目，以重大项目投资建设促进全市固定资产投资实现稳定增长。二是要加强投资方向引导，瞄准“四新”“四化”，全面贯彻新发展理念，优化投资结构，科学引导固定资产投资重点投向新型工业化、新型城镇化、农业现代化、旅游产业化领域，扩大有效投资规模，提高投资效率，增强固定资产投资增长对经济增长的作用。三是要做好投资要素保障。在规划、审批、环评、土地、能耗、融资、用人等环节，实施全链条服务。树立“以亩产论英雄”“以能耗论英雄”“以环境论英雄”的导向，严格产业项目准入和结构调整管理，节约集约高效利用土地，前瞻布局新兴产业和高质量优质项目，加强签约项目落地率、落地项目开工率、开工项目投资率、投产项目达效率的考核评价，不断提高投入产出效率。

（三）优化营商环境，强化要素保障

加强《贵州省优化营商环境条例》宣传培训，补齐营商环境短板，建立优化营商环境重点改革任务台账。持续推进简政放权、优化政务服务，持续提升“贵人服务·毕须办”政务服务品牌声誉，推进营商环境优化提升。提高政务效能，简化办事流程，制定一批“最多跑一次”事项清单，全覆盖开展入企走访，精准掌握企业信息，做到主动服务到位、事前辅导到位和服务前移到位，加强涉企乱收费问题整治，切实降低企业经营成本。强化要素保障，着力完善支持经济高质量发展的政策措施，构建毕节高质量发展的指标体系、政策制度体系、标准体系、统计监测预警体系、绩效评价体系，不断地优化完善经济发展环境，根据新的形势变化，对经济发展进行动态优化，加强经济运行调度管理，优化要素配置，使各种发展政策、发展要素相互协同、相互配套，提升经济发展效能，确保经济发展行稳致远。

参考文献

吴东来：《2021 年毕节市人民政府工作报告》，2022 年 1 月 7 日。

毕节市发展和改革委员会，《毕节市 2021 年国民经济和社会发展计划执行情况与 2022 年国民经济和社会发展计划草案的报告》，2022 年 1 月 7 日。

毕节市统计局、国家统计局毕节调查队编《毕节市 2021 年国民经济和社会发展统计公报》，2022。

毕节市统计局、国家统计局毕节调查队编《毕节统计年鉴 2021》．中国统计出版社，2021。

毕节市统计局、国家统计局毕节调查队编《毕节统计月报》2021 年各月。

贵州省统计局、国家统计局贵州调查总队编《贵州统计月报》2021 年各月。

贵州省统计局、国家统计局贵州调查总队编《贵州统计年鉴 2021》，中国统计出版社，2021。

贵州省统计局、国家统计局贵州调查总队编《贵州省 2021 年国民经济和社会发展统计公报》，2022。

国家统计局编《中国统计年鉴 2021》，中国统计出版社，2021。

国家统计局编《中华人民共和国 2021 年国民经济和社会发展统计公报》，2022。

毕节市生态环境局编《毕节市 2021 年生态环境状况公报》，2022 年 6 月 2 日。

毕节市发展和改革委员会编《毕节市绿色发展工作开展情况》，2022 年 6 月 17 日。

B.4

毕节县域经济高质量发展实施路径

吕庆兴*

摘　要：　县域经济是我国国民经济发展的重要组成部分，加快发展县域经济是提高地域知名度的现实需要。推动县域经济高质量发展是毕节高质量发展的客观要求。目前，针对毕节县域经济发展存在产业基础薄弱、创新发展动力不足、人才资源匮乏、产业园区发展质量不高、县域城镇化率低、县域间发展不平衡等问题，需要加快建设县域特色产业园区，推动城乡一体化建设，加大人力资源和研究经费投入，积极融入区域经济发展。

关键词：　县域经济　特色产业　毕节

推动高质量发展已成为当前和今后一个时期内确定经济发展思路、政策、实施宏观调控的根本要求。面向高质量发展要求，毕节县域经济在地理区位、自然资源、产业基础、人文环境等方面拥有良好的基础和实践经验，这为实现毕节县域经济高质量发展提供了客观基础。近年来，毕节经济快速发展，人才工作稳步推进，园区经济发展初见成效，科学研究能力不断提升，基础设施建设不断完善，各县域经济发展动力十足、潜力巨大，这些成效为实现毕节县域经济高质量发展打下坚实基础。

毕节市作为贵州省第一人口大市，下辖1区、7县。在8个区县中，各区县人口构成、地理环境、自然资源、产业结构、发展水平等存在巨大差

---

* 吕庆兴，贵州工程应用技术学院讲师，研究方向：县域经济。

异，各区县自然资源分布不均，城镇、农村发展水平不均。这又为毕节实现高质量发展带来挑战。毕节坚持把发展县域经济作为地区经济发展的重点，经过多年努力，在发展县域经济方面取得了一些成果。但毕节市仍存在产业结构不合理、城乡区域发展不平衡、特色产业竞争力不强、人才资源匮乏、科技创新能力跟不上等问题，阻碍了毕节县域经济的高质量发展。如何才能实现产业转型升级、如何走可持续发展道路、如何才能凸显区域特色产业、如何才能实现县域经济的高质量发展，厘清这些问题，才能从根本上实现毕节县域经济高质量发展。

县域经济是国民经济发展的重要组成部分，也是国民经济发展的基础。何为县域经济，不同学者有不同看法。一些学者认为，县域经济主要由县城、乡镇和农村三块经济发展成分构成。这就决定了县域经济发展要依托城乡各自优势与分工，共同促进县域经济的增长。有学者认为，县域经济是指以县城为中心、乡镇为纽带、农村为腹地的一种行政区划型经济，是“以工补农、以城带乡”接口桥梁，是典型的特色经济、个性经济。[①] 县域经济主要包含了三个部分，县、乡和村。县城、乡镇、农村为县域经济发展的三足，县城主要发展以服务业为主导的第三产业，乡镇发展以工业为主导的第二产业，农村发展以农业为主导的第一产业。县城及乡镇对转移农村人口和吸纳农村剩余劳动力具有重要的作用。著名学者李润田认为，县域经济具有整体性、地域性、层次性、基础性、分散性几个特点。同时，县域经济的发展还需要遵循以下几个原则。一是市场导向原则，也是县域经济发展的首要原则。二是产业特色原则，特色产业是发展县域经济的关键所在。三是长期与短期相结合的原则，应充分考量县域经济发展的长期性与短期性的结合。四是可持续发展原则，县域经济发展必然要考虑经济发展与人口、资源、环境的承载能力，经济发展不仅注重量的提升，还要注重质的提升。五是依靠科技发展的原则，科技是支撑县域经济发展的必由

① 李后强：《落实“三新”要求 推动县域经济高质量发展》，《当代县域经济》2021 年第 9 期，第 12~19 页。

之路。①

综上所述，县域经济是以县级行政区划为地理空间，以市场为导向，具有区域特色，分工明确且功能较完备的区域经济体。毕节县域经济发展具有先天独特优势，譬如，威宁县的地理环境优势决定了马铃薯、荞酥等产业在特色农业发展中具有新的竞争优势，金沙县的酱香白酒，织金县的南瓜、竹笋、皂角，赫章县的核桃、可乐猪肉等具有区域特色，在区域经济竞争中具有先天的优势。近年来，毕节在新能源产业发展方面也遵循科技支撑、可持续性发展的原则，譬如，毕节光伏与风电项目的发展，充分依赖自然资源优势和科技创新能力，走可持续发展道路。因此，区域特色、科技支撑、可持续发展、市场导向等可以作为衡量毕节县域经济发展的重要标准。

一　毕节县域经济发展现状及成效

近年来，毕节认真贯彻落实新发展理念，全市经济社会发展呈现“稳中加固、稳中提质、稳中趋优”的良好态势，实现了“十四五”良好开局。

（一）特色产业优势明显

毕节 8 个区县中，大多数区县工业基础比较薄弱，受区位、资源禀赋影响更多地发展农业、旅游业等。经过多年的探索和发展，已形成一大批具有地方特色的优势产业，如威宁的荞酥、马铃薯，赫章的核桃、可乐猪，金沙的白酒，织金的竹笋等。近年来，经过园区经济建设的发展，工业经济也开始寻求战略转型发展，尤其在新能源产业发展方面占有一席之地，譬如，光伏产业和风能发电项目等，在新能源产业经济中占有较大比重。毕节将产业发展作为乡村振兴的重中之重，积极发展特色产业，各县依托本区域的特

① 李润田：《县域经济几个基本理论问题研究》，《地域研究与开发》2004 年第 6 期，第 1~4 页。

色，开发特色产业，带动农民致富。织金县猫场镇大力发展皂角产业，农民在家门口开起了皂角加工厂，猫场镇成为西南地区最大的皂角精加工厂，加工后的皂角精远销日本、新加坡、东南亚等国家。威宁县利用高原气候大力发展大棚特色花卉种植，草海镇中海村沁园春种养殖合作社试种百合花获得成功，百合花供不应求，销往浙江、上海等地，为当地的花农增收致富。赫章县的核桃等县域特色产业在脱贫致富道路上发挥了重要作用。

（二）县域人才发展取得成效

毕节实施“人才强市”计划以来，2021 年全职引进各类高层次急需紧缺人才 523 人，2021 年通过“人才+项目”“项目+人才”等方式，引进培养国家级、省级创新创业人才 7 人，新增省级重点人才 112 人。分区县看，七星关区引进 53 人，大方县引进 18 人，黔西县 3 人，金沙县 111 人，织金县 52 人，纳雍县 15 人，赫章县 56 人，威宁县没有参加人才引进计划。[①] 2021 年，全市人才资源总量达 85.6 万人，居全省第三，其中党政人才 2.13 万人、专业技术人才 18.58 万人、企业经营管理人才 10.34 万人、技能人才 22.51 万人、农村实用人才 32.07 万人，有博士 165 人、硕士 2180 人，国务院特殊津贴 33 人、省政府特殊津贴 36 人，省管专家 13 人、市管专家 140 人。[②] “人才强市”的推动，是解决毕节人才结构性突出矛盾问题的关键一招。

（三）基础设施不断改善

毕节各县域自然资源丰富，地区旅游资源优势明显，近年来交通条件得到改善，私人汽车保有量快速增长，为旅游业发展打下牢固基础。据统计，2021 年，全市年末公路通车里程 33994 公里。公路密度为 126.59 公里/百平

---

① 参见《2021 年贵州毕节市引进人才公告》。

② 参见《毕节市完善工作机制做好人才招引推进各项事业发展》，毕节市人民政府门户网站，https：//www.bijie.gov.cn/xxfb/bjyw/202104/t20210421_74786865.html，最后检索时间：2022 年 7 月 13 日。

方公里。境内铁路通车里程 538 公里，其中高铁 125 公里。道路运输平安运送旅客 1803 万人次，公交出行量达 2.05 亿人次。2021 年，全市年末汽车保有量为 117.68 万辆，比上年增长为 8.2%；个人汽车保有量为 113.06 万辆，比上年增长 8.2%。交通设施的改进为推动毕节旅游业实现高质量发展打下了坚实基础，同时个人汽车保有量的增加，使出行更加方便，为各区县的旅游业发展带来了新的机遇。2021 年，毕节聚焦旅游强市建设，通过“外引内培”，旅游市场主体达 3.2 万户，规模以上市场主体突破 300 家。全市接待游客、旅游综合收入同比均增长 20%以上。2021 年，全市接待境内外游客 8020.23 万人次，比上年增长 12.8%，其中接待国内游客 8020.2 万人次；实现旅游总收入 793.2 亿元，增长 31.3%。[①]

（四）科学研究能力显著提升

近年来，毕节研究与试验发展（R&D）进展良好。2018 年，全市规模以上高技术制造业企业法人单位中，开展 R&D 活动的企业法人单位有 7 个，占规模以上高技术制造业企业法人单位的 18.92%，规模以上高技术制造业企业法人单位 R&D 经费支出 4935.9 万元，R&D 经费与主营业务收入之比为 1.60%，比规模以上制造业平均水平高 0.97 个百分点；R&D 人员折合全时当量 88.3 人年，占规模以上制造业的 15.85%。全市规模以上高技术制造业企业法人单位专利申请量为 50 件，其中，发明专利申请量 11 件。全市有规模以上工业开展 R&D 活动的企业法人单位 52 个，比 2013 年末增长 940%。全市规模以上工业企业法人单位 R&D 人员折合全时当量 927 人年，比 2013 年的 72 人年增长 1187.5%；R&D 经费支出 36701.6 万元，比 2013 年的 2473.8 万元增长 1383.61%；R&D 经费与主营业务收入之比为 0.54%。全市规模以上工业企业法人单位专利申请量为 147 件，比 2013 年的 101 件增长 45.54%。其中，发明专利申请量 48 件，比 2013 年的 9 件增

---

① 《毕节市 2021 年国民经济和社会发展统计公报》，毕节市人民政府门户网站，https://www.bijie.gov.cn/bm/bjstjj/zwgk/tjsj/tjgb/202204/t20220412_ 74711204.html，最后检索时间：2022 年 7 月 13 日。

长 433. 33%；发明专利申请占比为 32. 65%，比 2013 年的 8. 91% 提高 23. 74 个百分点。①

（五）园区经济发展初见成效

近年来，毕节产业园区经济发展获得较大提升。截至 2022 年 3 月，毕节共有 8 个产业园区，其中省级高新技术产业开发区 1 个（毕节高新区，正在与七星关经开区进行整合）、省级经济开发区 6 个（大方经开区、黔西经开区、金沙经开区、织金经开区、纳雍经开区、威宁经开区）、省级特色工业园区 1 个（赫章县产业园区）。全市开发区规划面积为 174. 4 平方公里，建成面积 66. 9 平方公里，建成标准厂房 650 万平方米，入驻企业 793 户，其中规模企业 315 户；2021 年完成规模工业总产值 735. 1 亿元。②

园区经济发展很好地避免同质化竞争，园区错位发展成效显著。譬如，毕节高新技术产业开发区以高新科技（新能源产业）、电子信息产业为主，大方和纳雍经济开发区以生态特色食品产业和大健康医药产业为主，黔西经济开发区以现代化学化工产业为主，金沙经济开发区以优质白酒产业为主打产业，织金经济开发区以现代化工产业为主要产业，威宁经济开发区以高原生态特色食品产业加工和轻纺密集型劳动业为主导产业，其中，风力发电和光伏发电配件生产为主的装备制造产业发展快速，赫章县产业园区以铁矿冶炼、机械零部件等铸造为主的基础材料产业为主导产业。③ 各县域产业园区错位发展，具有自己的独特优势与特殊定位。

二　毕节县域经济发展面临困境

毕节在高质量发展上做出了很多努力，但由于现代经济发展底子薄，起

① 《毕节市第四次全国经济普查公报（第五号）——部分新兴产业及研发基本情况》，毕节市人民政府门户网站，https：//www. bijie. gov. cn/bm/bjstjj/zwgk/tjsj/tjgb/202005/t20200528_74711215. html，最后检索时间：2022 年 7 月 3 日。

② 《毕节市工业园区（开发区）建设发展情况报告》。

③ 《毕节市工业园区（开发区）建设发展情况报告》。

步晚，各区域经济发展呈现出较大发展差异，因此，给毕节县域经济发展带来诸多挑战。主要存在以下几点问题：一是各县域经济发展高端人才资源匮乏，科技创新能力弱；二是产业发展层次低，“专精特新”企业较少；三是城乡发展不平衡，城镇规模小；四是各县域综合实力存在显著差异，发展基础依然不牢；五是 R&D 投入不足问题凸显，R&D 投入强度在贵州省各州市中排名垫底。

（一）科技创新能力弱

县域经济的发展离不开人才的支撑和科技创新，毕节在人才高质量发展方面与贵州省各州市存在一定差距。根据从事科技创新人员数量、科技企业数量、科创中心数量、发明专利申请和授权量可以看出，毕节科技创新能力弱，高端人才匮乏。分区县看，毕节各区县内部的发展也存在较大差异，这给县域经济实现高质量发展带来很大阻碍。2020 年，全市共有 R&D 人员 1079 人，全省为 71604 人，R&D 人员与全省相比存在较大差距。拥有高新技术企业 43 个，但各县域分布不均匀，七星关区占比最多，达到 12 个，织金县与赫章县分别只有 1 个；全市发明专利授权量 33 个，七星关区占了 20 个，织金县为 0 个。这说明各县域科技发展不平衡问题突出。2020 年全市专利申请 2828 件，授权 1761 件，全省有效专利达 94160 件，全省授权专利 39267 件，专利申请与授权量与全省相比也存在较大差异。①

（二）产业发展层次低

在工业经济发展上，毕节各区县仍以原材料加工和半成品加工为主，技术水平含量低，产业链较短，很多产品倾向于初加工，产品附加值不高。地区品牌知名度较低，发展方式仍然比较粗放，缺乏核心市场竞争力。毕节

① 《贵州省第四次全国经济普查公报（第四号）》，毕节市人民政府门户网站，https：//www. bijie. gov. cn/bm/bjstjj/zwgk/tjsj/tjgb/202005/t20200528_ 74711216. html，最后检索时间：2022 年 7 月 8 日。

2021 年三产产业比例为 24.1：27.1：48.8。[①] 从三产比例来看，一产占比依然较高，二产占比较低，二产是吸纳就业人数和稳定实体经济发展的重要部分，但占比依然不高，这说明还有承接东部产业转移的巨大空间。三产占比虽高，但发展质量不足。具体展开看，从一产看，传统农业的主体地位没有变，县域特色农业不突出，生态农业有待提升。从二产看，现有工业结构中主要以矿业开采类和房地产建筑类为主，医疗仪器设备制造、计算机通信电子制造、化学材料等行业还存在创新短板等问题。煤矿类占比较高导致资源能源消耗较高，环境污染问题突出，不利于推动产业转型升级，实现县域经济高质量发展。从三产看，虽然近年来三产比重稳步提升，但租赁业、保险业、互联网信息咨询、信息技术服务、工业设计、R&D 服务等比重较低。[②]

（三）县域城镇化率低

毕节县域城镇规模较小，城乡地区发展差异大，农村基础设施建设落后于城市，尤其在交通、水利、电网、教育、医疗卫生等建设上存在较大差异，部分农村供水不足，饮水安全问题突出，农村二、三产业不发达。各区县城镇化发展水平不均匀，城镇化率水平低。2020 年全国城镇化率已经达到 63.89%，但毕节的城镇化率只有 42.12%。分区县看，城镇化率超过 50%的只有七星关区和金沙县，分别达到 52.21%和 50.39%。城镇化率低于毕节市平均水平的有大方县、纳雍县、威宁县、赫章县。城镇化率最低的是赫章县，仅为 26.09%[③]（见表 1）。城镇化率水平低带来很多困扰，譬如，农村思想落后，教育、医疗、卫生、交通、住房、饮水、就业以及幸福感等都面临挑战。城镇化水平低还将严重影响地方经济发展，城镇企业生产

---

① 《毕节市 2021 年国民经济和社会发展统计公报》，毕节市人民政府门户网站，https://www.bijie.gov.cn/bm/bjstjj/zwgk/tjsj/tjgb/202204/t20220412_74711204.html，最后检索时间：2022 年 6 月 26 日。

② 《贵州省第四次全国经济普查公报（第四号）——第三产业基本情况》，毕节市人民政府门户网站，https://www.bijie.gov.cn/bm/bjstjj/zwgk/tjsj/tjgb/202005/t20200528_74711216.html，最后检索时间：2022 年 7 月 2 日。

③ 《毕节统计年鉴 2021》。

产品市场狭小，不利于企业的创新发展，本土企业市场竞争力弱，也不利于税收财政的发展，以此形成一个“慢性”循环。城镇化水平低还严重影响营商环境，很难吸引外部资金和企业。由于城镇规模小，吸纳农村剩余劳动力能力不强，城镇化水平低反映出城镇吸附聚集效应和辐射带动作用不强，对提高人口密度、产业聚集、劳动就业、城乡协调发展、资源合理配置等带来诸多不利影响，严重削弱县域经济的高质量发展。

表 1　2020 年全国和毕节市各县（市、区）城镇化率

单位：%

行政区划名称	常住人口城镇化率
全国	63.89
毕节市	42.12
七星关区	52.21
黔西市	48.48
金沙县	50.39
大方县	38.00
纳雍县	40.75
威宁县	36.21
赫章县	26.09
织金县	42.66

资料来源：《毕节统计年鉴 2021》。

（四）县域间发展不平衡不充分

根据贵州省统计局最新公布的 2021 年统计年鉴数据，2020 年毕节各区县在贵州省 88 个市、区、县的 GDP 总量排名为：七星关区第 7 位、威宁县第 15 位、金沙县第 18 位、大方县第 22 位、黔西县第 23 位、织金县第 26 位、纳雍县第 32 位、赫章县第 39 位。从经济总量来看，毕节各区县在全省排名总体靠前。但从人均 GDP 来看，威宁县人均 GDP22446 元在贵州 88 个县域经济排名中垫底，与人均 GDP 排名第一的仁怀市（208484 元）相比，威宁县人均 GDP 约是仁怀市的 1/10。2020 年，毕节 8 个区县中，GDP 在

200亿以上的有6个，其中七星关区以500亿远超其他县，纳雍县和赫章县则不到200亿元。从各区县人均GDP来看，各区县发展也存在巨大差异，金沙县人均GDP已经达到4万元以上，七星关区和黔西市人均GDP达3万元以上，其他5个县人均GDP仍不足3万元，尤其以威宁县人均2.2万元垫底（见表2）。[①] 2021年全国人均GDP已经达到8万元，而毕节市各区县的人均GDP和全国平均水平还存在很大差距。另外，毕节市人均GDP增速从2006年的16.3%跌至2020年的4.2%，下降了12.1个百分点。[②] 可见，区域经济发展差异巨大，发展不平衡不充分问题突出。

表2　2020年仁怀市与毕节市各县（市、区）地区生产总值与人均地区生产总值

单位：亿元，元

县(市、区)名称	地区生产总值	人均地区生产总值
仁怀市	1364.11	208484
七星关区	500.06	38490
黔西市	223.94	30601
金沙县	237.23	43437
大方县	228.29	26690
纳雍县	172.94	24157
威宁县	287.83	22446
赫章县	151.87	23363
织金县	218.23	26746

资料来源：《毕节统计年鉴2021》。

（五）研究与试验发展（R&D）投入不足

R&D是衡量一个区域经济发展质量的重要指标之一，通过分析R&D经费投入，可以得出一个区域社会经济的发展质量。R&D指增加知识存量

① 《贵州统计年鉴2021》，http：//hgk.guizhou.gov.cn/publish/tj/2021/zk/indexch.htm，最后检索时间：2022年7月3日。

② 《贵州统计年鉴2021》，http：//hgk.guizhou.gov.cn/publish/tj/2021/zk/indexch.htm，最后检索时间：2022年7月3日。

（也包括有关人类、文化和社会的知识）以及运用已有知识而进行的创造性、系统性工作，包括基础研究、应用研究和试验发展三种类型。国际上通常采用 R&D 活动的规模和强度指标反映一国的科技实力和核心竞争力。由于底子薄，毕节 R&D 与全省各市州还存在差异。2020 年，全省共投入 R&D 经费 161.71 亿元，比上年增加 17.02 亿元，增长 11.8%。R&D 经费投入强度（与地区生产总值之比）为 0.91%，比上年提高 0.05 个百分点，实现连续五年提升。按 R&D 人员全时工作量计算的人均经费为 38.97 万元，比上年增加 0.65 万元。R&D 经费投入超过十亿元的市（州）有 5 个，分别为贵阳市（74.07 亿元）、遵义市（19.14 亿元）、黔南州（13.66 亿元）、黔西南州（12.39 亿元）和六盘水市（11.98 亿元）；R&D 经费投入强度超过全省平均水平的市（州）有 3 个，分别为贵阳市、安顺市、黔西南州。从 R&D 经费投入和 R&D 经费投入强度来看，毕节在这两个方面的表现都不理想。2020 年毕节市全社会 R&D 经费为 3.91 亿元，占 GDP 比重从 0.34%下降到 0.19%，排名从全省第 8 下降到全省第 9，增速为-44.1%。[①] 贵阳市 R&D 投入总量（74.07 亿元）约为毕节（3.9 亿元）的 19 倍。毕节 R&D 投入强度仅为 0.19，在全省各市州中排名垫底，远低于全省平均值（0.91），贵阳 R&D 投入强度（1.72）是毕节的 9 倍。[②] R&D 经费投入在很大程度上决定了一个区域经济竞争能力大小，由于毕节在这方面的投入与全省各市州存在一定差距，在推动县域经济高质量发展上存在动力不足的问题。

（六）区域经济合作化程度不高

对外经济贸易有助于推动地方经济快速发展，加快对外贸易发展，利于

① 《毕节市科技局 2021 年工作总结及 2022 年度工作打算》，毕节市人民政府门户网站，https：//www.bijie.gov.cn/bm/bjskxjsj/zwgk/gzjh/202204/t20220420_74673982.html，最后检索时间：2022 年 7 月 4 日。

② 贵州省宏观经济数据库，http：//hgk.guizhou.gov.cn/publish/articles/c7/2021/10/a732/a732.html？locationhref=http%3A%2F%2Fhgk.guizhou.gov.cn%2Fpublish%2Fchannels%2Fc7%2Fc7_1psSuffix&pagesize=15&curpage=1&curainum=3，最后检索时间：2022 年 7 月 4 日。

提升地方企业竞争力，还有利于借鉴学习国家优秀企业管理理念和经验。但是，毕节在推动对外开放的步伐上还应该加快脚步。从2021年数据来看，毕节对外贸易表现普通，全市进出口总额仅为3.9亿元，比上年下降33.2%。其中，进口总额为0.1亿元，增长3.5%；出口总额为3.8亿元，下降33.9%。[①] 从贵州省2021年对外贸易数据来看，进出口总额达654.16亿元，比上年增长19.7%。其中，出口总额为487.11亿元，增长13.0%；进口总额为167.05亿元，增长44.6%。[②] 因此，毕节在全省的表现很普通，对外贸易占比较低。当前，毕节在对外开放过程中还存在一些问题。譬如，产业基础薄弱，龙头企业缺乏，融入区域经济发展能力不强等，制约了毕节经济高质量发展。因此，积极主动融入区域经济发展，是提升毕节县域经济高质量发展的关键一步。

三　毕节县域经济高质量发展实施路径

推动毕节县域实现高质量发展，必然要求各县域发挥区域自然资源优势，依托各区域自然优势，打造一批具有区域竞争力的旅游景区。产业园区建设是实现高质量发展的“新引擎”，加大园区的整合与高质量发展。人力资源的投入是增强县域经济发展的智力支撑，加大人才的吸引力度是实现高质量发展的客观需要，同时加大科学研究经费的投入是实现创新驱动，推动产业转型升级的重要抓手。培育壮大战略性新兴产业是实现高质量发展的必然要求，尤其要发挥毕节数字经济发展和光伏发电项目优势，以战略性新兴产业带动其他产业实现高质量发展。近年来，随着国家对区

① 《毕节市2021年国民经济和社会发展统计公报》，毕节市人民政府门户网站，https://www.bijie.gov.cn/bm/bjstjj/zwgk/tjsj/tjgb/202204/t20220412_74711204.html，最后检索时间：2022年7月4日。

② 贵州省宏观经济数据库，http://hgk.guizhou.gov.cn/publish/articles/c7/2022/03/a779/a779.html?locationhref=http%3A%2F%2Fhgk.guizhou.gov.cn%2Fpublish%2Fchannels%2Fc7%2Fc7_1psSuffix&pagesize=15&curpage=1&curainum=2，最后检索时间：2022年7月4日。

域城市圈、都市圈建设的支持，毕节要抓住国家支持政策，积极融入区域经济发展，尤其是积极融入粤港澳大湾区和区域全面经济伙伴关系协定（RCEP）发展。

（一）推动县域人才高地建设

大力发展人才战略，发挥人才智力作用，为毕节县域经济高质量发展“赋能”，需要从以下几方面努力。一要树立科学引才观，应充分考虑人才结构问题。主要应以县域经济发展紧缺型人才为重点，稳步推进知识型、技能型、创新型人才队伍建设，实现向应用型技术人才转变。加强职业教育体系建设，为职业技术培训搭建平台，邀请相关专家进行农业知识宣讲，组织农民学习农村电商的使用方法，让农民学会“互联网+”的思维，转变经济交易方式，学会在线直播卖货等技术知识。大力支持科技特派员到示范种植基地宣讲、培训、指导农村产业发展，把科技的“薪薪之火”播撒在田间。科技特派员通过“现场培训+结对指导+操作演示”等方式，不仅能够帮助当地培养一批懂技术、会操作的技术能手，还能解决各个产业发展技术难题。各县在医疗卫生、学校教育、养老服务和基层党建、科技干部队伍等领域还存在薄弱环节。农村人才队伍短缺，生产经营人才、公共服务人才、治理人才普遍紧缺，这就需要树立科学引才观，立足县域发展实际，科学引才。二要用好人才。不断完善人才发展机制，为人才发展营造良好的成长环境，加快形成有利于人才成长的培养机制和竞争机制，不断完善人才评价机制，破除唯论文、唯职称、唯学历的现象，应加快建立健全以创新实力、产出质量、社会贡献为导向的人才评价体系。充分相信和尊重人才，赋予他们更大的经费自主使用权并遵循人才成长规律，进一步调动人才工作积极性。三要以高质量服务留住人才。很多地方“引进来，留不住”现象严重，主要与人才自己的发展前途和家人社会需求有关，因此，应尽量满足人才实际需求，为其配偶、老人、子女提供相应的就业、住房、学习等需求，同时还应为人才发展拓展上升渠道，让人才来了有发展，有盼头，有幸福感、归属感和认同感。

（二）推动旅游产业高质量发展

毕节自然资源丰富，依托自然资源，打造具有竞争力的旅游景区能为推动县域经济高质量发展增加动力。2021 年以来，黔西化屋景区、赫章阿西里西大草原等一批景区走俏全国。旅游基础设施和配套服务得到不断完善，创建国家 3A 级景区 11 家，百里杜鹃管理区入选全省“体育旅游示范县”，黔西市新仁至化屋旅游公路建成通车。县域旅游发展竞争力不断增强，大方县上榜 2021 中国县域旅游综合竞争力百强县市，织金县入围 2021 中国县域旅游发展潜力百强县市榜。赫章县阿西里西·二台坡景区通过国家 4A 级景区景观质量评审，全市新增金沙安底温泉旅游景区、赫章千年杜鹃景区、威宁百草坪旅游景区等 11 个 3A 级旅游景区。旅游招商引资签约项目 79 个，到位资金 109 亿元。[①] 整体来看，毕节各县域自然风光独特，生态环境保护较好，旅游资源较为丰富。另外，“洞天福地·花海毕节”旅游品牌持续打响，大力发展生态特色旅游业满足毕节县域规划定位和生态环境要求。今后，一是应坚持以政府为引导原则，以市场运作为基础，以多元投入为渠道，努力打造毕节“洞天福地·花海毕节”的品牌。二是要不断加强旅游软硬件的开发，不断开发出更多集“观光”和“体验”于一体的旅游产品。三是要注重把旅游资源开发与地方文化融合起来，不仅给游客带来感官的精神享受，而且能够带来文化精神的享受。譬如，赫章县的“文朝荣精神”已经成为毕节的人文名片，把“文朝荣精神”等融入旅游资源的开发中，更加能够体现出旅游的意义。

（三）推动城乡融合发展

县域是城乡联系的纽带，县域是新型城镇化和城乡一体化发展的重要平台。毕节市下属 1 区 7 县的城镇化率均低于全国平均水平，针对毕节各县域

① 《毕节市 2021 年国民经济和社会发展统计公报》，毕节市人民政府门户网站，https：//www.bijie.gov.cn/bm/bjstjj/zwgk/tjsj/tjgb/202204/t20220412_ 74711204.html，最后检索时间：2022 年 7 月 10 日。

间城镇化率低的突出问题，第一，需将毕节市各县域打造成农村人口进城务工、定居的首选地。积极推动“城乡通勤”“城乡双栖”的县域城镇化的新形态，县域创新用工模式，政府和企业增加就业岗位，引导农村人口在县域就地就近创业、就业、定居。第二，提升城乡的教育、卫生、文化等设施。教育上建设从幼儿园到高中的一体化学校，卫生上统筹城乡优质资源，建设医院集中区域，文化上建立城乡博物馆、科技馆、健身中心，将城镇的文化资源触及乡镇。第三，建立健全县域公共服务和基础设施的精准投放，将县域的服务惠及乡镇。第四，大力培育发展特色小镇。各县域依托各自的地理位置、风景、民俗等资源，培育和发展美丽乡镇，争取各县域都有环境优美、生态宜居、特色鲜明的小镇。

（四）推动园区产业经济发展

产业园区经济是支撑实现县域经济高质量发展的“领头羊”。实现县域经济的发展必然要以园区经济发展为引领，高质量推动县域经济发展。各产业园区在推动县域经济高质量发展上具有不可替代的作用，主导产业发展地位得到巩固，培育产业发展也在加快脚步，威宁经济开发区的光伏发电取得了巨大成就，是推动园区经济发展的代表之作。园区经济在毕节县域经济实现高质量发展占据重要的战略地位，推动园区实现从“园区制造”到“园区创造”是园区经济发展的重要渠道。推动园区经济发展从劳动密集型产业向高科技企业发展是提高园区经济竞争力的重要推手。加大园区产品核心部件开发，降低对外部市场的依赖。同时，还应加大园区产业与外部企业合作，逐步提高国际合作化水平和外资利用率。学习参观成熟工业园区，例如，苏州工业园区经过多年发展，园区实现了从“引进来”到“走出去”、从“先行先试”到“示范引领”、从“学习借鉴”到“品牌输出”的跨越式转变，苏州园区的成功经验值得毕节借鉴、交流、学习。

（五）加大研究与试验发展（R&D）经费投入

鉴于毕节 R&D 投入量和投入强度较低，因此，要以促进全社会 R&D 投

入为重点，主要从以下几方面努力。一要持续加大财政科技投入力度，加大税收优惠，引导企业加大 R&D 经费投入。二要尽快成立专职服务工作小组。工作小组负责对全市有 R&D 投入的规模以上企业进行全面摸底，建立企业 R&D 服务工作台账，筛选出重点企业开展“一对一”上门服务。三要积极引导与支持企业、重点科研平台、高校、科研院所加大 R&D 经费投入，推动产业转型升级，为实现毕节高质量发展提供有力的科技支撑。四要加大招商引资力度，吸引外来 R&D 经费投入，逐年加大市、县两级财政科技投入水平，发挥财政资金引导作用，进一步激发市场主体创新活力。五要加快制定出台毕节 R&D 经费投入相关实施方案，明确部门职责，推动协同配合，促进各县域加强对 R&D 经费投入的重视，为“一区三高地、五个新毕节”建设发挥科技支撑作用。

（六）积极融入区域经济发展

粤港澳大湾区和区域全面经济伙伴关系协定（RCEP）是区域经济发展水平较高的两大区域，如何利用好国家对贵州的支持政策，发挥毕节地区优势，积极融入以上两个区域经济发展，是实现毕节县域经济高质量发展的重要一环。粤港澳大湾区发展为毕节县域经济发展带来契机，应发挥毕节区位条件优势，加强与粤港澳大湾区建立创新合作机制，在人才培养、文创产业、新材料、生态旅游等方面全方位开展有效合作。积极承接粤港澳大湾区劳动密集型产业转移，同时利用好“黔货出山”政策，推动毕节各区县特色产业进驻湾区，譬如，威宁县的火腿、荞酥、马铃薯，大方县的皱椒、食用菌、豆制品，赫章县的核桃、可乐猪肉，纳雍县的滚山鸡、食用菌，织金县的南瓜、竹笋、皂角，金沙县的白酒等。

着力拓展开发合作新空间，全力推动毕节经济融入区域经济发展。积极融入粤港澳大湾区建设，在毕节县域经济发展中，有着很多成功的鲜活例子。譬如，威宁县紧紧抓住“黔货出山”政策，农产品不仅销售到粤港澳大湾区，还出口到远洋的迪拜。近年来，作为全国首批设立的粤港澳大湾区“菜篮子”产品配送中心，毕节不断加快农业产业发展，调整产业结构，将高山基地与东部市场牢牢“链”在一起，按照不同季节的消费时令，以销定产，为粤港澳大湾区带去不同的“山中美味”。威宁“三白”和大葱是粤港澳大湾区餐桌上的“新宠”。[①] 这一案例生动说明毕节在区域经济发展中大有可为。既然威宁的白萝卜可以销售到粤港澳大湾区、迪拜，那么赫章的可乐猪、核桃，金沙的白酒等也可以坐上“黔货出山”政策的顺风车远销海内外，尤其是粤港澳大湾区和 RCEP 的东盟国家。

加快开放型经济发展步伐，积极参与 RCEP 实施。RCEP 不仅要求对参与国之间 90%的货物贸易实行零关税，实施统一的原产地规则，允许在整个 RCEP 范围内计算产品的附加值，还放宽服务贸易跨国投资准入，增加电子商务便利化的新规则。[②] RCEP 的诞生为贵州参与区域经济发展带来了更大的机遇，抓住国家支持贵州积极参与 RCEP 机遇，立足毕节地区优势，积极研究制定参与 RCEP 的政策，打造特色产业，如金沙白酒、威宁荞酥，做大做强品牌企业，如威宁能源公司。推动毕节县域经济高质量发展，必须以区域经济体、粤港澳大湾区建设为引领，主动融入区域经济体和城市群发展的整体框架中，努力打造自身特色优势，更多地分享区域经济和大湾区经济发展的红利，以此加快打造自身的核心竞争力，推动毕节县域实现高质量发展。

---

① 《山海赴新程 风劲正扬帆——贵州主动融入粤港澳大湾区扩大开放发展》，《贵州日报》2021 年 9 月 7 日，第 1 版。

② 余淼杰：《“大变局”与中国经济“双循环”发展新格局》，《上海对外经贸大学学报》2020 年第 6 期，第 19~28 页。

乡村振兴篇

Rural Revitalization Reports

B.5

毕节不同类别群体规模性返贫的风险预警及防范对策

王永蓁　何雯好*

摘　要： 巩固拓展脱贫攻坚成果同乡村振兴有效衔接关键在于有效防范规模性返贫风险。毕节地区是传统集中连片贫困区域，脱贫不稳定户和边缘易致贫户多，阻断返贫成为亟须攻克的难题。本报告采用期望贫困的脆弱性测量方法（VEP），对毕节地区和家庭角度的贫困脆弱性进行测度并识别返贫风险。研究表明，毕节相关区（县）面临较高的贫困脆弱性，局部地区存在潜在返贫风险；毕节仍有部分农户家庭处于贫困脆弱性状态。为此，针对区（县）和家庭等不同的返贫风险成因，应积极探索防止规模性返贫的根本路径，应建立健全监测预警、利益联结、防范返贫三个机制，区（县）强力推动绿色产业发展，保障特殊群体稳岗就业，坚决守住不发生规模性返贫底线。

* 王永蓁，博士，贵州工程应用技术学院经济与管理学院副教授，研究方向：经济社会学；何雯好，西南大学经济管理学院博士研究生，研究方向：金融经济学。

关键词： 规模性返贫 返贫风险 毕节

一 不同类别规模性返贫风险隐患

“十三五”期间毕节的脱贫攻坚已经取得全面胜利，顺利完成毕节全域的贫困地区摘帽和贫困人口脱贫。但是，应该清醒地认识到，毕节地区的经济和社会发展基础较为薄弱，生态环境较为脆弱，经济发展的内生动力不强，导致脱贫不彻底、不稳定，面临的返贫风险和压力较大，防止地区规模性返贫和家庭规模性返贫的任务艰巨，并且，不同类别群体的贫困脆弱性并不相同，因此，强化对不同类别的贫困脆弱性的识别和管理，是防止群体规模性返贫的关键。

（一）区（县）规模性返贫风险隐患

贫困是人类社会的公敌，消除贫困是人类的共同使命。[①] 2020 年开始我国的扶贫工程由绝对贫困转变为相对贫困的治理，消除绝对贫困后中国的贫困治理进入到反贫困成果的巩固和相对贫困治理的新阶段。同时，毕节地处乌蒙山区，土地瘠薄、生态脆弱，产业基础相对薄弱。脱贫后的反贫困成果的巩固、防范和化解规模性返贫的风险和压力较大，特别是毕节建设贯彻新发展理念示范区的历史使命，在脱贫地区建立和探索创新经济和社会发展模式，巩固脱贫攻坚成果，加快地区创新发展，对防止毕节地区规模性返贫具有重大意义。目前，地区规模性返贫风险主要表现在以下方面。

1. 区（县）经济发展基础薄弱

“十三五”期间，毕节 7 个国家级贫困县全部摘帽，1981 个贫困村全部出列，累计减少贫困人口 130. 16 万人，成功完成绝对贫困的摘帽工程，实现了反贫困的巨大成就。但是，毕节地区的整体经济社会环境还较为脆弱，支撑地区经济持续发展的能力和基础还相当薄弱，“运动式”扶贫手段对缓

① 习近平：《在全国脱贫攻坚总结表彰大会上的讲话》，《人民日报》2021 年 2 月 26 日，第 2 版。

解贫困状态，特别是消灭绝对贫困，具有非常重要的价值和必要性。但是，速成式的扶贫难以从根本上消除致贫因子和优化发展环境。

毕节市近年来实现了经济较快增长，但反映地区经济发展水平的主要指标依然与全国水平有较大差距，甚至在贵州也处于较为不发达地区。2020年，毕节市的人均 GDP 仅为全国平均水平的 36%，贵州省的 58%，城乡居民人均收入也大大落后于全国平均水平，毕节市的经济发展水平总体还处于较为滞后的状态（见表 1）。此外，工业化和城镇化水平也大大低于全国水平，生财和聚财能力还相当薄弱，地方政府的债务风险和压力矛盾突出，吸纳就业能力增长缓慢，居民增收潜力不足。虽然完成了脱贫摘帽任务，但仍然有部分区县处于经济发展增速缓慢状态，困难群众和边缘性困难群众的基数较大，2021 年，困难群众人口数占毕节市人口的 10.99%（见表 2）。困难群众和困难家庭的抗风险能力较为脆弱，脱贫群众和地区返贫风险依然存在。毕节市经济发展现状和相关指标表明，地区经济发展基础整体较为薄弱，巩固脱贫成果压力较大。

表 1　2020 年全国、贵州省和毕节市经济发展水平比较

单位：元

地区	人均 GDP	城镇居民人均可支配收入	农村居民人均可支配收入
毕节市	29282	34274	11238
贵州省	50808	36096	11642
全国平均	80976	43834	17131

资料来源：《贵州统计年鉴 2021》《毕节统计年鉴 2021》。

表 2　2016~2021 年毕节市社会救助情况

年度	城市低保		农村低保		特困人员	困难人数	
	户数（户）	人数（人）	户数（户）	人数（人）	人数（人）	合计（人）	占比（%）
2016	29472	59651	310502	644452	23625	727728	10.69
2017	22523	42733	259003	555458	20205	618396	9.03
2018	21443	44487	259143	588875	20082	653444	9.52

续表

年度	城市低保		农村低保		特困人员	困难人数	
	户数(户)	人数(人)	户数(户)	人数(人)	人数(人)	合计(人)	占比(%)
2019	31105	83681	252082	592015	20297	695993	10.10
2020	37875	113981	259089	643445	21593	779019	11.29
2021	39520	121147	252469	610793	20280	752220	10.99

资料来源：毕节市统计局，https：//www.bijie.gov.cn/bm/bjstjj/index.html，最后检索时间：2022年8月5日。

2.区（县）内生发展动力不足

反贫困实践表明，贫困地区，特别是深度贫困地区，致贫因子相当复杂，往往陷入“之所以穷是因为穷”的贫困陷阱。政府主导的扶贫工程普遍面临资源整合不足、难以高质量推进；社会主体参与不足，扶贫推进动力不强；扶贫手段单一，缺乏健全机制和制度支撑的困境。贫困地区产业发展落后，扶贫缺乏可持续性。甚至出现“农民等待、企业观望、政府无赖”现象。无奈政府主导型“大水漫灌”扶贫方式，已出现“撒胡椒面”“供需错配”“滋生腐败”等问题，扶贫公正性受到挑战。新冠肺炎疫情发生后政府财政资源约束愈加明显，政府扶持产业发展的能力大大降低。贫困地区不仅缺乏资金，更重要的是资本匮乏。打造扶贫产业是资本形成的关键，但当前产业扶贫运行机制不健全、制度不规范，推而难动。

3.地区生态环境脆弱

资源匮乏和环境承载力低下是返贫的主要原因。毕节位于贵州省西北部，地处乌蒙山区，土地瘠薄、地少人多，存在着生态功能较为脆弱，深度石漠化地区面积广，岩溶山区水生态水环境保护治理难度大、水土流失严重等现实问题。2021年毕节市常住人口684.5万人，人口密度达254人/km^2，是正常地区人口承载密度的2倍。人地矛盾突出，导致土地开垦指数高，对土地资源的需求量巨大，自然植被不断遭到破坏，森林覆盖率低，砍伐严重，从而导致水土流失、石漠化现象严重，成为制约毕节市经济高质量发展的瓶颈。毕节属于典型的喀斯特地区，先天多岩石裸露，耕地较少，全市耕地面积为 81.4 万公顷，但 80%以上属坡耕地，8.8%属于石漠化耕地，土地的供需矛盾进而引发人们过度开垦和破坏植被等活动，加剧水土流失，可持续发展矛盾突出（见表 3）。

表 3　毕节市生态环境情况

年份	类型	面积(万公顷)	占比(%)
2016	石漠化	49.70	18.5
2018	水土流失	102.47	38.16
2022	耕地	81.40	30.31
2022	石漠化耕地	7.2	8.8
2022	森林覆盖	139.07	51.78

资料来源：毕节市自然和资源统计局，2017~2019 年《毕节统计年鉴》。

4. 资源聚集能力薄弱

产业扶贫面临“选项目难，运行项目更难”和“筹资难，使用好资金更难”多重困境，推而难动，效果不佳。贫困的根源在于缺乏具有竞争力的产业支撑。欠发达地区不仅缺乏资金，更重要的是资本匮乏。打造扶贫产业是资本形成的关键，但当前产业扶贫运行机制不健全、制度不规范，发展困难。并且，第二产业具有产业链长、带动性广、吸纳就业和技术扩散作用强等特点，是带动经济快速发展的重要产业部门。但是，近年来毕节第二产业占比不高且呈现逐渐下降的趋势，当地的工业制造业并未成为支柱性产业，吸引资源的能力不强，以传统煤电产业为主的粗放型发展方式难以为继，而新兴产业起步晚、体量小。尽管毕节地区第三产业占比高达 40%以上，但主要依赖于旅游业发展，而随着新冠肺炎疫情冲击和经济下行压力加大，毕节地区经济发展缓慢，产业就业基础不牢，容易发生规模性返贫（见图 1）。

5. 营商环境建设滞后

营商环境是一系列伴随企业从设立到终结整个生命周期的各种环境的总

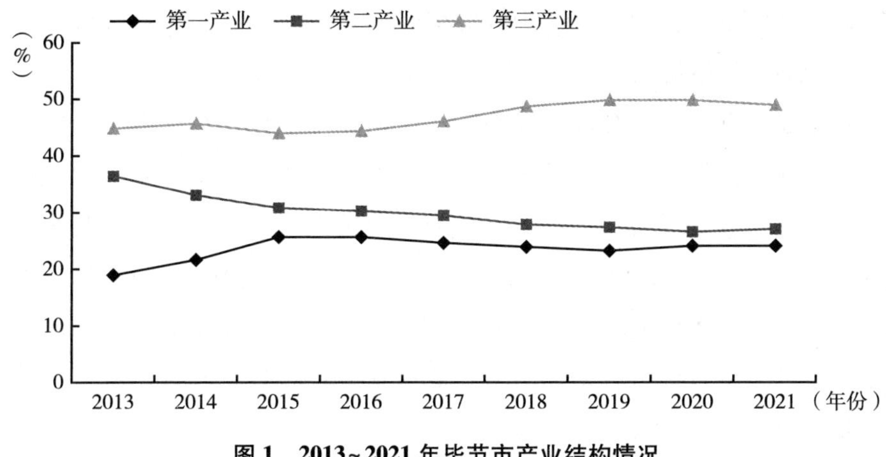

图 1　2013~2021 年毕节市产业结构情况

资料来源：毕节市统计局。

和。影响着企业便捷度、竞争性和稳定性的外部环境，是政府和社会等多元力量共同作用的结果。营商环境是区域综合经济和社会发展环境的核心，既是区域经济发展水平的标志，更是区域经济进一步发展的条件。2020 年国务院先后出台《优化营商环境条例》《关于进一步优化营商环境更好服务市场主体的实施意见》，表明我国对构建高水平营商环境的高度重视。经济发展落后地区大多面临营商环境建设滞后的困扰，严重影响和制约其招商引资的能力，导致现代产业基础难以发展，就业水平难以有效提升。毕节地区本身经济区位较为偏僻，缺乏交通网络节点支撑，基础设施发展相对滞后，物流成本较高；信息相对闭塞；政府的开放和服务能力不强；高等教育发展能力不强，人才培养能力不足，而且人才流失较为严重，科技支撑乏力。

（二）家庭规模性返贫风险隐患

脱贫攻坚的胜利意味着按现行贫困标准计算的绝对贫困人口在统计上消失，但这并不意味着城乡家庭贫困的终结。现行的统计数据也表明，毕节地区还有大量困难家庭（低保户）和边缘性困难家庭。这些低收入家庭的脆弱性较强，难以抵御各类风险，特别是在经济发展下行导致的就业冲击，以及社会救助和兜底覆盖度不高的情境下，大量中低收入家庭面临规模性返贫风险隐患较大。

1. 低收入群体基数较大

尽管脱贫攻坚、精准扶贫战略的实施消除了现行扶贫标准下的绝对贫困，但农村经济发展相对落后的局面并未根本改变。2020 年毕节市城镇居民人均可支配收入仅为全国的 78%，农村居民人均可支配收入约为全国的 66%，而且，毕节市社会救助的困难人人口数占比超过 10%。在消除绝对贫困后，仍存在较大规模的低收入人群。根据相关统计数据显示，毕节享受农村居民最低生活保障人群较多，占比高达 32.43%。[①] 从收入情况看，毕节农村困难群体人均收入平均值为 10498.76 元，仍有少部分困难群体低于最低生活保障标准。[②] 其中，困难群体的人均收入主要依赖工资性收入，人均财产性收入水平较低，平均值仅为 110.85 元，说明低收入群体通过财产、资产获得增收难度较大，在一定程度上反映出低收入群体家庭资产状况并不理想，抵御突发风险能力较弱，具有较高的贫困脆弱性和风险脆弱性（见表 4）。

表 4　2020 年毕节市农村低保人群收入情况

单位：元

变量	平均值	标准差	最小值	最大值
人均纯收入	10498.76	4328.991	5147.23	36980
人均财政性收入	110.85	497.048	0	6721.4
人均生产经营性收入	1931.841	3555.36	0	32700
人均工资性收入	5534.226	4179.655	0	27000

资料来源：课题组调研。

2. 家庭贫困脆弱性较强

家庭贫困脆弱性主要指在承受外部风险冲击后的家庭经济稳定性程度，

① 资料来源：课题组调研数据，在调研统计的 1902 个毕节地区农户家庭样本中，享受农村居民最低生活保障的农户有 617 人。

② 在调研统计的 1902 个毕节地区农户家庭样本中，低于最低生活保障标准有 3 人。

影响家庭贫困脆弱性的因素主要包括家庭的收入来源结构、家庭收入水平，以及冲击家庭收入的风险因子。基于调查和相关统计数据分析表明，毕节地区的家庭，特别是农村家庭的贫困脆弱性问题较为突出。一是家庭收入结构来源较为单一，对外出务工收入依赖度过高。课题组的抽样调查数据表明，农户每年的人均纯收入的平均值为10939.37元，2020年人均工资性收入的平均值为7567.75元，远远高于其他收入，说明毕节地区农户主要依赖于工资性收入，务工收入依赖程度较高（接近70%），经营性收入占比仅为20%，财产性收入较更低。农户家庭收入的稳定性较差，导致家庭贫困脆弱性程度较高，返贫风险较大（见表5）。二是家庭受教育程度较低，缺乏专业技能支撑。统计结果显示，农户接受过高中及以上教育的占比仅为6.90%，[①] 说明毕节农户受教育程度不高。并且，受教育年限时间较短，2021年毕节地区15岁及以上人口的人均受教育年限提高到7.7年，但是劳动年龄人口平均受教育年限远低于全国水平的10.9年。[②] 受教育程度较低，可能是因为高中大学的教育支出突然增加，对于低收入家庭来说可能会因为子女上学引发返贫风险。三是毕节农户人口老龄化趋势凸显，统计显示，60岁及以上人口占比达到12.3%。并且由于当地以务工为主的工资收入水平较高，随着年龄增长，务工务农出现困难，很可能出现“因老返贫”的现象。

表5　2020年毕节市农户收入情况

单位：元

变量	平均值
人均纯收入	10939.37
人均财产性收入	89.73
人均生产经营性收入	2253.88
人均工资性收入	7567.75

资料来源：课题组调研。

① 资料来源：课题组调研数据，在调研统计的1902个毕节地区农户家庭样本中，受过高中教育有67人、大专教育有29人、本科及以上有37人。

② 资料来源：《推动毕节高质量发展规划》。

3. 家庭社会保障程度不高

完善的社会保障体系是阻断返贫和解决相对贫困问题的有力保证。毕节不断实施社会救助兜底脱贫行动，减轻贫困户参保缴费负担，逐步完善社会保障机制，毕节农户贫困家庭大病保险参保率达到 100%，城乡居民基本医疗保险参保率高达 99.89%。[1] 但是，应该客观看到，贫困农户养老保险和商业保险参与程度较低。其中，农户参与养老保险占比为 62.20%（见图 2），人均养老保险金平均值为 654.62 元/年，[2] 说明当前毕节农户家庭的养老保险保障机制不够完善，养老保险参与程度、养老保险待遇水平有待进一步提升；参与商业补充医疗保险仅为 8.16%（见图 3），一旦发生重大疾病，农户收入水平偏低，且社会保障力度不足，存在较高因病返贫风险。

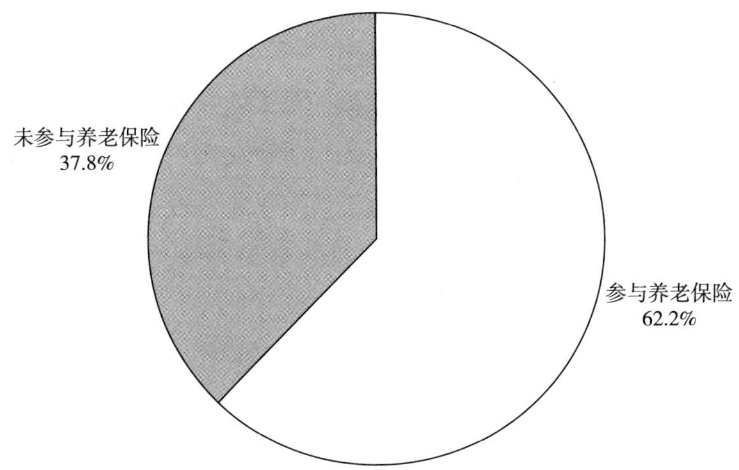

图 2　2021 年毕节市农户参加城乡居民基本养老保险情况

资料来源：课题组调研并经计算整理得到。

① 资料来源：课题组调研。

② 资料来源：课题组调研。

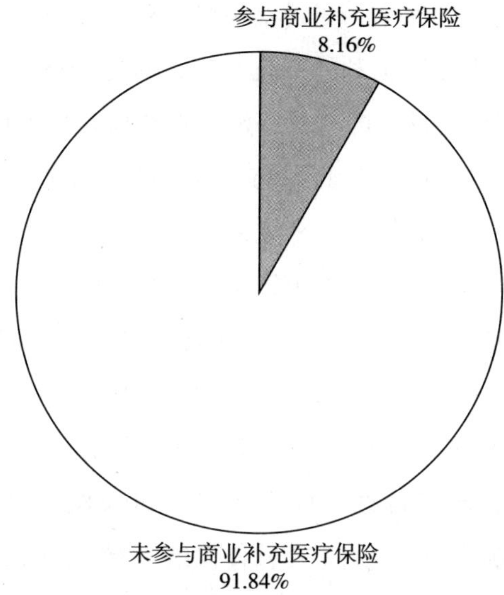

图3　2021年毕节市农户参加商业补充医疗保险情况

资料来源：课题组调研并经计算整理得到。

二　不同类型返贫风险识别与预警分析

守住防止规模性返贫底线对于巩固拓展脱贫攻坚成果具有重要意义。科学识别返贫风险、深入剖析不同类型返贫风险成因，不仅能够牢牢守住规模性返贫风险底线，更能实现由脱贫到发展的跨越，对于巩固脱贫攻坚成果具有至关重要的作用。

（一）返贫风险识别的指标和资料来源

1. 返贫风险识别的指标选择

返贫侧重于强调已经成功脱贫的群体由于某种原因再次陷入贫困的状态。贫困脆弱性通常被用于刻画个体或家庭在一段时间内陷入贫困的可能性，① 所

① Grootaert C, Kwakwa V, Kanbur R, "World Development Report 2000/2001: Attacking Poverty-Overview," 2000.

以本报告选用贫困脆弱性作为衡量返贫风险的代理指标。测度贫困脆弱性能够有效从动态视角识别家庭福利的变化状态，若低于贫困标准线，则认为该家庭具有一定的贫困脆弱性，即存在一定的返贫风险。本报告采用 VEP 方法对贫困脆弱性进行测度，用可观测到的变量和冲击因素对收入进行回归以得到未来收入的表达式，由此得到未来收入低于某一值（贫困线）的概率，这个概率就被称为脆弱线，① 低于贫困脆弱线则认定为具有一定的返贫风险。

本报告通过设定贫困线和脆弱线来有效衡量地区和家庭的贫困脆弱性。关于贫困线的选择，本报告选用 2020 年中国贫困标准 4000 元/年做贫困线，并同时选用世界银行 2015 年设定的 3.1 美元/天国际贫困线做稳健性检验。针对脆弱线的选择，比较常见的设定依据是 50%概率值和 29%的概率值。但 50%概率值作为脆弱线的缺点在于其仅能有效识别长期贫困农村家庭，忽略了暂时贫困的农村家庭。② 所以，学术界又将经过时间期限折算的概率值作为脆弱线，将 50%概率值折算为 29%。鉴于此，本报告选用了 29%和 50%两条脆弱线标准进行分析。

2. 返贫风险识别的资料来源

为了识别毕节不同类别群体规模性返贫，本报告将从毕节地区家庭和地区两个维度分析毕节返贫风险情况。其中，地区维度选用毕节各区县 2013~2020 年的相关统计数据，资料来源于《贵州统计年鉴》《毕节统计年鉴》等。相关数据指标主要包括人均可支配收入、人均 GDP、产业结构、常住人口、金融发展水平等。而家庭层面则选用毕节地区脱贫农户的相关调查数据，将脱贫农户作为研究对象能更好反映贫困群体是否具有返贫风险。资料来源于课题组调研数据。该数据时间跨度为 2020~2021 年，主要包含脱贫农户的性别、年龄、受教育程度、是否参保、家庭规模，以及家庭收入等信息，经过筛选和剔除样本缺失值和无效值，最终得到 1278 个有效样本，具有一定代表性。

---

① 蒋丽丽：《贫困脆弱性理论与政策研究新进展》，《经济学动态》2017 年第 6 期，第 96~108 页。

② Ward P. S.， "Transient Poverty, Poverty Dynamics, and Vulnerability to Poverty: an Empirical ana Lysisusing a Balanced Panel from Rural China," *World Development* 78 (2016): 541-553.

（二）区（县）返贫风险识别与预警分析

1. 区（县）返贫风险识别

为了识别毕节地区各区（县）返贫风险状况，本研究将农户家庭分地区进行测度。由于所涉及的样本涵盖了毕节市及所属 8 个区（县）2020 年的数据，为此，本报告选用的贫困线是世界银行 2015 年设定的 3.1 美元/天。表 6 显示了 2020 年毕节地区脆弱性情况，可以看出毕节地区具有一定脆弱性，存在返贫风险。其中，金沙县和七星关区的脆弱性程度较高，特别是以 29%概率为脆弱线标准，金沙县的脆弱性高达 26.72%，七星关区的脆弱性达到 19.33%。七星关区和金沙县的经济发展水平较高，但是仍然存在较高的脆弱性，应当注重潜在的返贫风险。而大方县、赫章县、威宁县这些原属于国家级贫困县，脆弱性程度仍然偏高，说明脱贫不稳定户和边缘易致贫户多，防止规模性返贫致贫任务重。

表 6　2020 年毕节地区脆弱性情况

单位：%

脆弱性	7689 元	
	29%概率	50%概率
七星关区	19.33	17.35
大方县	12.78	9.58
赫章县	12.64	8.79
金沙县	26.72	19.83
纳雍县	0.00	0.00
黔西市	6.74	6.74
威宁县	8.82	6.37
织金县	12.86	10.53

资料来源：课题组调研数据经整理计算得出。

2. 区（县）返贫风险成因分析

（1）地区资源环境与生态环境承载力约束

自然灾害是导致脱贫家庭再次陷入贫困状态的重要因素。毕节地区环境承载力低，资源贫乏，生产条件差，受洪涝、地震、滑坡泥石流等恶劣灾害的影响，以农业为主要收入的家庭并不具备稳定的收入来源，一旦自然巨灾发生，便面临返贫风险。同时，毕节匮乏的自然资源也是制约地区经济发展的关键原因。由于资源匮乏，山高谷深、土地破碎、切割度大，生态较为脆弱，而农民为了生活，大量毁林开荒，垦殖率高达90%以上，森林覆盖率一度降到18.6%，农业生产平衡失调，粮食产量低而不稳，使毕节一度陷入“越生越穷、越穷越垦、越垦越生”的恶性循环。

（2）基础设施与公共服务能力制约

毕节是典型的内陆山区，全区的交通、通信以及水利基础设施建设在贵州省处于落后的位置，这是制约毕节经济发展的主要原因。毕节地处喀斯特岩溶山区，地形破碎、雨多库少、工程性缺水严重，严重影响了地区饮水安全，老百姓生产生活、人畜饮水方面还存在一定的困难，虽然已经全面实现户户安全饮水的任务，但饮水工程项目重建设、轻管理现象依然存在，缺乏专项的管理经费和管理人员。毕节交通相对落后，公路危旧桥改造和县乡公路路面改造提升的建设任务仍然艰巨，距离形成交通枢纽还有一定差距。

（3）地区营商环境与招商引资能力有待加强

毕节营商环境仍然存在短板弱项，市场主体面临“痛点”“难点”“堵点”问题，开放水平急需提升。毕节政府整体服务管理水平有待提高，各部门之间协同度低、服务流程烦琐、办事效率不高仍是当前毕节地区营商环境治理中存在的主要问题，毕节政府并没有完全转变为服务型政府，简政放权力度仍需加大。同时，“放管服”监管有待进一步加强。在行政审批过程中，应加强上下级部门协同、衔接和配套，消除政策冲突矛盾，进一步优化部门之间的协调沟通机制，降低各部门之前的协调成本、搜寻成本以及交易成本等。

（三）家庭返贫风险识别与预警分析

1. 家庭返贫风险识别

表7展示了毕节地区2020～2021年家庭贫困脆弱性的测度结果。从贫

困发生率来看，若以2020年4000元为贫困标准进行衡量，以家庭人均纯收入是否小于4000元为标准判断家庭是否贫困，结果显示2020~2021年毕节地区农村家庭没有陷入贫困困境，即贫困发生率为0。测度结果符合中国实际情况，2020年中国按照现行标准下的农村贫困人口全部脱贫，相关统计数据显示脱贫地区农村居民人均可支配收入达12588元。但是，若以3.1美元/天为贫困线为标准，毕节地区有118个农户仍然处于贫困状态，即贫困发生率为9.23%。从脆弱性角度来看，在4000元收入水平时，无论是以29%还是50%的概率为脆弱线标准，毕节地区没有农户陷入脆弱状态，脆弱性发生概率为0，说明国家扶贫工作颇有成效。但是，在29%概率下以3.1美元/天为标准，有163个农户处于脆弱状态，脆弱率为12.75%；若将脆弱线标准的提高至50%概率，仍有129个农户处于脆弱状态，此时脆弱率为10.09%。

表7　2020~2021年毕节地区家庭贫困脆弱性估计结果

贫困发生率		脆弱线	29%概率		50%概率	
4000元	7689元	贫困线	4000元	7689元	4000元	7689元
0	9.23%	脆弱率	0	12.75%	0	10.09%

注：2020年人均年收入7689元对应3.1美元/天，下表同。

2. 家庭返贫风险成因分析

(1) 农户收入结构失衡，影响收入稳定性

从家庭收入情况看，农户每年的人均纯收入的平均值为10939.37元，远高于2020年中国贫困标准线的4000元，说明毕节地区农民家庭已经全部脱贫，这不仅与中国现实情况较为符合，也与前文测度结果吻合。但是，人均纯收入的最小值和最大值差值较大，最小值为5147.23元，最大值的人均纯收入是最小值的7倍，并且标准差较大，离散程度较大，说明仍有大部分农户的收入偏低，虽然高于贫困标准线，但若遇到灾害、重大疾病等不确定因素，仍具有较高的返贫风险。

从收入结构看，2020年人均工资性收入的平均值为7567.75元，远远

高于其他性收入，说明毕节地区农户主要依赖于工资性收入，对务工收入依赖程度较高。而生产经营性收入水平较低，说明依靠农业发展促进农户增收能力较弱，传统农业因发展基础薄弱和发展速度缓慢未能成为农户的稳定的收入方式。同时，人均转移性收入平均值和标准差相差较小，离散程度小，说明转移性收入情况较为良好，仍是部分农户的主要收入渠道，但也反映了部分农户内生动力不足。此外，人均财产性收入、人均资产收益扶贫分红收入水平较低，说明毕节农户中可以通过财产、资产获得收入仍是少部分人群，在一定程度上反映出农户抵御突发风险能力较弱，仍然具有较高的贫困脆弱性和风险脆弱性（见表 8）。

表 8　2020 年毕节地区农户家庭收入结构情况

单位：元

变量	平均值	标准差	中位数	最小值	最大值
人均纯收入	10939. 37	4183. 34	9870. 08	5147. 23	36980
人均财产性收入	89. 73	509. 77	0	0	12000
人均生产经营性收入	2253. 88	3791. 1	845. 24	0	40000. 5
人均工资性收入	7567. 75	4785. 24	7000	0	30000
人均转移性收入	2102. 72	2669. 27	1157. 79	0	20246
人均资产收益扶贫分红收入	19. 8	203. 11	0	0	5835. 7

资料来源：课题组调研经计算整理得到。

（2）农户受教育程度偏低，缺乏专业劳动技能

毕节地区农户受教育程度、文化水平较低，初中及以下文化水平占比高达 78. 36%，而受过高等教育的农户较少，高中及以上文化水平占比仅为 10. 32%，并且依然存在 11. 33%的文盲或半文盲群体（见图 4）。统计数据显示，2021 年毕节地区 15 岁及以上人口的人均受教育年限提高到 7. 7 年，但是劳动年龄人口平均受教育年限远低于全国水平的 10. 9 年。此外，毕节地区农户缺少专业性劳动技能，具有技能劳动力群体仅占比为 0. 53%，专业性技能的缺少导致农民致富能力较弱，是农村脱贫人口返贫的重要原因。

并且，高达 49. 95%农户家庭为普通劳动力，说明应当进一步加强毕节地区农户专业技能培训，丰富技能培训内容，为农户未来发展制定职业规划，激发农户群体的内生动力（见图 5）。

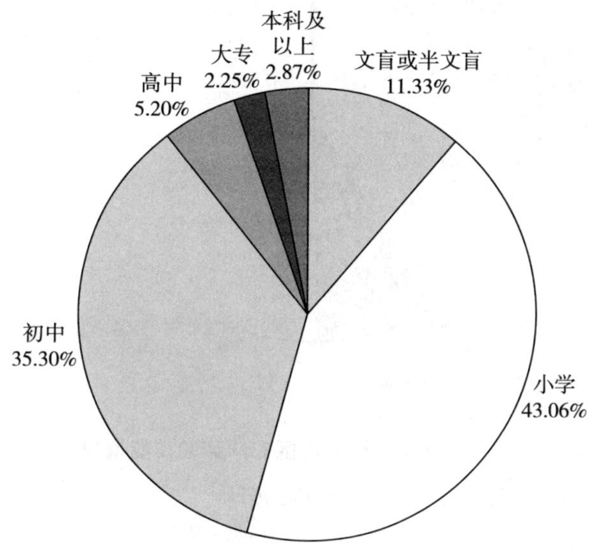

图 4　2021 年毕节地区农户受教育程度情况

资料来源：课题组调研经计算整理得到。

（3）社会保障程度较低，社会救助不健全

从养老保险参与情况看，农户参加养老保险比例不高，截至 2021 年，有 89. 51%的农户未参加城镇职工基本养老保险，有 37. 80%的农户未参加城乡居民基本养老保险。毕节地区农户养老保险参与程度并不高，不稳定户和边缘易致贫户缺少有效的养老保障。从医疗保险参与情况看，农户参与商业补充医疗保险程度较低，仅有 8. 16%的农户选择参与，政府应给予一定商业医疗保险补贴优惠，发挥商业保险的风险保障功能，最大限度防止因病返贫的发生。此外，仅有 10. 03%农户选择参与享受人身意外保险补贴，应当注重因意外事故返贫风险的发生（见表 9）。

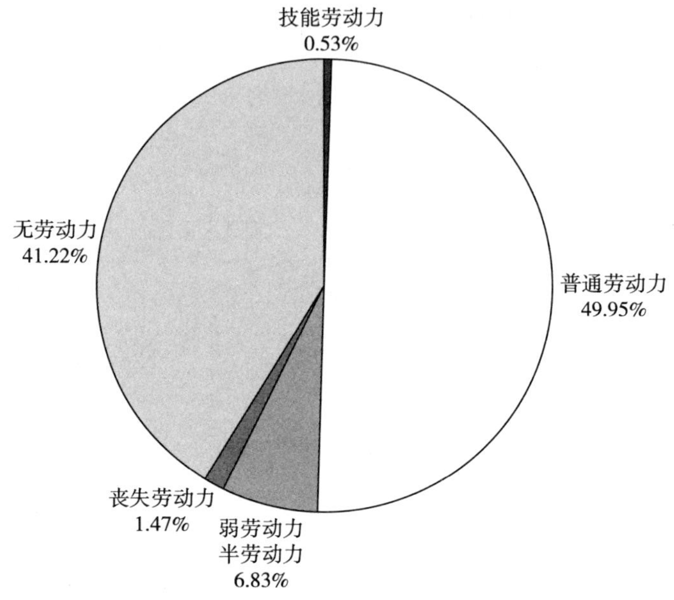

图 5　2021 年毕节地区农户劳动技能情况

资料来源：课题组调研经计算整理得到。

表 9　2021 年毕节地区农户参与社会保障情况

单位：人，%

类别	参加城镇职工基本养老保险		参加城乡居民基本养老保险		参加城乡居民基本医疗保险		参加商业补充医疗保险		享受人身意外保险补贴	
人数	参与	未参与	参与	未参与	参与	未参与	参与	未参与	参与	未参与
	79	674	1183	719	1900	2	88	991	102	915
占比	10.49	89.51	62.20	37.80	99.89	0.11	8.16	91.84	10.03	89.97

资料来源：课题组调研经计算整理得到。

三　规模性返贫的风险处置机制与政策建议

阻断规范性返贫风险的发生是新时期我国贫困治理工作的重中之重。面对新时代绝对贫困的终结和相对贫困的发生、单维贫困向多维贫困转变、家庭和地区返贫潜在风险的提升等问题，构建防止规模性返贫风险处置机制变得尤为重要。

（一）宏观视角

1. 建立动态识别监测预警机制

防止返贫是巩固拓展脱贫成果的首要任务，建立健全防止返贫动态监测预警机制是有效防范化解返贫风险的关键。一是明确返贫监测的对象与标准。明确预警监测机制的对象，对重点困难人群开展常态化监测。加强贫困群体的动态跟踪，拓宽监测范围，重点监测人均收入，对其可能遭遇的意外风险及返贫的可能性进行预判，及早发现、及早干预，采取针对性措施开展帮扶和救助，防止其陷入贫困状态。二是提高返贫预警监测水平。通过大数据、云计算等数字化技术，实现智慧管理和精准监测，强化部门之间的数据共享，并及时开展数据分析、数据整合，找出收入锐减、新增低保、重度残疾等特殊困难对象，通过系统实时监测，促使各部门合力阻断返贫，实现精准监测、精准识别、精准防治，确保识别返贫风险并及时预警。三是建立返贫风险动态识别监测系统。科学设置返贫风险预警标准，聚焦易返贫群体。根据毕节区域环境特点，针对性建立返贫风险动态指标体系，将定性指标与定量指标相结合，重点跟踪困难家庭、边缘性家庭的返贫风险，并根据标准对比及时发出风险预警，开展动态化评估。

2. 建立健全利益联结机制

建立稳定的利益联结机制的关键在于盘活要素资源，不断强化利益联结。一是发挥新型经营主体的引领作用。通过政策引导，积极鼓励龙头企业、农民合作社等新型主体帮扶贫困人群就业。同时，更加深入地挖掘乡村的经济价值、生态价值、文化价值，进一步夯实贫困群众脱贫致富的基础。二是加快农村制度创新和增加农民收益。强化农村资源确权制度、资源流转交易制度，促进资源向资产转化，加快农村新型股份合作制度的建立和完善，引导龙头企业与脱贫农户形成“企农”利益共同体，鼓励农户入股参与发展，积极带动贫困人口继续脱贫，不断提高农户财产性、资产性等的收益能力。三是保持政策的可持续性。对于已经脱贫的贫困人口要继续给予关注，有效利用返贫风险动态识别监测系统继续追踪脱贫群体的生活状况，对处在返贫风险边缘的贫困群体要继续帮扶，尽可能从根本上阻断返贫风险。

3. 构建可持续的防范返贫机制

脱贫攻坚已取得胜利，但巩固脱贫攻坚成果需要长期努力。一是注重自然生态系统的可持续发展。加快毕节地区的现代化农业建设，不断推进特色农业项目落地，努力发展设施农业、智慧农业和可循环农业。加快生态建设的系统性恢复，实施重要生态系统保护和修复重大工程，科学推进石漠化、水土流失综合治理。二是建立健全激励约束机制。要认真落实返贫工作的开展，对扶贫干部工作进行考核，建立贫困人口和贫困地区的考核验收和退出机制，从根本上杜绝数字脱贫、虚假脱贫，保障“真贫困”“需脱贫”的贫困群体及时脱离贫困状态。三是健全防止返贫政策保障。保持现有脱贫政策的稳定性和连续性，继续落实好帮扶政策，并明确延续政策的保障范围、保障对象以及保障方式等，给贫困群众吃上“定心丸”。

（二）微观视角

1. 区（县）返贫的风险处置与政策建议

（1）持续优化营商环境，增强社会资本集聚力

良好的营商环境既可以提高对外开放和招商引资能力，促进地区投资能力提升；又能够吸引社会资本的集聚，是推动经济社会快速发展的必要条件。一是提升脱贫地区的产业发展水平。打造特色农业品牌，不断发挥产业优势，发挥社会资本的引导作用，对特色农产品的研发提供资金支持，建设有特色的农业生产基地。整合资源要素，做出特色化新品牌，提升农产品影响力。二是鼓励社会资本参与农业发展。构建以政府为引导、以企业为主导、让农民受益的合作共赢机制。鼓励社会资本与农户形成紧密的利益联结，让农民通过入股等方式享有保底分红等权益，发挥社会资本带动农民增收。三是创新社会资本投融资运作方式。鼓励支持地方各部门因地制宜，根据毕节实际情况创新投融资运作模式。鼓励社会资本与政府、金融机构开展

合作，依托社会资本的专业化优势，为社会资本参与欠发达地区发展，尤其是重点领域的投资，开辟多元化路径。

（2）推行多元主体协同模式，增强发展可持续性

坚决守住不发生规模性返贫底线，发挥多元主体的协同作用是关键。一是构建多元主体协同的运行机制。通过政府引导市场、社会协同发力，积极参与当地农业产业和地方优势特色产业发展，鼓励先富带动后富，形成防止返贫的合力。如动员龙头企业、专业合作社、创业致富带头人通过建立完善利益联结机制带动监测对象发展产业增收；对因灾返贫的监测对象，引导支持其参加农业保险，组织开展产销对接，有针对性地实施消费帮扶，解决生产发展和产品积压等难题。二是建立多元主体协同的科技机制。根据毕节实际情况，创新科技帮扶模式，形成政府、企业、科技人员和科技特派员、贫困群体等多元主体协同治理的科技帮扶新格局。通过大数据、物联网技术等打通各主体之间的信息壁垒，收集处理帮扶环节的信息，强化多元主体的协同参与。三是创新多元主体协同的金融机制。发挥政府引导型产业基金作用，增强基金对欠发达地区的投融资能力和产业开发能力。设立“防贫基金”、防返贫专项助困基金等项目，发挥金融资本功能，对因病、因学、因灾、因意外事故有返贫致贫风险的特殊困难户进行重点救助。

（3）推动绿色产业发展，培育高质量发展新动能

在生态文明建设的关键期，推动产业转型升级是新时代经济社会高质量发展的必然要求。一是深化绿色产业新模式。助推绿色产业协调发展，打造区域优势绿色产业，不断加快形成绿色产业体系。强化科技创新的引领作用，重点推广新技术、新设备，推进产业标准化、规模化、品牌化，形成环境友好型绿色产业发展新格局。二是调整优化绿色产业结构。绿色产业的发展要大力培育节能环保产业，着力形成绿色低碳产业链布局。督促原有污染程度较高的企业加快绿色产业转型，鼓励企业使用环保技术拓展绿色产业规模，大力发展生态友好型产业。三是培育绿色新产业新业态。挖掘毕节特色资源优势，围绕高效农业、山地农业、文化旅游等特色产业构建新型绿色产业体系。充分运用数字化技术，加强生产链、产业链各环节的信息互通，增强农商

互联、深化产销衔接，为绿色产品建立透明高效的线下与线上联合销售渠道。

2. 家庭返贫的风险处置与政策建议

（1）建立防返贫风险的帮扶机制，提高综合保障与救助能力

防返贫风险的帮扶机制的建立有助于全方位预警，及时制定措施精准发力，对全面筑牢防返贫底线具有重要作用。一是强化对监测对象的精准帮扶。加强贫困群体的生产经营技术培训，特别是要发挥具有产业条件群体的引领带头作用。充分运用电子商务平台等数字化技术手段拓展技能扶贫新路，同时加强与政府、国有企业、社会组织等联系，进一步拓宽就业渠道和方式，精准对接贫困群体。二是筑牢综合社会保障体系。对不具备劳动能力的贫困群体，强化综合性保障，尽最大力度做到应保尽保；对因病致贫的贫困群体，采用商业保险救助、大病救助等措施，降低其医疗费用，并加大对重大疾病、重病患者和残疾群体的救助力度，创新救助方式，降低因病返贫的风险；对因突发意外事件或自然灾害致贫的群体，要启动民政临时救助、社会捐助等方式，尽可能降低群众的损失。三是加强扶贫同扶志扶智相结合。一方面，注重扶志，增强低收入群体的致富信心。强化正面引导，帮助贫困人口摆脱贫困意识，激发贫困群众的内生动力。另一方面，注重扶智，不断加强低收入群体的教育培训、科技培训，帮助贫困地区培育新型农民，逐步激发贫困地区和贫困群众脱贫致富的内在活力。

（2）健全脱贫户的持续增收保障机制，激发防止返贫内生动力

防止脱贫户返贫不仅要持续增加脱贫户收入，更要激发脱贫群体的内生动力。一是增强脱贫户的持续增收能力。推行以政府为主导、以农民为核心、以企业与金融为支撑的防返贫产业体系，充分利用互联网和电商平台，打造具有品牌特色的新型农业，延长农业生产产业链与价值链，不断形成主导产业优势，建立稳定的增收渠道，把“输血”式防返贫变为“造血”式防返贫。二是增强扶贫政策的延续性。扶贫政策具有可持续性，扶贫干部要清楚地认识到摘帽并不等于摘责任、摘政策。要进一步加强对脱贫地区考核验收和退出机制的建设，探索构建可持续脱贫和发展模式，及时追踪贫困群体的生活状况，尽可能阻断返贫风险。三是提升脱贫地区的产业发展水平。

因地制宜发展乡村产业，建设健全产业链。根据毕节地区特殊的地理区位，充分发挥资源优势，加快产业基础设施建设，优化产业项目实施落地，培育特色产品品牌，促进农产品产销的有效衔接，聚力延长产业链、供应链。

（3）推进脱贫人口稳岗就业，巩固拓展脱贫攻坚成果

稳住脱贫人口就业饭碗，是守住不发生规模性返贫底线的重要保障。一是拓展岗位供给。加大贫困劳动力劳务输出，确保在家人员外出务工或就近就业。在重大工程、以工代赈等项目建设中，要积极吸纳脱贫人口就业。鼓励在毕节贫困地区发展“夜经济+小店经济”，支持脱贫群体从事个体经营，并给予相关税收优惠等政策支持，通过拓宽就业渠道带动低收入人群就业。二是做好转岗服务。对因疫停工、暂时离岗和返乡回流的脱贫劳动力，政府部门要结合贫困群体实际情况解决其生活困难，提供岗位选择，有效落实就业保障政策，通过转岗衔接、公益性岗位安置以及发展产业支持等手段做好转岗服务。三是增强技能培训。职业技能培训脱贫是稳定脱贫的重要推动力。根据毕节脱贫劳动力的具体特点和现状，制定针对性的技能培训，强化培训机制，完善就业技能提升机制。面向外出务工群体进行技能的针对性培训，提高其职业技能。

B.6

毕节乡村产业振兴的思路及对策*

李华红　李进进**

摘　要： 乡村产业振兴不仅是毕节乡村振兴的重中之重，也是其努力建设贯彻新发展理念示范区的基本内容和要求。本报告回溯了毕节市产业振兴的具体实践及取得的成效，研判了其面临的现实困境，即农业基础条件较为薄弱、精深加工产能不足、经营主体实力总体不强、产业发展同质化严重、产品品牌建设相对滞后、产业融合程度不高、相关要素保障不足等。对此，要真正振兴毕节乡村产业，宏观上须坚持三链协同发展产业、健全各类体系发展产业、依靠创新发展产业、遵循三大规律发展产业的总体思路，微观上要优化乡村产业发展布局、抓实乡村一二三产业融合工程、依托全要素强化支撑、激发经营主体"干闯带"活力、加强乡村产业质量安全和品牌建设等。

关键词： 毕节　产业振兴　乡村振兴

2018年7月18日，习近平总书记将毕节试验区成立30年来的扶贫实践肯定为"贫困地区脱贫攻坚的一个生动典型"，并要求做好同2020年后乡村振兴战略的衔接，努力把毕节试验区建设成为贯彻新发展理念的示范区。乡村产业发展、产业振兴不仅是毕节摆脱贫困的根本之策、实现乡村振兴战略的长远之计，更是其努力建设贯彻新发展理念示范区的重要内容和要求。

---

* 本报告系国家社科基金项目《西部民族地区"乡愁经济城"型构与可持续治贫研究》（项目号：17XMZ043）的阶段性研究成果。

** 李华红，贵州省社会科学院农村发展研究所所长、研究员，研究方向：农村经济学；李进进，贵州大学经济学院硕士研究生，研究方向：农村发展。

一　乡村产业振兴内涵及要求

习银生提到，从内涵来看，乡村产业振兴应包括三个方面：一是必须实现农业高质量发展，提高创新力、竞争力、生产力；二是必须实现农村一二三产业融合发展，提升产业链、价值链、利益链；三是必须注重促进新产业新业态发展，培育乡村经济发展新动能。① 而吴春来则从政策—要素—利益三个维度来描述产业振兴的内涵：在政策维度上，产业振兴阶段属于政策激励活力，不同于产业扶贫阶段的政策保障和政策兜底；在要素层面，则是要素融合提升产业竞争力与持续力，发展目标在于培育产业参与市场的综合竞争力；在利益上，产业振兴寻求多元主体的利益最大化，既包括社会性主体（例如村民），也包括政治性主体（如行政村），还包括市场性主体（例如企业、合作社等），实现利益主体的多元化。②

总之，乡村产业振兴是实现乡村振兴的基石。乡村产业振兴的重点是要通过产品、技术、制度、组织等方面的优化与创新，提高良种化、机械化、科技化、信息化、标准化、制度化，以及组织化水平，并推动农林牧渔业和农产品加工业及其相关的服务业转型升级。这就要求，一方面要大力发展以新型职业农民、适度经营规模、作业外包服务等为主要内容的现代农业；另一方面要推进农村一二三产业融合发展，促进农业产业链延伸，为农民创造更多就业和增收机会。③

二　毕节振兴乡村产业的实践举措与成效

在脱贫攻坚期间，毕节的产业扶贫成效显著，也为乡村振兴奠定了很好的产业基础，现将具体的产业振兴实践总结如下。

---

① 钟甫宁、罗必良、吴国宝、左停、习银生、赵文：《“加快推进乡村振兴、扎实推动共同富裕”主题笔谈》，《南京农业大学学报》（社会科学版）2022 年第 3 期，第 1~18 页。

② 吴春来：《产业扶贫与产业振兴有效衔接初探》，《西南民族大学学报》（人文社会科学版）2021 年第 12 期，第 180~189 页。

③ 李周：《深入理解乡村振兴战略的总要求》，《人民日报》2018 年 2 月 5 日，第 7 版。

（一）实践举措

1. 产业选择：因地制宜发展特色优势产业

毕节各县（市、区）依托自身资源禀赋和区位优势，以 12 大产业如蔬菜、食用菌、中药材、辣椒等为主攻方向，以“市场所需、本地适宜”为原则，不断调适并最终选择其中 1~3 个主导产业做大规模，逐步改变“样样都有，样样都不成规模”的状况。例如，大方县、威宁县成为“全省十大蔬菜生产基地县”，尤其是威宁县建有 45 万亩蔬菜基地，“威宁三白”（白萝卜、大白菜、莲花白）更是声名远播；七星关区成功获评国家农产品质量安全县；赫章县充分依托当地资源禀赋，利用森林资源实行在林下种植大黄、天麻、蔬菜或养鸡等“林药”“林粮”“林+N”的融合模式，不仅促进林下经济发展，还建成了全国第二大半夏生产基地；纳雍县围绕食用菌逐步形成特色鲜明、规模连片的优势特色产业；金沙县围绕茶叶、辣椒，织金县围绕南瓜、皂角等逐步形成全产业链发展模式，如织金县在辖区内 30 多个乡镇因地制宜发展皂角树种植、皂角米加工等产业，其猫场镇的皂角产业园更是成为全国重要的皂角米销售集散地，年加工销售皂角米 1000 余吨，占全国市场份额 90%以上。结构调整后，毕节全市蔬菜、精品水果、食用菌、皂角、生态家禽、肉牛产业等 6 个产业规模居全省第一，辣椒、刺梨、生猪、羊等 4 个产业的生产规模居全省第二。①

2. 培训农民：着力培育新型职业农民

在培训农民方面，毕节大力实施“制造能手”“种养能人”等培训工程，着力把进行农业生产的劳动力培育成懂技术、会经营、善管理的新型职业农民。截至 2021 年底，市县共选派 2775 名农技人员和 357 名科技特派员深入一线服务农业高质量发展，创建农业高质量发展示范点 478 个，服务各类经营主体 5450 家（农业企业 572 家、农民专业合作社 3095 家、家庭农场

① 若如无特别说明，本报告所使用的相关数据均来自历年《毕节市国民经济和社会发展统计公报》，或毕节市相关部门提供的内部资料，下同。

522个、养殖大户1261个）；支持事业单位153人离岗创业，领办创办农业项目145个，共投入资金8.46亿元，解决就业1万余人；完成农民教育培训（农民实用技术培训）36万人，培训高素质农民2.12万人。建成国家肉羊肉牛综合试验站、贵州省竹荪人才基地等科研平台25个（其中国家级3个、省级11个、市级9个、县级2个），选育并通过省级审（认）定农作物新品种18个（水稻1个、玉米15个、中药材2个），以平台的形式直接或间接培育了一大批职业农民。

3. 技术服务：组建农业科技服务团

精准对接供需，围绕毕节12个特色农业产业发展技术需求，由市级统筹安排选派农业科技人员组建农技服务团提供相关的技术服务，并要求科技服务覆盖全部乡镇和重点基地。目前根据产业种类和区域布局特点，已选派市县乡三级3600余名农技人员组建服务团提供相关的技术服务，技术服务具体包含技术方案的制定、新技术的应用、新品种的推广、新型农机具的使用、农用地膜的回收、除草剂禁用限用，以及病虫害绿色防控等。同时，强化选派管理，全力推动科技特派员选派工作进入常态化，把推进科技人员基层服务作为工作重点，不断壮大科技特派员队伍，完善科技特派员制度。着力加强农业科技创新平台建设，聚焦涉农一二三产业开展创新创业服务，为创业者提供技术咨询、培训、指导以及政策咨询、产销对接等服务。最后，利用好国家和省对毕节的政策支持，深化与科研院所、大专院校、省内外农业专家的合作，加强对接交流，破解相关产业发展难题。[①]

4. 筹措资金：强化农业资金投入保障

2021年，毕节市获中央和省级支持资金13.82亿元（其中中央11.55亿元、省级2.27亿元），全面完成农业现代化固定资产投资任务；采取“市县联动、部门合力、专班协作”的方式，开展乡村产业全产业链招商，当年签约项目327个，到位资金188.46亿元。同时，围绕现代特色农业、农

① 牟东岭、周雯文、周金忠、黄健华：《毕节市农业产业革命的实践与探索》，《农业科技通讯》2021年第10期，第23~25页。

业生产及流通服务、绿色循环产业、农业科技装备业、现代化智慧农业、特色林业及林下经济产业项目等6大类基金投向，毕节积极进行相关申报并获省投决通过项目10个、基金额达10.76亿元；毕节还整合投入农业产业发展资金9.98亿元，因地制宜发展蔬菜、食用菌、中药材、特色林业、生态畜牧业等12个农业优势特色产业，推动规模化、标准化、品牌化、绿色化发展。

5. 组织方式：加快新型经营主体发展

毕节坚持把合作社发展作为创新农业经营主体的重点，着力推进合作社规范化、高效化建设。例如，2021年全市累计培育发展农民合作社17742个（股份经济合作社3613个、农专社14129个），其中市级以上示范社983个、成员达198.97万户。同时，毕节市累计培育家庭农场2613家，认定市级及以上示范家庭农场、专业大户952家；累计培育市级及以上龙头企业452家，带动14.28万户农户增收。总之，毕节坚持引育并重和制度创新的发展思路，极力推动以龙头企业为重点的各类经营主体结构优化、层次提升，不断提高乡村产业基础高级化和产业链现代化水平。

6. 产销对接：推动“毕货出山”

为推动“毕货出山”，毕节全市建立了“党政领导推销，工作专班促销、龙头企业直销、国有公司统销”的抱团销售体系，齐头并进拓展市内外以及省外市场。例如，对市内市场，积极开展农产品“七进”活动（进机关、学校、社区、医院、企事业、超市、高速公路服务站）。在拓展市外市场方面，协调用好广州帮扶毕节资源，搭建“市县一体”促销大专班，借力千喜鹤集团、广州江楠果蔬、深圳海吉星等销售平台，加强与华润万家、沃尔玛等超市对接，全力推动“毕货出山”。[①] 同时，充分利用了毕节市已建成的七星关电商产业园、大方县电商产业园、黔西同心电子商务产业园、金沙义务城电商创业园、织金县电子商务（大数据）中心、纳雍县和威宁县电商产业园等电商公共服务平台，做到“线上线下”共同发力，助

① 牟东岭、周雯文、周金忠、黄健华：《毕节市农业产业革命的实践与探索》，《农业科技通讯》2021年第10期，第23~25页。

力织金竹荪、大方天麻、毕节鸡蛋、赫章可乐猪等特色优质的“毕货”品牌进入更多市场，获得更多消费者的青睐。

7. 利益联结：多种模式共同发展

毕节通过大力培育龙头企业，发展“村社一体”，推行“龙头企业+合作社+农户+基地”“公司+合作社+家庭农场+农户”“合作社+基地+农户”等多种利益联结模式共同发展。致力于推动农业产业向规模化、标准化、市场化方向发展，以及实现“人人是股民、户户有分红”的重大目标。其中，以党支部领办村集体合作的组织方式来打造的“合作社+基地+农户”模式在农村实践中得到广泛应用（共 7229 个），2019 年以来其村集体合作社增加留存资金 1.58 亿元，为集体创收 8854.5 万元，直接为社员增收 2.4 亿元，间接带动农户就近就地务工增收 8.7 亿元。例如，在七星关区鸭池镇王家湾社区，采取“三领”模式（支部领航、专社领干、群众领红），截至 2021 年 10 月，已为入社群众分红超过 20 万元，并带动入社的农户实现每年每户增收约 2400 元，为社区集体经济积累增收 10 万元；与此同时，社区还从集体经济累积的资金中列出 4 万多元作为社区的公益资金，该资金主要用于社区公益事业的发展，具体包括培养人才奖励给考上大学的学生、资助困难群众、修建完善社区基础设施等。此外，毕节市还进一步深化农村产权制度改革，深入推进“三变”模式改革，完善产业发展利益联结方式，探索共建共享体制机制。例如，在“公司+合作社+农户”实践中，有些地方通过“土地流转、基地务工、反租倒包”三种立体式交叉联结方式，充分保障了经营主体、村社一体合作社、农户三者之间的利益，有效带动农户增收。

8. 基层党建：创新基层党组织设置形式

在基层党建上，创新基层党组织设置形式。探索推行党支部领办集体合作社，把党支部建在产业链、合作社、龙头企业、生产小组上，为加强基层党组织领导开展农村工作、深化农村集体产权制度改革、促进新型农业经营主体创新、全力做好巩固拓展脱贫攻坚成果同乡村振兴有效衔接等探索出有效的实施路径，并回答好如何处理党的领导和发动群众、生产力和生产关系、“抓党建”和“抓发展”之间的关系等问题。

（二）实践成效

1. 农业综合生产能力明显增强

毕节市在农村产业方面坚持市场导向，持续推动规模化、标准化、品牌化、绿色化发展。“十三五”期间，全市粮经比由 44∶56 调整到 38∶62。2021 年，毕节全市粮食播种面积达 1140.88 万亩，比上年增长 0.1%；全年粮食产量达 243.89 万吨，比上年增长 1.2%。辣椒实际完成种植 113.56 万亩，实现产量 176.29 万吨；投产茶园 40.41 万亩，实现产量 1.61 万吨；中药材在田面积为 107.15 万亩，实现产量 12.84 万吨；食用菌种植 13.5 万亩，实现产量 36.53 万吨；刺梨累计种植 95.9 万亩；皂角累计种植 90.69 万亩，核桃改良及提质增效 100 万亩，种植油茶 22.1 万亩，花椒 14.27 万亩，烤烟 56.39 万亩（收购 121.25 万担）。全年家禽肉产量为 5.49 万吨，猪肉产量为 34.27 万吨，牛、羊肉产量分别为 5.09 万吨和 1.12 万吨，生态渔业产量为 1.02 万吨。

2. 乡村产业质量效益有效提升

2021 年，全市农林牧渔业总产值达 880.72 亿元，比上年增长 9.4%。其中，种植业总产值为 626.6 亿元，增长 9.5%；林业总产值为 36.6 亿元，增长 8.2%；畜牧业总产值为 180.4 亿元，增长 9.2%；渔业总产值为 2.9 亿元，增长 12.1%；农林牧渔服务业总产值为 34.2 亿元，增长 8.9%。同时，毕节还深入实施农产品加工业提升行动，围绕农产品加工开展产业大招商，完成招商引资项目 160 多亿元，农产品加工转化率稳步提升至 50%以上。截至 2021 年底，毕节农村常住居民人均可支配收入达 12441 元、同比增长 10.7%，实现 2.25 万户 9.5 万人防贫监测对象动态清零。

3. 打造了一批影响力大的特色品牌

截至 2021 年底，毕节全市共有农产品品牌产品 191 个，其中有机产品认证 150 个、绿色食品 29 个、农产品地理标志产品 12 个。区域公共品牌 1 个，为“乌蒙山宝·毕节珍好”。例如，“威宁苹果”凭借良好的果品质量和品牌形象，以 4.11 亿元品牌价值，荣登 2020 中国果品区域公用品牌价值榜第 116 位，第 3 次跻身“中国果品区域公用品牌价值榜”。毕节白萝卜和毕节白蒜也成功注册国家地理标志著名商标，萝卜产业作为威宁蔬菜“三白”品牌之一，其在全县的种植规模常年稳定在15万亩以上，截至2020年底，全县已建成标准化白萝卜种植基地4万余亩，共有20多个品种，深受广大消费者青睐，远销迪拜和东南亚等市场。毕节市还抢抓融入粤港澳大湾区机遇，成功申报粤港澳大湾区“菜篮子”基地共53个，数量在全省市州中排名第一。毕节还专门出台相关政策鼓励生产部门对其产品进行“三品一标”认证，以期提升农产品生产质量标准，保障农产品消费安全，全力塑造农产品的品牌和提升其营销价值。

4. 乡村产业体系不断完善

毕节紧紧围绕“55441111”产业布局，大力实施农业特色产业提升工程，加快推进现代高效农业示范园区、规模化种植（养殖）示范基地、坝区农业建设，不断推进厂房、冷库建设，完善农业产业链条，开展农村适用技术指导培训，规范经营主体建设。2016年以来，建成农业示范园区6个，在建农业园区326个，建成农业坝区207个，建成党支部领办村集体合作社7229个，建设“三变”改革试点示范村3491个，建设“塘约经验”试点示范村300个。

5. 组织保障力不断增强

毕节各地在推进党组织领办村集体合作社上进行了很多有益探索，有效增强了乡村产业发展的组织保障力。比如，金沙县平坝镇平庄社区在党支部的领导下，创新“3+3+N”发展模式和“四上工作法”，建立新联农民专业合作社，取得了明显成效；大方县核桃乡木寨社区党总支采取“支部+能人”“支部+网格”“支部+讲习”方式所推动村级产业发展和村庄精细化治理，乡村面貌发生了巨大改变。除了王家湾社区“三领”模式外，七星关区白岩社区“三个突出”、西华社区“三位一体”、双河村“三挂三战”、九股村“合股联营”、鸭池镇“两包一干”等经验做法也得到社会肯定和推广。

三　毕节乡村产业振兴中面临的现实困境

在按期打赢脱贫攻坚战中，毕节市产业扶贫工作虽然取得了一定成效，但从产业振兴的内涵与要求来看，当前的产业发展离真正的“振兴”还有一定差距，即还面临着一些亟待化解的短板与难题。

（一）农业基础条件仍然薄弱

从农业生产设施方面来看，毕节高标准农田建设标准、建设效果与实际需求差距大，如全市仅建成高标准农田 349.88 万亩，且高标准农田建设过程中，土地之间的整合较为困难，部分改造田的田间生产便道或养殖通道还不能满足生产需要等。另外，全市 1482 万亩（国土二调数据）耕地中坡度 15°以上的有 686 万亩，占全市耕地的 46.3%，地形严重破碎。产业发展工程性缺水问题突出，全市水资源开发利用率仅为 8.9%，远远低于全国和全省平均水平。全市农机装备相对不足，2021 年主要农作物耕种收综合机械化率仅为 42%，低于全国平均水平（72.03%）30 多个百分点。农产品产地冷链设施不足，全市农产品冷库储存量仅 2.92 万吨，明显偏小。

从农业劳动力方面来看，虽然毕节市在人口数量上有很大的优势，但与 2016 年相比，2020 年毕节市乡村户籍人口和农业从业人员分别减少 1.19 万人和 29.76 万人，这意味着有大量青壮年劳动力选择了外出务工，或从事非农业生产工作，即所谓的人力资源红利在农业生产领域有逐渐消失迹象。另外，很多农业劳动力即使“务农”，但基本上还是在从事传统的农业生产，真正懂技术、会生产、会经营的新型职业农民数量明显不足。

（二）精深加工产能不足

毕节市农产品加工企业数量总体偏少，且小作坊、中小微加工企业以及初级产品加工企业占比较大，精深加工企业数量相对较少，现有的加工企业数量远不能满足产业生产需求，较多产品由于缺乏加工渠道，最终只能销售初始产品，产品附加值未能得到适当的提升。2021 年，毕节市农产品加工转化率为 55%，同期全国为 67.5%，农产品加工业营业收入与农林牧渔业总产值比为 0.9∶1，而同期全国为 2.4∶1，明显低于全国平均水平。如织金县皂角精虽有一定规模，但产销仍较粗放，皂角制药、保健、洗涤等精深加工尚无大型企业入驻，未形成强有力的加工体系和拳头产品。加之加工技术人才匮乏，产品科技含量低，加工产业产能缺口总体较大。

（三）经营主体实力总体不强

从农业龙头企业发展情况看，2021 年毕节市省级及以上龙头企业仅有 131 家，占全省的 11.1%，与农业产业规模占全省比重相比（如当年毕节粮食产量占全省总产量的 22.3%、蔬菜及食用菌产量占全省的 15.3%、肉类总产量占全省的 19.6%、禽蛋产量占全省的 26.4%等），其农业龙头企业数量规模偏小。从经营规模看，2020 年毕节市 430 家市级及以上农业龙头企业中，营业额超过 500 万元的仅有 150 家，超过 5000 万元的仅 17 家；农业企业、合作社、家庭农场（专业大户）等经营主体流转耕地面积为 252.6 万亩，仅占全市耕地面积的 16.86%，低于全国平均水平近 20 个百分点。从生产效益看，2020 年毕节市农产品加工企业营业收入为 730.1 亿元，生产成本则高达 660.4 亿元；第一产业从业人员人均产值约 2.6 万元，仅相当于全国平均水平的 65%，可见劳动生产率相对较低。总体来看，各类经营主体发展能力较弱，其引领性、成长性和带动性不足。

（四）产业发展同质化严重

各地的乡村产业发展存在一定的同质化问题，这种同质化主要表现在以下三个方面。一是在产业项目选择、产品生产种类方面的盲目跟风或模仿，这种跟风或模仿带来的最大后果是造成产品积压，相互间恶性竞争、挤占有限的市场空间。二是在产品品牌、包装类型等方面的相互模仿或趋同。这种“同质”容易造成产业缺少当地特色，进而使产品缺少竞争能力。三是产业发展模式或商业模式趋同。模式趋同往往会阻碍市场主体的创新，尤其是会打消那些敢于创新、最先创新的生产经营者的生产积极性，这种内耗最终会影响整个行业的经济效益，不利于其可持续发展。

（五）产品品牌建设相对滞后

尽管每个县（区）都在发展各自的特色产业品牌，并也取得了一定成效，但总体上看，毕节市农村产业发展中的品牌建设和开发仍显不够，现有品牌小而散、品牌化程度低，尚未形成影响力大的区域公共品牌，市场覆盖范围小，产品外销能力较差，品牌价值度、品牌影响力亟待进一步提升。例如，威宁党参长期被外省贴牌后销售到全国；外省茶商以每斤 300 元的价格从毕节市收购成品白茶，贴上当地商标后摇身一变，每斤即可卖出上千元价格。织金竹荪、大方冬荪等食用菌虽有一定知名度，但在外地市场上仍然很难看到“织金竹荪”“大方冬荪”等品牌的身影。再者，农产品品牌创建专项经费保障不足，也导致农产品品牌创建工作不太顺畅。如 2019 年之前的无公害农产品申报的资金激励标准是每个 2 万元，但截至 2021 年都还有没有兑现的情况。

（六）产业融合程度不高

乡村产业振兴必定是乡村一二三产的均衡发展、同步振兴，这就要求走一二三产融合发展的道路。截至 2020 年底，毕节市从事初级农产品生产、农产品加工制造、农业社会化服务的市场主体注册数量比例为 3.41∶1∶1.16，注册资本比例为 6.85∶1∶0.39，农产品加工制造业、农业社会化服务业发展相对滞后，亦即一二三产业融合程度明显不够，进而会掣肘乡村产业振兴进程。

（七）其他要素保障不足

一是工商资本进入乡村产业尤其是农业的积极性不高。由于农业产业存在市场风险和自然风险的双重影响，是一个具有高风险、高投入特征的行业，导致工商资本或社会闲散资金投资毕节农业的体量相对较小。二是农村金融服务和担保体系不健全。新型经营主体贷款难、融资难的现象仍旧存在，再加之受新冠肺炎疫情、建设用地选址等影响，农业招商引资也艰难。

有的地方产业发展对帮扶资金依赖较大，自身发展潜力和动能不足，如果后期投入跟不上，失败风险较大。三是农村产业发展中的技术支撑体系不健全。农业技术供给侧增长不够有力，还不能很好地满足全市产业发展的需求。例如，据毕节茶产业专班反馈，全市仅有30余名大专院校毕业的茶学专业技术骨干，且从事本专业工作的才10余人，难以胜任100余万亩茶园的生产指导工作。此外，很多基层农技推广人员还要承担技术推广之外其他事务，更加剧了这种矛盾。

四　毕节实现乡村产业振兴的总体思路：亟待找准四大发力点

（一）坚持三链协同发展产业：处理好产业链、供应链和价值链的关系

农村产业链涉及产品生产、加工、运输、销售等诸多环节，包括产前、产中、产后的各部门、组织机构依据特定的逻辑关系客观形成的链条式关联关系形态。农村产业价值链是依托农业生产，以价值增值、价值创造和乡村产业升级为目的的经济活动和利益联结活动。农村产业供应链则涉及农资采购、仓储、物流、销售等环节。乡村产业振兴必须要处理好产业链、供应链和价值链之间的关系。这就要求，一方面要树立大资源、大农业理念，要对乡村产业兴旺有一个整体的“画像”，即其产业构成的多样性、产业内容的综合性、产业要素的整体性等；另一方面是要通过调整产业结构，促进农林牧渔结合、种养加销一体、一二三产业融合发展，同时极力培育发展新产业新业态新模式，真正提升毕节农村产业发展的整体水平。

（二）健全各类体系发展产业：处理好产业体系、经营体系、生产体系与服务体系的关系

党的十九大报告提出，“构建现代农业产业体系、生产体系、经营体系，完善农业支持保护制度，发展多种形式适度规模经营，培育新型农业经

营主体，健全农业社会化服务体系，实现小农户和现代农业发展有机衔接”。产业体系是指通过优化和调整乡村产业的结构，发展新的产业，并打造较为完整的产业链。生产体系是指在生产过程中，利用先进的科学技术手段，提高乡村产业尤其是农业产业的机械化、科技化以及信息化等水平。经营体系是指要大力培育新型经营主体、新型职业农民等，以此推动适度规模经营的发展。农业社会化服务体系，是科技、信息、资金、人才等现代生产要素有效植入乡村产业链的保障，同时也是稳步发展高效产业、绿色产业、质量产业，以及促进农村三产融合发展的重要手段。因此，在巩固产业扶贫成效以及推动产业振兴的过程中，一方面要建立健全四大体系，另一方面要着力处理好产业体系、经营体系、生产体系与社会化服务体系之间的联动关系，以期延长乡村产业链、优化供应链、提升价值链，真正走向产业兴旺。

（三）依靠创新发展产业：处理好技术创新、制度创新的关系

技术创新和制度创新都是促进乡村产业发展的重要因素。技术进步诱导制度创新，技术的进步程度在一定程度上决定着制度创新的选择，制度创新也可以推动技术进步，二者之间互促共进。农业技术进步是乡村产业发展的原动力，制度创新是推广农业技术进步成果的重要手段。因此，在乡村产业振兴的过程中，要把握好技术创新、制度创新的关系，要让技术进步与制度创新同频共振，共同作用乡村产业发展，真正助其实现产业振兴、产业兴旺。

（四）遵循三大规律发展产业：市场规律、自然规律和社会需求规律一个都不能忽视

在市场规律方面，就是要处理好政府与市场的关系。政府和市场分工协作，是解决乡村产业发展中实际难题的重要手段。一方面，要遵循“有效市场”原则，充分发挥市场机制作用，即要以市场需求为导向，深化供给侧结构性改革，推进乡村产业实现高水平的供需均衡；另一方面，要遵循“有为政府”逻辑，充分发挥政府力量可以弥补市场不足之功能，即着重在公共基础设施建设和基本公共服务提供上发力。总之，恰到好处地实现

“有效市场+有为政府”的有机结合，才能助促乡村产业振兴。

在社会需求规律方面，就是要处理好供给和需求的关系。一方面，是要处理好供给不足的短板，这主要是强调要大力发展特色产业、特色农业，要充分利用毕节的资源禀赋优势大力生产“少而精”“精而强”的特色产品，以“特”取胜；另一方面，是要处理好供给过剩的问题，就是要在全市范围内对产业项目进行科学布局，对所谓的“做大做强”要理性认识，避免县区间相关项目的盲目复制，避免“产量上去了，品质下来了，产品过剩了，谷贱伤农了”的后果出现。

在自然规律方面，就是要处理好规模速度与发展质量的关系。在乡村产业振兴过程中，“只讲速度不讲质量”“只讲质量不讲速度”的观念意识都是不科学的，要根据产业发展的自然规律和生长规律来科学布局乡村生产力，即要有系统的产业规划，要兼顾好“短平快”项目与长期项目的关系。总之，科学破解高质量与高速度之间的矛盾，乃当前毕节乡村产业发展亟须解决的一个真命题。

五　振兴毕节乡村产业的对策建议

（一）树立全局观，优化乡村产业发展布局

一是稳定粮食播种面积，确保粮食安全。优化粮食种植品种结构，支持金沙、黔西粮油主产区建设，提高优质特色杂粮种植，扩大油菜种植，因地制宜实施“稻+菜”“稻+渔”“稻+油”等种植模式，提高农业生产效益。

二是加快发展现代山地特色高效农业。以县域为单位，重点选择 1~2 个首位产业，因地制宜发展一定规模的农业支柱产业，打造农业产业单品强县。具体可以绿色、有机及地理标志农产品为方向，大力发展高山冷凉蔬菜、中药材、高山生态茶、优质马铃薯、食用菌、酒用高粱和生态畜牧（渔）业等特色优势产业。

三是积极发展林业和林下经济。推进森林资源保护、开发和利用，积极

发展立体林业，加强国家储备林基地建设。积极发展森林康养旅游，因地制宜培育各具特色的森林特色小镇和森林人家，建设一批健康与产业融合发展的森林康养基地，实现经济价值、生态价值、社会价值、旅游价值“四个最大化”。

四是发展现代生态循环农业。推动农业清洁化生产，大力发展绿色食品和有机农产品，推进农业产业绿色发展。

五是积极发展数字农业。发挥国家农业科技园区带动作用，大力开展智慧农业“一张图”试点，推动毕节农业大数据中心2.0建设，积极推广生产、销售全过程大数据分析应用。

（二）培植增长点，抓实乡村一二三产业融合工程

抓住乡村产业发展的迅猛势头，抓实乡村一二三产业融合工程。一是要深入挖掘农业多功能性和产业融合能力，大力发展冷链物流、信息技术服务业，扩展农业产前、产中、产后服务，推动种养加销一体，不断提高农业整体水平和竞争力。二是充分利用不断延伸的农业产业链条，发挥好以农户、农民合作社、企业、村集体等为主的各种经营主体的优势，促进农村一二三产业以多种形式融合。三是围绕国家现代农业产业园、省级现代高效农业园区，加大农产品加工业招商引资力度，培育壮大一批农产品加工企业，极力打造三产融合示范平台。

（三）依托全要素，强化乡村产业可持续振兴支撑

一是要提高农业机械化、科学化、信息化和绿色化水平。要因地制宜推广农业机械，切实提高农业机械化水平。要积极建设国家山地农业工程研究中心，组织推动高端农业装备、植物育种、增产增收、生物肥料、清洁生产等技术研发，加强地方特色种质资源保护利用，稳步提升农作物种质资源、畜禽优良品种的覆盖率。要不断提高相关技术应用的针对性和便捷性，优化农技推广服务。要大力发展乡村数字经济，以数字经济手段推动农业与康养、旅游、文化、教育、环保等产业融合，不断催生乡村新产业、新业态、新模

式发展。要加快推进农业废弃物资源化利用，大力推广农作物病虫害绿色防控、有机肥替代化肥、生态循环农业等绿色生产技术，促进农业可持续发展。

二是强化基础条件支撑。要切实盘活农村“三块地”，要优先考虑粮食生产和特色产业发展，探索允许农村集体经营性建设用地与国有土地同等入市、同价同权。要大规模推进农田水利、高标准农田建设和土地整治，逐步扩大规模化耕作面积。不断推进水利基础设施联通，逐步构建区域性水网，采取配套、改造、升级、联网等方式，推进农村生产供水保障工程建设。大力实施乡村电气化提升工程，提升农村电网升级改造工程和通讯基础设施建设，着力构建现代电讯保障体系。强化农产品冷链物流建设，极力完善产地分拣包装、冷藏保鲜、仓储运输、初加工等设施设备配套。

三是构建多元化资金投入体系。要鼓励和支持多元化的融资方式，有效解决经营主体融资难题。要积极整合涉农资金投入重点产业、重点环节，引导和撬动金融资金、社会资金、上级专项资金投入产业建设。

四是加大产业保险保障力度。积极推行产业风险防控保险机制，研究建立政策性农业保险保费补贴机制，切实提升农业防风险保障能力。

（四）聚焦动力源，激发各类经营主体“干闯带”活力

一是培育壮大农业龙头企业。加大农业招商引资力度，通过“一企一策”、并购重组、参股控股等形式，分类扶持壮大一批农业龙头企业，推动形成企业带大户、大户带小户、千家万户共同参与现代农业经营的发展格局。同时，还要借助龙头企业力量推动各地打造各具特色的乡村产业发展专业村、专业乡、专业县。

二是培育壮大村集体经济合作社。加大专业合作社扶持力度，深入推进党支部领办村集体合作社，大力发展“龙头企业+合作社+农户”等农业产业化经营模式，探索创新各类新型经营主体与合作社建立契约型、股权型利益联结机制，不断优化合作社与小农户、大市场之间的收入分配机制，把“合作社”建设成为推动富民强村的重要平台。

三是促进小农户和现代农业有机衔接。加大强农惠农政策力度，完善和

创新农业投入保障和农业生产资料定价、限价机制，降低农业生产成本。健全小农户标准化生产奖补机制，推动资金、服务等要素向小农户倾斜，激发小农户生产经营的积极性、主动性、创造性。积极开展示范性家庭农场创建，鼓励有长期稳定务农意愿的小农户稳步扩大规模，培育一批规模适度、生产集约、管理先进、效益明显的家庭农场，提升小农户组织化、专业化程度。创新农业职业教育模式，将小农户作为实施新型职业农民培育的重点对象，大力开展针对小农户的农业技能培训，确保现代农业后继有人。

（五）积蓄内生力，加强乡村产业质量安全和品牌建设

一是加强农产品质量安全监管，推动国家农产品质量安全追溯体系、动植物疫病防控体系建设，严格执行农产品质量安全监督抽查和风险监测制度。二是构建山地特色品牌创建体系。大力发展标准化农业，提升农产品质量水平，做好农产品品牌发展思路的整体规划设计和品牌创建机制完善工作，具体可按照“有标采标、无标创标、全程贯标”要求，依据“因地制宜、一县多品、共同利用”的原则，大力培育区域公用品牌、企业品牌、产品品牌，加快推进全市“三品一标”认证工作，用好用活“乌蒙山宝·毕节珍好”区域公用品牌形象。要综合利用“传统媒体+新媒体+专业机构”的推介渠道，分层次、分地域、分重点开展品牌宣传推广，推动农产品走向中高端市场。要强化品牌管理，规范品牌授权，以品牌为牵引，促进生产源头清洁化、生产经营标准化、市场营销现代化、经营推广品牌化。要加强农产品市场主体的诚信建设和质量第一的体制建设，建立健全品牌产品安全预警预报机制和快速反应机制。三是注重培育毕节乡村产业振兴的新动力，打造乡村产业振兴的新模式和新业态，以“新动力+新模式+新业态”的合力扮靓乡村产业振兴品牌。

B.7

毕节山地特色高效农业可持续发展的对策

陈昊毅*

摘　要： 2021年毕节围绕建设新发展理念示范区进行了积极探索，以高质量发展统揽农业农村工作全局，在建设现代山地特色高效农业上取得了不俗成绩。但由于受到耕地、水资源、农村劳动力等生产要素的刚性约束和农业生产基础设施建设存在短板等因素制约，毕节山地特色高效农业的可持续发展仍然面临挑战。要通过构建新型农业生产模式，加快农村一二三产业融合发展，补齐农业现代基础设施短板和推进数字乡村建设，推动毕节山地特色高效农业可持续发展。

关键词： 山地高效农业　可持续发展　毕节

一　毕节现代山地特色高效农业取得的成就

2021年是毕节"十四五"规划的开局之年。一年来，毕节以习近平新时代中国特色社会主义思想为指导，坚决贯彻落实习近平总书记视察贵州重要讲话精神和对毕节重要指示批示精神，围绕"四新"主攻"四化"，以高质量发展统揽农业农村工作全局，坚持因地制宜、发挥比较优势，以发展现代山地特色高效农业为路径，加快构建现代山地特色农业产业体系、生产体系和经营体系，有效推动了全市农业产业和农村经济的发展，为进一步做好

* 陈昊毅，贵州省社会科学院助理研究员，研究方向：农业经济学。

巩固拓展脱贫攻坚成果同乡村振兴有效衔接打下了坚实基础。与此同时，毕节在发展现代山地特色高效农业过程中重点围绕农业绿色发展、农村人力资源开发和体制机制创新进行了生动实践，探索了一些有益经验，为把毕节试验区建设成为贯彻新发展理念的示范区做出了积极探索。

（一）农村经济加快发展，农民收入不断提高

2021 年，毕节通过大力推进山地特色高效农业，不断巩固拓展脱贫攻坚成果同乡村振兴有效衔接，农村产业持续发展壮大，农业经济实现稳步增长，农民收入继续得到提高，实现了“十四五”农业农村经济的良好开局。全市实现第一产业增加值 526.49 亿元[①]，在全省 9 个地州市中排位第一，第一产业增加值占全省第一产业增加值的比重提升到 19.3%，贵州传统农业大市的地位继续巩固。从增长速度看，第一产业增加值较 2020 年同比增长 7.8%，继续保持高于全国 7.1%和高于全省 7.7%的增长速度（见图 1）。伴随农业经济的快速发展，2021 年毕节农村居民的收入水平继续大幅提高，农村居民人均纯收入达到 12441 元，同比增长 10.7%，同比增速在全省排名第三，其增速继续高于 2021 年毕节城镇居民人均可支配收入 8.7%的增长率，城镇居民与农村居民可支配收入比下降到 2.99，城乡收入差距进一步缩小（见图 2）。

（二）粮食和主要农产品供给能力提升

2021 年，毕节在推进现代山地特色高效农业过程中，始终坚持标准化、规模化、品牌化、特色化发展方向，依托本地优势资源禀赋，在稳定粮食生产基础上，以坝区建设为抓手，持续做大做强特色优势产业，其中蔬菜、水果、食用菌、马铃薯、肉牛、家禽等产业规模位列全省第一，现代山地特色高效农业产业体系更加合理。在粮食生产上坚定实施“藏粮于地、藏粮于技”战略，坚决扛起粮食生产的政治责任，共完成粮食播种面积 1140.88 万

① 若如无特别说明，本文中相关数据均来自毕节市、贵州省相关统计公报和统计年鉴，下同。

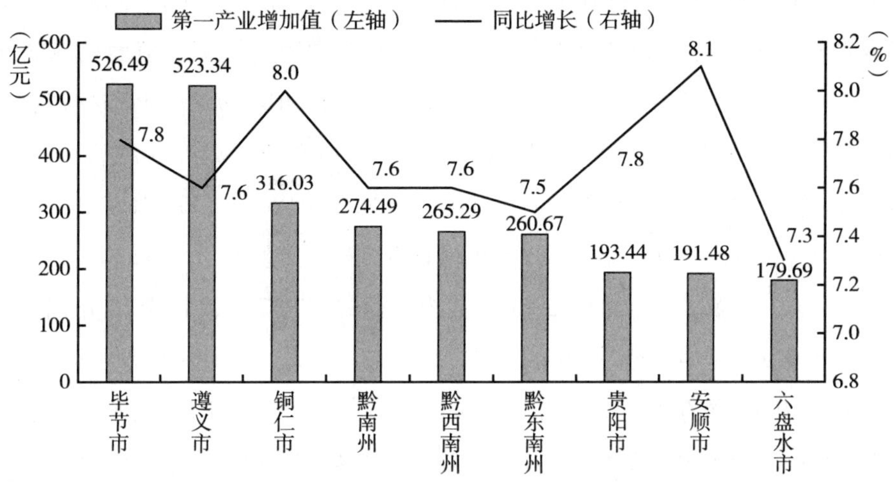

图 1　2021 年贵州省各地州市第一产业增加值及增长率

资料来源：贵州省各地州市《2021 年国民经济和社会发展统计公报》。

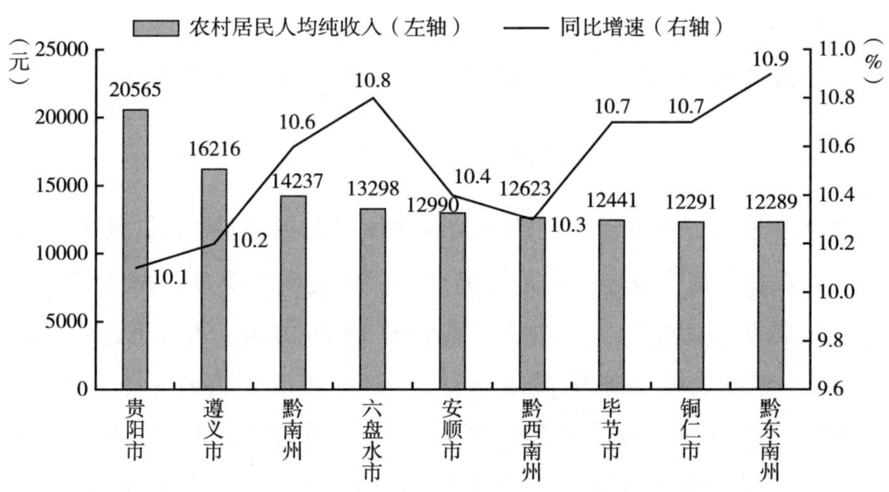

图 2　2021 年贵州省各地州市农村居民人均纯收入及增长率

资料来源：贵州省各地州市《2021 年国民经济和社会发展统计公报》。

亩，实现产量 243. 89 万吨，较 2020 年分别增长 0. 1%和 1. 2%，超额完成省级下达的粮食播种面积 1140 万亩、产量 241 万吨的生产任务，播种面积和粮食产量任务比重分别占到了全省粮食生产任务的27.6%和23.1%。[①] 主要优势农产品种植规模和产量继续增长，实现蔬菜及食用菌种植面积432.67万亩，产量501.77万吨，较上年分别增长1.4%和11.7%；果园种植面积235.02万亩，水果产量88.84万吨，较上年分别增长1%和25.8%；茶园种植面积40.41万亩，茶叶产量1.6万吨，分别较上年增长36.7%和245.6%。实现肉类总产量44.29万吨，较上年增长9.5%，禽蛋产量7.32吨，较上年增长7.6%；生猪存栏324.15万头、出栏363.79万头，较上年分别增长17.4%和9.8%；牛存栏99.08万头、出栏37.17头，较上年分别下降5.5%和增长7.7%；羊存栏75.84万只、出栏52.47万只，较上年分别下降0.8%和9.4%；家禽存栏2245.42万羽、出栏3034.03万羽，较上年分别增长2.8%和下降3.0%。与此同时，毕节积极发展农产品精深加工业，加快推进农业产业全产业链发展，努力提升发展质量和效益，促进农业增效与农民持续稳定增收，农产品深加工类企业数量和规模继续扩大，截至2021年底，全市共有农产品精深加工企业400余家，年度产值约45亿元，其中规模以上农产品精深加工企业33家，规模以上工业产值达到25.07亿元。

（三）农业基础设施和农机装备持续改善

2021年毕节继续改善农业基础设施和加强农机装备建设，助力现代山地特色高效农业加快发展。一是高标准农田建设成效明显，在巩固好“两区”划定成果的基础上，[②] 新建高标准农田36.54万亩，占省下达任务数的104.47%；建设高效节水灌溉耕地面积4.98万亩，占省下达任务数的119.06%。二是产地冷藏保鲜设施逐渐完善，新建农产品产地冷藏保鲜设施项目83个，累计建成134个，容积为14.36万立方米、储存量达2.92万吨。三是农机装备逐步强化，全市在“春耕”“三夏”等重要农时季节共投入各类农机具21.2万台套，完成机耕面积1292.4万亩、机播面积17.59万

---

① 贵州省2021年粮食生产任务：面积4131万亩、产量1058万吨。

② 即265.79万亩粮食生产功能区，40.62万亩重要农产品生产保护区。

亩、机收面积240.77万亩，主要农作物耕种收综合机械化率达到42%，较2020年大幅提升。

（四）新型农业经营主体加快发展

以农业龙头企业、农村合作经济组织和家庭农场为代表的新型农业经营主体发展继续向好。一是农业龙头企业数量增加，实力明显增强。全市累计培育市级以上龙头企业452家（其中，国家级4家、省级龙头企业131家），新增国家级龙头企业2家（毕节市贵州高原蓝梦菇业科技有限公司、中禾恒瑞〈贵州〉有限公司）。二是新型农村合作经济组织不断壮大，截至2021年底，共培育合作社17742个，其中市级以上示范社983个（国家级27个、省级423个、市级533个）。三是家庭农场自我发展能力日益提升。2021年，毕节获得中央和省级财政农业生产发展（家庭农场）补助资金共计160万元，全市共培育家庭农场2613家，获市级示范家庭农场认定876家、省级76家。以纳雍县杨进家庭农场“建立激励机制破解‘谁来种地’难题”、赫章县周训国家庭农场“‘户’转‘场’敲开致富门”等家庭农场发展成功经验作为推广和示范，不断提升全市家庭农场自我发展能力。

（五）山地特色高效农业绿色化转型加速

一是继续加大毕节种质资源保护力度。2021年毕节全市共征集上报农作物地方品种和野生近缘植物种质资源349份，保存玉米、水稻、马铃薯、特色杂粮等农作物种质资源3000份以上。二是农业面源污染防治取得实效，截至2021年底，全市畜禽粪污、农作物秸秆资源化利用率分别达86.89%、88.01%，均高于全国平均水平；规模养殖场粪污处理设施装备配套率达99.28%，农膜回收率达83.13%。三是持续推进化肥农药减量增效工程，全市农药使用量从2018年的572吨减少到2020年的520吨，[①] 减少52吨、减幅9.09%，化肥使用量（折纯）从2018年递减到2020年的17.96万吨，减

① 截至本报告撰写时，毕节2021年农药及化肥使用量尚未公布，此处暂用2020年度数据。

少1.59万吨，减幅8.13%，2021年农药化肥用量预估将继续下降。四是农业绿色防控覆盖率稳步提升。2021年，毕节共开展农作物病虫害绿色防控851.68万亩，绿色防控覆盖率从2018年的31.03%提升到2021年的42.84%。五是“长江禁渔”成效持续巩固。通过扎实开展禁渔执法检查工作，全年共完成水上巡查15892公里，查处非法捕捞渔业行政案件43件，清理取缔涉渔“三无”船舶21艘、网具3000余张顶，禁捕退捕工作形势逐步向好。六是充分发挥地理标志农产品、绿色食品和有机食品认证对毕节农业产业延伸产业链条、推动集群发展、实现农民增收的带动作用。加快推进毕节“两品一标”认证，2021年年累计认证地理标志农产品12个、绿色食品29个、有机食品188个。

（六）不断创新体制机制，继续推动农业农村改革

2021年，毕节农村集体产权制度改革不断深化，全市共核查资源性资产3181.8万亩，经营性资产8.35亿元，非经营性资产65.55亿元；建立村级股份经济合作社3614个，整合各级财政资金、村集体资金22.7亿元入股农村经营主体，增加村级集体经济积累14.49亿元。党支部领办村集体合作社逐步深入，全市建成党支部领办村集体合作社7229个，整合资金资源资产折价49.8亿元入股，实现产业发展收入达18.6亿元，带动农户共计74.4万户300.6万人。农村“三变”改革助农增收作用继续得到发挥，全市3491个行政村开展了“三变”改革，覆盖100%行政村（不涉农城市社区除外），带动139万户553.6万农民变股东，增加收益9.43亿元。农村宅基地审批管理进一步规范，探索建立“六个统一”模式，规范农村宅基地审批管理，全市274个涉农乡镇已全部建立审批窗口。新一轮改革试验课题申报成功，2021年结合全市发展实际，向国家申报了“拓宽新型农村集体经济发展路径”“巩固拓展脱贫攻坚成果同乡村振兴有效衔接”2项全国农村改革拓展试验课题，已获批准实施。

二 毕节山地特色高效农业可持续发展面临的问题与挑战

毕节通过大力发展现代山地特色高效农业，不仅促进了农业产业和农村经济的快速发展，也实现了由过去自给自足的传统小农经济向现代农业生产经营方式的转变，农业生产率大幅提高、农民收入快速增长。与此同时，农业发展中存在的一些问题逐渐显现：一方面，农业要素投入带来边际效益递减，农业生产率的提升和可持续发展已不再可能继续依赖土地、资金、劳动力、化肥等要素的高投入来实现；另一方面，毕节耕地资源、水资源、农村劳动力等生产要素对农业发展形成刚性约束，同时以小农户为主体的农业生产经营形态造成土地流转和规模经营的成本高昂，制约了毕节山地特色高效农业的可持续发展。

（一）耕地资源稀缺，质量总体偏低

从耕地总数看，毕节全市共有耕地 1221.08 万亩，[①] 以 2020 年毕节户籍人口计算，人均耕地仅为 1.28 亩/人，低于全国人均耕地 1.4 亩/人的水平。从耕地结构上看，水田面积 35.42 万亩，水浇地面积 1.98 万亩，两者仅占耕地总数的 3.06%，而旱地面积 1183.68 万亩，占耕地总数的 96.94%。从耕地坡度看，较适宜农业生产的 6°以下坡度（含 6°）的耕地面积仅有 119.6 万亩，占耕地总数的 9.79%。从耕地等级看，中等质量以上的耕地仅占耕地总面积的 16%。耕地结构中旱涝保收的水田和水浇地面积占比偏低、低坡度耕地面积过少和耕地质量较低等因素造成毕节土地产出率较低。从粮食产量看，2020 年毕节市单位面积粮食产量为 423 斤/亩，同期全省为 512 斤/亩，全国为 764 斤/亩；从蔬菜产量看，2020 年毕节市单位面积蔬菜产

① 本节耕地相关数据来自毕节第三次国土调查数据，https：//www.thepaper.cn/newsDetail_forward_ 16282457，最后检索时间：2022 年 1 月 13 日。

量为 1952 公斤/亩，虽高于同期全省 1545 公斤/亩的水平，但与 2018 年全国 2295 公斤/亩的蔬菜单位面积平均产量相比仍然偏低。不难看出，未来毕节在稳定粮食播种面积的基础上，能够用于发展农业特色优势产业、扩大产业种植规模的耕地资源尤其是高质量耕地资源是极其紧张的。

（二）农业可持续发展受水资源刚性约束较大

农业生产是典型高耗水行业，2020 年毕节单位生产总值用水量为 55.5 $米^3$/万元，[①] 单位工业增加值用水量为 72.5 $米^3$/万元，单位第一产业增加值用水量为 107 $米^3$/万元，第一产业单位产值的用水量远高于第二、第三产业。虽然 2020 年毕节第一产业增加值用水量 107 $米^3$/万元为全省最低水平（见图 3）。但毕节市作为贵州农业大市，全市第一产业增加值总量较大、占比较高，导致农业用水总量较大，全年农业用水总量达到了 5.19 亿立方米，排在全省第四位（见图 4）。而从人均水资源占有量来看，毕节为 2110 $米^3$/人，在全省仅高于贵阳市和六盘水市。因此，未来毕节山地特色高效农业的可持续发展必须充分考虑水资源占有量对农业产业发展的刚性约束。

（三）基础设施建设与山地高效农业可持续发展要求存在较大差距

毕节市地处云贵高原的乌蒙山区，是典型的喀斯特地貌，海拔落差大，土地破碎，耕地宜机化水平低。虽然近年来通过推进农村产业革命，农业基础设施日趋完善，但与现代山地特色高效农业可持续发展所要求的标准仍然存在较大差距，主要表现在：农田灌溉及水利排洪等基础设施欠账较大，抵御干旱、洪涝、霜冻等自然灾害风险能力较弱，2020 年毕节农田灌溉水有效利用系数为 0.484，低于全省 0.486 的平均水平，与全国农田灌溉水有效利用系数 0.568 存在较大差距；机耕道、生产便道、冷链物流等现代农业基础配套设施明显不足；农业机械化率偏低，2021 年毕节农作物耕种收综合

---

① 本节水资源相关数据来自《2020 年贵州省水资源公报》。

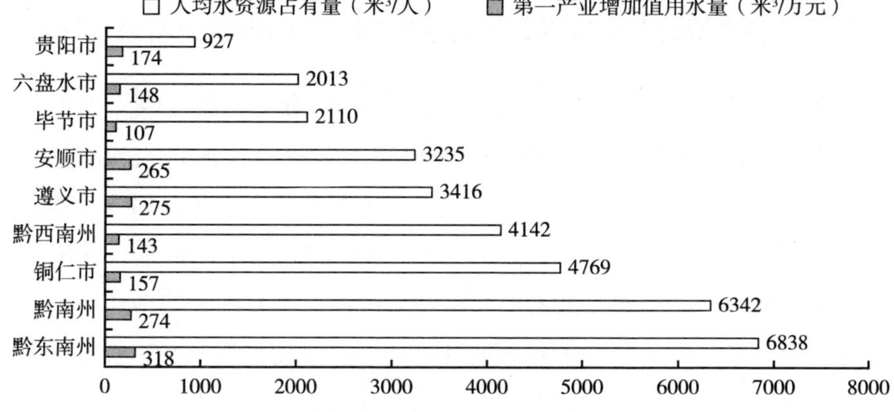

图 3　贵州省各地州市人均水资源占有量

资料来源：《2020 年贵州省水资源公报》。

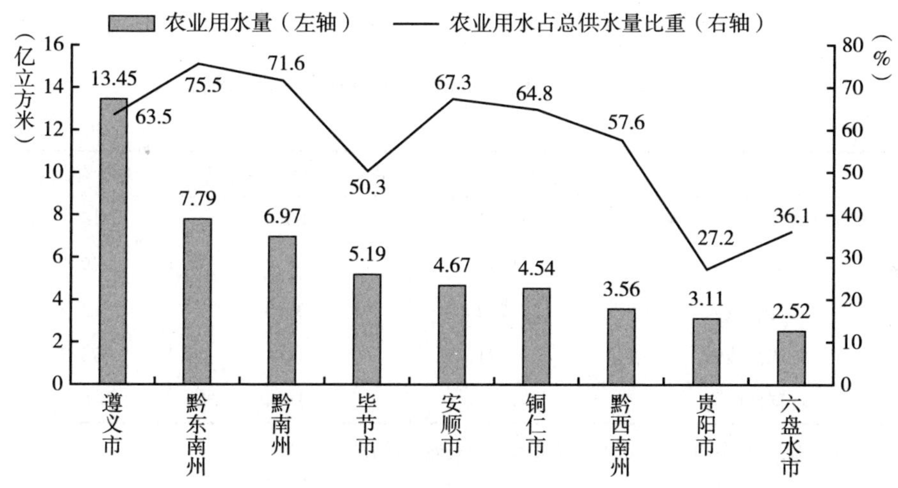

图 4　2020 年贵州省各地州市农业用水量

资料来源：《2020 年贵州省水资源公报》。

机械化率 43%，而同期全国农作物耕种收综合机械化率已达到 72% 以上；高标准农田建设投入标准偏低，多数建设区域仅设计机耕道或水渠，建设内容较“土地平整、集中连片、设施完善、农电配套、土壤肥沃、生态良好、抗灾能力强，旱涝保收、高产稳产”的建设标准差距较大。

（四）农村劳动力向非农领域转移制约毕节山地农业可持续发展

从 2021 年毕节农村常住居民人均可支配收入看，工资性收入占可支配收入的比重达到了 48.8%，且增长幅度远高于农业经营性收入的增幅，这说明当前毕节农村居民的收入来源以务工等工资性收入为主，而非以农业经营性收入为主（见表 1）。农村劳动力作为重要的农业生产要素，其流动的一般规律必然是向产生更高收益的经济领域流动，未来随着毕节经济发展和城镇化率的不断提升，劳动力资源尤其是高素质劳动力资源必然长期从农业生产经营领域向非农业生产经营领域流动，部分仍然留守在农业经营领域的农民，也会因为农业经营性收入相对于工资性收入增长缓慢而选择兼业化、粗放化的农业生产方式，这些都将制约毕节山地高效农业劳动生产率的进一步提升。

表 1　2021 年毕节市农村居民可支配收入及收入结构

单位：元，%

指标名称	绝对数量	占可支配收入的比重	比上年增长
毕节农村常住居民可支配收入	12441	100.0	10.7
工资性收入	6073	48.8	29.3
经营性收入	3952	31.8	5.7
财产性收入	131	1.1	-73.7
转移性收入	2284	18.4	-0.8

资料来源：《毕节市 2021 年国民经济和社会发展统计公报》。

（五）农业适度规模经营发展不足

从农业生产经营主体看，2020 年毕节第一产业市场主体 93154 户（农专总数 14037 户），占全市市场主体总量的 8.57%，占全省第一产业市场主体的 16.88%；各类农业企业、农业合作社、家庭农场（专业大户）等经营主体流转耕地总面积 252.64 万亩，仅占全市耕地面积的 20.69%，低于全国平均水平近 8 个百分点。[①] 从以上数据可以看出，小农户仍然是毕节农业生产经营的主体，而鉴于土地流转成本（直接成本和间接成本）较高，农业合作社、农业龙头企业、家庭农场（专业大户）等农业生产经营主体的农业规模化生产水平仍然较低，以农业龙头企业为例，2020 年毕节市共有省级及以上农业龙头企业 110 家，占全省的比重为 11.6%，与毕节在全省所占的农业产业规模相比极不相符。相对分散的经营主体必然造成农业生产的不规模经济和相对较低的农业生产效益，2020 年毕节第一产业从业人员人均产值约 2.6 万元，仅相当于全国平均水平的 65%，农村常住居民经营净收入 3739 元，仅相当于 2019 年全国贫困地区农村居民经营净收入的 89.82%；农产品加工企业营业收入为 730.07 亿元，生产成本为 660.40 亿元，企业生产效益仍然较低。

三　毕节山地特色高效农业可持续发展的对策建议

山地农业具有“生产、生活、生态”的三生属性，农村社会具备“共存、共生、共享”的三共特征，山地农业因其与自然资源要素天然共生的属性，决定了其发展方式对生态环境和农村经济社会具有直接且重要的影响，其发展方向必须兼顾农民的生计、农村的就业和生态系统的可持续性。就毕节实际来看，实现现代山地特色高效农业的可持续发展，不仅是建设新发展理念示范区的题中之义，也是巩固拓展脱贫攻坚成果同乡村振兴战略有效衔接的必然要求，对毕节农业农村实现高质量发展有着重要的现实意义。

（一）加快构建山地特色高效农业新型生产模式

要在新发展理念指引下，构建起毕节新型山地特色高效农业集约化的生产模式，将资源高效利用、环境友好与作物高产并重，改变以往单纯追求作物高产的传统农业生产模式。针对毕节山地农业不同生产区域，有针对性地

① 本节相关数据来自毕节市农业农村局提供的内部调查报告资料。

构建不同新型农业生产模式。

（1）在毕节粮食主产地因土地高强度利用带来的耕地质量下降及其他耕地质量较差的区域，构建以资源高效利用和地力培育为核心的可持续高产模式。大力加强土地养护，使用有机肥、种植绿肥、秸秆还田等技术措施提升耕地肥力，积极推广适宜毕节气候条件和生产条件的作物轮作的保护性耕作制度，确保农田综合生产能力不断提升。

（2）在主要蔬菜基地和各县城郊区域地带，构建以环境保护和农产品质量控制为核心的农业清洁生产模式。要改变过去农业生产大量依赖外部物质投入的生产模式，采用环境友好型绿色种养殖技术，合理使用化肥、农药、饲料等投入，减少农业面源污染和农业废弃物排放，实现资源利用节约化、生产过程清洁化、废物循环再生化，有效减少农业污染物排放。

（3）在毕节畜牧业主产区和生态较为脆弱的区域，构建以资源循环利用和环境治理为核心的生态农业生产模式，以抓好农业、农村人畜粪便、农作物秸秆、农业生产及生活垃圾和污水等废弃物的无害化处理和资源化循环利用为主要方式，推进资源多级循环利用，建立可持续发展、多层次、多结构、多功能的山地综合农业生产体系。

（4）在经济较发达区县周边、都市山区等区域，构建以生产、生活、生态协调发展为核心的多功能农业生产模式，充分挖掘农业在保护环境、涵养水源、传承文化、田园休闲、康养娱乐等方面的多重功能，拓宽农民增收致富有效渠道，推进现代农业服务业和城乡一体化发展。

（二）大力推进山地特色高效农业与二、三产业的融合发展

面对耕地、水资源、劳动力等生产要素刚性约束，毕节要大力推进农业与二、三产业的融合发展，促进不同产业间生产要素的合理流动，实现山地特色高效农业的可持续发展。要不断探索“三产”融合的新动力，建立利益联动机制，实现三次产业的互利共赢；要积极扶持农业企业、农业合作社、家庭农场（专业大户）等新型农业经营主体发展，尤其要注重培育农

业龙头企业，通过发挥龙头企业的带动能力，引领农村不同产业融合发展；要充分挖掘毕节山地农业的多维功能，以种植业和养殖业为基础，推动农业与农产品加工业、文化旅游业、休闲康养业、电商物流业等融合发展，延长产业链，提升价值链；要积极引导多元市场主体进入三产融合发展领域，放宽社会资本准入限制，平衡兼顾各方利益，以保障农民增加收入和实现农村产业兴旺、乡村振兴为出发点，引导各类市场主体与农户建立稳固的利益联结机制，形成利益共享、风险共担的命运共同体；要建立相关激励约束机制，促进“三产融合”有序发展，政府可在财政、税收、信贷、用地等方面给予相应的政策支持，同时要严格守好耕地红线和生态底线。

（三）强化要素投入，不断提升农业生产率

山地农业可持续发展要以现代农业生产要素有效保障作为基础，毕节山地特色高效农业可持续发展必须通过加大农业科技投入、不断增加现代农业基础设施、提升农业机械化率等措施，有效提高山地特色高效农业的劳动生产率，实现山地特色高效农业的高质量发展。一是要加大良种良法、科学种田推广力度，围绕特色优势产业，开展农作物种质资源、畜禽优良品种的保护和开发利用，提高良种覆盖率，同时大力发展现代设施农业，提高农业抵御自然灾害和风险的能力，增强农业生产稳定性。二是要加强基层公益性农机推广服务，通过在线教育培训、远程技术指导等方式加强基层农技服务体系建设，提升农业专业技术人员个人能力和技术应用水平，提高农技推广服务的整体效率与效能。三是要加大新型农业基础设施建设力度。要强化农田水利设施、耕地灌溉设施、农村机耕道、农业信息化等农村基础设施的建设力度，不断提高高标准农田的建设标准，扩大农业规模化耕作面积，提高土地“宜机化”水平。四是要不断提高农业机械化水平。继续因地制宜推广农业机械使用，大力培育农机服务组织，有效落实农机购置补贴政策，推进农业机械化向农业生产全过程发展，不断提升农作物耕种收综合机械化率；大力支持农机生产企业因地制宜研发适用于山区的小型农机装备，努力提高农机“宜地化”水平，有效解决毕节山区耕地破碎导致农机使用困难的问题。

（四）加快数字乡村建设，助推山地高效农业可持续发展

通过大力实施数字乡村战略，不断缩小城乡之间的数字鸿沟，以农业产业信息化为抓手，助力毕节山地特色高效农业可持续发展。要继续加快推进农村信息化基础设施建设，不断加大新型基础设施向农业农村领域的投资倾斜力度，推进5G技术与人工智能、大数据、物联网等现代信息技术等在农业生产经营领域的运用。要充分利用信息技术推动毕节山地特色高效农业转型升级，大力发展数字农业、智慧农业，充分发挥“互联网+”在农产品产销对接上的作用，缩短产品供应链和市场需求反馈链的时空距离，利用电子商务、直播带货、村播等新兴模式促进农产品销售。充分利用互联网及云平台促成农业信息化大数据共享，实现大数据和区块链等技术在农业生产、产品溯源、质量监管等农业现代化生产管理和市场分析研判上的集成应用，不断完善产、供、销一体的互联网全链条服务，提升农业服务网络化、生产组织化、管理协同化、经营网络化水平。

参考文献

毕节市统计局、国家统计局毕节调查队编《毕节市2021年国民经济和社会发展统计公报》，2022。

毕节市统计局、国家统计局毕节调查队编《毕节市2020年国民经济和社会发展统计公报》，2021。

吴东来：《2021年毕节市人民政府工作报告》，2022年1月7日。

尹昌斌、程磊磊等：《生态文明型的农业可持续发展路径选择》，《中国农业资源与区划》2015年第1期。

B.8

毕节家庭农场高质量发展的思路与对策

陆光米*

摘　要： 推动家庭农场高质量发展有利于加快农业农村现代化和助力乡村全面振兴。本报告在梳理家庭农场发展历程的基础上，结合问卷调查数据和实地观察，首先对毕节家庭农场发展现状进行了“六维”审视；其次，分析了毕节家庭农场在数量匹配、发展能力、生产资金、规范管理、支持体系等方面存在的问题；最后，提出了助推毕节家庭农场高质量发展的“增量—提质—增效—升级—赋能”宏观思路，并从健全政策体系、管理体系、服务体系、支持体系和保障体系等方面提出了具体的对策建议。

关键词： 家庭农场　高质量发展　毕节

家庭农场是以家庭成员为主要劳动力，从事农业规模化、集约化、商品化生产经营，并以农业收入为家庭主要收入来源的新型农业经营主体。① 党的十八大以来，习近平总书记多次强调培育家庭农场新型农业经营主体的重要性并做出重要指示。“家庭承包、专业大户经营、家庭农场经营……是农村基本经营制度新的实现方式。”② “加快构建新型农业经营主

* 陆光米，贵州省社会科学院农村发展研究所助理研究员，研究方向：农村经济问题。

① 中共中央办公厅、国务院办公厅印发《关于引导农村土地经营权有序流转发展农业适度规模经营的意见》，中国政府网，http://www.gov.cn/xinwen/2014-11/20/content_2781544.htm，最后检索时间：2022年8月20日。

② 习近平：《坚持和完善农村基本经营制度》，2013年12月。

体，推动家庭农场、集体经营、合作经营、企业经营共同发展。”① “当前和今后一个时期，要突出抓好农民合作社和家庭农场两类农业经营主体发展，赋予双层经营体制新的内涵，不断提高农业经营效率。”② “突出抓好家庭农场和农民合作社两类农业经营主体，支持小农户和现代农业有机衔接。”③ 这些重要论述和重要指示为毕节家庭农场的发展提供了基本遵循并指明了方向。近年来，毕节家庭农场在注册登记数量、经营类型、经营效益及发展质量上均取得喜人成绩，发展成效初显，但也存在政策体系不够健全、规范管理不够齐备、整体发展质量不高等亟待正视并解决的问题。鉴于此，本报告首先梳理并阐释家庭农场发展过程及其重要意义；其次，基于调研资料和数据对毕节家庭农场发展现状及存在问题进行全面系统的实践探析，并在此基础上进一步思考毕节家庭农场高质量发展的宏观思路和方略路径；最后，提出推动毕节家庭农场高质量发展的具体对策。

一 家庭农场的形成与发展

（一）外国家庭农场的形成与发展

家庭农场的形成与实践最早起源于欧美，家庭农场经营模式在发达国家较为成熟且被推广。具体来看，最早发展家庭农场的美国，家庭农场制度在新中国成立之初就已经确立，美国农业部将主要经营者以及与其有血缘、婚姻关系的成员拥有农场50%以上的业务的农场认定为家庭农场，④ 目前家庭农场已成为美国农业经济的基本支撑力和农业生产经营方式的重要主体。日

① 习近平：《在农村改革座谈会上的讲话》，2016 年 4 月。

② 习近平：《在十九届中央政治局第八次集体学习时的讲话》，2018 年 9 月。

③ 习近平：《在参加十三届全国人大二次会议河南代表团审议时的讲话》，2019 年 3 月。

④ 高海：《美国家庭农场的认定、组织制度及其启示》，《农场经营管理》2016 年第 9 期，第 21~23 页。

本人口众多，农地狭小，要求家庭农场要满足经营4.5亩及以上的耕地、种养面积或饲养家畜的数量等于或大于预先确定的标准、农场工作要按照合同开展的其中一个条件，保障精耕细作的小规模家庭农场成为其农业生产经营的主要方式。① 法国家庭农场在起步阶段为18世纪末至19世纪末，在19世纪末至20世纪70年代末通过出台土地规模化扶持政策、农业发展结构调整政策等促进家庭农场快速成长，20世纪70年代末至今则通过对家庭农场实行免税、减税或补贴等政策驱动家庭农场成熟高质发展，进而保障法国农业生产水平在世界上处于领先位置。②

（二）我国家庭农场的形成与发展

我国家庭农场的概念是在20世纪80年代中后期随着家庭承包经营制度的确立和农业适度规模经营的形成而提出的。在20世纪90年代，随着市场的逐步开放和小农户与大市场之间的矛盾不断凸显，土地流转和土地规模经营在广大农村逐步推开，进而促进家庭农场快速发展。③ 2008年至今，家庭农场则进入了持续加大扶持力度的规范发展时期，在党的十七届三中全会上，中央文件中首次将家庭农场纳为农业经营主体之一；中央一号文件首次出现家庭农场则是在2013年；2019年中央农办、农业农村部等11部门和单位联合印发《关于实施家庭农场培育计划的指导意见》，从政策体系、服务机制、管理制度等全面系统的为培育壮大家庭农场做出部署和指导；2021年中央一号文件则明确指出要突出抓好农民合作社和家庭农场两类经营主体（见表1）。从“有条件”到“鼓励”再到“高质量”和“突出抓好”，一方面可以看出我国对家庭农场的政策引导、扶持力度和重视程度等均在持续加强，同时家庭农场在我国新型农业经营主体中的地位不断提升，在乡村振兴和农业农村现代化中的作用不断加强；另一方面也可以看出家庭农场要在

① 张新春主编《家庭农场与乡村振兴》，江西教育出版社，2021，第3页。

② 赵娴、刘佳、吕泓成：《法国家庭农场经营特征、发展经验及启示》，《世界农业》2017年第11期，第209~212页。

③ 张新春主编《家庭农场与乡村振兴》，江西教育出版社，2021，第4~5页。

激烈的市场竞争中拥有话语权、具有“独当性”并能够在乡村振兴中发挥更大的作用，就必须要走高质量发展的道路。

表 1　2008 年以来我国家庭农场发展简况

时间	来源	相关阐述	备注
2008 年	党的十七届三中全会通过的《中共中央关于推进农村改革发展若干重大问题的决定》	“有条件的地方可以发展大户、家庭农场、农民专业合作社等规模经营主体”	首次出现在中央文件中
2013 年	中央一号文件中的“健全农业支持保护制度”和“创新农业生产经营体制”	“鼓励和支持承包土地向专业大户、家庭农场、农民合作社流转”	首次出现在中央一号文件中
2014 年	中央一号文件中的“扶持发展新型农业经营主体”	“按照自愿原则开展家庭农场登记”	
2014 年	中共中央办公厅、国务院办公厅印发的《关于引导农村土地经营权有序流转发展农业适度规模经营的意见》	“培育以家庭成员为主要劳动力、以农业为主要收入来源，从事专业化、集约化农业生产的家庭农场”“鼓励各地整合涉农资金建设连片高标准农田，并优先流向家庭农场、专业大户等规模经营农户”	明确了家庭农场的概念，并确立了其“优先”流转权
2015 年	中央一号文件中的“全面深化农村改革”	“鼓励发展规模适度的农户家庭农场”	
2019 年	中央农办、农业农村部等 11 部门和单位联合印发《关于实施家庭农场培育计划的指导意见》	从政策体系、服务机制、管理制度等全面系统的为家庭农场的发展做出部署和指导	
2020 年	农业农村部印发《新型农业经营主体和服务主体高质量发展规划（2020—2022 年）》	对家庭农场的高质量发展做出具体规划	
2021 年	中央一号文件中的“推进现代农业经营体系建设”	“突出抓好家庭农场和农民合作社两类经营主体，鼓励发展多种形式适度规模经营”	

资料来源：根据文献资料整理所得。

二　毕节发展家庭农场的重要意义

（一）有利于坚持和完善农村基本经营制度

要稳定以家庭承包经营为基础，充分结合双层经营的农村基本经营制度，巩固好党在农村政策的基石，就必须要坚持家庭经营的基础性地位。家庭农场作为兴起的新型农业经营主体，一方面其生产方式是以家庭为基本经营单位，坚持了家庭经营的内在要求，同时也兼具家庭经营决策、代理等低成本、易协调的优势；另一方面家庭农场规模化、专业化的生产经营特点，让其有效克服普通小农户“自给自足”小规模生产的弊端，同时又具备了农业企业市场化的特征和发展后劲优势。所以说，在新的发展阶段，推动毕节家庭农场高质量发展有利于农村基本经营制度更好地在毕节坚持和完善。

（二）有利于巩固脱贫攻坚成果

167 万建档立卡贫困人口全部脱贫，7 个贫困县全部摘帽、1981 个贫困村全部出列，41 万人完成易地扶贫搬迁，毕节彻底撕掉了千百年来的绝对贫困标签，成为贫困地区脱贫攻坚的一个生动典型。脱贫摘帽不是终点，而是新生活、新奋斗的起点。但毕节脱贫不稳定户和边缘易致贫户多，防止规模性返贫任务重，“起点”相对较低且内生动力较为缺乏。因此，在新的发展阶段，以推动毕节家庭农场高质量发展为重要抓手，整合农村闲置资产、挖掘农村资源要素的价值、调动农村劳动力充分就业，助促小农户持续增收，进而巩固毕节脱贫攻坚成果。

（三）有利于推进乡村全面振兴

乡村振兴是涵盖经济、政治、社会、文化和生态等全面整体振兴的战略，这就要求参与推动者在推进过程中必须贯彻新发展理念，坚持可持续发展理念。家庭农场作为新型农业经营主体，其经营管理者相较普通传统小农户更加有文化、懂技术、善经营，在生产实践中更需要且易于接受新思维、新技术、新品种、新设施，更加注重集约、高效、优质和绿色。同时，随着家庭农场的不断革新和发展壮大，其在稳定农村就业、传承农耕文化、参与乡村治理、保护乡村生态环境等方面会更有地位、更有作为，进而推动乡村全面振兴。

（四）有利于推进农业农村现代化

农业农村的现代化离不开新型农业经营主体。特别是在新的发展阶段、面对新的需求，更是需要新型农业经营主体在农业农村发展中扛起大旗，做好引领示范带动作用。家庭农场作为不断发展壮大的新型农业经营主体之一，在生产发展中坚持市场主导，走规模化、集约化、商品化、信息化、生态化的生产经营之路，更好的优化整合资源结构、发展壮大乡村特色产业、监督农产品全过程生产、深度挖掘农产品价值、推动城乡融合等，进而促进毕节农业农村现代化有力有效的向前推进。

三　毕节家庭农场发展现状

近年来，得益于国家对家庭农场发展的高度重视和大力支持，毕节家庭农场培育壮大、示范创建等工作持续发力，家庭农场在总体数量、从业人员、经营类型、经营效益、扶持力度及整体质量等多方面取得喜人成绩。

（一）数量井喷式大增长

自 2013 年家庭农场被写入中央一号文件并列为新型农业经营主体以来，毕节家庭农场数量呈逐年大幅增长态势。2013~2018 年，家庭农场数量总体较少且增长较为缓慢，平均每年增加 145 家。2019 年将家庭农场认定管理调整为名录系统并规范统计口径后，2019~2021 年家庭农场数量呈井喷式增长，平均每年增加 575 家，是 2013~2018 年期间的 4 倍。2021 年被纳入家庭农场名录系统的已达 2486 家，分别较 2013 年和 2018 年增多了 2454 家和 1726 家，分别增长了 76.7 倍和 2.3 倍（见图 1）。

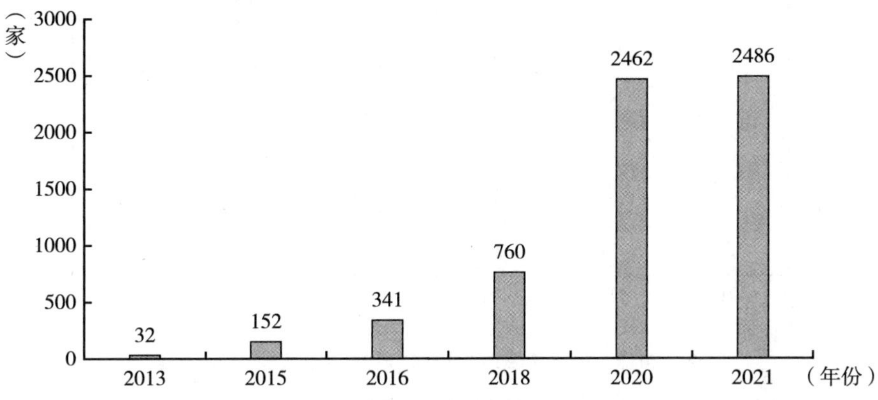

图 1　2013~2021 年毕节市家庭农场数量

资料来源：根据毕节市农业农村局提供资料整理所得。

（二）成员人数显著增多

随着家庭农场数量的逐年增多，家庭农场成员人数也呈现逐年显著增长态势。2013 年家庭农场成员总人数为 157 人且每个家庭农场平均成员人数为 5 人，到 2018 年家庭农场成员总人数为 4780 人且每个家庭农场平均成员人数达到峰值为 6 人，2013~2018 年间平均每年家庭农场成员增多 925 人。2019~2021 年间平均每年家庭农场成员增多 1400 人，截至 2021 年底家庭农场成员总人数达到 8980 人，分别较 2013 年和 2018 年增多了 8823 人和 4200 人，分别增长了 56.2 倍和 0.9 倍（见图 2）。

（三）经营类型全面拓展

近年来，毕节家庭农场经营类型已由传统单一向全域多面拓展。从具体类型来看，2021 年家庭农场经营类型涵盖种植业、林业、畜牧业、渔业、种养结合类及其他类型，其中经营类型为畜牧业的最多，为 1376 家、占比

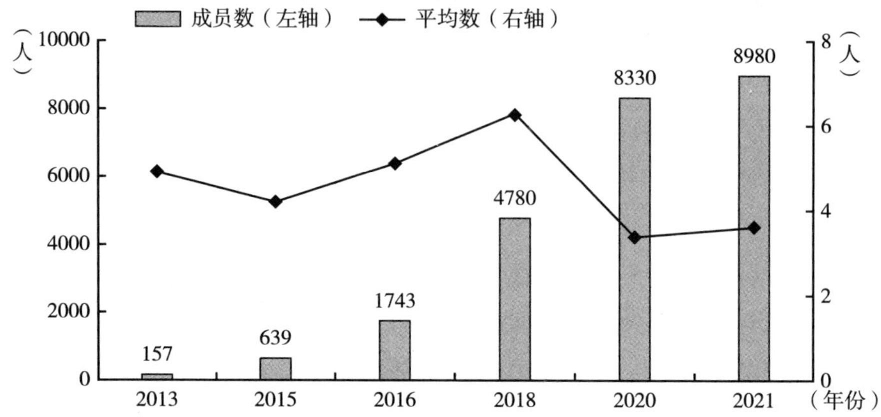

图 2　2013～2021 年毕节市家庭农场成员人数及平均数

资料来源：根据毕节市农业农村局提供资料整理所得。

注：图中“平均数”指每个家庭农场平均成员人数。

52.3%，种植业的为 894 家、占比 34.0%，种养结合的为 232 家、占比为 8.8%，其他类型的为 107 家、占比 4.1%，林业及渔业的很少且占比较低（见图 3）。同时，从具体产业来看，家庭农场经营的产业包括水稻、玉米、猕猴桃、刺梨、茶叶、蔬菜、食用菌、中药材等诸多产业。

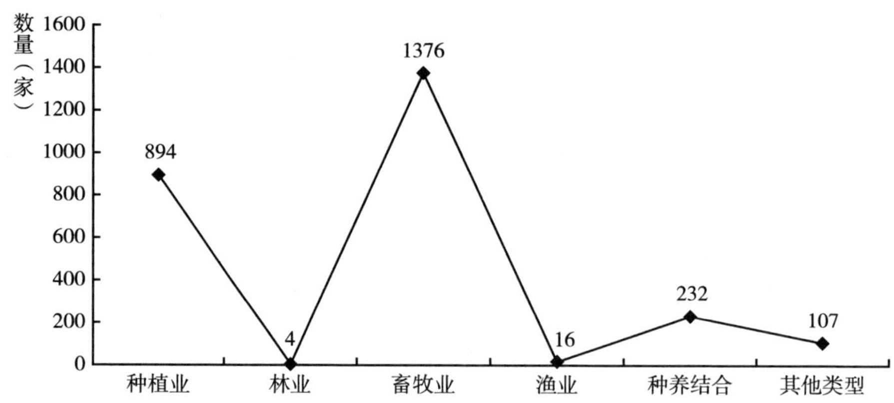

图 3　2021 年毕节市家庭农场经营类型

资料来源：根据毕节市农业农村局提供资料整理所得。

（四）经营效益直线上升

家庭农场的主要收入为农业收入，近年来随着家庭农场培育力度的不断增强，毕节家庭农场经营效益大幅提升。从宏观视角来看，2013~2021 年毕节家庭农场经营效益逐年上升且呈直线上升趋势，2021 年毕节家庭农场年经营收入达到 5.29 亿元，相较家庭农场刚开始得到重视的 2013 年增长了 33.8 倍；同时，相较家庭农场逐渐规范管理的 2018 年增长了 80.3%（见图 4）。从微观视角看，根据收集的 65 个家庭农场的调研数据，2021 年毕节家庭农场总收入在 10 万元以上的占比达到 64.6%。同时，认为近几年家庭农场效益一般、比较好和非常好的占比分别为 55.4%、27.7%和 7.7%。[①] 综上可见，毕节家庭农场经营效益整体提升显著。

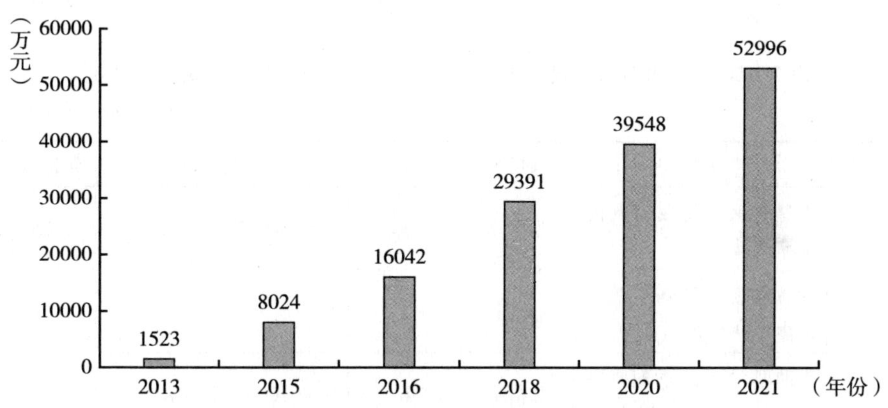

图 4　2013~2021 年毕节市家庭农场年经营收入情况

资料来源：根据毕节市农业农村局提供资料整理所得。

（五）整体质量上新台阶

毕节以开展家庭农场示范创建为抓手推动家庭农场高质量发展，近年

① 本报告提到的“调研数据”“调研的家庭农场”等均是指通过发放《贵州家庭农场发展质量调查》问卷，收集的毕节 65 个家庭农场的相关数据。本次问卷的发放和收集，特别感谢毕节市农业经营管理站副站长高强的大力支持和倾力帮助。

来毕节家庭农场示范创建初见成效，家庭农场整体发展质量上新台阶。从宏观数据看，截至2021年底，累计创建省级示范家庭农场106家，这是毕节在家庭农场总数占全省家庭农场总数8.3%的基础上，创造了毕节省级示范家庭农场占全省省级家庭农场的10.9%的优异成绩；同时2021年毕节累计认定市级示范家庭农场也增至876家。从微观数据看，在2021年毕节8个市县省级示范家庭农场中，经营效益位列第一的七星关区撒拉溪镇利民家庭农场和金沙县清池张氏茶庄，分别种植500亩水果和生产经营500亩茶叶，家庭成员和年销售额均分别为5人和120万元；经营效益最低的大方县瓢井镇新生代种养殖家庭农场4人养殖200头黑山羊，年销售额为20万元（见表2）。总体可以看出，毕节家庭农场发展整体质量得到较大提升。

表2　2021年毕节市各县（市、区）部分省级示范家庭农场发展情况

单位：人，万元

序号	名称	农场主	成员	主要产业及规模	年销售额
1	七星关区撒拉溪镇利民家庭农场	张以厚	5	水果500亩	120
2	大方县瓢井镇新生代种养殖家庭农场	陈剑	4	黑山羊200头	20
3	黔西县洪水镇丰利家庭农场	郑福举	6	牧草100亩,猪368头	72
4	金沙县清池张氏茶庄	张德勇	5	茶叶500亩及加工、销售	120
5	金沙县新农肴馔农场	王忠新	4	粮食(水稻)、食用菌(羊肚菌)150亩	40
6	纳雍县曙光镇兴茂家庭农场	曾加文	3	肉牛100头	50
7	威宁县亿本种植场	孟大波	6	中药材30余亩	25
8	赫章县河镇乡宏远生态养殖场	杨守伦	4	林下土鸡10000羽	110

资料来源：根据贵州省农业农村厅政策与改革处公布的《2021年贵州省省级示范家庭农场名单》整理而得。

（六）扶持力度持续强化

近年来，毕节积极探索和争取培育壮大家庭农场相关扶持政策，持续强化家庭农场扶持政策和扶持力度。一是政策引导不断强化。例如，通过制定《毕节市市级示范家庭农场认定监测办法（暂行）》认定一大批示范家庭农场，列出一大批可学可复制的优质家庭农场，以进一步促进家庭农场高效、健康、优质的发展。二是扶持资金不断增多。2021 年中央和省级扶持贵州家庭农场的 2000 万元补助资金中，毕节家庭农场获得 160 万元，占全省扶持资金的 8%，扶持资金相较 2020 年也增长了 6.7%。

四　毕节家庭农场发展面临问题

（一）数量匹配不均衡

从毕节自身角度看，毕节作为贵州人口数量最多且乡村从业人员数量位列第二的地州市，2020 年毕节乡村从业人员数占全省乡村从业人员数的 20.5%，但截至 2021 年底，毕节纳入国家名录管理系统的家庭农场为 2486 家，仅约占全省家庭农场总数的 8.1%。从全省宏观视角看，毕节是贵州仅有的两个乡村从业人数占全省乡村从业人数比重与家庭农场数量占全省家庭农场总数比重的差值超过 10 个百分点的地州市；同时，从与其他地州横向对比来看，黔南乡村从业人员数占全省乡村从业人员数仅为 11.5%，家庭农场总数却占全省家庭农场总数的 25.2%，与毕节情况总体相反（见图 5）。综上可见，目前毕节家庭农场总量不大，且家庭农场总数与毕节在全省的人力资源要素的比较优势匹配不够均衡。换句话说，毕节在家庭农场“量”上做大做强的空间还很大。

（二）发展能力不强劲

一是受教育程度整体不高。毕节家庭农场由多位小农户发展而来，多数农场经营者本身年龄较大且受教育程度不高。调研的家庭农场中，在家庭农

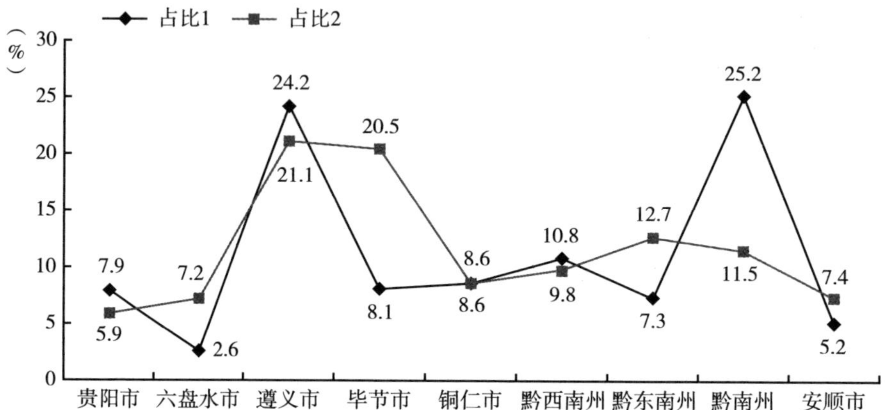

图5　2021年贵州省各州市家庭农场数量占比与2020年贵州省各州市乡村从业人数占比情况

资料来源：根据《贵州统计年鉴2021》整理而得。

注：图中“占比1”是指“2021年贵州省各州市家庭农场总数占全省家庭农场总数的比重”；“占比2”是指“2020年贵州省各州市乡村从业人数占全省乡村从业人数的比重”。

场是示范家庭农场的占比达到53.8%的情况下，家庭农场主年龄在40岁及以上、文化程度为初中及以下的占比都分别达到64.7%和73.9%。而家庭农场经营者年龄的大小和受教育程度的高低在很大程度上直接决定了其生产发展能力。二是应用能力整体较低。在科学技术高速发展的新阶段，家庭农场经营者对新技术的应用程度对家庭农场经营绩效和发展潜力影响较大。一般认为新技术采用的种类越多、使用率越高，家庭农场发展水平和质量就越高。[①] 调研的家庭农场中，在产前、产中环节中很少或没有采用新技术、使用机械进行生产的占比分别为67.7%和75.5%；在产后环节通过互联网进行销售的仅占比15.4%。三是发展眼光整体不长。调查发现多数农场主对新理念、新事物、新知识的接受程度不高，对新需求、新流通、新市场的应对能力较弱，在农场发展定位、规范及规划等方面的能力更是欠缺，较少用长远发展的眼光规划和发展家庭农场，使家庭农场容易局限于传统意义上的种养殖业。

① 郭厦、王丹：《我国家庭农场发展质量评价和分析》，《华中农业大学学报》（社会科学版）2022年第3期，第25页。

（三）生产资金不充足

一是原始积累不足。调查的家庭农场中生产经营资金来源于家庭自筹积累的占比为90.8%，但毕节家庭农场大多由小农户逐步扩大规模发展而来，本身在生产投入中资金周转就存在困难，发展的原始资金积累也较为薄弱。二是贷款融资难。家庭农场作为农业经营主体，固定资产普遍不多且整体实力不强，大多数家庭农场本身缺乏贷款抵押物，加之目前毕节没有专门针对家庭农场的农业信贷政策和办法，进而导致家庭农场贷款获取难度极大，部分家庭农场获得的贷款基本上是个人信用贷款。具体来看，调研的家庭农场中有61.6%的受访者认为家庭农场要获得贷款不容易，且认为要获得贷款面临贷款额度小、贷款期限短、贷款利息太高和担保手续复杂等问题的占比分别为52.3%、43.1%、41.5%和47.7%。

（四）规范管理不齐备

一是录入与注册不同步。家庭农场要成为有“身份证”的市场主体需要走完以下两步，第一步需要在全国家庭农场名录中录入，第二步需要到市场监督管理部门进行注册登记。但目前毕节家庭农场大多只完成了第一步，或还未走完第二步。仅调研的家庭农场中没有对家庭农场进行注册登记的占比就达到24.6%。二是名录动态管理未有效落实。毕节家庭农场本身总量与自身禀赋优势匹配不足，加之处在发展的探索阶段，有的地区为了在“量”上完成考核或检查，重视“量加”禁止“量减”，并未按照实际发展情况将“僵尸农场”清理出库，未严格落实动态管理制度。三是家庭农场内部管理不规范。规范完备的家庭农场按要求必须有规范的规章制度、财务管理制度和独立的办公场所和设施，但毕节绝大部分家庭农场并未达到规范完备的要求。从调研的微观数据来看，38.5%的家庭农场没有统一的生产标准，58.5%家庭农场无财务收支记录，38.5%的家庭农场无生产记录、收支记录，38.4%的家庭农场无独立办公场所。

（五）支持体系不健全

一是政策支持较不完善。目前中央及省级层面对建立健全家庭农场政策支持出台相关文件，就家庭农场土地经营权、基础设施建设、财政税收、金融保险服务等做了统筹部署，但在地方实践中的落地并不明显，在毕节的落地更是不够。具体来看，毕节就家庭农场的政策文件等引导较多的重点还在家庭农场的认定监测等方面，就培育壮大及高质量发展中需要解决的地、钱、人、保险及市场等多方面的政策支持体系则还未出台或还处在探索阶段。二是扶持力度不足。目前贵州家庭农场的扶持资金主要来自中央和东西部协作，但扶持力度较弱，且省级和市级层面针对家庭农场的奖励补助政策基本没有，也还未设立家庭农场专项扶持资金，由此可见毕节家庭农场扶持资金的紧缺程度和整体扶持力度的不足。例如，2021 年毕节受助家庭农场数量占毕节家庭农场总数和全省家庭农场总数的比重分别为 3.1%和 0.3%，受助面窄且扶持资金力度不足，进而导致毕节家庭农场高质量发展推力较弱。

五　毕节家庭农场高质量发展的思路与对策

（一）毕节家庭农场高质量发展的宏观思路："五步走"

建设高质量家庭农场是一个循序渐进、缓慢推动的过程，基于长远宏观视角并结合毕节家庭农场发展实际，要建成高质量的家庭农场具体可分"五步走"。

第一步：增量。结合毕节资源禀赋、确权农户总数、第一产业就业人数等多重因素，积极引导和鼓励符合条件的种养大户、专业大户等积极申报注册，在量上做大做强，保障发展基数。第二步：提质。注重提升家庭农场发展质量，以开展家庭农场示范创建为抓手，建设一大批具有代表性、示范性和带动性的高质量家庭农场。第三步：增效。将生产效益放在首位，通过产业组织化、生产标准化、产品品牌化、服务社会化等，加快培育一大批效益明显的家庭农场。第四步：升级。遵循市场规律，通过培育提升、探索革新及抱团发展，构建并提升家庭农场的“独当性”“市场性”“话语性”，保障家庭农场发展真正实现提档升级。第五步：赋能。全面挖掘家庭农场在农村经济发展、政治建设、社会治理、文化传承及生态保护等方面的功能，赋能家庭农场以推动乡村全面振兴。

（二）毕节家庭农场高质量发展的具体对策：强化“五个健全”

基于前述对毕节家庭农场发展重要意义、发展现状及存在问题等的全面探析，为促进毕节家庭农场实现“增量—提质—增效—升级—赋能”的高质量发展之路，提出强化“五个健全”的具体对策建议。

1. 健全政策体系，推动家庭农场发展健康化

一是强化政策引导。根据高质量家庭农场建设和发展的现实需要，各级党委和政府要研究制定支持家庭农场高质量发展的相关政策、文件、规划及措施，强化政策引导，促进家庭农场高质量健康发展。二是保障土地经营权。通过健全土地流转服务，鼓励土地经营权有序向家庭农场流转，保障家庭农场生产经营实现规模经济。三是优化扶持结构。着力扶持经营效益偏低的种粮家庭农场，统筹农机购置补贴、种粮补贴等向家庭农场倾斜，以优化扶持结构，守住粮食安全底线，推动家庭农场均衡优质发展。

2. 健全管理体系，推动家庭农场发展规范化

一是强化名录管理。积极引导和鼓励符合条件的种养大户、专业大户积极申报并纳入家庭农场范围，落实登记和注册程序；引导督促家庭农场积极使用“随手记”，记录家庭农场生产经营相关信息；严格落实家庭名录动态管理，严格落实“落户”与“销户”动态管理制度。二是强化示范引领。加大省、市、县三级示范家庭农场创建力度，树立一大批可复制、可推广的榜样标杆；同时，依托乡村振兴示范县、农业绿色发展先行区等积极创建家庭农场示范县，以县为单位全面推进家庭农场规范发展。三是建立考核制度。家庭农场高质量发展能有效推进乡村振兴的落地落实。因此，乡村振兴

考核体系将家庭农场高质量发展纳入其中，发挥考核指挥棒的作用以更好地督促家庭农场规范高效发展，以更好地发挥其在乡村振兴中的基础性作用。四是加大监管力度。坚决遏制耕地“非农化”、防止“非粮化”；坚持质量兴农、绿色兴农，督促家庭农场生产健康安全、绿色生态的农产品。

3. 健全服务体系，推动家庭农场发展便利化

一是支持发展“互联网+”家庭农场。通过政策引导和加强培训力度，提高互联网在家庭农场经营者中的普及和应用，鼓励其将互联网、大数据、农村电商等应用到生产、销售全过程；同时鼓励探索“云”农场发展模式，帮助家庭农场优化要素配置、安排生产计划、记录生产过程等。二是建立家庭农场“一码通”服务机制。为家庭农场办理“身份证”，确立家庭农场唯一标识数字和二维码，实现家庭农场服务的数字化。三是创新服务机制。建立健全市、县、乡三级家庭农场辅导员队伍，辅导员遵循“引导不强迫、支持不包办、服务不干预”的原则，充分发挥好“接上连下”的功能，做好向下的政策宣传和向上的问题及时反馈，进而保障服务高效便利，促进家庭农场高质量发展。

4. 健全支持体系，推动家庭农场发展高效化

一是加大财政扶持。各级政府要积极研制符合家庭农场高质量发展需要的普惠政策，设立家庭农场专项扶持资金，将家庭农场纳入财政支农惠农政策扶持范围。二是加强金融扶持。积极开展家庭农场评级授信，鼓励金融机构对资信良好、资金需求量大的家庭农场发放信用贷款；同时，鼓励金融机构针对家庭农场开发专门的信贷产品，拓宽家庭农场融资渠道。三是创新扶持方式。积极探索项目补助、贷款贴息、土地流转补助、以奖代补等方式支持家庭农场优质高效发展。

5. 健全保障体系，推动家庭农场发展持续化

一是加强组织领导。各级党委和政府要充分认识家庭农场高质量发展的重大意义，在政策制定、工作安排、财力投入等多方面加强组织领导，加大工作力度，确保各项政策落到实处。二是强化部门合作。县级及以上地方政府要建立促进家庭农场高质量发展的综合协调机制，协调相关部门在积极履行各自职责的同时，加强合作，形成合力。三是加强宣传引导。加强调查研究，梳理好案例、罗列好典型，充分运用各类新闻媒体广泛宣传家庭农场高质量发展的好做法、好路子，提升广大群众对家庭农场重要性和功能性的认知度，为家庭农场高质量发展营造良好社会氛围。四是推动联盟立法。通过搭建合作平台，积极引导家庭农场和有关服务主体组建家庭农场协会或联盟；同时加快家庭农场立法程序，为家庭农场高质量发展提供法律保障，以促进家庭农场持续发展。

B.9
毕节构建“三治融合+”乡村治理体系的思路与对策

王贵森*

摘　要： 乡村振兴，治理有效是基础。本报告首先从政策、理论和实践层面对“三治融合”乡村治理体系有关情况进行了简要梳理，提出要结合实际对“三治融合”进行深入拓展。接着，考察了毕节推进乡村治理的做法与成效、问题与挑战，并分析了构建“三治融合+”乡村治理体系的必要性和基本设想。最后，提出毕节构建“三治融合+”乡村治理体系的具体对策：推行“党建+三治融合”，确保“三治融合”沿着正确方向发展；推行“三治融合+数字乡村”，以数字治理助力乡村“智治”；推行“三治融合+新乡贤”，充分发挥乡土人才的独特优势。

关键词： 乡村治理　“三治融合”　毕节

一　引言

乡村振兴，治理有效是基础。高度重视并扎实推进乡村治理能力现代化已经成为政府部门和学术界的广泛共识。[①] 2013 年，浙江省桐乡市率先推行

---

* 王贵森，中共贵州省委政策研究室农村研究处副处长，研究方向：乡村治理与乡村发展。

① 王文彬：《自觉、规则与文化：构建“三治融合”的乡村治理体系》，《社会主义研究》2019 年第 1 期，第 118~125 页。

“三治”建设，健全社会治理新格局，[①] 引起了社会各界的广泛关注。2017年10月召开的党的十九大上，明确提出“健全自治、法治、德治相结合的乡村治理体系”，这也意味着“三治融合”的乡村治理体系上升为国家治理战略布局的有机组成部分。

“三治融合”的乡村治理体系在得到国家权威认可的同时，也成为理论研究的热点主题。[②] 值得注意的有几个方面。一是在基本概念方面，主要有“三治合一”“三治一体”“三治结合”“三治融合”等多种概括。如张丙宣等把“桐乡经验”概括为“三治合一”，卢海燕在探讨地方治理体系时提出“三治一体”的概念，谢志强等在探索基层社区治理路径时将自治、法治、德治概括为“三治”并举，张天佐等把桐乡市健全乡村治理体系的探索归纳为“三治结合”模式，张文显等将桐乡经验概括为“三治融合”并认为其具有独立价值。党的十九大后，学术界关于“三治”的研究，从提法上逐渐走向“三治融合”的认同。[③] 二是在政策特点方面，关注“三治融合”低成本、包容性、持续性等优势。如高端阳等、张文显认为“三治融合”本身具有兼容性；景跃迁指出“三治融合”具有充分的包容性和阐释度；张明皓等认为“三治融合”具有成熟性、持续性优势。三是在推广动力方面，认为政府是实施“三治融合”的主要推动者。如高端阳等认为地方政府以行政命令的方式逐级分解、层层下达，推动“三治融合”快速推广；高青莲等认为“桐乡经验”的成功之处在于有一个高效运作的基层政府。四是在作用机理方面，普遍认为“三治”是一个有机整体。如郁建兴等指出，“三治融合”是相互作用、相互补充的有机整体；姜晓萍等认为，“三治融合”是以“三治”的良性互动机制促进“三治”的融会与贯通。

从实践层面来看，全国各地围绕健全“三治融合”的乡村治理体系，

---

① 《桐乡首创的“自治、法治、德治”写入十九大报告》，《嘉兴日报》2017年10月19日，第3版。

② 张明皓、豆书龙：《党建引领“三治结合”：机制构建、内在张力与优化向度》，《南京农业大学学报》（社会科学版）2021年第1期，第32~41页。

③ 钟海：《“三治融合”基层社会治理创新研究》，中国社会科学出版社，2021。

进行了许多积极的探索和推广。比如，在2021年9月发布的38个“第三批全国乡村治理典型案例”中，就有10个案例属于“发挥‘三治’作用，健全治理体系”方面。①

通过上文的简要梳理，可以看到，“三治融合”的乡村治理体系受到理论界的重点关注，涌现出大量的研究成果，在实践层面也有许多成功经验，这些为进一步的理论和实践创新奠定了基础、开拓了方向。在全面建设社会主义现代化国家的新征程上，随着国家治理资源不断下移，以及数字技术等现代治理工具的广泛运用，乡村自治、法治、德治更加具备相融合的基础条件；同时，乡村治理也面临着新的需求与挑战。在这样的背景下，需要牢牢把握乡村治理这一国家治理的关键环节，结合实际不断丰富“三治融合”的内涵，并不断探索“三治融合”的实践形式。

二　毕节推进乡村治理的做法与成效

（一）加强农村党组织建设，不断夯实乡村治理的基层基础

毕节下辖8个县（自治县、市、区）和2个正县级管委会，共有279个乡（镇、街道）、3716个村（居），居住着汉、彝、苗、回等46个民族。近年来，毕节坚持党建引领，不断加强基层党组织建设，提升乡村治理效能。

加强村（社区）党组织书记的选育管带。建立村（社区）党组织书记后备人选信息台账，重点关注农村致富能手、大学毕业生、退役军人等。构建“三好三强”标准，对照政治素质好、发展基础好、学习意识好、经营能力强、组织能力强、落实能力强的要求，选出合格的村（社区）党组织书记。2021年，全市村（社区）党组织换届全部结束后，在3716个村（社

① 《农业农村部办公厅 国家乡村振兴局综合司关于推介第三批全国乡村治理典型案例的通知》，农业农村部网站，http://www.moa.gov.cn/xw/bmdt/202111/t20211116_6382245.htm，最后检索时间：2022年10月10日。

区）党组织书记中，仅致富能手村（社区）党支部书记就有2100人，[①] 占56.5%。加强村（社区）党组织书记的管理，严格落实村（社区）党组织书记县级党委备案管理制度、村（社区）“两委”成员资格联审制度、经济责任审计制度等。

推进村（社区）党支部标准化建设。落实贵州省《全面提升基层党建质量三年行动计划（2019—2021年）》部署要求，结合毕节实际，切实“抓基层、强基础、固基本”，坚持抓两头带中间，不断扩大先进支部增量、提升中间支部水平、整顿带动后进支部。尤其是对问题突出的重点难点村，由县乡党委书记和组织部部长包村联系，推动补短板、强弱项、达标准。通过多方着力，持续推动基层党组织全面进步、全面过硬，农村基层党组织全部完成达标创建。

严密基层组织体系。一方面，持续优化设置建制村（社区）党组织；另一方面，在党组织领办的村集体合作社、专业协会、产业链等，全面建立党组织和党小组，实行组织覆盖全域化。全市在自然村寨、合作社、产业链等建立党支部4829个、党小组7818个。[②]

（二）突出试点带动，探索构建村民自治“四大体系”

毕节从2016年起，承担全国层面“以农村社区为基本单位的村民自治试验试点”工作。从2019年开始，又承担全国“健全党组织领导下的自治法治德治相结合的乡村治理体系改革试点”任务。毕节以这两个重要的试验试点工作为契机，聚焦试验内容，积极探索构建村民自治“四大体系”。

在构建科学的农村村民自治运行体系方面，在厘清乡镇与村（社区）之间、村（社区）“两委”之间的职责权属问题的基础上，将必须在村（社

① 《村村寨寨党旗红——毕节市全力抓党建促乡村振兴》，《贵州日报》2022年1月26日，第7版。

② 《村村寨寨党旗红——毕节市全力抓党建促乡村振兴》，《贵州日报》2022年1月26日，第7版。

区）党支部领导下开展的工作事项与可以由村（社区）“两委”引导、各类自治组织实施的工作事项分开，相应建立群众广泛参与的说事、商事、议事、定事、监事制度，推动实现“民事民议、民事民办、民事民管”的村（居）民自治格局。在构建完善的农村村民自治服务体系方面，推动村（社区）“两委”由以往的“领导型”向“服务型”转变，将工作的主要精力放在把握区域经济社会发展大局上来，放在为村（居）民自治提供有效、完善的自治服务上来。在构建有效的农村村民自治管理体系方面，将条件具备的原村（社区）党支部升格为党总支，将党支部建在自然村寨、村民小组或农民专业合作社上，并注重发挥域内党员、乡贤寨老、退伍军人、退休教师、乡村能人等关键群体的作用，构建村（居）民自我教育、自我监督的体系。在构建创新的农村村民自治助推体系方面，通过大力实施“村社一体、合股联营”，狠抓农业产业结构调整和农业产业化发展，同时积极建立群众参与机制和利益联结机制，让群众及时共享发展成果，进一步凝聚起参与村（居）民自治的合力。

毕节以加强村民自治为主要内容的乡村治理试点，取得了明显成效，带动全市一些地区一些方面成为全省乃至全国的亮点。在先后两批公布的全国乡村治理示范村镇中，毕节均有 1 个乡镇和 3 个村入选，即纳雍县库东关乡，威宁自治县石门乡；百里杜鹃管委会黄泥乡龙塘村、纳雍县化作乡枪杆岩村、织金县熊家场镇白马村，七星关区长春堡镇干堰村、黔西市新仁乡化屋村、金海湖新区响水乡青山村。毕节两批共入选 2 个乡镇、6 个村，数量分别占贵州全省的 1/3、1/10。

（三）抓住“法治毕节”建设重大契机，着力提升乡村治理法治化水平

2015 年 10 月，贵州省委、省政府部署开展“法治毕节”创建工作，旨在通过毕节的先行先试，为全面推进法治贵州建设探索有益经验，进而确保中央依法治国的重大决策部署在贵州得到全面贯彻落实。在“法治毕节”建设推进过程中，毕节把“民主法治示范村（社区）”创建作为“法治毕

节”建设的重要载体，不断健全乡村治理体系，提升乡村治理法治化水平。

全面加强乡村法治化基础建设，在各个村居社区，依托现有场所建立村（社区）公共法律服务工作室、人民调解室。大力推出“法律进乡村、社区”与村务治理有机结合，以宣传教育活动为载体，提高村（居）“两委”成员法律素质和依法办事能力，协助村（社区）规范完善村民自治的各项民主制度，加强对重点人群的管理、监督和教育力度。深入推进村（社区）法律顾问工作，大力开展村（社区）法律顾问宣传，全市实现了一村（社区）一法律顾问。毕节还及时启动推进《民法典》实施贵州省基层普法队伍“万人大培训”线下指导工作，积极组织省级专家、市《民法典》宣讲团成员对村（社区）法律顾问以及以村（居）“两委”成员、基层人民调解员、网格员、村（居）民小组长等为重点的“法律明白人”进行培训，培养一批基层法治宣讲员，打造一支庞大的《民法典》普法队伍。

通过法治乡村建设的带动，推动乡村治理体系不断完善、治理水平不断提升。近年来，毕节建设了贵州省首个“民法典主题公园”，打造法治文化阵地 468 个，创建民主法治示范村（社区）1217 个，4 个县（市、区）被评为全国法治创建活动先进单位，[①] 12 个村（社区）获得“全国民主法治示范村（社区）”称号。[②]

（四）坚持以文化人，以文明乡风浸润乡村德治

乡村德治水平的提升，往往是润物细无声的过程，需要持续加强乡村文化建设。毕节在 2019 年，被列入第三批国家公共文化服务体系示范区名单。在示范区建设的带动下，毕节进一步加大力度推进农村公共文化服务体系建设，积极培育文明乡风、淳朴民风，不断夯实乡村德治的基础。

毕节加大资金投入，推行全域化阵地建设，打造市级中心馆、县级总馆、乡镇分馆、村级服务点“四位一体”框架，实现了乡镇综合文化站、村综合

---

① 《法治成为高质量发展亮丽底色——毕节补短板解难题深入推进法治建设》，《法制日报》2022 年 7 月 18 日，第 7 版。

② 《毕节命名市级民主法治示范村》，《法制日报》2021 年 12 月 29 日，第 3 版。

性文化服务中心全覆盖。针对部分乡镇、社区资源较为集中、区域交通便利、辐射带动力强等实际，在有条件的乡镇或社区建设“区域性分馆”，推动文化资源共建共享。为加强文艺队伍建设，鼓励民间文化能人、退休教师、文艺爱好者等加入文化志愿队伍，组建村级文艺宣传队 1 万多支，超过 10 万名农村文艺骨干通过“身边人说身边事”宣传党和国家方针政策，在丰富广大人民群众精神文化生活的同时，有效涵养了向上向善的文明乡风。

为更有针对性地加强乡村德治建设，毕节还探索推行“道德评说”“百姓讲堂”“星级文明户评选”等做法，多种形式、多种渠道挖掘本地传统道德教育资源，从多方面入手，积极推进社会公德、职业道德、家庭美德、个人品德建设，不断提高乡村社会德治水平。在最新公布的第六届全国文明村镇名单中，毕节就有黔西县大关镇及七星关区梨树镇车坝村、金沙县禹谟镇中坪村、织金县茶店布依族苗族彝族乡红艳村、大方县凤山乡银川村、纳雍县勺窝镇五一村等入选。①

三　毕节健全乡村治理体系面临问题和挑战

（一）群众参与还需强化

农村实行村民自治，村民是乡村治理的主体。与全国大多数农村一样，自国家全面实行统分结合的双层经营体制以来，农民群众已经逐渐适应和习惯单家独户进行农业生产经营的模式，对于农村各项事务习惯性地“各人自扫门前雪，不管他人瓦上霜”，使得村民自治的组织化基础不牢固。

对于毕节而言，大量农村人口外流也是一个重要的现实问题。由于农村自然条件较差，加之农业副业化，大量的农村青壮年外出到省内外的城市务工。全市有劳动力 500 余万人，其中常年外出务工的就有 180 多万人。② 在

① 《第六届全国文明村镇名单》，中国文明网，http：//www. wenming. cn/wmsjk/cjdx_ 53740/qgwmczmd/202112/t20211227_ 6276649. shtml，最后检索时间：2022 年 10 月 10 日。

② 《贵州毕节优化营商环境 发展壮大产业 带动返乡就业》，《人民日报》2022 年 7 月 13 日，第 13 版。

许多乡村，“在家的不管事、管事的不在家”成为常态，村民自治的群众基础欠缺，陷入“无人自治”的境地。

毕节针对农村劳动力大量外流的实际，制定出台相关政策举措鼓励农村青壮年就近就地就业创业、返乡就业创业，并搭建外出务工人员微信群、外出务工劳务协作站等载体，推动农村青壮劳动力“回流”和“网上自治”，一定程度上缓解了开展村民自治工作的难题。但在经济社会发展的大背景下，解决“农村空心化”的问题仍然任重而道远。

（二）集体经济薄弱的支撑作用还不够有力

村“两委”是村级治理的“龙头”，村“两委”强不强、“两委”班子在农民群众中的威信和地位如何，直接影响到村级治理的效果。而村集体经济强不强、能不能给农民群众带来更多经济实惠，又影响到村“两委”说话的分量够不够。

近年来，毕节采取“党支部领办村集体合作社”等措施，积极发展村集体经济，一些地方积累起了一定量的村集体资产。在全市由党支部领办了7229个合作社，覆盖全市3000多个村（居、社区），入社群众达74.4万户300.6万人，2021年村级集体经济年收入达5.47亿元。[①] 但总的而言，村集体经济薄弱的现象仍较为普遍，许多村集体经济收入仍然不高，集体资产“家底”不厚，这也导致村“两委”在服务村民的过程中不具备足够的经济基础。在开展一些如“十星文明户”“五好家庭”等评比创建活动方面也缺乏有效的资金支持，更不可能开展“购买公共服务”等探索。村级经济的薄弱，一定程度导致了村“两委”在开展自治、法治、德治等工作过程中底气不足、“腰杆不硬”，影响工作推进的力度和实效。

（三）法治与德治存在一定短板，影响“三治融合”的整体成效

在“三治”中，自治处在核心地位。在治理过程中，广大村民是乡村

① 《“党社联建”赋能乡村振兴——贵州毕节市探索党支部领办村集体合作社实践启示》，《农民日报》2022年4月12日，第1版。

治理的主体，法治和德治是为了更好地实现村民的有效治理。同时也应注意，法治是保障、德治是基础，二者如果存在短板，将影响到“三治”的有效融合。

毕节建设“三治融合”的乡村治理体系，是以2016年起承担全国层面“以农村社区为基本单位的村民自治试验试点”工作为重要契机，而这一试点在整体设计上偏向于自治，在法治和德治方面的内容相对较少。在试点工作推进中，虽然对法治和德治的内容结合实际做了一些探索，但由于没有系统性地设计和推进相关工作，导致在法治、德治方面存在一些短板。在法治方面，村民受传统思维、风俗习惯的影响，加之受教育水平偏低，法治意识较为淡薄，部分村民对于法治乡村建设不关心、参与度低，当利益受到损害时也往往找不到正确的维权途径。在德治方面，推进多是以口号式、标语式的宣传为主，有效的德治载体不多，未形成完整的体系，还不能与乡村治理充分融合。

（四）现代信息技术运用还不充分

治理手段的信息化程度在很大程度上决定着治理能力的现代化水平。国家《数字乡村发展战略纲要》强调，着力发挥信息化在推进乡村治理体系和治理能力现代化中的基础支撑作用，构建乡村数字治理新体系。

近年来，毕节抓住承担国家数字乡村试点任务的契机，着力推进数字乡村建设，推进了乡村的数字治理。但总的来看，将现代信息技术有效嵌入到乡村治理中，还存在多方面的困难。在基础设施投入方面，乡村信息化不仅需要一次性的投入，还需要投入长期的运营维护，这将会给毕节的财政资金带来一定压力。在技术运用方面，比如各种政务服务平台需要不断完善、不断优化，也需要投入大量的人才财力；同时，由于乡村“空心化”、农村人口“老龄化”，许多老人和小孩不能熟练运用智能手机，也制约了先进信息技术的应用。

四 毕节构建“三治融合+”治理体系的必要性

（一）从理论逻辑来看，还需在国家治理视域下引入可统揽“三治”的要素

自治、法治、德治是三种不同的治理方式，三者有不同的功能和作用，也都有各自的优势和劣势，并且相互间存在一定的冲突。“三治”的融合，实际上是乡村治理资源的优化整合。这就要求，提升“三治”间关系的稳定性和可持续性，减少不同治理规范间的冲突，使得三种治理规范的组合能够带来大于单一治理规范和两两组合型治理规范的组合收益，进而整体产生“1+1+1>3”的效果。实现有效整合就必然需要借助超乎“三治”的力量，以起到统揽的作用。

跳出乡村治理的内部结构，从更宽广的视域来考察，“三治融合”乡村治理体系的构建，是在国家治理体系和治理能力现代化的大背景下，随着国家与社会关系的变迁，对乡村上层建筑进行的调整。① 乡村治理不可能游离于国家治理之外。一方面，乡村社会从国家权力体系中“收权”，发挥村民的自组织能力，完善乡村治理体系，提升应对乡村社会结构变化的调适能力，激发乡村治理的有序性。另一方面，乡村社会又必须从国家权力体系中获取“授权”，提升乡村社会治理的合法性，并获得治理资源和治理权力。在国家有关重要文件中，把“健全党组织领导”作为“三治”的前置条件，正是为了获取国家治理的“授权”并提升其合法性。

（二）从实践机制来看，还需借助其他要素“赋能”以增加效度

自治、法治与德治不会自动融合，需要解决好动力机制的问题。而构建“三治融合”乡村治理体系，面临的一个现实困境，是建设动力的不足，不

① 张明皓：《新时代“三治融合”乡村治理体系的理论逻辑与实践机制》，《西北农林科技大学学报》（社会科学版）2019 年第 5 期，第 17~24 页。

能很好适应形势发展的需要。一方面，从供给端来看，农村“空心化”导致乡村治理参与主体缺位、能力不足。有学者通过对9个省份115个地级市的实证研究发现，农村人口空心化普遍存在，不少地区农村人口净流出率超过50%。[①] 即便是在“三治融合”发源地的浙江桐乡，一定程度也存在参与主体缺位和参与意识不足的现象。[②] 农村人口外流以青壮年外出务工为主，老人和小孩基本都留守下来，因而农村人力资源在年龄分布、受教育程度等方面都存在短板，这使得建设“三治融合”乡村治理体系的力度和效果都会打上折扣。

另一方面，从需求端来看，乡村治理日趋“精细化”，对治理方式、治理手段的要求越来越高。随着农村经济社会不断发展，农民群众的物质、精神文化需求也越来越多元化、多样化。为适应农民群众对美好生活的向往，国家治理的精细化发展趋势在乡村场域也有明显体现。国家关于乡村治理的政策，总体体现出对治理的主体、内容和方式等多层面的关注，试图通过精确、细致的治理理念和治理技术实现对乡村的精细化治理。[③] 乡村事务越来越具体、多样，对治理方式和治理手段的精细化提出了更高要求。

通过上述分析，在供给不足和需求扩大的情况下，仅依靠自治、法治、德治的融合，会导致推进乡村治理的动力不足。这就需要借助其他要素进行赋能，以提高“三治融合”的效度。

五　毕节构建“三治融合+”乡村治理体系的基本思路

（一）坚守“以人民为中心”的价值内核

“以人民为中心”是新时代坚持和发展中国特色社会主义的基本方略

---

① 林善浪、纪晓鹏、姜冲：《农村人口空心化对农地规模经营的影响》，《新疆师范大学学报》（哲学社会科学版）2018年第4期，第75~84页。

② 胡洪彬：《乡镇社会治理中的“混合模式”：突破与局限——来自浙江桐乡的“三治合一”案例》，《浙江社会科学》2017年第12期，第64~72页。

③ 郭占锋、李轶星、张森：《迈向精细化的乡村治理——以一个陇西移民村的治理实践为例》，《西北农林科技大学学报》（社会科学版）2021年第1期，第39~51页。

之一。党的十九届四中全会提出，国家治理需要“坚持以人民为中心”。党的十九届五中全会将“坚持以人民为中心”作为“十四五”时期必须坚持的原则之一。党的十九届六中全会将“坚持人民至上”作为党百年奋斗的历史经验之一。这些都体现出“以人民为中心”是我们党治国理政的基本理念。

乡村治理是为了人。构建“三治融合+”乡村治理体系，不管“+”什么、不管如何“+”，都必须坚持把“以人民为中心”作为基本的价值内核。既要尊重并发挥农民群众的主体性，调动农民群众参与社会治理的积极性、主动性、创造性，确保农民群众在社会治理中的地位，体现人民当家做主的治理本质。又要保障和发展农民群众利益，通过创新和完善乡村治理体制机制，不断满足农民群众对美好生活的需要，提升获得感、幸福感、安全感。

总而言之，就是要通过“人民”的政治性集体人格，将乡村治理共同体及其共识、治理能力以及激励系统统领起来，将政治与法治融合在乡村多样化治理活动中，对乡村治理形成引领和规约，在乡村治理的各层次和多领域有效保障民意、民心、民需、民利的实现，体现中国特色社会主义基层自我调整和自我完善的体制优势。

（二）把准“治理体系和治理能力现代化”的目标取向

2013 年 11 月，党的十八届三中全会首次提出“推进国家治理体系和治理能力现代化”这个重大命题，并将其作为全面深化改革的总目标。2017 年 10 月，党的十九大进一步将“国家治理体系和治理能力现代化”列入全面建设社会主义现代化国家的战略目标，明确提出到 2035 年“国家治理体系和治理能力现代化基本实现”，到 21 世纪中叶“实现国家治理体系和治理能力现代化”。这些表明，国家治理体系和治理能力的现代化，不仅是“四个全面”当中全面深化改革的总目标，而且是国家的总体发展战略目标。

对包括乡村治理在内的基层治理，党中央也提出了明确的目标要求。2021 年 4 月，中共中央、国务院《关于加强基层治理体系和治理能力现代化建设的意见》印发，明确将“实现基层治理体系和治理能力现代化”作为基层治理的目标，并提出力争用5年左右时间，建立起“自治、法治、德治相结合的基层治理体系”，“基层治理体系和治理能力现代化水平明显提高”；在此基础上力争再用10年时间，“基本实现基层治理体系和治理能力现代化，中国特色基层治理制度优势充分展现”。

因此，构建“三治融合+”乡村治理体系，必须牢牢把握乡村治理作为国家治理基石的重要定位，紧紧围绕“治理体系和治理能力现代化”的目标，不断健全治理体系、提升治理能力，夯实国家治理体系和治理能力在基层运行的制度基础。

（三）结合毕节实际构建“三治融合+”的基本内容

结合实际，是政策推广过程中需要把握的一项基本要求。“三治融合”之所以能在浙江桐乡发轫，有其特定的区域背景。桐乡地处经济社会发展水平较高的东部地区。在创新社会治理模式前，2012年桐乡城镇、农村居民人均可支配收入分别为36591元和18386元。经过不到10年的发展，2021年桐乡城镇、农村居民人均可支配收入分别提高到68153元和43709元。[①]在2021年全国县域经济百强县排名中，桐乡居第25位，[②]其发展水平远超过全国大多数县（市、区）。

从政策演变过程来看，桐乡也在结合实际不断探索、不断推进。2013年9月，桐乡市委、市政府印发《关于推进社会管理“德治、法治、自治”建设的实施意见》，采用的是德治、法治、自治的顺序。2014年10月，党的十八届四中全会提出全面推进依法治国后，桐乡将“三治”相应调整为

① 资料来源：《2012年桐乡市国民经济和社会发展统计公报》，桐乡市人民政府网站，http：//www. tx. gov. cn/art/2013/3/19/art_ 1229401771 _ 3867267. html，最后检索时间：2022年10月10日；《2021年桐乡市国民经济和社会发展统计公报》，桐乡市政府网站，http：//www. tx. gov. cn/art/2022/2/16/art_ 1229401771 _ 4876802. html，最后检索时间：2022年10月10日。

② 《赛迪发布〈2021中国县域经济百强研究〉》，赛迪工业和信息化研究院网站，https：//www. ccidgroup. com/info/1096/33546. htm，最后检索时间：2022年10月10日。

“法治为要、德治为基、自治为本”体系。2017年10月，党的十九大报告中写入“三治”，并将“自治”排在“三治”之首，之后桐乡相应调整确定了“自治为本、法治为要、德治为基”的表述。

对于毕节目前构建“三治融合+”的乡村治理体系，一方面，其经济社会发展水平与桐乡存在较大的差异性，如毕节2021年城镇、农村居民收入分别为37263元、12441元，仅分别相当于桐乡的一半略多、1/4略多。[①] 另一方面，近年来政策环境、技术条件等也发生了较大变化。因此，毕节需要结合实际构建“三治融合+”的基本内容。比如，结合自治、法治、德治力量相对较弱的实际，引入党建要素，强化基层党组织在乡村治理中的地位，以充分激发基层党组织的战斗堡垒作用；比如，结合现代信息技术发展的实际，引入大数据方面的要素，解决治理方式和手段方面的问题；比如，结合乡村人口外流、人力资源不足的实际，引入新乡贤等要素，充分发挥乡村精英的作用。

六　毕节构建“三治融合+”乡村治理体系的对策建议

（一）推行“党建+三治融合”，确保“三治融合”沿着正确方向发展

构建“三治融合+”以健全乡村治理体系，总的来说，要贯彻落实中央和省有关部署要求，突出目标导向和问题导向，在推动高质量发展和全面推进乡村振兴的背景下，坚守“以人民为中心”的价值内核、把准“治理体系和治理能力现代化”的目标取向，立足毕节自身实际，积极探索创新，着力解决好群众参与不足、集体经济薄弱、法治与德治存在一定短板等问题，充分调动发挥各方面的积极作用，加快构建共建共治共享的社会治理格

① 《毕节市2021年国民经济和社会发展统计公报》，毕节市人民政府网站，https://www.bijie.gov.cn/bm/bjstjj/zwgk/tjsj/tjgb/202204/t20220412_74711204.html，最后检索时间：2022年10月10日。

局，不断增强广大农民群众的获得感、幸福感、安全感。

工作推进中，需要把握好“三治融合+”的路径。首先的一条，就是要加强党组织对“三治融合+”的领导。党的领导是中国特色社会主义最本质的特征。党的十九届四中全会强调，“把党的领导落实到国家治理各领域各方面各环节”。由于中国共产党的领导地位以及组织特性，基层党组织可以成为乡村治理的超能型引领主体。① 党建引领具有贯通国家和社会的组织力。通过党建引领，将乡村治理纳入国家治理体系的整体布局，使得全国“上下一盘棋”的治理架构更为稳固、运行更为顺畅。同时，党建引领又源源不断地为乡村社会输入引领力、推动力，使得乡村治理体系能够朝着“三治融合”的优效方向持续发展。

毕节是经国务院批准建立的试验区，是基层党建践行初心使命的“贵州科学发展试验田”，基层党建许多创新做法在全国具有影响。近年来，毕节各级党组织牢牢抓住党建这一核心和关键，大胆探索党建工作新途径，为决战决胜脱贫攻坚、全面推进乡村振兴提供了坚强的组织保障。② 新的形势下，毕节实施“三治融合+”，尤其需要发挥党建的不可替代作用，将党建放在体现引领性的位置，推行“党建+三治融合”，确保“三治融合”能沿着正确方向发展。需把握几个方面：

一是整合，促进“三治”有机融合。党建具有统筹协调、整体部署等方面的功能，可借助组织覆盖，强化基层党组织对乡村自治、法治和德治的统一领导。在乡村自治、法治和德治结构完整的基础上，通过优化组织流程设计，激活自治、法治、德治的共治需求，实现功能聚合，促进优效整合。

二是调控，消弭“三治”间内在的紧张关系。值得注意的是，自治、法治、德治三者既相辅相成，又一定程度上具有内在的矛盾和紧张关系。

① 张明皓、豆书龙：《党建引领“三治结合”：机制构建、内在张力与优化向度》，《南京农业大学学报》（社会科学版）2021 年第 1 期，第 32~41 页。

② 《贵州毕节：以基层党建提质增效赢得党心民心》，人民网，http：//gz. people. com. cn/n2/2021/1214/c222152-35050820. html，最后检索时间：2022 年 10 月 10 日。

比如，法治在一定程度上限制人的自由，强调社会统一于一套规则体系，而自治与德治又要求以自由、个体为前提。针对这样的紧张关系，基层党组织可以发挥民主集中制的优势，凝聚多方治理主体共识，在各主体协商民主的条件下保证乡村治理意志的集中统一，维持“三治”的体系化运作形态。

三是补位，实现“三治”的结构完整和力量均衡。乡村治理场域虽然蕴含自治、法治和德治的因子，但自治、法治、德治的发育程度有所不同，影响融合的整体效能。加强党建，可以为乡村治理的短板弱项进行补位。党建补位的渠道可以表现在，以党建引领自治原则，充实完善自治内容；以党建挖掘乡村德治资源，增强德治的社会功能；以党建推动法治下乡，提升法治资源的可及性，为乡村社会建构有效的法治基础。

（二）推行“三治融合+数字乡村”，以数字治理助力乡村“智治”

数字乡村是国家层面做出的重大战略部署。2018 年中央一号文件提出，要“实施数字乡村战略”。此后，历年中央一号文件都对推进数字乡村建设做出部署安排。2021 年 12 月，中央网络安全和信息化委员会印发《“十四五”国家信息化发展规划》，将数字乡村发展列为十大优先行动之一。在推进数字乡村建设中，数字治理又是重要内容。在中央网信办等部门印发的《数字乡村发展行动计划（2022—2025 年）》中，将“数字治理能力提升行动”作为 8 个方面的重点行动之一，并做出具体安排。

对于毕节来说，还承担着国家数字乡村试点的重要任务。在 2020 年公布的首批国家数字乡村试点地区名单中，就有黔西、金沙两地，占贵州全省入选试点地区数量的一半。[①] 试点内容共有七个方面，其中之一就是探索乡村数字治理新模式，具体包括健全党组织领导的自治法治德治相结

① 贵州共有 4 个县入选，另两个是贵阳市息烽县、遵义市余庆县。参见《国家数字乡村试点地区名单公布》，中央网信办网站，http://www.cac.gov.cn/2020-10/23/c_1605022250461079.htm，最后检索时间：2022 年 10 月 10 日。

合的乡村治理体系等。[①] 因此，毕节将数字乡村建设与健全“三治融合”的乡村治理体系结合起来，推动“三治融合+数字乡村”，运用大数据技术，以数字治理助力乡村“智治”，既有必要、也有基础。需把握几个方面：

一是提升乡村治理主体的协同性。数字乡村背景下，要求政府部门打破信息孤立的局面。村“两委”、农村民间组织、企事业单位等凭借所能获取和所掌握的数据资源，在乡村治理过程中，获得与乡镇党委政府互动的地位。[②] 运用大数据技术，通过数据开放和数据共享，促进乡村治理多元主体的有效协作，提升各主体的治理能力和治理效能，促进共建共治。

二是提升乡村治理内容的精准性。随着乡村公共事务日益繁杂，乡村治理压力不断加大，而大数据技术的运用能够提升治理内容的精准性，从而降低治理难度和压力。在数据收集阶段，通过网络搜集反映村民真实需求的大量信息，为精准识别、精准治理提供基础支撑。在数据处理和应用阶段，通过数据资源的开放共享，政府部门能够迅速准确掌握乡村社会的相关数据信息，为乡村治理决策提供依据，使得上级政府部门能够更好地综合施策，提升治理效果。

三是提升乡村治理手段的有效性。随着数字乡村建设的深入推进，能够搜集到越来越多、越来越广泛、越来越有用的信息资源，进而为提升治理能力和水平提供数据支撑。尤其是可以推动乡村治理由“事后治理”向“事前治理”转变。运用所掌握的乡村社会方方面面的信息，建立起数据监控和数据分析的网络，在此基础上进行数据挖掘、预测和综合研判，提早发现乡村社会的矛盾问题和风险隐患，及时采取针对性措施进行防范化解，强化

① 《中央网信办等七部门联合印发〈关于开展国家数字乡村试点工作的通知〉》，中央网信办网站，http：//www. cac. gov. cn/2020 - 07/17/c _ 1596539938841028. htm，最后检索时间：2022 年 10 月 10 日。

② 王欣亮、魏露静、刘飞：《大数据驱动新时代乡村治理的路径构建》，《中国行政管理》2018 年第 11 期，第 50~55 页。

“源头治理”。运用大数据技术手段，加强事前防控和事中处理，提升乡村的应急管理能力，防范应对各类突发性事件。

（三）推行“三治融合+新乡贤”，充分发挥乡土人才的独特优势

乡贤在中国几千年的历史中，一直是基层治理的重要力量。进入现代社会，随着时代的发展和进步，优势更加突出、内涵更加丰富、外延更加广泛的“新乡贤”重新进入大众视野。① 2018 年，中共中央、国务院《关于实施乡村振兴战略的意见》围绕构建乡村治理新体系，明确提出“积极发挥新乡贤作用”，体现出对新乡贤的高度重视。

毕节近年来在发挥新乡贤作用方面，也采取了许多实际行动，比如开发“毕节乡贤”小程序，集乡贤社交与就业服务、金融支持等功能于一体，搭建起毕节乡贤的网上家园，取得了积极成效。在此基础上，毕节可进一步将新乡贤资源引入乡村治理，实施“三治融合+新乡贤”。需引导发挥几个方面的积极作用：

一是新乡贤作为“自治”的带动者。有能力、有声望的新乡贤为家乡发展出谋划策、投身乡村建设和管理，带动村民自我管理、自我教育，共同参与到乡村治理的实践中，营造出乡村自治的良好氛围。此外，新乡贤中还不乏业界精英、企业家等，他们有经济实力、有经营管理能力，他们不但可以为乡村提供建设资金、给村民提供就业机会，还可以带领村民投入乡村公共事业，提高各种村级社会事务的处理效率。

二是新乡贤作为“法治”的推动者。新乡贤一般文化程度较高，法治意识较强，有的还具有一定的法律专业知识。他们参与乡村治理，能对基层干部行使职权形成制约，尤其是在村“两委”选举、土地征收、房屋拆迁、集体资产管理和收益分配等村民比较关心的领域，能监督促使村干部更加公开、公平、公正。另外，新乡贤学法、懂法、用法、守法的自觉性较强，他

① 方亦园、杨爱杰：《新乡贤参与农村社区治理的行为逻辑和工作机制》，《湖北省社会主义学院学报》2021 年第 4 期，第 99~105 页。

们在日常依法办事的过程中能够形成示范效应，有利于营造风清气正的乡村社会环境。

三是新乡贤作为“德治”的引领者。在传统乡村社会，乡贤往往因为“德才兼备”而广受村民们推崇。在社会主义社会，处在新时代的新乡贤们，在党的引领下，是社会主义核心价值观的坚定信仰者、模范践行者、积极传播者。他们爱国爱乡、敬业乐群、诚信友善，能通过自身的言行，示范带动村民们接受社会主义核心价值观的感召，形成向上向善的良好氛围。在具体的实践中，如在新村规民约等的制定中，新乡贤积极主动将社会主义核心价值观融入其中，提升村民的思想道德水平，提振村民干事创业的精气神，不断凝聚乡村振兴的正能量。

参考文献

高端阳、王道勇：《乡村治理中的合作场域生成——基于T市“三治融合”实践的分析》，《社会学评论》2021年第3期。

高青莲、于书伟：《“三治合一”乡村治理体系的逻辑演绎与实现机理》，《学习论坛》2022年第11期。

姜晓萍、许丹：《新时代乡村治理的维度透视与融合路径》，《四川大学学报》（哲学社会科学版）2019年第4期。

卢海燕：《论发展和完善地方治理体系——浙江省德清县“三治一体”的经验及其改进路径》，《中国行政管理》2017年第5期。

谢志强、刘大华：《武汉江欣苑社区“三治”并举探索》，《社会治理》2018年第9期。

郁建兴、任杰：《中国基层社会治理中的自治、法治与德治》，《学术月刊》2018年第12期。

张丙宣、苏舟：《乡村社会的总体性治理———以桐乡市的“三治合一”为例》，《中共杭州市委党校学报》2016年第3期。

张天佐、李迎宾：《强化“三治”结合 健全乡村治理体系》，《农村工作通讯》2018年第8期。

张文显：《“三治融合”之理》，《治理研究》2020年第6期。

张文显、徐勇、何显明、姜晓萍、景跃进、郁建兴：《推进自治法治德治融合建设，创新基层社会治理》，《治理研究》2018年第6期。

中共中央党史和文献研究院编《习近平关于“三农”工作论述摘编》，中央文献出版社，2019。

中共中央宣传部、国家发展和改革委员会：《习近平经济思想学习纲要》，人民出版社、学习出版社，2022。

绿色发展篇

Ecological Development Reports

B.10
“生态建设”到“绿色发展”：毕节生态文明建设成效、经验与展望

陆恩永*

摘　要： 毕节从1988年建立“开发扶贫、生态建设”试验区以来，取得生态修复成效显著，生态经济体系日益完备、全民自觉参与生态文明建设等巨大成效。探索出突出党建引领、统一战线“同心”服务改革发展、尊重群众首创精神、强化顶层设计与高位推动、建立制度保障机制等成功经验。2018年，毕节又被赋予“着力推动绿色发展、建设贯彻新发展理念示范区”新使命，使“生态建设”跃升为“绿色发展”。践行好“绿色发展”，必须在党的领导下厘清生态家底，在构建“绿色+”大生态产业体系、加快融入绿色“一带一路”、推进生态产品价值实现创新等方面接续奋斗。

关键词： 生态建设　绿色发展　生态文明　毕节

* 陆恩永，中共毕节市委党校副教授，研究方向：生态文明理论与实践。

毕节曾是西部地区经济贫困且生态恶化的典型，1988 年经国务院批准建立"开发扶贫、生态建设"试验区，肩负着"闯出新路子、探索新经验、做出新示范"使命。如今毕节实现了生态与经济双赢的巨大成效，为同类地区提供了鲜活经验。2018 年 7 月 18 日，习近平总书记的重要指示又赋予毕节"推动绿色发展、人力资源开发、体制机制创新，努力把毕节建设成为贯彻新发展理念的示范区"新时代使命。要践行好"绿色发展"，在生态文明建设上出新绩，必须始终坚持习近平生态文明思想的指导，接续奋斗，锐意创新。

绿色发展属于理念也属于举措，包含经济、社会、理念三个层面，经济层面侧重于实现经济低碳、资源节约、环境友好的生产方式变革；社会层面侧重于人的社会活动和行为方式的集约、节约、循环；理念层面侧重于人尊重自然的行为伦理和环境正义价值观。"就其要义来讲，是要解决好人与自然和谐共生问题。"① 而这，正是生态文明建设的核心内容，生态文明作为扬弃和超越工业文明的一种新文明形态，是人类取之于自然又反哺于自然，形成人与自然和谐共存，最终达到"人与人的和解和人与自然的和解"状态的全新文明形态，包含了整个人类文明成果。因此，绿色发展是生态文明建设的具象实践主线。基于此，这里所阐述的绿色发展是基于生态文明视阈的。

一　毕节生态文明建设主要成效

毕节自 1988 年建立试验区以来始终坚持生态优先，把"生态建设"作为经济发展战略，形成"抓生态促经济增长、抓经济促生态建设"双赢发展格局，为建成美丽中国毕节篇章提供了坚实基础。

（一）经济与环境实现双赢

毕节曾经深度贫困，人民为了生存大量毁林开荒，严重破坏自然生态，

① 《习近平关于社会主义生态文明建设论述摘编》，中央文献出版社，2017，第 32 页。

陷入“穷—垦—荒—穷”怪圈。1988年6月经国务院批准建立“开发扶贫、生态建设”试验区，30多年后，毕节彻底跳出“穷—垦—荒—穷”怪圈，实现了从生态环境不断恶化到生态普遍良好、经济深度贫困到全面小康的重大跨越。

1. 经济发展成效巨大

1988年毕节试验区建立时，全市地区生产总值仅为23.40亿元，2021年为2181.48亿元，增长了92.2倍，平均每年增长2.8倍。人均生产总值从1988年的412元增长到2021年的31736元，增长了76倍，平均每年增长2.3倍（见图1、图2）。农民平均收入1988年仅为182元，2021年达到12373元。2021年，全市农林牧渔业总产值达到881.7亿元，十大工业产业总产值达870亿元。[①]

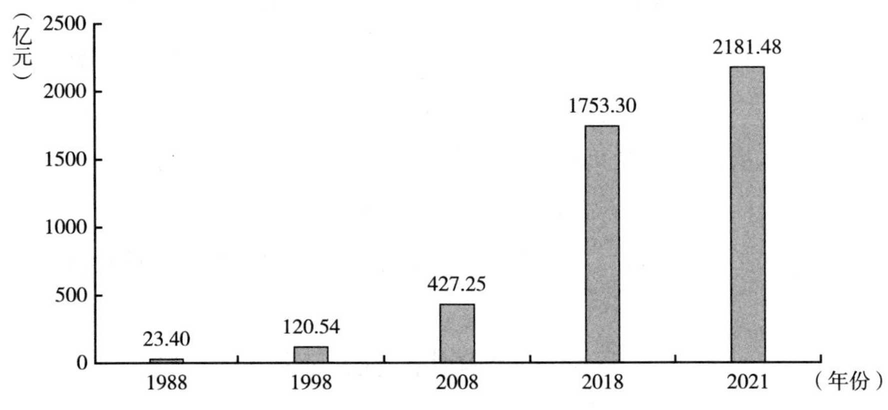

图1　1988~2021年毕节市地区生产总值

2. 产业结构趋于合理

产业结构不合理对生态文明建设与发展影响深刻。20世纪80年代，毕节经济发展主要依赖第一产业，产业结构不合理。1988年，全市一二三产业比重为52.8∶21.9∶25.3，第一产业占比较大，但是生产方式粗放，生

① 注：本文未标明出处数据主要来源于毕节市统计公报、政府工作报告、数据发布，以及各职能部门调研数据等。

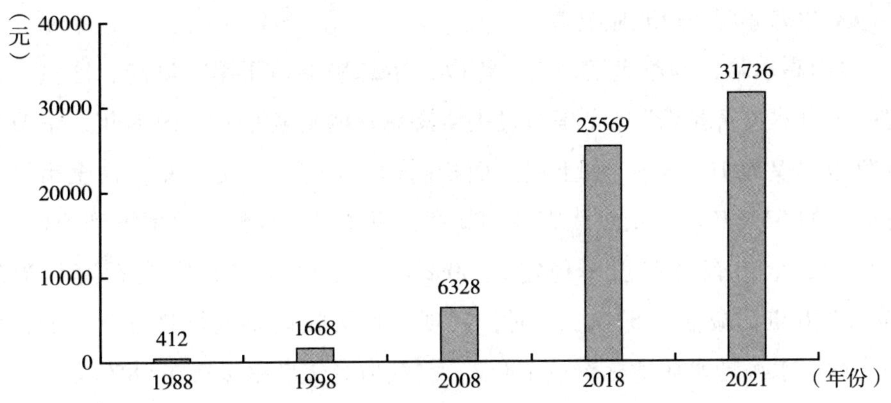

图 2　1988~2021 年毕节市人均生产总值

产力落后；而第二产业现代化水平极低。经过产业提质升级和注重生态型经济产业发展，注重增加第二、第三产业特别是第三产业的比重，传统产业绿色化转型不断加快，到 2021 年，三次产业比为 24.1∶27.1∶48.8，产业结构不断优化，趋于合理。新能源和可再生资源发电装机容量从无到有，2021 年提升至 30%。新型建材、大数据等现代新兴产业占比达 20%。总体看，第三产业增长较快，到 2021 年占比达 48.8%，占主导地位，生态经济化和经济生态化逐步实现，经济韧性不断增强（见图 3）。

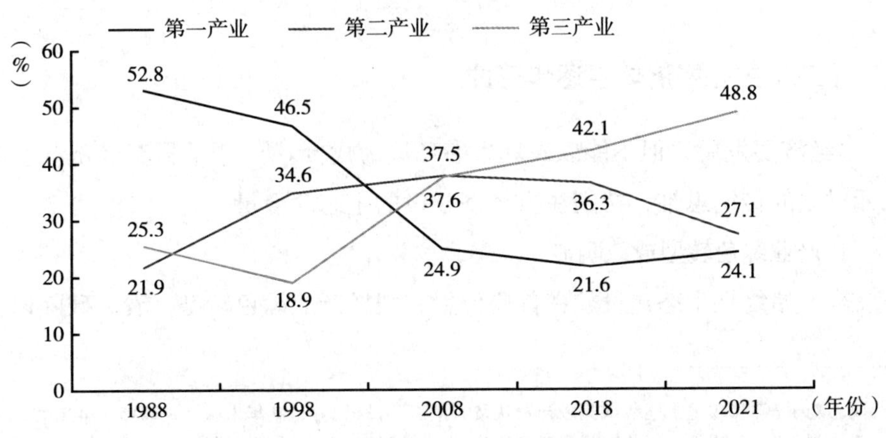

图 3　1988~2021 年毕节市三产比重

3. 生态环境质量明显改善

“山高水险，沟壑纵横，土地零碎，生态脆弱。干旱、洪涝、冰雹、低温……自然灾害频繁”① 是毕节过去生态恶化的真实写照。1988 年，毕节森林覆盖率仅为 16. 98%，水土流失面积高达 1. 683 万平方公里，占全市国土总面积的 62. 67%。② 最具代表性的赫章县海雀村，森林覆盖率不到 5%。到 2021 年，全市森林覆盖率稳定在 60%以上（见图 4），完成石漠化治理 144. 37 万亩，减幅达 57%。同时，实现了垃圾收运系统行政村全覆盖，集中式饮用水源地水质达标率达 100%，空气质量优良率保持在 98%以上。

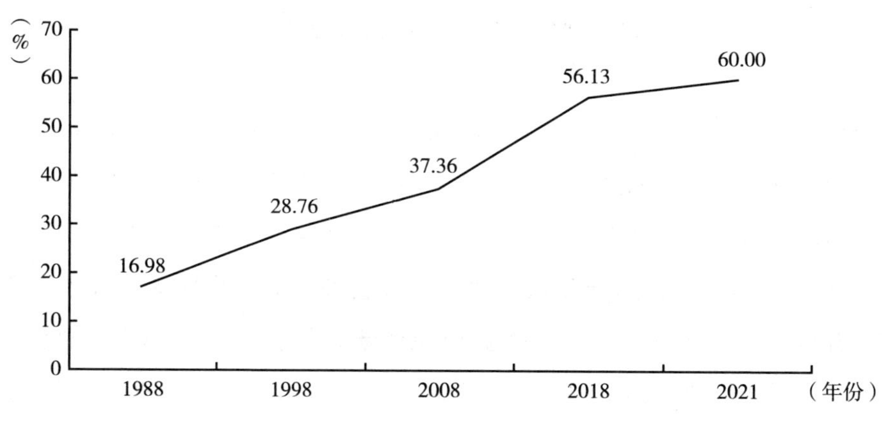

图 4　1988~2021 年毕节市森林覆盖率

（二）生态经济体系逐步形成

“经济要发展，但不能以破坏生态环境为代价。”③ 毕节摒弃经济与生态二元对立的传统思维，特别注重经济建设的生态含金量。

1. 产业绿色转型成效明显

毕节始终把生态建设放在首要位置，狠抓产业绿色转型，着力破除以牺

① 刘子富：《攻坚：毕节试验区开发扶贫、生态建设纪实》，新华出版社，2015，第 2 页。

② 刘子富：《攻坚：毕节试验区开发扶贫、生态建设纪实》，新华出版社，2015，第 248 页。

③ 《习近平关于社会主义生态文明建设论述摘编》，中央文献出版社，2017，第 26 页。

牲环境为代价换取经济增长的发展模式。“正确处理好经济发展同生态环境保护的关系，牢固树立保护生态环境就是保护生产力、改善生态环境就是发展生产力的理念，更加自觉地推动绿色发展、循环发展、低碳发展。”① 一方面通过提高环保标准、推进清洁能源替代利用等方式遏制、压缩、处理过剩产业产能，每年淘汰落后煤矿产能达360万吨；另一方面加快培育新兴业态，按照产业园区生态化思路建设生态产业园区，加速发展数字经济、循环经济、清洁能源等产业。到2021年，新兴产业中特色轻纺、现代化工、基础材料产值分别增长5%、12%、13%，现代能源产业实现产值500亿元，大数据与实体经济融合标杆项目9个、示范项目80个，融合带动131家企业转型。

2. 大力发展生态产业

立足地方资源优势发展生态服务业、生态工业和生态农业，不断增强生态产品生产能力。

一是构建林下经济产业。利用森林资源发展林下经济产业，如“林下种植”“林下养殖”等。如今林下经济利用森林面积已达378.45万亩，实现产值49.01亿元，跳出了“以环境换取增长”，实现了“环境就是增长”。二是构建经济林产业。大力发展林木经济如经果林、经济林等，初步形成了“赫章核桃”“威宁苹果”“七星关刺梨”“纳雍樱桃”等生态经济林品牌。三是构建特色生态农产品产业。大力发展生鲜蔬菜、食用菌、辣椒等，生态农产品品牌日益壮大，如“乌蒙山宝·毕节珍好”公共品牌包含了115个产品，影响力不断增强。四是挖掘生态旅游产业。充分利用毕节得天独厚的生态资源，打造“生态休闲”“生态观光”“生态康养”等生态旅游业态。成功创建百里杜鹃、织金洞2家5A级景区，韭菜坪、九洞天等11家4A级旅游景区。旅游总收入大幅提升（见图5）。②

质言之，毕节基本形成森林经济、特色农产品、生态旅游“三大支撑”

① 《习近平谈治国理政》，外文出版社，2018，第209页。

② 资料来源于历年《毕节市国民经济和社会发展统计公报》。

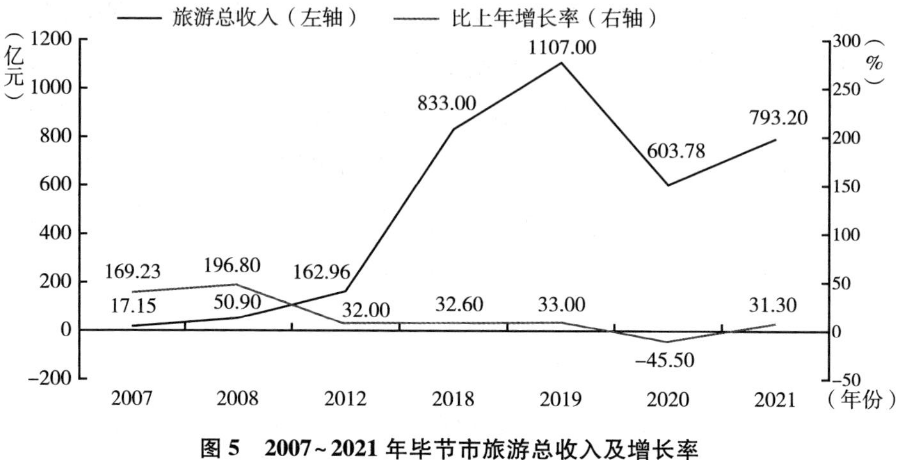

图 5　2007~2021 年毕节市旅游总收入及增长率

产业的生态经济发展格局，将生态资源转化为绿色经济增长极，实现了经济与生态的双赢。

（三）生态修复成效显著

30 多年生态建设实践，毕节形成了以基本农田建设为主线，“拦、排、蓄、灌”相配套，“山、水、田、林、路”综合施策的系统治理格局，生态修复成效显著。

1. 自然生态量与质双提升

毕节坚持生态建设问题导向，通过实施一系列生态建设工程如“3356 工程”“长防林工程”“退耕还林”“天保林”等，实现了自然生态量与质的双提升。1987~2021 年，全市森林面积从 601.8 万亩增加到 2127 万亩，建成区城市绿化率从 9%提高到 35%。全市纳入监测的 66 个地表水断面（含国控断面 17 个）中，水质总体优良（Ⅰ~Ⅲ类）比为 93.94%，Ⅰ类、Ⅱ类占比达 87.88%（见图 6）。建成 4 个国家级、184 个省级绿色矿山。获批 2 家国家级、4 家省级绿色工厂。自然生态承载力显著提升，生态韧性不断增强。

2. 人居环境明显改善

毕节人居环境历史遗留问题多、治理难度大，试验区建立以来，摒弃粗

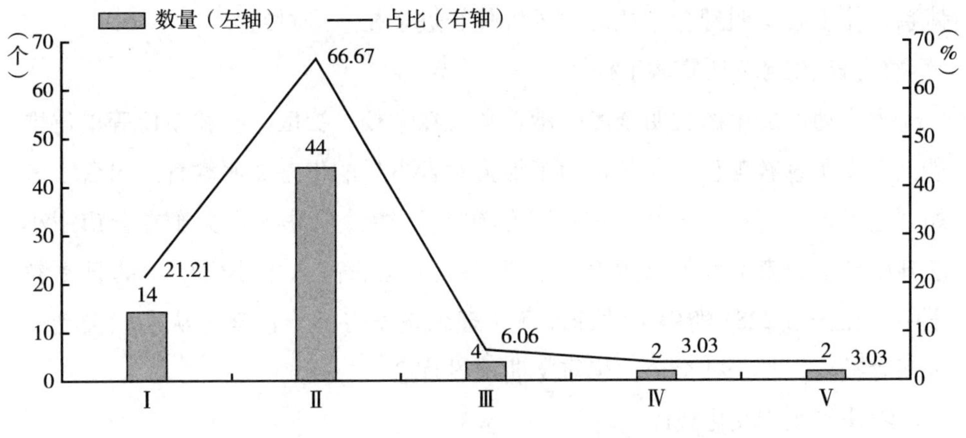

图 6　2021 年毕节市地表水河流水质

放生产方式，大力整治土法炼矿和非法采矿等。特别是党的十八后，碧水蓝天净土保卫战持续加快。一是通过大气污染防治攻坚行动，治理工业企业污染和扬尘污染，空气质量平均优良率达到 98. 8%。二是城乡垃圾收运系统行政村全覆盖，建立垃圾收集点 17970 个，生活垃圾转运设施建成率达 97. 8%。通过厕所革命，农村卫生厕所普及率达 72. 08%。

3. 生态治理机制不断健全

为加快生态文明建设，让人民切实感受到蓝天白云、清水绿山的悠闲与惬意。毕节以生态文明法治工程为契机，与时俱进制定修改和完善生态文明相关法规制度，体制机制不断完善。通过制度化建设深入实施生态治理，如修订出台《毕节市饮用水水源保护条例》《毕节市生态环境损害党政领导干部问责暂行办法》《毕节市生态文明建设考核办法》等，推进"林长制""河长制""湖长制"向"林长治""河长治""湖长治"的跨越。使生态治理重心从"事后治理"向"事前保护"转变、手段从"人治"向"制治"转变、行为从"运动治理"向"常态治理"转变。

（四）构建繁荣生态文化体系

为着力提升人的生态价值观念、增强生态自觉，毕节通过构建生态文化

体系，让生态文明理念进社区、进机关、进学校、进村组。

1. 推进生态文明宣教工程

为推动形成生态文明全民行动自觉，在学校、社区、机关单位等单位推进生态文明宣教工程。尤其是为了加强对青少年的生态文明教育，出台了诸如《生态环境保护法律知识进校园专项行动方案》《毕节市关于在全市中小学开展环境教育通知》等文件，把生态文明教育融入中小学学生的日常教学中，在全市2281所中小学开设环保理念教学专题，让学生从小就接受绿色理念教育，在全社会树立生态文明建设理念。

2. 丰富生态文化载体

以创建“文明城市”“森林城市”等为契机建设城市公园、城市绿地，形成绿在城中、城在绿中、人在景中的生态环境，让居民回归自然。一方面加大政府对建设生态公园的投入，实施“绿色毕节行动”，让人民享受城市生态之美。全市建成德溪公园、金海湖湿地公园、黔西凤凰山等20余个城市公园。另一方面积极开展示范创建活动。全市共有50个村荣获国家林草局授予“国家森林乡村”称号，建成省级森林城市7个、省级森林乡镇42个、省级森林村寨157个，获省级森林人家称号961户，生态文化载体日益丰富，生态名片更亮。

3. 挖掘文化资源

毕节不仅注重自然生态的保护与修复，同时开展全面厘清地方民族特色文化和传统文化资源的工作，并有效融合红色文化资源、人文古迹文化资源和多姿多彩的民俗文化资源。如着力打造毕节民族生态文化品牌，加强红色文化保护和民族生态文化保护与开发利用，形成红色文化与绿色文化相得益彰的生态文化体系，提高生态文化素养。

总之，毕节在生态建设实践中把经济发展和生态建设辩证统一起来，锐意创新，承担了示范使命，也为同类地区积累了很多可资借鉴的成功经验。

二　毕节生态文明建设的经验

毕节充分发挥人的主观能动性解决经济贫困和生态恶化问题，积累了实现人与自然、人与资源、经济与自然环境相协调发展、相互促进、互利共赢的丰富经验。

（一）突出党建引领

“党政军民学，东西南北中，党是领导一切的。”[①] 毕节在党中央坚强领导下，各级党组织坚决扛起政治责任，把人民群众发动起来、组织起来战天斗地，改变面貌。

1. 党组织的科学决策

1985 年一篇描述毕节贫困的内参惊动中央，中央有关领导的批示急电传给贵州省委，贵州省委连夜召开紧急会议，并马上组织 9 个工作组，分赴全省各地察看灾情，研究解决措施。中央还及时给贵州拨了救灾粮、救灾款等。同时，为解决毕节的具象困境，变短期救济为长期治理，谋划建立试验区，探索一条不同于东部沿海地区改革发展的新路，解决阻断贫困和遏制生态恶化的问题。对毕节的扶贫工作从一般的救灾赈灾转变为大规模扶贫脱贫攻坚行动，由季节性济贫转变为“开发扶贫、生态建设”的改革发展试验等。这些无不体现了党的初心、使命宗旨与科学决策。

2. 党组织的示范引领

马克思、恩格斯曾指出：“过去的一切运动都是少数人的或者为少数人谋利益的运动，无产阶级的运动是绝大多数人的、为绝大多数人谋利益的独立的运动。”[②] 在毕节试验区主题实践中，基层党组织进一步强基固本、示范引领，创造了中国共产党领导的全国统一战线长期凝心聚力助力地方改革发展的新经验。在具象实践中，一是把党组织建在产业链上。突出“党建+”的示范引领作用，如“党建+生态保护”“党建+环境整治”“党建+生态产业”等工程。实现了从“干给群众看”到“领着群众干”的跨越。二是牢固树立大党建理念。建立健全市、县、乡党组织三级联动体系，厘清职

---

① 习近平：《决胜全面建成小康社会 夺取新时代中国特色社会主义伟大胜利——在中国共产党第十九次全国代表大会上的报告》，人民出版社，2018，第 20 页。

② 马克思、恩格斯：《共产党宣言》，人民出版社，2018，第 39 页。

能职责，确保其充分发挥基层党组织战斗堡垒作用。三是东部省市对口支援帮扶毕节，助力毕节改革发展。这是把坚持党的领导和以人民为中心有机统一起来的实践逻辑和理论逻辑。

（二）统一战线“同心”服务改革发展

全国统一战线倾力支持毕节改革发展，形成了以“助推发展、智力支持、改善民生、生态建设、示范带动”为主要内容的“同心工程”品牌，彰显了中国共产党领导的多党合作的制度优势。①

1. 成立“专家顾问组”智力支援

为着力解决毕节生态环境问题和经济发展问题，特别是落实1989年出台的《毕节开发扶贫、生态建设试验区发展规划》，迫切需要一个长期关注和支持的协调机构，以便更好协调解决中央与地方、统一战线力量与地方政府、统一战线与中央各部委之间针对毕节试验区具象实践提出的具体问题。在常近时教授的建议下，成立了毕节试验区专家顾问组，从此，毕节试验区专家顾问组始终坚持“出思路、跑联络、搞协调”，在规划建议、政策制定、项目实施、重点行业发展、重大项目落地和支柱产业培育等方面，做了大量具体工作，提供了大量决策咨询意见和建议，成为统一战线智力支持毕节改革发展的重要载体。

2. 构建多元支援体系

统一战线力量不断探索创新帮扶模式，从最初的智力支援到智力、人力、财力、物力等全方位的支援，形成了有针对性的智力支持、人才支持、技术支持、资金支持、项目支持，推出了一系列硬招实招。围绕石漠化治理、天然林资源保护、威宁草海生态保护与综合治理等重点问题，组织专业力量深入实地调研，提出符合实际的举措。同时，国家部委先后出台了28个有针对性的差别化政策文件倾力支持，“国家部委累计支持毕节实施项目1200多个。统一战线组织8300多人次专家学者前往毕节试验区考察调研，

① 《确保按时打赢脱贫攻坚战 努力建设贯彻落实新发展理念示范区》，《人民日报》2018年7月20日，第1版。

协调推动项目 1723 个"。[①] 形成了多部委、多党派、多省市联手帮扶毕节坚定走绿色发展之路的独特模式，创造了中国共产党领导的多党合作服务地方改革发展的成功案例。

3. 凝心聚力帮扶机制

一是发挥人才智力优势。如探索出一个民主党派对口帮扶毕节一个县的"一对一"帮扶机制，多个民主党派帮扶同一县不同行政村的"多对一"机制，东部十省市对口帮扶一个县、东部省市企业结对帮扶毕节 112 个村等帮扶机制。仅党的十九大以来，全国统一战线为毕节培训各类人才 10.5 万余人次。二是充分发挥联系广泛优势。全国统一战线帮助实施帮扶项目 1400 余个，涉及资金 5.4 亿余元，推动实施"同心工程"1495 个，援建"同心水窖"1.4 万口，新改扩建各类学校 230 所。

4. 形成帮扶制度体系

全国统一战线在帮扶毕节的进程中形成了持续支持制度、多元帮扶制度、建言建议制度、考察研究制度、对口支援制度、集中帮扶重点突破制度、示范带动制度、联席会议制度、总结推进制度等一系列制度。运用制度成果践行统一战线力量，研究毕节改革发展进程中遇到的具体问题和需要帮助的方面，及时反馈给贵州省委并向党中央汇报，协调解决毕节发展进程中的实际问题。

5. 构筑"同心"文化精神高地

可以说，毕节试验区的发展史，就是一部统一战线与毕节各族干部群众同心同德、同心同向、同心同行的建设史。统一战线深入毕节，谋大计、参大政、议大事、促大干，构筑起了"同心"文化精神高地，"始终做到与中国共产党思想上同心同德、目标上同心同向、行动上同心同行"。[②] 形成一系列"同心"品牌，一个个"同心工程"，"同心"已经给毕节打上了深深的烙印（见表 1）。这对全国其他贫困地区发展也有重要示范作用。

---

① 王一彪等：《脱贫攻坚看海雀》，《人民日报》2019 年 2 月 13 日，第 1 版。

② 《十七大以来重要文献选编》（下），中央文献出版社，2013，第 842 页。

表 1 全国统一战线支援毕节试验区“同心”工程（不完全统计）

序号	名称	序号	名称
1	同心·健康行动	15	同心·彩虹行动
2	同心·博爱工程	16	同心·明眸工程
3	同心·温暖工程	17	同心·思源工程
4	同心·智力支持工程	18	同心·生态建设工程
5	同心·商贸城	19	开明·同心城
6	同心·新村	20	同心·水窖
7	同心·希望小学	21	同心·亮康行动
8	同心·烛光行动	22	同心·致富工程
9	同心·助医工程	23	同心·助推发展工程
10	同心·助学工程	24	同心·示范带动工程
11	同心·改善民生工程	25	同心·海联卫生室
12	同心·文化广场	26	同心·卫生室
13	同心·沼气池	27	同心·香港城
14	同心·锦绣城	……	……

（三）尊重群众首创精神

人民是社会物质财富和精神财富的创造者，“人民，只有人民，才是创造世界历史的动力”。① 在改革发展实践探索中，毕节充分发挥人民智慧，尊重群众首创精神，创造出许多值得借鉴的成功经验。

1. 生态建设“五子登科”辩证法

毕节在探索如何实现经济与生态双赢的新路子实践中，找到了“山上保山下，山下促山上”的生态建设梯度发展思路。在生态建设中综合考量山顶、山腰、山下的生态环境实际和人民物质生活需求，注重生态恢复、生态建设和经济发展，创造性地总结出建设立体生态体系的“五子登科”② 经

① 中央文献研究室编《毛泽东思想年编（一九二一——一九七五）》，中央文献出版社，2011，第 417 页。

② “五子登科”即山顶植树造林戴帽子，山腰种地坎树、搞坡改梯拴带子；坡地种牧草、绿肥铺毯子；山下大办乡镇企业、庭院经济、多种经营抓票子；大田大坝改造中低产田土、兴修水利、推广农业实用技术收谷子。参见李霓《“五子登科”——毕节试验区生态建设的杰作——访原省人大常委会副主任禄文斌》，毕节试验区网，http：//www.bjsyq.cn/article/200806/1419.htm，最后检索时间：2022 年 7 月 30 日。

验和“新五子登科”[①] 经验，充分实现了生态效益、经济效益、社会效益的有机统一。

2. 石漠化防控“五开治石”

毕节紧紧抓住国家石漠化治理的政策机遇精准治石，总结出成效明显的“五开治石”防控模式，即开绿色之源、铺开防治生态被，开产业之源、撬开防治经济阀，开机制之源、解开防治束缚链，开模式之源、凿开防治力量泉，开科技之源、打开防治锦囊袋，实现了向石头要生态、向石头要经济的治石与增收相统一。石漠化面积快速缩减，年均缩减率不断提升（见图7）。

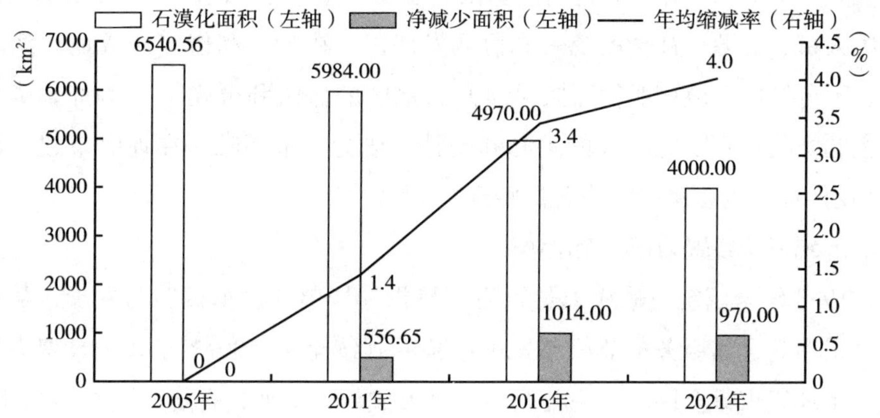

图7　2005～2021年毕节市石漠化治理成效

实践中还探索出“高位推动、政策撬动、龙头带动、基地推动、品牌拉动”五轮驱动等具象经验，开展全民行动，推进绿色发展，解决关涉主体积极性不足、主动性不强、权责利不明等问题，极大地调动了地方群众参与生态建设的积极性。

① “新五子登科”即山顶种植松杉柏带帽子、山腰种植经济林木系带子、山下抓结构调整铺毯子、富余劳动力务工挣票子、增收致富建设美丽乡村盖房子。

（四）强化顶层设计与高位推动

为着力解决困扰毕节发展的问题，毕节从试验区成立之初起就非常注重顶层设计与高位推动。

1. 国家级的主题试验

经国务院批准的“开发扶贫、生态建设”试验区是全国唯一一个在地级市建立的探索喀斯特贫困山区改革发展、摆脱贫困的试验区。毕节地处乌蒙山腹地，“老、少、边、山、荒、穷”特征明显。在20世纪80年代全国人民生活水平节节攀升，特别是东部沿海地区通过改革探索快速富裕起来的路径时，毕节却在探索如何摆脱贫困、遏制生态恶化的问题。通过改革实践解决人口、资源、社会的统一和协调发展，“在学习和借鉴先进地区经验时，不可能也不应该照抄照搬沿海开放地区的做法和模式”。[①] 因此，毕节的主题实践得到了党中央的关心和支持，成为了全国唯一在地级市建立的“开发扶贫、生态建设”主题试验区。

2. 统一战线聚力帮扶全国唯一

1988年全国统一战线力量聚力支持指导毕节的改革试验与发展，从此拉开了多党合作服务毕节改革发展序幕并延续至今。30多年如一日聚力帮扶一个地级市是全国唯一，并取得了巨大成效，例如，在统一战线帮扶下，毕节组织申报各类科研项目190余项，毕节组织实施了《核桃优良种质资源挖掘保护与优良品种选育》《百里杜鹃花期预报研究》等110余个国家省市重大课题。充分发挥了统一战线力量的巨大优势。

3. 政策高位推动

改革发展中国家政策的高位推动，使很多问题迎刃而解，特别是中央统战部、各民主党派中央、全国工商联和国家各部委针对毕节出台的差别化支持文件，使毕节的改革发展试验从地方实践上升到了国家关注的层面。如毕节被纳入乌蒙山集中连片贫困地区、被列为长江经济带污染治理先行先试示

① 胡锦涛：《胡锦涛文选》（第1卷），人民出版社，2016，第2页。

范城市，"两江"上游生态屏障区、国储林建设等，把解决突出生态环境问题作为生态文明建设的重点领域，改善生态环境质量。

（五）坚持谋定而动久久为功

毕节生态建设成效是始终坚持主题实践久久为功的结果。如 1988 年，毕节森林面积仅为 601.8 万亩，年平均土壤侵蚀量高达 6954 万吨。[①] 经过 30 多年不懈奋斗，到 2021 年森林面积达到 2416 万亩，增长了 4 倍多。如石漠化治理，石漠化被称为"地球癌症"，其治理难度可想而知。而石漠化是毕节的首要生态问题，是国土生态安全的最大隐患，是阻碍生态修复的最大障碍，也是绿色经济发展的最大压力，是建设生态家园的主要困难。但毕节人民谋定而动、大胆创新、久久为功，不等不靠不要。经过长期努力，取得了巨大成效，全市水土流失总面积 1998 年是 16769 平方公里，2008 年降到 15814 平方公里，2018 年降到 10342.54 平方公里。实现了根本遏制住生态环境恶化并不断向好的战略目标。

（六）建立制度保障机制

良好的自然生态环境蕴含着无穷的社会经济价值，要统筹考虑生态修复与经济发展，找准两者之间的平衡点和着力点，并建立健全保障机制。正如习近平总书记指出的："生态环境保护和经济发展不是矛盾对立的关系，而是辩证统一的关系。"[②] 毕节在生态建设实践中既要注重吸纳先进的生态文明理念，更要注重构建生态文明制度体系。从最初出台的规范性文件如《关于加快全区新阶段林业发展的意见》《关于大力推进特色林果产业发展 促进生态建设和农民增收的意见》等，到《毕节市重点流域水生态环境保护"十四五"规划》《毕节市文明行为促进条例》《毕节市饮用水水源保护条例》《毕节市生态环境损害党政领导干部问责暂行办法》《毕节市生态

① 豆文君：《精准脱贫的毕节路径》，《当代贵州》2016 年第 24 期，第 32~35 页。

② 《十九大以来重要文献选编》（上），中央文献出版社，2019，第 406 页。

文明建设考核办法》等法规文件。毕节用制度守住发展和生态两条底线，走出一条生态产业化、产业生态化的路子，确保了生态文明建设成色足。

三　毕节生态文明建设展望

毕节生态文明建设成效巨大，但还不稳固，存在如生态脆弱、人口与资源矛盾突出、生态治理难度大，以及环境治理外部环境不确定因素增多等现实问题。主要体现在：一是城市化建设挤压生态空间与生态空间可拓展性有限之间的矛盾，二是人民生态产品需求增加与生态产品供给力不足之间的矛盾，三是资源利用快速增长和资源约束趋紧、生态承载力不足之间的矛盾。而且居民生态自觉亟待增强，存在人民群众对生态文明的认同度高、践行度低，批评家多、践行者少，享有者多、奉献者少的现象；部分企业受经济利益驱使主动转型积极性不足，生产过程中破坏生态环境事件时有发生；个别领导干部生态让位于经济的思想仍然存在，导致一些环保项目作用发挥不充分。在党中央亲切关怀下，毕节拥有政治高地优势、统一战线帮扶优势、政策差别化支持优势等优势，实现全面“绿色发展”未来可期。

（一）坚持党对生态文明建设的全面领导

生态文明建设的关键是坚持党的领导核心地位。毕节要坚持绿色发展、全面推进绿色转型，必须充分发挥党总揽全局、协调各方的领导核心作用。

1. 发挥党组织的全局统领力

当前我国已进入到以降碳为重点的全面绿色转型战略方向，毕节既要加快实现经济高质量增长，又要全面推进减污降碳协同增效的绿色转型，站在为“双碳”目标做贡献的高度谋划经济社会发展，推动全面绿色转型。特别是在打好污染防治攻坚战、推动企业转型升级、引进生态产业企业、做大做强新能源产业等政策措施实施中，发挥党组织全局统领力，才能真正实现分工合作、共同发力、快速提高的效果。

2. 发挥党组织的决策推进力

践行绿色发展理念是推进“双碳”目标，践行生态文明国家战略的关键一招。其中首要的是深入学习贯彻习近平生态文明思想，以人与自然和谐的历史唯物主义和系统思维积极推进生态文明建设。就毕节而言，在筑牢“两江”上游生态屏障、新兴产业提质增效、国储林项目建设，以及城镇化建设、基本农田建设、国土空间规划、主体功能区建设等战略规划实践中，各级党委和政府要切实扛起生态文明建设的政治责任，提升决策推进力。

3. 发挥党组织的宣传号召力

让绿色发展成为巩固拓展脱贫攻坚成果同乡村振兴有效衔接的坚实基础，让生态经济成为毕节经济发展的鲜亮底色。一是必须充分发挥各级党组织对国家战略和上级精神、政策文件的宣讲阐释优势，让普通民众充分知晓、理解和执行党和国家战略。二是发挥党依靠人民、组织人民、调动人民参与生态文明建设的积极性，自觉处理好个人、集体和国家的利益，懂得国家利益高于一切。

（二）厘清毕节生态家底

毕节享有“洞天湖地·花海鹤乡”美誉，但生态文明建设成果对经济增长的贡献率亟待进一步提升，必须依托大数据信息化机遇，深入挖掘毕节生态资源存量与增量。

1. 全面厘清调节类生态产品

绿水青山就是金山银山，发挥好绿水青山的金山银山价值，首要的是清楚生态家底。毕节森林覆盖率虽然稳定在60%以上，但森林的气候调节功能、空气净化功能、水土保持功能等并没有市场化、价格化。林下经济、林木经济、森林旅游经济、林产品加工等产业蓬勃发展，但当前仍然相对低端，存在低附加值、低竞争力、低总量等问题，更毋宁说精细分类和产业链延长。

2. 全面厘清物质类生态产品

毕节原生态物质生态产品丰富，如生态农产品，种类繁多，品质较好，形成了“乌蒙山宝·毕节珍好”农特产品公共品牌。而且建成了一批产业基地，培育了一批企业，如全省12个特色农业产业，毕节几乎都有，而且有的还比较强劲。但是，物质类生态产品仍然存在质量不高、价值不彰、转换乏力等诸多问题。蔬菜、食用菌、生态禽畜等生态产品主要处于初级产品阶段，标准化、规模化、品牌化不足，精深加工不足，高附加值生态产品匮乏。未来，生态产品必将大有可为，毕节必须在这方面先行先试、抢占制高地。

3. 把握新能源产业机遇

实现绿色发展，推进全面绿色转型，必然要聚焦新型工业化，建立生态工业体系，推进一二三产融合发展和全面生态化。如聚焦清洁高效能源，推进风电、光电、水电等可再生清洁能源利用提质增效，传统煤炭资源清洁利用和高附加值化工利用，加快构建清洁能源供应保障体系，打造新能源产业集群链。

（三）补齐生态短板，夯实系统稳定性

生态资源用之不觉失之难存。毕节当前生态系统短板仍然突出，生态系统整体质量和稳定性状况不容乐观，如地下水污染风险较大，森林质量不高，城市绿化率不足等。同时，传统工业经济占比较大，对现有生态系统的压力巨大。譬如毕节煤炭年产量逐年上升，产量现已接近1亿吨/年，虽然采用“技术改造、提质增效、上大压小”等措施，但是煤矿采掘业作为资源消耗型的产业本质没有改变，而且对自然环境的次生污染不容忽视。必须“依托资源而不依赖资源”，补齐生态短板，夯实生态系统稳定性，实现工业大突破。

一是消减传统工业资源消耗，正向彰显生态建设。如发展煤化工、煤炭产业循环经济、矿产资源综合利用以及精深加工、生态旅游新业态等，减少或避免发展经济挤兑自然资源的现象。二是加快发展资源节约型、环境友好型和生态修复型产业，侧面支援生态建设，守住生态底线。三是推进十大工业产业发展，尤其是生态特色食品、优质烟酒、清洁高效电力项目。四是开

展大规模国土绿化行动和推进石漠化、水土流失综合治理。遵循生态系统内在规律和机理，多途径多形式增加生态资源总量，生态系统才能保持持续向好，绿色经济效果才可能充分体现。

（四）构建“绿色+”大生态产业体系

习近平总书记指出：“我们既要 GDP，又要绿色 GDP……如果走传统的经济发展道路，环境的承载将不堪重负。”① 绿色 GDP 涉及生产方式、生活方式、消费方式等的绿色变革，要求牢固树立“人不负青山，青山定不负人”价值理念，做强生态存量，做大生态增量。

1. 构建“绿色+”产业体系

毕节过去没有受到大规模工业化带来的污染，又有得天独厚的自然资源、气候等优势，要抓住国家“双碳”目标机遇做好“绿色+”大文章，加快构建具有毕节地域特色的清洁高效型、生态友好型、资源循环型、生态治理型大生态产业体系。一是健全生态环境容量核算体系，高标准倒逼企业绿色转型。二是构建“绿色+”生态建设奖惩机制，引导企业践行绿色理念。三是构建绿色经济服务体系，加快发展生态资源变资产的转化利用率。如建立生态资产管理、交易等服务机制。四是发展生态利用型经济。如发展生鲜冷凉蔬菜、生态畜牧业、生态茶叶、中药材等，构建无公害绿色有机农产品产业体系。

2. 推进“增绿减污”向“降碳增绿减污”转变

生态资源总量不足、质量不高，生态空间压力大，生态承载力弱是毕节当前最大市情。因此，一是坚持多渠道多形式增绿。不仅要巩固拓展好已有的生态资源，还要破除资源依赖，利用国储林、退耕还林、长防林等生态工程高质量增加自然生态资源总量，这是必须始终长期坚持的战略路径。二是深入打好污染防治攻坚战，巩固拓展环境治理成果。提高环保准入、引进零碳企业、淘汰落后产业、发展循环经济等，这些也是毕节当前的短板。三是

① 习近平：《之江新语》，浙江人民出版社，2015，第 37 页。

融合区域发展。横向融合与纵深关联，注重在区域协调和流域治理中发挥主动性，抓好自然资源利用与环境修复保护之间的协调和融合。

（五）加快生态产品价值实现

毕节生态产品资源禀赋有明显比较优势，但是，生态产品开发滞后。要践行好绿色发展，必须全力推进产业生态化、生态产业化。一是立足毕节实际，借助生态补偿机制强力推进生态产品价值转换，解决生态补偿机制的短板和被动性。二是创新生态产品价值转换的交易使用机制、价格形成机制、利益实现机制等，如探索创新“林票”“碳票”“水票”“气票”等，毕节在这方面也有探索，如“单株碳汇”模式、“碳票”机制、特色生态食品等。三是搭建生态产品交易平台，如借助现有公共资源交易中心平台、“832”平台、大数据平台等优先推出生态产品，构建高等级的生态产品交易中心。四是吸纳专业人才建立生态产品研究中心，开发创制一批有竞争力的生态产品。

（六）加快融入绿色“一带一路”

毕节融入绿色“一带一路”底气足、机遇多。毕节生态建设实践给世界贫困地区生态治理提供了可借鉴的经验，也为全球生态治理贡献了毕节力量。拥有新一轮西部大开发新机遇和党中央国务院、国家部委、全国统一战线的关心支持，以及贵州融入“一带一路”的政策机遇。应当利用机遇夯实产业合作基础，提高开放水平，大力推介生态资源产品和文化资源产品。一是抓紧研究制定何如融入绿色“一带一路”的政策体系；二是要积极主动走出去，参与到开放的绿色学术研究中去，学习先进与主动推介相结合；三是加快研究绿色发展经济体系制度和实现新模式。

（七）加快构建生态文明严密法治体系

毕节在生态文明制度机制上出台了一系列法规制度，基本搭建起了生态文明制度建设的“四梁八柱”，但是，其治理体系和治理能力与党和人民要求还有较大差距，其现代化水平与新时代需求尚不匹配。必须加快构建严密的法治体系，为“绿色发展”提供制度保障。一是构建严密的“绿色准入”机制。有效阻隔伪生态产业和企业，使地方经济绿色底蕴更浓、质量更高。二是建立绿色发展考核评价机制。通过绿色发展绩效考评并进行奖惩，提高地方领导干部的绿色发展意识并促进其政绩观转向，使其自觉考量绿色GDP。三是建立绿色发展指标核算与促进机制。绿色发展外延甚广，但可以具象化为具体的核算和考评指标。四是建立科学的生态工程启动和退出机制。生态工程本身具有动态性，要认清绿色发展的真谛，以避免生态工程建设时段错位。

（八）探索统一战线聚力绿色发展新经验

习近平总书记指示“统一战线要在党的领导下继续支持毕节试验区改革发展”。[①] 统一战线聚力毕节绿色发展新经验是党中央的要求、毕节人民的期盼和自身建设的需要，同时也有诸多优势：如经验优势，30 多年的帮扶实践经验；政策优势，党和国家领导人的关注及党和国家的政策支持；资源优势，我国统一战线空前的广泛性、包容性、多样性和社会性。他们参与到对污染防治、产业绿色转型、生态修复、生态文明理念的宣传中来，是一支重要的力量，能够非常专业地为生态文明建设建言献策，能够充分发挥绿色发展监督执行功能，能够有效解决毕节绿色发展进程中人力资源瓶颈、技术瓶颈、产业瓶颈、协调瓶颈等问题。因此统一战线助力探索毕节绿色发展新经验既可行也可能。

四 结语

示范就是标杆。坚持绿色发展，建设贯彻新发展理念示范区不是一句空

① 《确保按时打赢脱贫攻坚战 努力建设贯彻新发展理念示范区》，《人民日报》2018 年 7 月 20 日，第 1 版。

洞的口号，而是具体实践。在生态文明建设区域实践中，必然要首先从观念上创新，摒弃传统的发展思路，积极探索，敢于探索，才能在实践中闯出一条新路，在坚守住发展底线和生态底线中建设好区域经济，建设生态文明的社会，为其他地区提供值得借鉴的经验。

参考文献

《改革开放与中国城市发展（下卷）》，人民出版社，2018。

常近时：《毕节试验区生态建设的全局性重要意义与未来的实施展望——为“毕节开发扶贫生态建设试验区”成立 25 周年作》，《乌蒙论坛》2013 年第 3 期。

B.11
毕节构建绿色治理新模式的实践思路

洪泽宇*

摘　要： 随着毕节全面推进新发展理念示范区建设，“绿水青山就是金山银山”的强烈理念逐渐普及，“守好生态与发展两条底线”的发展理念日渐开花结果。为全力打造生态文明建设先行区，毕节加强绿色发展的实践探索，凸显发展导向、为民导向、环境导向三重态度，加强环境综合治理，高质量发展生态产业，提高绿色经济比重，发挥森林多重价值等，旨在守好发展和生态两条底线的同时，不断提升群众“三感”，在绿色治理新模式的实践探索中实现生态效益和经济社会效益相统一，走出一条岩溶山区生态优先、绿色发展的多彩贵州现代化新路子。

关键词： 绿色治理　生态文明建设　毕节

从1988年国务院批准建立试验区以来，毕节牢固树立“绿水青山就是金山银山”的理念，坚持以人民为中心，坚持生态优先、绿色发展，以生态环境质量改善为核心，围绕“绿色”发展理念，全面推进生态环境保护工作，严守发展和生态两条底线，切实把生态文明建设融入经济建设、政治建设、文化建设、社会建设各方面、全过程、全领域，努力走出一条生产发展、生活富裕、生态良好的生态文明发展道路。在2018年7月毕节试验区发展30周年之际，习近平总书记对试验区工作专门做出重要指示：“要尽

* 洪泽宇，贵州省社会科学院助理研究员，贵州大学博士研究生，研究方向：生态哲学。

锐出战、务求精准，确保按时打赢脱贫攻坚战，做好同2020年后乡村振兴战略的衔接，着力推动绿色发展、人力资源开发、体制机制创新，努力把毕节试验区建设成为贯彻新发展理念的示范区。”这为毕节绿色治理新模式的探索提供了理论支撑和实践引导。

一　理论意蕴、现实意义与时代内涵

（一）理论意蕴：马克思主义自然观的本质规定

“理念是行动的先导，一定的发展实践都是由一定的发展理念来引领的。发展理念是否对头，从根本上决定着发展成效乃至成败。”[①] 马克思主义认为，每个事物自身所包含的既相互排斥又相互依存的矛盾是对立统一的，在人与自然的关系中，“自然界，就它本身不是人的身体而言，是人的无机的身体。人靠自然界生活……所谓人的肉体生活和精神生活同自然界相联系，不外是说自然界同自身相联系，因为人是自然界的一部分”，[②] 但是随着人类生存方式的改变，人类生存的需求也在转变，这种变革导致人与自然的关系从传统的自然为尊到自然屈服于人。从敬畏、依附自然到征服、改造自然，人与自然都发生了异化，其主要原因是人的理性转变。

解决生态危机的最直观办法就是人类再次转变角色，重新审视人与自然的关系，使之形成彼此尊重、互为目的的新型生态关系，最终构建人与自然和谐共生的命运共同体。马克思通过哲学构想的共产主义包括人在自然界中的解放、人与人之间的社会关系的解放和人与自我的解放，其中人在自然界的解放不是征服自然、奴役自然，而是要破除人一直以来把自然界当作索取对象的思维，要把自然当作自己有机的组成部分，在自然界中寻求人性的解放，这样一来，自然也随即获得解放，自然的潜能也能得到充分显现。换言

① 习近平：《把握新发展阶段，贯彻新发展理念，构建新发展格局》，求是网，http://www.qstheory.cn/dukan/qs/2021-04/30/c_1127390013.htm，最后检索时间：2022年12月9日。

② 《马克思恩格斯选集》（第1卷），人民出版社，2012，第55~56页。

之，人能够完全遵循自然规律生存发展，自然也完全符合人的意志，其存在意义在人与人之间的社会关系中得以显现，只有这样才能完成自然主义和人道主义的统一，真正达到人与自然和谐共生。“因此，需要和享受失去了自己的利己主义性质，而自然界失去了自己的纯粹的有用性，因为效用成了人的效用。”①

一方面，随着时代的发展和社会的进步，人类为了生存毫无节制地向大自然索取，大自然的生态平衡系统受到严重的影响，而这种过度开发也必将波及人类本身；另一方面，随着科学技术的迅猛发展，人类对自然改造的广度和深度都在扩大，在改造自然界的过程中无视了自然规律的重要性。将人的全面、健康可持续发展作为社会进步的基本动因，正确处理人与自然之间的复杂关系，而不仅仅是人对自然的占有。要将自然作为财富贯穿经济社会发展，实现经济效益和生态效益的双赢。

（二）现实意义：实现美丽毕节的战略自觉

毕节坚持以习近平新时代中国特色社会主义思想为指导，全面认真学习贯彻习近平总书记系列重要讲话和对贵州重要指示批示精神，立足新发展阶段、贯彻新发展理念、构建新发展格局，坚定扛起习近平总书记赋予毕节的“努力把试验区建设成为新发展理念的示范区”的重大政治责任和历史使命。在探索绿色治理新模式的实践中实现“美丽毕节”的战略自觉，以改善生态环境质量为核心，以打好污染防治持久战为抓手，以环境治理体系和治理能力现代化为支撑，坚持稳中求进总基调，坚持“从严”要求，坚持高质量发展、高水平保护、高标准治理协同推进，强化“党政同责、一岗双责”，保持战略定力，突出精准治污、科学治污、依法治污，推动形成生态绿色一体化发展格局，牢牢守好发展和生态两条底线，为努力把毕节试验区建设成为贯彻新发展理念示范区奠定良好的生态环境基础。

① 马克思：《1844 年经济学哲学手稿》，人民出版社，2018，第 82 页。

（三）时代内涵：进入建设更高水平生态文明示范城市的内在要求

从历史定位来看，毕节位于黔中以西，是黔滇川毗邻的重要城市，也是连通黔滇川渝区域性的综合交通枢纽，进入新发展阶段，地理位置带来的巨大优势和挑战促使毕节要率先在西部大开发上闯新路，以更高水平和更高标准要求自身，旨在建设更高水平的生态文明示范城市。习近平总书记在2018年全国生态环境保护大会上指出，“我国生态环境质量持续好转，出现了稳中向好趋势，但成效并不稳固”。[①] 贵州凭借生态文明的优势成为首批国家生态文明试验区，“十四五”期间，毕节围绕从“试验区”到“示范区”的华丽转变，科学把握发展和生态的辩证关系，准确认识到纵深推进生态文明建设的必要性、艰巨性和紧迫性。站在新的历史起点之上，在多彩贵州现代化建设的关键时期，毕节将进一步建设更高水平生态文明城市，不断满足人民对良好生态环境的新期待，一如既往持续发力，在高标准、高质量的建设中探索绿色治理新模式，更好地实现百姓富、生态美的有机统一。

二　毕节绿色治理的实践成效

习近平总书记强调，优良生态环境是贵州最大的发展优势和竞争优势。要牢固树立生态优先、绿色发展的导向，统筹山水林田湖草系统治理，加大生态系统保护力度，科学推进石漠化、水土流失综合治理，不断做好“绿水青山就是金山银山”这篇大文章。[②] 为深入贯彻习近平总书记视察贵州重要讲话和对贵州、毕节工作的重要指示批示精神，认真落实中央、省委、市委经济工作会议精神，按照建设“一区三高地、五个新毕节”总体部署，毕节市委、市政府坚持稳中求进工作总基调，坚持以高质量发展统揽全局，

① 《坚决打好污染防治攻坚战 推动生态文明建设迈上新台阶》，《人民日报》2018年5月20日，第1版。

② 《习近平春节前夕赴贵州看望慰问各族干部群众》，《人民日报》2021年2月6日，第2版。

守好发展和生态两条底线，紧紧围绕“美丽毕节”的愿景，大力推进生态文明建设，在发展和生态的双赢中更好地实现人民对美好生活的向往，更好地确保经济持续健康发展、民生持续改善和社会大局和谐稳定，确保高质量发展取得更大成效。

（一）生态环境持续向好

毕节在建设贯彻新发展理念示范区中凸显绿色发展理念，大力实施国家储备林项目、石漠化综合治理等重大生态保护和修复工程。2021 年，毕节完成国家储备林项目建设 114.73 万亩，治理石漠化 127.39 平方公里，治理河道 175 千米，林下经济利用森林面积达 378.85 万亩，森林覆盖率稳定在 60%以上，中心城区环境空气质量平均优良天数比率为 98.8%，县级及以上集中式饮用水源水质、医疗废物集中无害化处理率、受污染地块安全利用率均为 100%。“十三五”时期，毕节市被列为长江经济带污染治理先行先试示范城市、金沙县被列为全国生态文明先行示范区。毕节市坚持以改善生态环境质量为核心，以解决突出生态环境问题为重点，构建“1+1+3+N”① 污染防治攻坚体系，在打赢污染防治攻坚战的同时协同推进经济高质量发展和生态环境高水平保护。贵州草海国家级自然保护区管理委员会观测数据源显示，每年都有大量珍稀鸟类在此越冬，其中 2021 年底在草海越冬的有黑颈鹤 2000 余只、灰鹤 850 余只、斑头雁 4000 余只，各类候鸟总数达 5 万多只。另外，全力实施“退城还湖”“退村还湖”“退耕还湖”“造林涵湖”“治污净湖”等工程，草海的生态系统逐步修复和完善，全市生态环境质量

① “1+1+3+N”污染防治攻坚保障机制于 2018 年建立，毕节出台了《中共毕节市委 毕节市人民政府关于坚决打好污染防治攻坚战夯实贯彻新发展理念示范区建设基础的实施意见》《毕节市关于坚决打好污染防治攻坚战的实施意见》2 个意见，印发了《毕节市打好蓝天保卫战三年行动方案》《毕节市打好碧水保卫战三年行动方案》《毕节市打好净土保卫战三年行动方案》3 个方案，制定了扬尘污染治理、柴油货车污染治理、工业企业大气污染防治、燃煤及油烟污染治理、集中式饮用水源地保护、城乡生活污水治理、城市黑臭水体治理、农业面源污染防治、固体废物污染防治、土壤污染防治和修复、城乡生活垃圾污染防治、乡村环境整治、绿色矿山建设及矿山地质环境修复治理 13 项攻坚计划。

持续改善，人民群众的环境获得感、幸福感、安全感明显提升，绿水青山正成为毕节的靓丽名片。

（二）经济实现高质量发展

近年来，毕节深入践行建设贯彻新发展理念示范区的使命，以乡村振兴、农民致富为目的，不断加大生态建设力度，充分发挥生态资源优势，促进经济与生态协调发展，为巩固拓展脱贫攻坚成果、推进乡村振兴提供了“绿色动力”，在绿色发展的理念下实现发展和生态双赢。2021 年，毕节实现地区生产总值 2181. 48 亿元，同比增长 6. 8%，两年平均增长 5. 6%，经济总量居全省第三（见表 1）。

表 1　2021 年毕节地区生产总值

单位：亿元，%

指标名册	完成值	比上年增长	占生产总值比重
地区生产总值	2181. 48	6. 8	100. 0
第一产业	526. 49	7. 8	24. 1
第二产业	590. 92	8. 4	27. 1
第三产业	1064. 06	5. 4	48. 8

资料来源：“毕节市 2021 年国民经济和社会发展统计公报”。

经济增速的明显进位，表明毕节迎来了转折点。一方面，大力推动经济转型升级，积极构筑宜居宜业、创新创业生态圈，优美的生态环境和优质的营商环境吸引了一大批“互联网+”“高科技+”等高质量的绿色产业相继落户，2021 年，毕节管道天然气“县县通”工程的实施，不仅将让更多群众用得上、用得起安全高效的清洁能源，还能推动企业生产成本进一步降低，大大优化毕节市营商环境，可有力推动毕节市经济社会发展全面绿色转型，促进能源消费结构加快调整优化、生态环境质量进一步提升，为全国全省实现碳达峰目标、碳中和愿景做出应有的贡献。另一方面，不断加大生态保护力度，乌蒙山麓山清水秀、绿色遍地，良好的生态正成为毕节抓好乡村旅游、带动群众增收致富的“摇钱树”，林业产业一头连着“百姓富”、一头连着“生态美”，是实现百姓富、生态美的桥梁和纽带，可以使更多群众“因林致富”。

（三）群众“三感”不断提升

近年来，毕节坚持生态优先、绿色发展新理念，树立以人民为中心的发展思想，加快宜居宜业宜游特色城市建设，推进城市高质量发展。围绕毕节独特的地域文化，以“同心城市公园”为代表的文化主题公园不断建成，形成文化大环线，丰富人民群众精神文化生活。截至 2021 年，毕节建成城市公园 85 个，形成了“山城一体、林城相融”的城市特色，通过创建园林城市，逐步完善城市绿地系统，呵护好“一城清水”、守护好“一方净土”、保护好“一片蓝天”，建设美丽宜居家园，让城市绿起来、美起来，让人民群众拥有树荫环抱、绿荫遍地、繁花似锦、四季葱翠的绿色空间，创造优美的人居环境，培养绿色健康的生活习惯，进一步满足广大市民的需求，群众获得感、幸福感、安全感得到了极大的提升。正如习近平总书记所言：“要积极回应人民群众所想、所盼、所急，大力推进生态文明建设，提供更多优质生态产品，不断满足人民群众日益增长的优美生态环境需要。”①

三　毕节构建绿色治理新模式的实践思路

毕节在新发展理念示范区的探索中，以“在生态文明建设上出新绩”为总要求，以“守护好优良生态环境”为总目标，以“实施生态环境提升行动”为总抓手，按照“生态优先、绿色发展”的思路，从“深入实施重点生态工程、稳步开展生态环境综合治理、加强城乡人居环境整治、加快贯彻绿色发展理念、压实生态文明建设责任”五个方面彰显绿色治理新模式，从而有效解决生态环境问题，高效破解经济发展与环境保护的两难悖论，推

① 《坚决打好污染防治攻坚战 推动生态文明建设迈上新台阶》，《人民日报》2018 年 5 月 20 日，第 1 版。

动生态文明建设取得新成效、迈上新台阶，走出一条绿色经济、高品质生活、可持续发展有机统一，生态文明与经济社会发展相得益彰的新路径，打造毕节绿色发展新高地。

（一）在深入实施重点生态工程中体现新战略

毕节在绿色治理新模式的探索中，坚持在开发中保护、在保护中开发，围绕全市主体功能区的规划部署，进一步加大生态林业工程。生态绿化工程、生态宜居工程、生态保障工程等重点工程实施力度。积极开展国土绿化行动，加大“美丽毕节”的建设力度，筑牢“绿色毕节”的生态基础，在深入实施重点生态工程中体现新战略。

1. 强力推进生态林业工程

在生态林业工程方面，毕节强力推进水土保持、生态补偿等试验示范，实施森林质量提升工程，加强封山育林，扩大森林资源总量，提升林木资源生态、经济功能。一是全面开展国土绿化行动，森林质量不断提高，生态功能不断增强，2018 年以来，累计完成营造林 695.28 万亩，治理石漠化面积 516.47 平方公里，完成国家储备林项目建设 114.73 万亩、投资 61.08 亿元。二是建立市、县、乡、村四级河（湖）长制、林长制体系，2021 年以来，设立河（湖）长 3464 名、林长 1.19 万名，完成乌蒙山区山水林田湖草生态保护修复重大工程 41 个，治理河道 175 千米，实施历史遗留废弃矿山生态修复项目 18 个，累计建成 50 个国家森林乡村、7 个省级森林城市，建成省级森林乡镇 56 个、省级森林村寨 207 个、省级森林人家 1766 户。三是大力推动林下经济高质量发展，2021 年，毕节突出“林菌”“林药”“林菜”“林鸡”“林蜂”等重点产业，完成林下经济利用森林面积 378.85 万亩，实现产值 49.37 亿元，惠及群众 27.68 万人，其中林下种植利用森林面积 72.36 万亩、实现产值 11.31 亿元，林下养殖利用森林面积 130.94 万亩、实现产值 8.68 亿元。四是林业碳汇潜力巨大，全市森林蓄积量为 6210 万立方米，可实现近 1 亿吨碳储量，初步测算 3000 万吨碳汇可交易，可创造约 15 亿元的碳汇收益。

2. 加快推进生态绿化工程

在生态绿化工程方面，毕节大力实施绿色引领行动，实现发展和生态的双赢。2021 年，毕节市继续实施国家储备林基地建设、石漠化和水土流失综合治理等重大绿化工程，筑牢“两江”上游生态屏障，多种树、种好树、管好树，实现生态效益与经济效益、绿化与美化相统一，“绿色屏障”越来越牢固、“绿色底蕴”越来越厚实。特别是统筹安排、合理规划“十四五”时期生态绿化工程，抓实中央和省委生态环保督察及“回头看”反馈问题整改，统筹推进山水林田湖草系统治理，努力打造“天蓝地洁、山清水秀、神清气爽”的毕节亮丽名片。

3. 加快推进生态宜居工程

在生态宜居工程方面，毕节积极支持传统制造业重点企业实施绿色化升级改造和综合利用产业化发展。2021 年，持续加快推进城乡共治，统筹推进城镇发展和乡村振兴绿色化。一方面，积极推广绿色产品，倡导绿色消费，健全机制，促进生态产品的价值实现；另一方面，培育绿色企业、创建绿色工厂，着力发展绿色产业，创建绿色家庭、绿色学校、绿色社区等人居试点，树立人与人、人与社会、人与自然的和谐意识，让尊重自然、顺应自然、保护自然在全社会蔚然成风。

4. 大力实施生态保障工程

在生态保障工程方面，毕节严守生态保护红线，持续实施“大生态”战略行动，在实行生态环境“党政同责”“一岗双责”机制中逐步改变以行政方式为主的生态环境监管模式，压实企业治污主体责任、属地管理责任和行业监管监督职责，使管理方式不断向系统化、科学化、法治化、精细化、信息化转轨。实施好新一轮退耕还林工程，不断扩大森林资源总量，不断强化农田防护林工程建设，对天然林资源实施重点和永久保护，既要建立森林生态保护补偿机制，又要严格划定生态红线。2021 年以来，毕节与遵义市、云南省昭通市、四川省泸州市建立跨区域跨流域联动执法机制，加强行政执法与刑事司法“两法”衔接，共查处赤水河流域违法案件 356 件，处罚金额为 2819. 55 万元。

（二）在稳步开展生态环境综合治理中展现新成效

毕节在绿色治理新模式的探索中，坚持主动作为，攻坚克难，突出精准治污、科学治污、依法治污，积极开展好蓝天、碧水、净土、固废治理保卫战，切实建设好、保护好、治理好、发展好毕节生态环境，开展好生态环境综合治理，在稳步开展生态环境综合治理中展现新成效（见表2）。

1. 协同推进蓝天保卫战

充分发挥生态环境保护的引导、优化、促进和支撑作用，加强大气污染综合防治，强化生态环境执法检查，严格排放标准与总量管控，严厉打击、依法查处污染环境、损害人民群众环境利益的行为，全面实施城市空气质量达标管理，严格落实大气污染防治强化措施。严格控制挥发性有机物和氮氧化物排放总量，加强重点区域、重点行业、重点企业综合治理，有效控制PM2.5浓度，降低VOCs排放总量。2021年，全市中心城区环境空气质量优良天数比率为97.8%。同时，全面推进城市扬尘、工业废气高污染、机动车尾气等污染治理，加强环境空气质量应急管控。

2. 统筹推进碧水保卫战

全力推进“治污水、供好水”工作，狠抓重点流域治理，持续推进河湖“清四乱”[①] 专项行动，切实改善全域水环境质量，特别是加强二道河、赤水河、乌江等流域水系污染防治，持续推进草海综合治理，完善全域绿色生态水系统。一方面，全面推进入河排污控制红线管理，全面开展县级及以上城市建成区黑臭水体综合治理，2021年以来，依法划定集中式饮用水水源保护区370个，完成18个县城以上集中式饮用水水源地保护与治理，千人以上集中式饮用水水源地整治基本完成；另一方面，按照“保护好优良水体、整治不达标水体、全面改善水环境质量”的总体思路开展行业排查工作，加强汛期调度，保障全省水环境质量提升，完成倒天河德溪公园段

---

① “清四乱”：即清理“乱占”“乱采”“乱堆”“乱建”问题。2018年7月7日，水利部印发了《关于开展全国河湖“清四乱”专项行动的通知》，明确以“清四乱”为抓手，大力推进河长制工作。

表 2　2020 年毕节市各县（市、区）生态环境情况

指标名称	毕节市	七星关区	大方县	黔西市	金沙县	织金县	纳雍县	威宁县	赫章县	百管委	金海湖新区
工业废水排放量(万吨)	2159. 93	20. 87	344. 72	270. 65	151. 99	624. 47	151. 24	95. 33	94. 14	398. 94	7. 58
工业化学需氧量排放量(吨)	328. 55	10. 85	62. 75	22. 63	89. 36	23. 52	12. 26	16. 56	7. 43	76. 31	1. 55
工业氨氮排放量(吨)	7. 26	0. 63	0. 60	1. 41	1. 38	0. 01	0. 11	2. 55	0. 20	0. 00	0. 00
工业化学需氧量去除率(%)	93. 02	95. 87	86. 56	96. 38	94. 22	96. 50	95. 26	86. 53	94. 53	87. 08	93. 87
工业氨氮去除率(%)	89. 72	89. 45	61. 93	96. 12	89. 08	78. 57	89. 97	78. 70	83. 69	—	—
工业废气排放量(亿立方米)	1959. 53	165. 49	242. 30	369. 80	451. 45	267. 72	342. 60	64. 89	18. 79	0. 00	36. 43
工业二氧化硫排放量(吨)	34573. 91	3797. 05	2386. 37	8067. 66	12162. 53	2339. 67	5399. 16	77. 39	41. 04	12. 58	290. 46
工业氮氧化物排放量(吨)	29445. 96	4961. 22	1998. 95	3681. 44	9314. 24	4923. 33	2851. 05	611. 66	300. 20	0. 11	803. 76
工业二氧化硫去除率(%)	97. 64	83. 44	98. 01	96. 30	98. 17	99. 08	97. 06	76. 53	85. 72	81. 50	35. 76
工业氮氧化物去除率(%)	76. 15	37. 60	77. 48	84. 83	80. 48	63. 64	83. 52	52. 82	45. 99	19. 85	59. 09
工业烟(粉)尘排放量(吨)	8078. 73	1516. 52	2038. 51	464. 54	1062. 75	635. 16	1023. 22	258. 79	333. 58	7. 31	738. 35
一般工业固体废物综合利用率(%)	70. 95	78. 75	80. 80	66. 57	86. 96	67. 04	37. 05	55. 50	97. 77	91. 54	91. 89
空气质量优良天数比例(%)	99. 6	99. 5	100	99. 2	99. 2	98. 9	100	99. 7	100	—	—
细颗粒物(PM2. 5)年平均浓度(μg/m³)	20	24	14	25	21	24	22	14	16	—	—

资料来源：《毕节统计年鉴 2021》。

黑臭水体整治，黔西市黑臭水体整治工作有序推进，全力巩固农业农村污染治理等标志性战役成果。2021 年，全市主要河流水质综合评价为“优”，10 个地表水出境断面水质 100%达标，17 个国控水质 100%达标，33 个国省控断面水质 97%达标，无劣Ⅴ类地表水断面，中心城市和县级集中式饮用水源地水质 100%达标，纳入国家“十四五”考核的 5 个国家地下水监测工程水质监测点均达到考核要求。

3. 查污推进净土保卫战

深入贯彻落实《土壤污染防治法》《贵州省土壤污染防治条例》《毕节市土壤污染防治工作方案》等，在严格控制土壤污染来源的基础上，打造优质净土环境，加强土壤污染治理，强化土壤污染的管控与修复。一方面，实施土壤环境分级分类管控，特别是针对农村用地土壤污染，从防止到治理，积极开展污染土壤治理与修复试点示范，切实加强对优先保护类耕地的保护，积极推进受污染耕地安全利用，稳妥开展受污染耕地的治理与修复，依法开展种植结构调整或退耕还林还草，纳入国家土壤环境管理系统监管的 26 个地块均未违规开发利用；另一方面，进一步夯实土壤污染防治基础，全面建立污染源监管清单，加强农业面源污染综合防治，减少农药残留，有效控制“白色污染”。2021 年完成 2 家涉镉企业污染整治、17 家土壤污染重点监管单位隐患排查和 373.83 万亩受污染耕地安全利用任务。

4. 汇聚推进固废治理战

坚持推进源头管控，加快推进全市各区县主导产业能源结构升级，提升源头管理水平，推进企业清洁生产，整顿高风险企业，严格涉危项目准入，加强产废项目环评管理，大力推进垃圾分类处置。一方面，全面提升末端安全处置能力，完善危废集中处置设施建设，推动一般工业固废综合利用，提升城市污泥处置能力，持续推进生活垃圾处理设施建设，促进建筑垃圾资源化利用。2021 年累计建成 52 个大宗工业固废利用项目，工业固体废物综合利用率达 73.52%；建成危险废物收集和综合利用处置企业 15 家，规范处置各类危险废物 1.87 万吨，医疗废物实现 100%无害化处置。另一方面，强化过程监管，完善固废收集管理体系，促进再生资源行业规范发展，落实企业固废防治主体责任，加强垃圾处置环境管理，推动固废信息化监管，建成垃圾焚烧发电厂 4 座、垃圾转运设施 270 个，行政村生活垃圾收运覆盖率达 93.5%。

（三）在加强城乡人居环境整治中昭示新突破

毕节在绿色治理新模式的探索中，全力打造生态文明先行区建设，在城乡人居环境整治上加大城乡生产、生活污水和垃圾处理的治理，稳步推进农村污染和土壤污染综合治理，积极构建城乡一体化融合发展的优美人居环境，在加强城乡人居环境整治中昭示新突破。

1. 全力推进生活垃圾处理

积极构建生活垃圾分类投放、分类收集、分类运输、分类处理的垃圾处理系统，不断提高垃圾分类工作水平，改善全省城乡的人居环境。建立健全生活垃圾分类体制机制，制定实施生活垃圾分类评价考核暂行办法，对生活垃圾分类体系和相关设施建设，以及源头减量、监督管理、保障措施、责任义务、公民行为规范、奖惩机制等方面予以明确，建立长效工作机制，深入持久地推动生活垃圾分类工作的规范化、常态化。2021 年，城市生活垃圾无害化处理率达 98.3%，农村垃圾收运覆盖率达 92.8%。

2. 大力推进城镇污水处理

加快推进城镇生活污水处理设施、配套管网建设；加强污水处理厂运行监管，保障处理设施正常运营。建立健全污水垃圾处理收费机制，切实提高城镇污水垃圾收集处理水平，从严确定排污许可总量，推进重点城市污染总量稳步减少。建立较为完善的监管体系，加强污水处理设施运营管理，提高污水收集率、无害化处理率以及运营效率和管理水平，进一步规范污水处理运营管理工作，根据本地实际，制定差别化的污水处理收费标准，完成省委、省政府下达的关于农村环境综合整治和农村黑臭水体治理任务。截至 2021 年底，累计建成城乡污水处理设施 195 座，城市生活污水处理率达 87.9%。毕节中心城区、威宁、织金、金沙 4 个生活垃圾焚烧发电项目投入运营，设计日处理规模达 3200 吨。

3. 强力推进化工污染治理

大力发展绿色能源、绿色矿采和绿色制造业，推动产品、矿山、工厂、园区全面实现绿色转型，提升工业绿色发展整体水平。一方面，深入开展化工污染专项整治，依法严惩化工企业破坏生态环境的违法行为，严格监管，确保污染物达标排放，保障周边居民的生活环境；另一方面，进一步完善环境应急预案管理体系，强化风险防控和应急响应，依法取缔、撤销不符合规划要求，特别是位于生态保护红线、自然保护区、饮用水水源保护区等环境敏感区域的化工园区，初步实现化工企业持证排污、按证排污。

4. 着力推进农业面源污染治理

积极推动农业生态循环发展，实施化肥农药减量控害增效行动，广泛开展农药废弃包装物、废旧农田残膜废弃农膜和肥料包装物回收利用，减少化肥、农药施用强度，推广使用生物农药，提高农用塑料薄膜回收率，积极开展畜禽粪污综合治理利用，加强畜禽养殖业粪污治理，严格控制农业畜禽、水产养殖污染物排放，提升养殖废弃物处理和资源化利用水平。例如，大方县把农业面源污染防治纳入打好污染防治攻坚战的总体安排，明确任务目标、落实治理责任，压实地方工作职责，一方面把农村生活污水治理、养殖业污染治理和种植业污染治理作为治理重点，通过开展测土配方施肥、增加有机肥投入、修建污水处理厂、建立秸秆收储网点等有效科学的方式，将以前造成污染的废弃秸秆用于食用菌基料、包装原料、养殖场饲料等，将污水、动物粪便等集中处理后运用到农田的灌溉和增肥中去，减少农药化肥的使用，提升农业废弃物资源化综合利用率；另一方面，通过建设试点示范工程，开展“1 乡 13 村”试点工作，形成农业面源污染防治典型模式，选取了核桃乡木寨社区、东关乡龙泉村、理化乡果木村、羊场镇陇公村等 13 个村（社区）进行整体试点工作。截至 2021 年 6 月，全县持续实现化肥、农药负增长，废弃物零扩散，秸秆综合利用率达到 86.08%，畜禽粪污治理情况整备配套率达到 86.3%、综合利用率达 78.2%，累计改造农村户用卫生厕所 46.51 万户，卫生厕所普及率达 76.2%。

（四）在加快贯彻新发展理念中彰显新思路

毕节在绿色治理新模式的探索中，深入实施绿色经济倍增计划，营造绿色环保文化氛围，加快绿色创新驱动，高质量推进全省生态化、绿色化、循环化、低碳化高质量发展，推动生产生活方式绿色转变，在加快贯彻新发展理念中彰显新思路。

1. 坚持节能降碳，积极推动绿色发展

新思路在于节能降碳的绿色发展。2021 年，毕节市委、市政府坚持节能降碳，积极推动绿色发展理念全方位贯彻经济社会发展。一是积极开展碳排放达峰实施方案编制，新建民用建筑施工图审查阶段、竣工验收阶段节能标准执行率均达 100%；二是大力推进县县通天然气“一干两支”工程[①]，其中七星关、大方、金沙、赫章、金海湖、百里杜鹃等 6 个县区已具备管道天然气接气条件；三是建成风力发电站 39 个，装机容量达 191. 54 千瓦，光伏发电站 45 个，装机容量达 270. 46 万千瓦，新建成充电桩 600 个。

2. 坚持绿色转型，加快产业提质升级

新思路在于产业升级的绿色转型。2021 年 2 月，习近平总书记在调研视察贵州时希望贵州坚持稳中求进工作总基调，坚持以高质量发展统揽全局，守好发展和生态两条底线，统筹发展和安全工作，在新时代西部大开发上闯新路，在乡村振兴上开新局，在实施数字经济战略上抢新机，在生态文明建设上出新绩。[②] 围绕“四新”主攻“四化”建设，奋力实现工业大突破、城镇大提升、农业大发展、旅游大提质，真正把“四新”变成实实在在的发展实绩和民生实惠。新型工业化方面，2021 年毕节新能源和可再生能源发电装机容量占比提升至 30%，煤炭产量从 2015 年 3932 万吨提升到 2021 年 4887 万吨，发电 500 亿度，供应电煤 2530 万吨，位居全省第一。在工业经济发展步履铿锵的同时牢牢守住生态底线，快速形成企业绿色转型、

---

① “一干”指遵义南到赫章；“两支”指金沙经黔西、织金到纳雍，赫章到威宁。

② 《习近平春节前夕赴贵州看望慰问各族干部群众》，《人民日报》2021 年 2 月 6 日，第 2 版。

产业绿色发展的良好趋势。截至 2021 年底，毕节累计获批国家级绿色工厂 2 家、省级绿色工厂 7 家、省级绿色园区 2 家。新型城镇化方面，毕节始终坚守生态底线，全力推进绿色发展、城乡融合，完善基础设施建设，优化空间布局，合理配置资源，区域协调发展呈现新格局。截至 2021 年底，毕节城市建成区新增绿地面积达 6924.4 公顷，其中公园绿地面积 2154.89 公顷（见表 3），生活垃圾无害化处理率达 100%。此外，全力推进“七星关—大方”同城化建设，新建、改建城市道路 84 公里，建成 53 个城市公园广场和同心城市公园等一大批城市“绿肺”，中心城区建成区面积提高到 104 平方公里。农业现代化方面，不断加速农业核心基地建设，推动农业标准化、规模化发展。一方面大力发展现代山地特色高效农业，推进农业产业标准化、规模化、品牌化，大力发展林菌、林药、林禽、林蜂等林下经济，推进 12 个农业特色产业持续壮大，其中，蔬菜、水果、食用菌、马铃薯、肉牛、家禽等产业规模均居全省第一；另一方面围绕农村一二三产业融合发展，2021 年毕节大力推进特色农产品加工转化，培育市级及以上农业龙头企业 452 家，农产品加工转化率达 55%，农业总产值增长 8.5%，面向全国推动“黔货出山”。旅游产业化方面，大力推动旅游业与文化、商业、农业、城镇、康养等融合发展，延长旅游产业链。在旅游景区的构建和打造中，百里杜鹃成功创建国家全域旅游示范区和全国旅游标准化示范单位，织金县官寨乡、黔西市化屋村获评全国重点乡村旅游镇（村），新增赫章千年杜鹃景区等 11 个国家 3A 级旅游景区，全市 A 级旅游景区达 55 家，其中 4A 级及以上旅游景区 12 家。2021 年，旅游市场主体达 3.2 万家，百里杜鹃旅游集团年营业额突破亿元，接待游客突破 8000 万人次，旅游综合收入近 800 亿元。

表 3　2020 年毕节市各县（市、区）园林绿化情况

单位：公顷

指标名称	毕节市	七星关区	大方县	黔西市	金沙县	织金县	纳雍县	威宁县	赫章县
绿化覆盖面积	8145.38	2085.25	893.61	867.55	761.30	1324.39	1054.78	790.50	368.00
建成区	7143.40	2085.25	893.61	779.23	761.10	891.39	624.78	740.81	367.23

续表

指标名称	毕节市	七星关区	大方县	黔西市	金沙县	织金县	纳雍县	威宁县	赫章县
绿地面积	6924.40	1992.33	886.12	810.89	688.76	862.80	637.36	690.31	355.83
建成区	6605.34	1992.33	835.12	725.07	688.73	862.80	504.67	641.01	355.61
公园绿地面积	2154.89	739.55	215.00	344.64	211.20	158.69	147.21	254.91	83.69
公园绿地服务半径覆盖的居住用地面积	4094.86	982.65	308.00	637.50	535.34	366.70	413.50	535.80	315.37
公园个数(个)	85	21	16	8	5	17	7	6	5
门票免费	85	21	16	8	5	17	7	6	5
公园面积	2493.81	747.48	400.00	344.64	212.00	295.68	147.21	254.91	91.89

资料来源：《毕节统计年鉴 2021》。

3. 坚持绿色优先，积极倡导绿色生产生活方式

新思路在于生产生活方式的绿色转变。一是倡导绿色消费行动中的绿色理念，鼓励人们进行科学消费、合理消费、适度消费，完成物质与精神的协调发展。二是积极倡导绿色低碳出行，不断增强绿色交通能力，推广使用新能源汽车、绿色公交车，推行公共交通优先，鼓励步行上下班，逐渐形成绿色社会文明形态。三是积极倡导绿色教育，从学校到社会、从学习到工作、从环保用品到垃圾分类，推行节能环保办公器具，培育形成绿色理念。四是积极倡导绿色家园，全面推进绿色建筑、绿色生态小区建设，有序禁止、限制塑料制品生产、销售和使用，奋力开创生态美的舒适居住空间。

4. 坚持统筹谋划，推动山水林田湖草沙系统综合治理

新思路在于“山水林田湖草沙生命共同体”的绿色综合治理，支持生态保护红线勘界定标、保护修复和监管平台建设，健全耕地、森林、草原、河湖休养生息制度。全面推行河长制、湖长制、林长制，推进河湖、湿地、森林生态系统恢复与治理，扎实推进耕地轮作休耕试点，开展国土绿化行动。例如，黔西县强化县乡河长联动，加强县乡两级河长联动巡河，采取开

展集中巡河、交叉巡河，召开乡村两级河湖长座谈会等方式，对责任河段进行巡查，以河长制为抓手纵深推进水生态治理，发挥纪检监察部门执纪监督作用，利用“一河一警长”“河湖长+检察长”等资源，建立健全联合执法机制，形成齐抓共管的工作合力，强化河湖立体监管，查处一批破坏河湖生态环境违法行为，侦破一批严重破坏河湖生态环境案件，处理一批违法犯罪人员，有效维护河湖健康。另外，围绕水库安全度汛、山洪灾害防御等重点难点环节开展汛前防御检查，提高水旱灾害防御能力和水平。

（五）在压实生态文明建设责任中凸显新变革

毕节在绿色治理新模式的探索中，主动融入建设贯彻新发展理念示范区，深刻认识到发展是关系全市、全省乃至全国的一场深刻变革，要在压实生态文明建设责任中凸显新变革，特别是要准确理解、完整把握、全面落实生态文明的责任制，以提升意识、压实责任、强化督导、建立责任体系、坚持全程问效等为基础，以重点问题、重点部位、重点环节为切入点，以生态文明建设责任制推动经济社会高质量发展。

1. 创新完善体制机制

创新完善体制机制是落实政治责任的重要保证，只有不断加强对生态文明建设的监督，才能更好地贯彻绿色发展理念。2021 年以来，毕节市不断加强生态文明宣传，建立健全有利于培育形成绿色生活方式的体制机制。一方面，毕节市各县（区）及市直有关部门每年向市委、市政府以专题形式汇报生态环境保护“党政同责、一岗双责”的具体情况，市政府出台《毕节市人民政府关于贯彻落实贵州省赤水河流域保护条例工作方案》《关于贯彻落实〈贵州省赤水河流域环境保护规划〉（2013—2020 年）工作实施方案》等文件，细化赤水河流域生态环境保护目标任务，统筹推进流域生态环境保护工作；另一方面，建立保障机制，出台了《毕节市饮用水源地保护条例》《毕节市百里杜鹃风景名胜区条例》《毕节市韭菜坪景区保护条例》《毕节市城乡规划条例》，全面构建全市生态文明制度体系，为落实更为严格的生态环境保护措施提供了法制保障，针对司法制度保障问题，制定了《毕节市打击环境违法犯罪“利剑 2021—2025”专项行动工作方案》《生态环境保护行政执法与司法衔接工作机制》《生态环境和资源保护工作衔接办法》等文件，加强部门间协调配合，推动形成合力，切实贯彻落实好习近平总书记“用最严格的制度，最严密的法治保护生态环境”的要求。

2. 夯实绿色治理责任制

毕节在建设贯彻新发展理念示范区中夯实绿色治理“党政同责、一岗双责”“管行业管环保”的工作责任，坚定不移推进生态修复和改善，坚守生态红线，提升生态系统的质量和稳定性，有力推动各级党政领导坚决扛起生态文明建设的政治责任，出台了《毕节市各级党委、政府及相关职能部门生态环境保护责任划分规定（试行）》《毕节市生态环境损害党政领导干部问责暂行办法》《毕节市环境保护督察问责办法》，全面加大对生态环境损害和生态环境保护不作为、慢作为责任追究力度，各级党委、政府和各部门形成了“尽职免责、失职追责”的长效机制，形成了市级统筹、部门主抓、县（区）主责的工作格局

3. 建立考核机制

毕节在绿色和生态治理的“大环保”工作格局中，用最严格的制度、最严密的法治，夯实绿色治理责任制，严格考核问责，出台了《毕节市生态文明建设考核办法》《毕节市生态文明建设目标评价考核细则（试行）》《毕节市林业生态保护红线责任考核办法》，增加生态环境保护考核指标权重，全面加强生态环保绩效考核。

参考文献

《2022 年毕节市人民政府工作报告》，https：//www.bijie.gov.cn/zwgk/zfgzbg/202202/t20220221_74904077.html，最后检索时间：2022 年 12 月 9 日。

B.12
绿色发展理念下毕节推进新型工业化的方向及对策

陈康海*

摘　要： 绿色发展是推动新型工业化快速健康发展的内在体现，也是新型工业化实现新突破的必然选择。本报告分析了毕节新型工业化的突出特征和发展现状，厘清了其整体生产要素水平比较低、传统工业化支撑不足、产业结构转型相对滞后等短板问题。研究认为，毕节要立足新发展阶段，牢固树立绿色发展理念，坚持统筹兼顾协同推进，抓住重点领域和关键环节，建立多元化的投融资体系、创新绿色发展体制机制，推动生产和消费的绿色转型，才能真正实现以绿色发展为核心要义的新型工业化发展。

关键词： 新型工业化　绿色发展　毕节

绿色发展理念体现了科学发展法则，是我国对自然环境、人类及社会发展规律在思想认识上的升华和飞跃，也是对全球环境变化做出的积极回应，更是我国面对目前经济社会发展面临的挑战所做出的必然选择。在新发展阶段，毕节把握好经济理论和实践发展的辩证关系，找准制约因素，坚持改革创新、整体协同推进，走以绿色发展为核心要义的新型工业化道路。

---

* 陈康海，贵州省社会科学院农村发展研究所研究员，研究方向：产业经济、农村经济等。

一 绿色发展是构建高质量现代化经济体系的必然要求

习近平总书记多次阐释绿水青山与金山银山的辩证关系，即既要绿水青山，也要金山银山；宁要绿水青山，不要金山银山；而且绿水青山就是金山银山。“绿水青山就是金山银山”理念为经济发展划定了生态保护的红线，为社会发展指明了一条可持续发展的绿色之路。

（一）绿色发展的内涵

绿色发展包括两层含义。从广义上讲，绿色发展包括环境和环境保护、低碳循环、节约以及人类与自然的和谐等内涵。从狭义上讲，绿色发展就是环境保护。本报告提到的“绿色发展”是广义所指的含义，即通过循环经济发展改善资源利用状况并妥善分配资源，以节约能源、发展可再生能源和清洁能源为目标，增加森林碳汇，以降低能源密集程度、碳排放量来改善能源效能。本质上，是要通过可持续的资源供给和提高资源使用效率来解决传统工业污染问题。

转变经济发展方式是推进生态文明建设的基本途径和模式，也是经济发展的关键任务和重要内涵。绿色发展是以生态环境容量和资源承载能力为约束条件的一种新的发展模式，其发展目标是推进经济、社会和环境的可持续发展，把“绿色化”和“生态化”作为核心要素推进产业发展。绿色发展这一概念与绿色经济、绿色转型及绿色化的内涵虽各有侧重，又互联互通，共轭关系较强，但绿色发展从涉及领域上更具包容性。绿色发展以绿色经济增长为基础，强调经济、社会和自然系统的共生性和发展目标的多元化，即三大系统间的系统性、整体性和协调性；强调资源能源合理利用、经济社会适度发展、生态与发展互相平衡、人与自然和谐相处。绿色发展是化解区域发展与资源环境主要矛盾、推动生态文明建设的重要途径和有效方式。

（二）绿色发展助推经济发展的应有之义

在新时代新征程中，生态文明建设的治本之策是全面推动绿色发展。习近平同志指出，绿色发展是构建高质量现代化经济体系的必然要求，是解决污染问题的根本之策。也就是说，要实现经济发展和资源环境整体协同推进，就要突出绿色发展的“引擎”作用，聚力绿色和生态，构建绿色经济体系，实现绿水青山就是金山银山。

1. 绿色发展是破解资源环境约束的必然要求

我国资源总量丰富，多项资源储量在世界排名领先，但人均资源占有量低，部分资源相对短缺，尤其工业发展的重要资源，如石油、天然气人均占有量仅分别为世界平均水平的10%。长期以来，我国资源开发利用不尽合理、不够科学，由此造成的资源浪费、损失十分严重。与此同时，工业废水、废气和固体废弃物排放量保持较高的增长，给生态环境造成很大压力。

2. 绿色发展是加快转变经济发展方式和优化产业结构的必然选择

当前，我国主要是粗放型的经济发展方式，创新型技术产业少。经济结构不合理，第一产业和第二产业发展迅猛，第三产业发展和配套服务跟不上。这种状况必须改变，必须加快经济发展方式转变，促进产业结构优化升级。

3. 绿色发展是提高国际竞争力和影响力的必然要求

当前，世界各国聚焦新能源、新材料、节能环保，将其作为新一轮产业发展重点，纷纷抢占未来经济发展制高点。我国始终把绿色发展作为新的经济增长点，在国际市场上赢得地位和主动权。绿色发展是与创新、协调、开放和共享理念密切相关的五种新发展理念之一。“创新”是绿色发展的动力，“协调”是绿色开发的指路石，“开放”是绿色增长的机遇，“共享”是绿色发展成果的转化。在推进绿色发展过程中要始终保持对新环境、新问题的敏感性，为协调好经济发展与环境保护之间的矛盾，要聚焦探索绿色发展的技术、模式、体制和机制，并及时学习和借鉴国外先进的发展方式和理念。当前，我国经济正由高速增长阶段转向高质量发展阶段，必须走出一条绿色、低碳、可持续发展之路。

二　走新型工业化道路必须坚持绿色发展理念

思想是行动的先导，理论是实践的指南。全面完整准确贯彻绿色发展理念，是大力推动新型工业化实现新突破的重要理论武装。绿色发展理念作为一个系统的理论体系，为实施新型工业化战略提供了精准的发展目的、动力、方式和路径。坚持以绿色发展理念引领新型工业化发展，是缩小我国在工业化、创新能力和人才支撑水平等方面存在差距的内在选择，也是做大经济总量、优化经济结构、保持经济快速健康发展态势的必然选择。

新型工业化就是以信息化带动工业化、以工业化促进信息化，其特点是科技含量高、经济效益好、资源消耗低、环境污染少、人力资源优势得到充分发挥。这实际上就是绿色经济，也是经常讲的循环经济。同传统工业化相比，新型工业化具有在经济发展和环境保护问题上实现双赢的显著特征，新一轮的技术革命正促使传统工业化向新型工业化加速改变。近年来，新型工业化出现了新的发展趋势：产业范式出现新变化，更加强调依靠创新和技术进步推动产业水平提升和价值链升级；产业组织形态呈现新特点，平台经济成为新的产业组织形态，在一定程度上改变了企业内组织结构和企业间分工合作关系；新型工业化具有资源节约和环境友好的特点，绿色发展成为新的重要内容和战略任务，并将带来新一轮绿色革命。

现代化是工业化向现代社会发展的过程，而工业化可以看作一种经济现代化。在现代社会，人们对生态环境保护的要求与工业化发展的要求之间越来越对等，人类文明要持续下去，工业化进程不可能停止。其唯一出路，是在保护生态环境的前提下发展工业化，将工业化进程同绿色化紧密结合起来，走绿色新型工业化道路。在推进绿色发展活动中，主要从三个环节着力，即绿色生产、绿色消费以及作为两者桥梁的绿色营销。在绿色化理念引导下，工业化与可持续发展这对看似不可调和的对立体便能够和谐共存。绿色化能够实现经济效益、社会效益和生态效益三者间的统一，是走新型工业化道路的内在体现和必然要求。

绿色化能有效克服工业化过程中的环境污染问题，使环境质量普遍提高，增强经济可持续发展的能力和后劲，有助于提升人们的生活质量、改善社会生活状况，增加整个社会福利，这些正是新型工业化所要达到的目的。如绿色生产将逐步实现低消耗、低排放与高产出，有效地减轻自然环境和资源受到的压力，从而使人们的生存条件得到极大改善。绿色消费中人们消费的对象以符合相关技术标准的绿色产品为主，这就提高了消费的安全性、健康性，相应减少了消费者的福利损失。要在加快发展新型工业化道路中降低资源消耗，最终落脚点就是绿色、效率、高质量与低成本，其宗旨是坚持在人与自然的和谐统一中，维持整个人类长远利益和根本利益，体现可持续发展，而绿色化正起了这样的保障作用。

因此，新型工业化是传统工业系统性、综合性的变革，是生产要素、资源环境和生产方式的复合变化，在推进现代化建设中发挥了不可替代的重要作用。一是推动经济高质量发展；二是架设通往制造强国的必由之路；三是解决传统工业化带来的生态环境问题；四是为实体经济构建新的发展模式。当前，我国正走在建设现代化强国的新征程上，必须将绿色发展作为核心内容之一，大力推进新型工业化发展。我国提出要在2035年基本实现新型工业化的目标，构建高质量现代化经济体系，明确推进新型工业化的重要任务，为立足新阶段走好新型工业化之路指明了方向。

三　绿色发展理念下毕节新型工业化推进情况

2021年，毕节围绕新型工业化“六大突破”“五个倍增”“六个抓手”的工作要求，奋力推进新型工业化及开发区高质量发展。

（一）全力抓主导产业

按照“市级原则上主攻2至3个产业”的要求，毕节明确将现代能源、优质烟酒、现代化工作为主导产业。现代能源产业重点主攻煤、电产业转型升级和新能源产业发展两个方向；优质烟酒产业主攻酒的制造（主攻酱香酒生产及配套包材产业）方向；现代化工产业主攻有机化学原料制造和初级形态塑料及合成树脂制造两个方向。县（市、区）按照“县级原则上主攻1至2个产业”的要求，七星关主导产业为新型建材和轻纺工业，大方主导产业为现代能源和生态特色食品，黔西主导产业为现代能源和现代化工，金沙主导产业为现代能源和优质白酒，织金主导产业为现代能源和现代化工，纳雍主导产业为现代能源和生态特色食品，威宁主导产业为现代能源和生态特色食品，赫章主导产业为基础材料（聚焦生铁冶炼铸造、铅锌锗产业）和现代能源，百里杜鹃主导产业为现代能源和生态特色食品，金海湖主导产业为大数据电子信息和新型建材。

（二）全力抓龙头企业

毕节制定了2021年拟入规企业培育清单，周调度上规入统推进情况。截至2021年10月，全市新上规入统工业企业共59户。毕节积极引导中小企业专注细分市场，提升创新实力，提高市场占有率，向省工信厅推荐认定省级“专精特新”中小企业9户。由30位市级领导入企走访服务106户重点工业企业，定期调度重点产业龙头企业生产经营情况，协调解决企业生产经营中存在的问题，助推企业发展。

（三）全力抓产业链条

一是做足煤电循环产业链。煤电产业链方面，全力推进威赫电厂建设，预计2022年底建成投产。煤电化产业链方面，围绕黔希煤化工乙二醇产品下游，年产5万吨碳酸二甲酯项目已开工，中石化织金聚乙醇酸项目已开工，年产30万吨双氧水项目正与有关合作方进行洽谈。煤电建产业链方面，

2021 年 1~9 月，全市新型建材产业实现规模工业产值 93.59 亿元，推动赫章红狮水泥项目建成试运行，推进西南水泥 6000 吨水泥熟料技改项目建设，推动加快明钧玻璃光伏玻璃项目前期工作。二是做强白酒集群产业链。规划建设金沙白酒产业园，完善丰富白酒上下游产业链条，现有酒类包装材料生产企业 26 家，包材对白酒的配套率达到 70%。三是做长锂电池产业链。毕节锂离子电池产业经过 6 年多的发展，产业链逐步完善，企业数量逐步由 3 家增长到 18 家，产品覆盖锂电正极材料、负极材料、电解液、电芯（软包和圆柱）。其中，锂离子电芯生产企业 13 家、正极材料生产企业 2 家、负极材料生产企业 1 家、电解液和电解液添加剂生产企业各 1 家。

（四）全力抓园区平台

一是突出体制机制，狠抓改革创新。着力推动开发区体制机制改革，规范开发区机构设置。毕节制定了 9 个开发区“三定”方案，岗位设置、人员划转等工作稳步推进。二是突出固本培元，狠抓招商引资。毕节围绕十大工业产业，建立“两图、两库、两池”，聚焦珠三角、长三角、成渝等经济发达地区，实行以商招商、驻点招商、精准招商。加强与对口帮扶的广州等城市沟通对接，深入开展产业合作，推动协作互补，积极承接东部沿海地区产业转移。2021 年 1~9 月，全市开发区外出招商 104 次，共对接项目 632 个。三是突出项目为王，狠抓建设推进。按照“拟建项目抓前期、新建项目抓开工、在建项目抓进度、收尾项目抓竣工投产”的思路，全市紧盯重大项目和重点工程，坚持重大项目“五个一”推进机制，实施工期倒排推进，明确责任分解、定期调度督促、做好要素保障，大力解决制约项目建设的重要问题和关键瓶颈，加快项目建设进度。四是突出功能定位，狠抓产业培育。选准主导产业，实施主导产业培育行动，围绕主导产业进一步补链、延链、强链，吸引上下游企业集聚发展。推动企业向全市尤其是重点开发区集中，2021 年引导 26 户企业入驻七星关经开区。加大企业培育力度，推动企业上规入统，并将 41 户企业培育成为规模以上工业企业。

（五）全力抓要素保障

一是强化用地保障。坚持用地跟着项目走的原则，工业发展重点转型升级项目用地优先列入城乡规划、土地利用总体规划和年度计划，优先保障土地供应。2021 年，毕节保障新型工业化项目 57 个，用地面积 2564 亩。二是强化资金支持。市级财政安排 5000 万元资金支持新型工业化发展。积极帮助企业争取资金支持，有 40 个项目获得了国家及省工业领域财政专项资金和省工业基金支持。三是强化金融支持。围绕破解中小企业资金短缺、融资难问题，全市按照“政府引导、市场运作、风险分担”原则，设立总规模 2.5 亿元的毕节市中小信贷通，通过风险补偿金，撬动金融机构支持企业融资贷款。四是强化水、电、气等要素保障。全市工业用水价格约为 3.7~5.51 元/m³，大工业用电价格约为 0.5~0.55 元/千瓦时，天然气用气价格约为 4.2 元/m³。

（六）全力抓生态环保

一是持续推动节能降耗。毕节共完成了 34 户重点耗能企业 72 次节能监察，完成大方永贵建材、毕节明钧玻璃等 33 户企业节能诊断服务，帮助企业挖掘节能潜力。依法完成淘汰落后产能，按年度计划推进煤矿兼并重组或淘汰关闭。二是持续推动资源综合利用。2021 年 1~9 月，粉煤灰、脱硫石膏等大宗工业固体废物产生 1485.77 万吨，利用 1051.36 万吨，综合利用率达 70.76%。三是持续推进绿色体系创建。2021 年毕节共获批省级绿色园区 2 家（毕节高新区、金沙经开区）、绿色工厂 3 家（华润水泥、磐石高科、新中一种业）。

四 绿色发展理念下毕节新型工业化发展面临短板

总体上看，纵向比，毕节自身进步非常明显；横向比，与发达地区还有很大差距。毕节尚处于工业化初期向中期过渡阶段，还需要持续补短板、筑优势。

（一）整体生产要素水平比较低

毕节工业仍存在总量小、基础弱、存量不优、增量不足的问题，对经济支撑有待提升。新型工业化空间布局不合理，存在发展不平衡不充分的问题，主要依赖资源与初级劳动的投入，而忽略资源开发与利用环节的效能提升。新型工业发展还处于初步推进阶段，整体工业发展水平与推进新型工业化的新要求还有不小差距，一定程度上制约了传统工业化转型升级的进程。

（二）传统工业化支撑不足

毕节传统工业化发展支撑比较薄弱、不够牢靠，主要表现在工业自主创新能力弱，以企业为创新主体的体系还不完善，如传统工业产业链短、核心技术缺乏、工艺较为落后且对外依存度高等，与其他发达地区相比还存在一定差距。传统工业发展基础的薄弱，影响了传统工业向新型工业的快速发展。

（三）产业结构转型相对滞后

毕节工业产业结构不合理，主要表现在创新能力和高端产业发展不充分两个方面。由于创新能力不足，传统工业发展结构较为单一，仍存在首位产业不聚焦、主导产业不突出的问题。工业产品档次不高，低水平产能过剩比较突出，缺乏自主品牌和知名品牌；高端装备制造业和生产性服务业发展滞后，新兴产业发展仍然不足；信息化水平不高，与工业化融合的深度不够。

（四）产业发展集聚效应不强

毕节工业产业与现代产业集群还有较大差距，缺乏大企业、大集团、重大项目支撑，产品附加值不高。产业链条尚未形成，在产业链价值链中的“垂直分工”地位偏弱，关键装备、核心零部件和基础软件等缺乏；技术人才匮乏，技术装备较差，资源开发利用率较低；大数据与工业实体融合不深，工业互联网、物联网发展不够，核心竞争力不强，抗风险能力弱，这些问题亟须破解。

（五）绿色低碳发展基础薄弱

毕节工业化速度与资源环境承载力不平衡，绿色经济发展不充分。能源结构仍以传统煤电烟产业为主，现代能源发展明显不足。由于绿色低碳发展的基础薄弱，绿色低碳发展的现代产业体系尚处于初步建立阶段，新型工业转化型升级受到一定阻碍。同时，绿色文明和低碳环保的理念与当前经济社会活动的融合程度还不够，还未真正达到外化于形、内化于心。这也是毕节下一步努力的方向。

五　绿色发展理念下毕节新型工业化进一步发展方向及对策措施

毕节传统工业化积累了大量生态难题，经济增长不能再以资源大量消耗和环境毁坏为代价，而是要引导和推动生态驱动型、生态友好型产业发展，树立和践行绿水青山就是金山银山理念，推动工业经济绿色发展。要解决好工业发展的短板问题，加快实现工业发展方式由粗放增长型向集约增长型转变，发展要素由传统要素主导向创新要素主导转变，产业结构由单一低质低效向多样高质高效转变，毕节必须坚持走新型工业化道路，即坚持绿色发展，努力推进节约资源、保护环境和生态文明不断进步的新型工业化。

（一）牢固树立绿色发展理念

一是要牢固树立新发展理念。在推进新型工业化发展中，要始终以新发展理念为指导，围绕工业结构转型和产业升级创新，统筹工业与农业、服务业系统性、整体性的协同推进，从五大发展理念布局新型工业发展，全面推动新型工业化绿色低碳发展。二是要做好绿色发展科学规划。科学规划是绿色发展的前提，是全面建设社会主义现代化强国的必然要求。在新时代新征程，要落实绿色发展举措，必须充分发挥规划的引领和规范作用。着力强化绿色发展的刚性约束，扎实有效地抓好落实，形成特色鲜明、布局合理的功能分区，以实现资源与项目的最佳配置。

（二）加强对新型工业化的领导

大力推进新型工业化，要认真贯彻落实国家、省的战略部署，围绕“四新”抓“四化”，清晰认识新型工业化的战略意义和责任感、使命感。因此，要全面加强组织领导，形成全市抓工业的合力。要压紧压实责任，强化分类指导，提升领导新型工业化的能力水平，形成党委、政府统一领导，部门齐抓共管、各负其责的工作格局。要坚定不移把新型工业化作为高质量发展的首要任务，并且要大力实施工业倍增计划，要把握好工业发展规律和阶段性特征，做好顶层设计，谋划部署优质项目助推新型工业发展，以产业化、集群化发展为主抓手，以园区项目建设为主平台，奋力推动工业实现大突破。

（三）坚持统筹兼顾协同推进

新型工业化是一个庞大复杂的系统工程，涉及经济、科技、教育、国防等各方面。要坚持生态优先，以绿色化保障工业化，必须充分发挥三方面重要作用：一是政府的重视和指导；二是企业界的积极支持；三是公众的广泛参与。新型工业化是实体经济高质量发展的关键支撑，是构建现代化经济体系的核心元素。因此，毕节要深刻认识到工业强市战略的基础在工业、核心在工业、支撑在工业，以更高的政治站位和更强的使命担当，增强加快新型工业化进程的紧迫感和使命感，提升自身优势，找准发展定位，融入新发展格局。要以促进工业高质量发展为统揽，聚焦高端化、绿色化、集约化，落实碳达峰、碳中和要求，着力提高高技术制造业和服务业比重，实现工业的绿色低碳发展。要坚持扩总量与调结构结合，统筹兼顾发展质量和效益，全力以赴推动工业大发展，推动新型工业化迈出新步伐，走出一条具有毕节示范区特色的新型工业化道路。

（四）创新绿色发展体制机制

新型工业化是一个复杂的系统工程，涉及方方面面的要素配置和系统改革，积极营造有效的体制机制和良好环境，是实现绿色发展改革的关键。在绿色发展机制建设上，毕节必须健全完善绿色发展的科学民主决策机制，依法严格遵守决策程序，坚持绿色标准，把好绿色关口，从产业发展、结构调整、项目投资等源头上切实控制资源环境问题的产生。在环保制度建设上，要实行最严格的耕地保护制度、水资源管理制度、环境保护制度和生态保护红线管理制度，建立健全生态保护责任追究制度、环境损害赔偿制度和环境损害责任终身追究制度，切实用制度思维促进绿色发展，用制度设计为绿色发展保驾护航。要充分发挥市场在资源配置中的决定性作用，更好地发挥政府的宏观调控作用，牢牢守住发展和生态两条底线，充分考虑自然条件和资源环境承载能力，提高资源投入产出效率，实现绿色可持续发展。

（五）抓住重点领域和关键环节

推进毕节走以绿色发展为核心要义的新型工业化发展，要在重点领域和关键环节上下功夫。一是加快实现规模数量倍增发展。毕节要加快以煤电烟为代表传统优势产业的提速扩能，实现传统优势产业数量上的倍增，提高工业总产值和市场主体规模，将传统优势产业向产业集群发展。二是调整优化产业结构。重点围绕能源工业，发展壮大特色制造业，并全力推动电子信息、新能源汽车等新兴产业发展，聚焦产业发展质量效益，以助推产业结构不断优化升级。三是推动技术创新。加快从要素驱动向创新驱动转变，强化应用基础研究投入，持续核心技术攻关，组织各类创新主体联合创新，或在引进消化、集成运用上突破，有效、高效地推动技术产品创新。四是不断加强新型工业绿色产业链发展。聚焦毕节重点产业，培育锻造工业绿色产业链，强化产业链思维，补强产业链薄弱环节，补齐产业链缺口，尤其在优势产业链条上打通“经脉”，提升产业综合竞争力。五是强项目、建平台。项目支撑是大力推动新型工业化的关键，要聚焦重点项目，全力推进项目落地实施；强化平台支撑，整体推进绿色低碳工业园区建设，加强工业园区标准化、绿色化发展，增强区域辐射带动力、协同力。从而推动工业高质量发展，促进新型工业实现更加强劲的可持续发展。

（六）建立多元化的投融资体系

为有效解决资金不足、投资有限的问题，毕节必须改革投融资体制机制、创建绿色投资体系。一是争取国家及省级资金（基金）支持。加强项目谋划和储备，做好向上争取资金的各项准备工作，积极争取各级各类专项资金和转移支付资金支持投入工业发展。二是制定和完善绿色财政资金政策。设立政府引导基金，引导社会资金投资工业，改进和完善生态补偿机制，建立工业企业贷款风险补偿机制，设立风险补偿资金池，加大对资源综合利用、新能源、节能环保等绿色产业发展的财政补贴力度；改革完善资源能源使用机制，转变财政资金使用方式，发挥财政资金杠杆作用，提高财政资金使用效率，形成多元主体积极参与、激励和惩治并重、防范与维护同步的生态环境治理模式。三是制定和完善绿色金融支持体系。坚持市场导向和绿色发展导向，构建和完善投融资机制，推动绿色项目融资库建设，完善绿色金融服务体系，切实增加绿色金融供给，充分发挥金融在节能环保、绿色产业发展中的重要作用，助力工业经济绿色转型升级。

（七）强化绿色发展的法治保障

在推进绿色发展中，要充分运用法治思维、法治方式来调整利益格局，加强生态环保的执法与守法的双向力度，规范行为秩序，这是实现绿色发展的重要保障。适应绿色发展的要求，抓紧制定、修改和完善生态建设、环境保护、清洁生产与发展循环经济等方面法律法规，增强立法的针对性、可操作性和有效性。要强化依法监管，加强对绿色发展重大决策和相关法律法规实施的法律监督和工作监督，切实保证法律法规的贯彻落实和有效实施；加强对环境资源、生态建设的司法保护，依法惩治污染环境、破坏生态建设的犯罪行为。要规范监管执法行为，做到执法主体合法、资格合法，规范执法程序和操作流程；建立完善的执法信息公开制度，公开执法检查的依据、内容、标准、程序和结果。要建立实施法律顾问制度、行政行为合法性审查制度，推进重大行政执法决策审核机制的建立和完善，实现严格执法、公正执法、文明执法。

（八）推动生产和消费的绿色转型

绿色转型是快速推进新型工业化的主要路径和必然选择，主要从新型工业的生产和消费两个关键环节发力。一是要大力推动生产方式的绿色化。工业生产方式的绿色化主要体现在坚定贯彻“绿水青山就是金山银山”理念，既要加速产业结构调整，又要转变生产方式，提升发展质量。换句话说，就是要实现资源利用的最大化，减少生产环节的资源浪费和消耗，提高资源的再利用率，实现工业生产系统的良好循环使用，从而实现工业生产过程绿色化。二是大力推动消费的绿色化。对市场主体而言，要强化使用完善工业效能的绿色工艺技术及设备，政府给予专门的经费补贴，鼓励市场主体广泛应用各种节能绿色低碳技术装备；对普通消费者来说，要引导消费者摒弃传统消费理念，鼓励其在生活方式上向绿色消费转变，在消费过程中着重引导消费者使用节能产品，并注重废物的利用与回收。坚决杜绝“消费绿色”，构建文明、节约、绿色、低碳的消费模式和生活方式。

参考文献

史丹：《绿色发展与全球工业化的新阶段：中国的进展与比较》，《中国工业经济》2018 年第 10 期。

郑德凤、臧正、孙才志：《绿色经济、绿色发展及绿色转型研究综述》，《生态经济》2015 年第 2 期。

肖楠：《习近平的绿色发展理念：背景 · 内涵 · 意义》，《中共云南省委党校学报》2019 年第 5 期。

王文平、钱丽：《双轮创新驱动中国工业绿色发展的测度及门槛效应研究》，《东南大学学报》（哲学社会科学版）2021 年第 5 期。

B.13

毕节推进旅游产业化的实践路径

唐　霖*

摘　要： 发展现代旅游，推进旅游产业化，不仅更好地满足了人们对美好生活的需求，也是毕节建设贯彻新发展理念示范区的重要实践。本报告立足毕节资源禀赋，在大量调研的基础上，根据旅游产业化的理论内涵，分析了旅游产业化的基础条件，并指出毕节旅游产业发展还面临基础薄弱、国际化程度低、规模化市场化不够等短板。要从加快新型基础设施建设、扩大开放力度、培育市场主体、围绕"三权"分置改革等方面来推进毕节旅游现代化、国际化、规模化、市场化，以期实现毕节旅游高质量发展。

关键词： 旅游产业化　生态文明　毕节

一　毕节推进旅游产业化的重大意义

现代旅游认为旅游是离开惯常环境，不以营利为目的，到异地去进行文化体验，最终达到文化交流和互动的目的。发展旅游最主要的是旅游资源。旅游资源指自然界和人类社会中能对旅游者产生吸引力，可以为旅游业开发利用，并可产生经济效益、社会效益和环境效益的各种事物和因素。资源是发展旅游的基础，有了资源还要针对资源的特点、地理位置、地方文化等进行创意规划、设计，然后进行开发、包装，使其成为旅游产品，进而用来吸

* 唐霖，中共毕节市委党校经济学副教授，研究方向：区域经济、旅游经济。

引游客，提升旅游收入。旅游业是直接为游客提供其所需要的一系列服务的行业。这其中也有间接为游客提供服务的行业，通常把为游客提供其所需要的产品和服务的所有行业和部门的组合叫作旅游产业。不管是直接为游客提供服务的行业还是间接为游客提供服务的行业，其经过不断的发展，逐步实现现代化、国际化、规模化、市场化的过程就是旅游产业化。因此，把旅游现代化、国际化、规模化和市场化四个要件称为旅游产业化的基础条件，把提供有效供给、满足游客的需求当作旅游产业化的核心要义。由此可见，旅游产业化是一个动态的概念，内涵非常丰富，涉及多个行业和部门。因此，发展旅游产业，推进旅游产业化对经济社会的发展具有特殊的现实意义。

（一）适度的旅游开放是促进政治建设的有效途径

适度的旅游开放是促进政治建设的有效途径，能够有效展现政府坚持人民主体、推进政务公开、开放自信的理念。同时，发展现代旅游，实现旅游产业化发展，是体现以人民为中心、助力共同富裕的有效途径。共同富裕一个都不能少，小康大道上一个民族都不能落下。这是我国社会主义制度的根本要求，也是共产党人立党的初心。2020 年，我国全面建成了小康社会，让 14 亿中国人过上了小康生活，借用老百姓的话来说就是“吃不愁穿不愁，还有余钱去旅游”。旅游是根植于人们潜意识的一项活动，人一旦解决了温饱，就会产生出游的愿望。所谓行千里路、读万卷书，旅游可以增加阅历、增长见识，是实现共享发展的有效途径。同时，适度的旅游开放也是道路自信、理论自信、制度自信和文化自信的重要表现。

（二）发展现代旅游是促进经济建设科学发展的重要引擎

发展旅游产业，是巩固拓展脱贫攻坚成果与乡村振兴有效衔接的重要抓手，是实现乡村产业兴旺的有效途径。从旅游产业化的内涵可以看出，传统旅游包括“吃、住、行、游、购、娱”六大要素，伴随着旅游者需求的多元化发展，旅游还渗透到商、养、学、闲、情、奇领域。产业链条纵横交错，价值空间无处不在，处处有商机，随处能就业。基于此，发展旅游产业不仅可以满足人们生活需要的综合性消费，拉动国民经济增长和外汇收入，还可以增加就业，直接致富目的地百姓，对于经济建设而言，发展旅游业和经济发展是正相关关系，而不是简单的正比例关系。

（三）发展旅游业有助于推进社会有效治理

发展现代旅游，推进旅游产业化有助于推进社会有效治理。旅游有民间外交之称，旅游活动可以让不同国籍、不同区域、不同种族、不同民族的旅游者增进感情、加深理解、实现交流交融。

（四）推进旅游产业化是传承中华优秀传统文化的最好方式

发展旅游产业是弘扬和传承农耕文明和中华优秀传统文化的最好方式，是实现不同文化共生共荣的有效载体。文化是旅游的灵魂，旅游者的整个旅游过程实质上就是一个体验文化的过程。旅游者之所以到异地去，就是去感受、体验那个地方与常住地不同的文化，并且这个文化的差异越大，对旅游者越有吸引力。

（五）推进旅游产业化是践行绿水青山就是金山银山的最好例证

发展旅游产业是推动生态文明建设的重要抓手，是践行绿水青山就是金山银山的最好例证。旅游是一种享受生活的方式，不仅是生活上的消费，更是精神上的享受，是一种高端消费。它不仅需要高质量的服务，更需要舒适、安逸的优美环境，否则，旅游业将无法发展下去。基于此，旅游目的地的建设不仅是简单的包装打造，更需要独特的创意和设计，不仅需要感官上的净化、美化和靓化，更需要赋予其精神上的文化。不仅需要观赏自然风光，更需要体验人文创意。旅游者是来体验文化的，这就为生态文明建设提供了充要条件。

这五个方面，契合了习近平新时代中国特色社会主义思想五位一体的总体布局。实现旅游产业化发展，对整个经济社会发展的影响是全方位的。

二　毕节推进旅游产业化的优势

（一）资源优势

1. 毕节是一个独具区域特色魅力的地方

毕节是一个多民族的人口大区；是红军长征创建革命政权的革命老区；是全国唯一的“开发扶贫、生态建设”试验区；是中国共产党领导的多党成功合作、共同帮扶、共谋发展的示范区；是科学发展观的早期实验田；是西部大开发拉开序幕的地方；是习近平总书记多次做出重要指示批示，并要求建设成为贯彻新发展理念示范区的地方。

2. 毕节是一个浓缩了的世界喀斯特王国

与江南的秀丽玲珑、塞北的豪气冲天、青藏高原的舒展圣洁相比，毕节另有一种独特的韵味。喀斯特溶洞遍布全市各地，可谓“无山不洞，无洞不奇”。毕节的山层峦叠嶂，秀峰林立，各具风姿，其中，发育于地表的石芽、漏斗落水洞、竖井、天坑、峰林、峰丛、天生桥、岩溶湖、瀑布与发育于地下的溶洞、暗河、暗湖、伏流等纵横叠置，九洞天、织金洞等高品位景观就是喀斯特王国的典型代表。

3. 毕节是一个红色文化浸润熏陶之地

毕节的土地，遍布着革命战争时期遗留下来的故事、遗址和会址。中共贵州省（地方）第一个支部（毕节草原艺术研究社）在这里成立并有效开展抗日救亡宣传工作，传播马列主义，在学生中组织发动学潮反抗国民党反动派的黑暗统治。贵州省第一所抗大式学校——邻里小学（系列宁谐音）在毕节成立并培训进步青年，为中国革命输送人才。红军长征途中在此建立了革命根据地。1936 年 1 月，红二、六军团根据中央军委的指示，决定进军黔西北建立根据地。在强渡乌江天堑鸭池河进占黔西县城后，决定成立以黔西、大定、毕节为中心的川滇黔边区临时革命政府。1936 年 2 月 6 日，红二、六军团进军大定，8 日在大定成立中华苏维埃人民共和国川滇黔革命委员会。中国共产党领导的革命先烈在这片土地上流血、奉献和牺牲，各类红色文化遍布全市。

4. 毕节是一个历史文化悠远神秘的山区

在这片土地上，留存了大量的历史遗迹，以黔西观音洞为代表的旧石器时代文化，威宁中水吴家大坪遗址、七星关青场瓦窑堡遗址等新石器灿烂文化，大方奢香彝族文化，七星关大屯土司文化，神秘的古夜郎文明等享誉海内外。

5. 毕节是一个民族文化多姿多彩的庄园

毕节是一个多民族杂居的地区，居住在这片土地上的有汉族、彝族、苗族、回族、白族、布依族、仡佬族等 46 个民族，除汉族、蒙古族、满族等属于外来民族之外，其余大多数都属于当地民族。各民族人民在漫长的历史进程中，创造了丰富的物质文明和五彩缤纷的民族文化。其中苗绣、被誉为“戏剧活化石”的原生态民俗文化写真——威宁彝族“撮泰吉”、名震中外的纳雍苗族芦笙舞——“滚山珠”等非物质遗产蜚声海内外。

（二）政策优势

1988 年以来，特别是党的十八大以来，为了推进毕节试验区经济社会的发展，以习近平同志为核心的党中央对毕节高度关心，多次对毕节的发展做出重要指示和批示，出台了一系列助推毕节发展的差别化政策，如《国务院关于进一步促进贵州经济社会又好又快发展的若干意见》（国发〔2012〕2 号）、《国务院发展改革委关于贵州省建设国家大数据（贵州）综合试验区有关事项的复函》、《关于设立统一规范的国家生态文明试验区的意见》、《国务院关于同意设立贵州内陆开放型经济试验区的批复》（国函〔2016〕142 号）、2018 年 7 月 18 日习近平总书记对毕节所作的重要指示、习近平总书记视察贵州的重要讲话精神、《关于支持毕节市加快旅游业发展的意见》（黔府发〔2019〕6 号）等。这些差别化政策有的虽然没有直接关注毕节的旅游发展，但助力了毕节推进旅游产业化的进程。

三 毕节旅游发展的成效

（一）旅游基础设施不断得以夯实

一是围绕“四新”主攻“四化”，不断夯实经济现代化基础。2021 年，全市创建省级高新技术产业开发区 1 个，国家级农业科技示范园区 1 个，省级农业科技示范园 21 个，国家级农业星创天地 5 个，省级农业星创天地 8 个，国家级高新技术产业化基地 1 个，省级大学科技园 1 个，省级科技企业孵化器 2 个，省级众创空间 4 个，市级众创空间 7 个，省级工程技术研究中心 3 个，省级重点实验室 1 个，市级工程技术研究中心 12 个，市级重点实验室 5 个。截至 2021 年底，全市广播综合覆盖率达 92. 16%，其中村广播综合覆盖率达 92. 12%。电视综合覆盖率达 95. 24%，其中农村电视综合覆盖率 95. 15%。广播电视宣传工作坚持守正创新，全年被中央台采用新闻类节目 86 条。二是在主要景区大力引进人才，不断提高内在服务质量。三是完成大型史诗剧《磅礴乌蒙》，并在市直、县区开展面向群众、学生的专场演出，线上线下观看人数达数十万人次，① 代表毕节市参加贵州省第七届少数民族文艺会演，获剧目金奖，成为近年来毕节市文化艺术的精品力作。开展舞剧《林青的远方》、黔剧《腊梅迎香》、100 周年交响音乐会展演等活动，推动文化现代化。

（二）旅游宣传推介成效显著

“十三五”以来，毕节市聚焦“花海毕节”形象品牌，旅游国际化不断形成。充分发挥新媒体功能，相继在中央电视台综合频道黄金广告时段投放“洞天福地 · 花海毕节”形象宣传片；与腾讯公司开展“2018 互联网+毕节全域旅游”宣传活动。向旅游爱好者推广“向黔一公里”“音乐大咖行”等

---

① 资料来源：毕节市文旅局内部资料。

16项旅游主题活动，分时段在贵州广电网络开机画面平台投放“花海毕节”旅游广告词。“毕节避暑旅游”荣幸入选2019年高考全国文综试卷试题，吸引50多家媒体实地探访，各大网站相继转发、频上热搜。借助成贵高铁开通运营的机遇，实施列车冠名，先后冠名了成都东至贵阳北、成都东至广州南等3辆列车。建立并启动了毕节文化旅游官方微信、微博平台，及时发布文化旅游信息；指导各县区、景区开设旅游双微平台，在全国5A级旅游景区微信公众号影响力排行榜中，百里杜鹃景区微信公众号影响力成功进入前10位。

（三）市场规模不断发展壮大

毕节坚持项目为王、项目为大，加快推动旅游产业化项目建设，2021年完成旅游产业化项目投资105亿元。立足自身的资源禀赋，大力培育以“洞、花、湖、古镇”为主打的拳头旅游产品，全力建设一批具有毕节特色的精品旅游项目。2021年，尽管受到新冠肺炎疫情的影响，毕节全年接待游客8020.23万人次，同比增长12.8%；实现旅游综合收入793.2亿元，同比增长31.3%。特别是2021年2月3日习近平总书记视察黔西化屋村以来，全市旅游发展迅速升温。春节、“五一”、国庆黄金周期间，化屋景区接待游客突破10万人次，连续6天发出游客流量接待预警，带动周边民宿、农家客栈假期期间一房难求，出租率达100%，助力全市旅游业快速恢复。乡村旅游规模不断壮大，截至2021年底，毕节市拥有休闲农业园区20余家，乡村旅游经营户近12000户，农家乐（餐馆）近5000家，就餐位数近5万人，直接从事乡村旅游人数达1.62万人，间接从业人数超过5.8万人，带动就业人数达30余万人。共有乡村旅舍（农家旅馆）近1300余个，乡村旅游总床位数近4万张，乡村旅游星级示范户150家。大方木寨、金海湖青山、织金屯上被国家文化和旅游部列入全国乡村旅游重点村。乡村旅游知名度不断提升，全市乡村旅游人次、旅游综合收入同比增长30%以上，乡村旅游不断提质增速。[①]

---

① 资料来源：毕节市文旅局内部资料。

（四）旅游市场化程度不断提升

近年来，毕节严格遵循市场经济规律，以市场为导向，以游客满意度为核心，不断深化旅游供给侧结构性改革，打造了诸如百里杜鹃、织金洞、阿西里西大草原等高品质旅游景区，满足市场需求。同时，紧紧围绕景区所有权、管理权、经营权“三权”分置改革，不断推进管理体制改革和市场化运营。成功探索百里杜鹃旅游景区实行“小管委会管理+大集团化运营”等运营模式，不断推进旅游市场化。

四　毕节推进旅游产业化存在的问题

“十三五”以来，毕节旅游发展取得了辉煌的成就。但是，对标对表旅游产业化的基础条件和核心要义，毕节旅游产业化还存在诸多短板。

（一）旅游现代化基础比较薄弱

旅游现代化主要包括经济现代化、社会服务现代化和旅游文化现代化三个层面。在经济现代化方面，2021 年贵州全省 GDP 达 19586 亿元，毕节市 GDP 总量达 2181 亿元，全省排名第三，但人均 GDP 为 31617 元。[①] 这说明毕节自身经济不发达，经济现代化不管从横向还是纵向比较都还非常落后。经济现代化，特别是产业基础设施作为旅游产业化的基础还比较薄弱。在社会服务现代化方面，旅游人才严重缺失，仅百里杜鹃 5A 级景区就缺各类旅游人才 600 名左右。特别是内在条件的现代化方面还存在极大的差距。调研发现，有的景区连一个懂外语的导游都没有，在社会服务现代化方面总体表现为配套服务能力弱、服务质量不高、很难让游客满意。在旅游文化现代化方面，一是基层文化设施利用率不高，部分乡镇文化站、村文化服务中心开放运转不正常，设备老化，有的地方人员空心化严重，文化基础设施已经成

① 资料来源：《2021 年贵州省国民经济和社会发展统计公报》。

为一种摆设，同时少数地方基层文化设施有被占用的现象。二是文化事业助推旅游产业发展瓶颈仍然存在。文化场馆等公共文化服务设施的旅游服务功能普遍缺失，旅游景区景点文化休闲产品供给总量严重不足、品质低下，无法满足游客的需求，“以文塑旅、以旅彰文”作用不明显。三是对毕节特色文化的挖掘不够，还没有将地方特色文化、民族风情更好地融入旅游产品，毕节诸多的文化资源和其他的旅游资源就像散落一地的珍珠，没有用一条线很好地链接起来，文化和旅游两张皮的现象非常明显。

（二）旅游国际化程度还比较低

一是国际旅游的比重偏低，尽管毕节景区、景点数量不少，但由于品位不高、吸引力不强，导致人气不旺，有的景点受到季节性影响，一年难有几波游客光顾。二是旅游目的地的建设跟不上时代发展的需要，难以让游客满意。比如一些景点景区建设由于缺乏投资而停摆（织金桂果瀑布群、威宁板底等景区），个别景区由于受到国土空间规划的影响而没有一个具体的规划或者说还不是一个完整的旅游景区（黔西市化物景区、百管委黄泥花田酒肆等），有的景区由于产权归属问题或隶属问题还存在管理上的混乱（织金洞、织金财神庙），有的地方有资源无产品等。三是旅游品牌的国际影响力不够强，“洞天湖地·花海毕节”是毕节多年来的旅游品牌定位，尽管近年来做出了许多努力，从政府的层面举办了多次推介会和招商会，但这个品牌在国际上的影响力和美誉度离旅游产业化要求还有很大差距。从 2021 年接待境内外游客的数据可以看出，2021 年全市接待游客总数是 8020.23 万人次，其中接待境外游客才 0.03 万人次，占比较小，说明品牌影响力不够大、吸引力不够强。[①]

（三）旅游规模化发展有待进一步加强

首先，由于受宣传推介和经济发展的影响，大众旅游的格局还没有形

① 资料来源：《2021 年毕节市国民经济和社会发展统计公报》。

成。全民的参与意识不强，本地居民或者旅游景区的居民还没有更多的参与感，全民参与、全民旅游、全域旅游的大旅游格局还没有完全形成。其次，是旅游基础设施建设滞后。表面上看，毕节以道路为标志的基础设施建设已经没有太多的问题，但对旅游业而言，旅游基础设施还存在诸多短板，调研发现，截至2021年底，全市建成旅游停车场588个、停车位近12万个、旅游咨询服务中心186个、旅游厕所588座，其中，2021年建成省级示范旅游厕所11个，旅游基础设施、智慧旅游服务设施全面改善，但部分乡镇的公共厕所、充电桩、停车场等还严重缺失，一些景点、农家乐基础设施严重滞后，旅游基础设施“最后一公里”还没有完全打通。最后，旅游企业规模整体实力不足，缺乏带动能力。截至2021年，毕节全市仅有22家独立法人旅行社，占全省702家的3.13%，营业额上亿元的旅游企业仅有一家，规上企业仅占旅游市场主体的1.16%,[①] 没有评定的五星级旅游饭店，没有国际旅行社，没有专业性演艺企业，没有上规模的旅游购物店和旅游特色餐饮企业。市场主体发展远远滞后于行业发展，严重影响旅游产业化进程。虽然每一个县区都成立了一个旅投公司，都赋予其利用国有资源或资产去进行旅游招商引资、旅游规划、旅游项目开发等权益，但由于旅游投资周期相对较长、见效较慢，因而利用这些资源融资的难度非常大。比如威宁，由于草海已划定为国家自然保护区，禁止搞旅游开发，唯一的4A级景区被取消，旅投公司自身缺乏资金来源，应发挥的功能没有体现出来，一些地方的旅游公司没有带动能力。同时，由于旅游主管部门自身地位的特殊原因，在培育市场主体方面有心无力。总体来看，市场主体的实力不强，为大力推进毕节旅游产业化带来了极大的挑战。

（四）旅游市场化运营急需改革

市场规模相对较小，2021年毕节接待旅游总人数为8020.23万人次，表示一年以内有8020.23万人次购买了毕节的旅游产品，旅游总收入为

① 资料来源：《2021年毕节市国民经济和社会发展统计公报》。

793.2 亿元，表示 2021 年毕节的旅游产品销售额 793.2 亿元。[①] 而贵州全省旅游接待总人数为 6.44 亿人次，实现旅游总收入 6642.16 亿元。[②] 从这个层面来看，毕节旅游的市场容量不足全省的 1/9，整体偏低；在市场需求方面，个别景区有盲目跟风之嫌，没有根据自身的实际情况和游客之需来布局和谋划；在市场取向方面，个别景区的经营者还没有彻底告别计划经济体制遗留下来的“接待型旅游”的观念和做法，市场化程度不高；在市场真实方面，发展全域旅游的态度不够严谨和科学，表现在个别景区没有进行实证分析，仅凭主观意愿“制造市场”，没有将旅游资源按市场需求转化为旅游产品。

五　毕节推进旅游产业化的实践路径

从理论上讲，毕节要依托富集的资源优势，落实好新国发 2 号文件精神和国家推行旅游产业化的相关政策，以市场为导向，以游客满意度为突破口，推动旅游与其他产业深度融合，落实好“四大行动”，加快形成以第一产业为基础、第二产业为支撑、第三产业为亮点，三大产业协同发展的复合产业关系，使旅游产业在毕节真正变成一种产业发展的润滑剂、产业融合的融通剂和产业带动的变压器。从而打造具有毕节优势的现代化、国际化、规模化和市场化的全域旅游示范区，推动毕节旅游实现高质量发展。

（一）加快新型基础设施建设推进旅游现代化

实现旅游现代化是旅游产业化水平的标志。它既是一种与现代产业革命、科技革命相适应的时代概念，又蕴含着十分丰富、复杂的社会内容。

1. 着力加强新型基础设施建设为经济现代化夯实基础

伴随着全面小康社会的建成，以旅游道路为标志的传统基础设施有了极

---

① 资料来源：《2021 年毕节市国民经济和社会发展统计公报》。

② 资料来源：《2021 年贵州省国民经济和社会发展统计公报》。

大的改善，但少数景区基础设施严重缺失，部分传统基础设施由于年久失修已经跟不上时代发展的需要，比如旅游厕所等。对于这些档次较低，功能缺失的传统基础设施，要加大升级换代力度，确保游客满意。在加快传统基础设施升级换代的同时，也必须充分利用贵州大数据的优势加快新型基础设施的建设。因为新型基础设施是推进旅游与其他产业深度融合的基础和前提，要实现旅游与其他产业的深度融合，必须依靠新型基础设施赋能，[①] 否则，实现“旅游+”就成了一句空话。同时，新型基础设施也是经济社会现代化的象征，没有实现经济的现代化，旅游产业化就失去了基础和前提。对此，要加快景区景点 5G 网络的全覆盖、智慧旅游基地的建设、Wifi 功能的全覆盖和智慧公交系统建设。以“互联网+”为手段，坚持让科技赋能旅游，加快推动 5G、大数据、云计算、物联网、人工智能、区块链等现代信息技术革命成果应用，深入推进旅游产业领域数字化、智能化。推动旅游产业生产方式、服务方式、管理模式创新，不断丰富旅游产品和旅游业态，满足游客多元化需求。

2. 着力加强旅游人才引进和培训提升社会服务质量

推进旅游产业化，毕节最大的问题是人才的短缺。与贵州周边省会城市相比，据泽平宏观统计：2020 年末城市人才总量（万人）为成都 433、重庆 394、长沙 198、昆明 142、贵阳 93；而城市人才吸引力指数为成都 61、重庆 52、长沙 55、昆明 36、贵阳 32。所以，一方面，要不拘一格引进旅游人才，重点引进一批领军型、复合型高层次人才。另一方面，要充分发挥职业院校的优势，开设专门的旅游管理专业、文化旅游专业，强化旅游人才的培训，加强文化和旅游产学研结合示范基地建设，制定旅游从业人员专项培训规划，分级分类分期开展培训，从而提升服务质量和品质。[②] 深入开展“文明在行动 · 满意在毕节活动”，让游客行之顺心、住之安心、食之放心、

① 郭朝先、王嘉琪、刘浩荣：《“新基建”赋能中国经济高质量发展的路径研究》，《北京工业大学学报》2020 年第 6 期，第 13~21 页。

② 王成圆：《文旅融合视角下旅游专业创新创业人才培养模式研究》，《旅游纵览》2022 年第 2 期，第 42~44 页。

娱之开心、优之舒心。欲实现旅游产业化，必扩大旅游消费；欲扩大旅游消费，必提升游客满意度。换句话说，游客满意度提升是毕节旅游产业化的基础工程，也是现实可行的突破口。

3. 深挖毕节旅游文化资源提升毕节旅游独特的文化魅力

文化是旅游的灵魂，毕节旅游文化资源丰富多彩，特别是苗族、彝族文化和红色文化，不仅在贵州、在全国都很有分量。如何促进文旅结合，提高旅游的品质品位，让游客真正体验到毕节特有的文化魅力，是推进毕节旅游产业化的关键大事。要抓住五中全会大力支持创建文化产业与旅游产业融合发展示范区的机遇，尽快把织金平远古城、赫章可乐、黔西化物、大方奢香古镇等建设成为文旅融合示范区。

（二）扩大开放力度推进毕节旅游国际化

国际化是旅游产业化的空间跨度，没有国际化旅游的发展，旅游产业很难成为毕节的现代产业和支柱产业。

1. 加大改革开放力度，提升毕节旅游在国内外的市场份额

坚定不移奉行互利共赢的开放战略，充分利用毕节的区位优势和独特资源优势，把握中缅铁路和泛亚铁路开通、成渝双城经济圈建设、东西部协同发展政策和五中全会精神，围绕“四新”主攻“四化”。加大改革开放力度，营造国际一流的法制化营商环境，主动融入成渝经济圈、融入东盟国家和东南沿海大市场。

2. 加强精品旅游目的地建设，提升景点景区的吸引力

旅游目的地建设是旅游产业发展的基础，① 更多的游客到访和更高的满意度评价则是旅游目的地建设水平最直观，也是最有效的观测指标。就目前来看，要围绕毕节打造全域旅游示范区大做文章、提档升级，从而提升游客的满意度。要抓实五中全会精神、省委十二届八次全会和毕节市第三次党代

① 刘国春、王晓霞等：《文旅结合——建设中国最佳旅游目的地——关于对乐山文化旅游产业发展的思考》，《中共乐山市委党校学报》2010 年第 5 期，第 5~12 页。

会部署，围绕“四新”主攻“四化”，把百里杜鹃建成高品质旅游景区，着力对百里杜鹃景区进行高标准规划，加快高品质旅游景区的建设进程。充分利用百里杜鹃的资源优势，以游客满意度为市场导向，加快休闲度假旅游目的地、生态休闲避暑旅游基地、生态康养旅游基地、体育培训旅游基地、生态研学旅游基地等高品质旅游基地建设，催生新的需求，满足游客的多元化需求，吸引游客。并依靠示范区作为带动，推进百里杜鹃、织金洞等贵州首批十大研学旅游基地建设落地落实。打造环境友好、科技赋能的生态旅游发展示范景区、文旅驱动、景村一体的乡村振兴模式示范田园综合体、休闲引领、度假导向的山地旅游示范景区等。

3. 持续推进旅游品牌的营销，提升“洞天湖地·花海毕节”的知名度和美誉度

创新宣传营销思路，实施专业策划。结合毕节的资源优势和发展形势，进一步明晰旅游发展思路，从品牌、内容、包装等方面制定中长期发展规划，逐步挖掘和培育新的旅游目的地，培植旅游经济增长极。推进大数据与旅游产业融合，实施“线上线下”互动宣传营销、滚动营销、精准营销，加快“传统营销”向“智慧营销”的转型。继续完善“一码游贵州”平台，推进毕节公众号、微信平台等智能化综合旅游服务平台建设，在线上搭建毕节旅游旗舰店；通过知名网站、社交媒体、抖音等渠道对毕节旅游资源进行线上曝光，为全球游客推介旅游资源；积极参加国家大型旅游推介会、旅游交易会；以申办“国际山地马拉松”“绿运会”“生态产品体验”等国家级赛事及会议为契机，加大旅游景点推广力度，营造大旅游的氛围和格局。

（三）着力市场主体培育推进旅游规模化

规模化是旅游产业化的发展基础。伴随着旅游产业发展，旅游业与其他产业间相互关系的不断演化，旅游产业化的内涵将不断丰富发展，旅游产业向集群化、集团化发展和经营的趋势将不可逆转。

1. 鼓励旅游企业做大做强向集团化方向发展

旅游企业是旅游市场最活跃的主体，它们是价值的创造者和市场的引领者，没有活跃的市场主体，发展旅游业就会举步维艰，旅游产业化就是一句空话。[①] 一个地方的旅游业发展状况如何，就要看这个地方的旅游龙头企业怎么样，只有龙头企业的带动和引领，旅游产业才会真正实现产业化；只有实现产业化发展，才有可能走上规模化发展的路子；实现规模化发展，才会走上集群化发展的道路。旅游企业只有实现规模化发展，才能带动相关产业发展壮大，最终形成“大旅游”发展格局。要落实好五中全会文件精神，用好、用活、用足国家支持毕节发展全域旅游的有关政策和省委大力推进旅游产业化的历史机遇，切实加大扶持力度，扩大政策涵盖面。要给予企业发展信心，鼓励企业做大做强，向集群化、集团化方向发展。要以各县区旅投公司为平台，聚焦旅游重点领域和新业态，分类梳理清单，找准行业头部企业、龙头企业、国际旅行社、上市公司，精准上门招商。同时，加大本土旅游企业扶持力度，引导和催生更多经营主体进入旅游市场，全力扶持、支持涉旅企业做精、做特、做优、做新。支持本土旅行社做大做强，按照全省统一部署，深入实施旅游企业个转企、企转规、规转股、股转上、企上网“四转一上”工程，推动毕节旅游转型升级。

2. 优化旅游产业结构实现旅游产业集群化发展

旅游产业所提供是集观景、体验、猎奇、住宿、餐饮、娱乐、购物等多种要素于一体的产品，因此，完整的旅游产业是各个行业和众多部门之间共同协作的结果。旅游产业结构优化主要体现在旅游核心部门的直接经济效应减弱，比如，景区门票的优惠、减免，旅行社的优惠活动、费用降低等。而这些核心部门的附加值更加凸显，即反映基础部门如运输、酒店、餐饮等部门的收益将大幅增加。[②] 也就是说，随着旅游产业的发展，旅行社和旅游景区的价值将更多地反映在其对住宿、餐饮、购物等基础部门的拉动。实施旅游供给侧结构性改革除了体现在旅游产品的供给改革以外，还体现在旅游产业结构的优化应以核心部门为支撑、以基础部门为先导。产业结构的优化升

---

① 李永文：《论区域旅游经济发展的环境条件与保障措施》，《焦作大学学报》2016 年第 1 期，第 61~65 页。

② 雷石标、徐佳：《旅游产业结构优化的影响因素及其作用机理》，《山西财经大学学报》2021 年第 S1 期，第 7~10 页。

级，是推进旅游产业化必须过的坎和爬的坡，也是实现旅游集群化、集团化发展和经营必须打牢的基础。

3. 完善旅游产业链条促进旅游产业融合发展

完善旅游产业链就是要不断延长旅游产业链、拓宽产业幅。随着科技进步，不同产业的边界会越来越模糊，产业融合在高科技的助推下将不断变成现实。一方面，体现在产业内部部门之间的经济技术合作与联系，促使上下游产业相互关联，延伸产业链条，促进旅游产业与旅游相关产业和国民经济其他产业的关联。[①] 另一方面，伴随着产业边界的模糊，不同产业会实现叠加，主要反映在产业之间的横向关联上。旅游产业链的完善和延伸就是纵向和横向关联的增加和拓展。比如，旅游消费促进了国民经济其他产业对旅游产业的产出效益，而且间接带动其他产业的创业和就业。旅游产业链的延伸促进了旅游与其他产业的渗透和融合，不断地实现“旅游+”。从纵向看，旅游产业从上游基础环节向下游营销环节不断延伸，各部门之间就会形成前向和后向依存关系。从横向来看，旅游产业内部各部门间是分工协作的关系，这些部门之间不断形成旅游产业链网，这样，就会促进旅游产业的集群化发展。以黔西市化屋村为例，要紧紧抓住化屋作为网红地的历史契机，在乡村振兴的大背景下，通过旅游产业的带动，促进苗族文化与农业、文化与旅游、文化与苗绣的高度融合，强化产业链的薄弱环节，调整产业链的内部关系，促进产业链的外部融合。

4. 不断丰富旅游业态迎接大众旅游时代的到来

伴随着小康社会的建成，居民对旅游的欲望越来越强烈。旅游消费占居民总体消费越来越高，大众旅游时代势不可挡。一方面，要通过大力宣传，营造全民参与、全域旅游的大格局；另一方面，要抓住百里杜鹃和织金洞这两个景区的品牌效应，探索桥梁旅游，生态峡谷风光体验，重踏红二、六军团足迹，洞中漂流等新业态，不断丰富旅游业态，打造更多旅游精品，满足

---

① 高梦婷：《全域旅游背景下的旅游产业链延伸路径》，《当代旅游》2021 年第 5 期，第 70~71 页。

各类游客的需求。同时，提高旅游品牌的知名度，吸引外地游客。通过外地游客的高端消费与本地游客休闲消费的叠加，刺激消费，从而扩大内需，融入大众旅游时代的新格局（见表1、图1）。

表1　2011~2019年全国旅游业主要经济指标

年份	国内旅游人次(亿人次)	国内旅游收入(亿元)	入境旅游人次(万人次)	入境旅游收入(亿美元)	出境旅游人次(万人次)	旅游总收入(万亿元)
2011	26.41	19305	13542	484.64	7025	2.25
2012	29.57	22706	13241	500.28	8318	2.59
2013	32.62	26276	12908	516.64	9819	2.95
2014	36.11	30312	12850	1053.80	10728	3.73
2015	39.90	31495	13382	1136.50	11689	4.13
2016	44.35	39390	13844	1200.00	12203	4.69
2017	50.07	45661	13948	1234.17	13051	5.40
2018	55.39	51278	14120	1271.03	14972	5.97
2019	60.06	57251	14531	1313.00	15463	6.63

资料来源：2011~2019年全国文化和旅游发展统计公报。

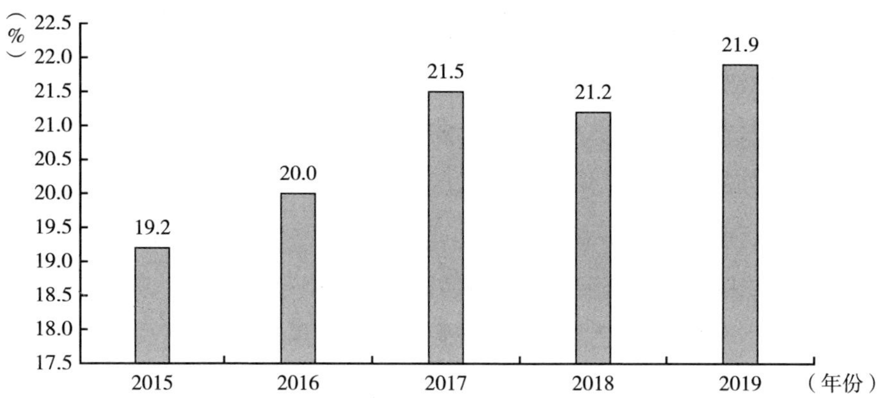

图1　2015~2019年中国居民旅游支出占消费总支出的比重

资料来源：国家统计局。

（四）围绕“三权”分置改革推进旅游市场化

市场化是旅游产业化的运作方式。在推进旅游产业化发展过程中，应当持科学的态度，尊重经济发展规律，严格按市场规律办事。

1. 实施景区管理机制改革，扩大市场规模

针对毕节部分景区管理体制僵化、不科学、管理效益低下等问题，必须大力推进景区管理机制改革，要按照景区所有权、管理权和经营权“三权”分离的改革方向，细化改革方案和措施，加快谋划或探索“龙头企业+景区+合作社”“国际旅行社+景区”“龙头企业+景区”“小管委会管理+大集团化运营”等运营模式，厘清政府和市场的关系，充分发挥市场在资源配置中的决定性作用，更好发挥政府作用。如果景区的管理不实现市场化，总是走不出政府主导手掌心，旅游产业就很难健康持续地发展。旅游产业的不健康发展，就会导致其发展不可持续；发展不可持续，就会导致市场规模只会缩小或偏低，而不会扩大。所以，欲推进毕节旅游产业化，必须实行景区管理的市场化改革。这是旅游产业健康、可持续发展的规律。

2. 推进旅游供给侧结构性改革，为游客提供有效供给

要着眼旅游市场未来的需求变化，不能只会埋头拉车，要学会抬头看路。推进旅游产业化，必须以市场为先导，围绕未来市场的需求变化，加快旅游产业供给侧结构性改革。要以市场为导向，以游客满意为核心，大力破除无效供给，提供有效供给。紧紧依靠毕节的资源禀赋，大力发展满足游客休闲度假和康养需求的精品旅游景区，加强专、精、特色旅游产品和高端旅游产品供给，以众多特色旅游产品构建毕节独有的旅游大产品。以毕节具有文化差异性、独特性的休闲度假产品来提高毕节旅游产品的整体内涵。一是抢抓国家支持把百里杜鹃建成全域旅游示范区的历史机遇，强力推动九洞天、织金洞世界地质公园、阿西里西大草原、乌江源百里画廊景区提档升级，建成一批高品质、高水平的生态山地旅游休闲度假区。二是抢抓国家长征文化主题公园建设的历史机遇，把金沙后山、大方将军山、大方猫场、纳雍枪杆岩、七星关鸡鸣三省、赫章哲庄等红色教育基地打造成具有鲜明特色的爱国主义教育基地和红色旅游基地，传承红色文化，赓续红色血脉，丰富红色文化体验，形成红色旅游精品路线，满足游客需求。

3. 着力提升景区市场化运营能力，真正走市场化道路

由于景区市场化运营能力不强，经营效果不好，导致毕节旅游产业出现了“一流资源、二流开发、三流服务”的负面影响。要明确景区、景点市场化运营模式，严格执行“政企分开”，探索建立以市场化运营机制为牛鼻子，多种运营多方相结合的联动机制，着力解决旅游景区市场化运营问题，以及旅游资源开发、资源保护、旅游经营过程中由于政企不分导致的发展意愿不强烈、发展质量不高、融资渠道不畅等问题。对国有平台公司占有优良资源但经营效益不好的景区和项目，通过股份改革、经营方式改革、管理体制改革、打包转租等方式，引进专业涉旅龙头企业、专业运营团队或旅游公司，对景区和项目进行整体改造、创意提升等，激活旅游资源和项目发展活力，真正将毕节资源优势转化为市场优势和经济优势。

4. 尊重旅游市场发展规律，还原市场真实

市场真实表现在旅游产业化是将旅游资源按市场需求转化为旅游产品，满足旅游者需求，而不是凭主观意愿去“制造市场”。这就需要旅游经营者彻底告别过去计划经济体制遗留下来的“接待型旅游”的观念和以政府为主导的发展模式。要秉持科学的态度，严格按市场规律办事，以市场为导向、以游客为中心。在推进旅游产业化过程中，特别是在资源开发和旅游经营过程中，一定要充分调研，对市场做出精准的研判，了解市场需求，根据游客需要，开发旅游产品，尊重旅游产业发展规律，还原市场真实。

总之，推进毕节旅游产业化，必须立足毕节资源优势，用好、用活、用足毕节的差别化政策，深入贯彻落实习近平总书记视察贵州的重要讲话精神和对毕节的重要指示批示精神，落实好市委第三次党代会大力推进毕节旅游产业化的总体部署，创新工作思路和工作方法，围绕“四新”主攻“四化”，真正让“四个轮子”转起来，让毕节旅游业在中华大地开出最靓丽的杜鹃花。

B.14

毕节苗绣产业高质量发展的思路与对策

王红霞*

摘　要： 苗绣是苗族历史文化中特有的表现形式之一，也是苗族对本民族精神世界的表达。本报告通过梳理分析毕节苗绣产业的发展现状，针对毕节苗绣现阶段面临保护意识不强、研发设计能力不足、市场主体散小弱、人才紧缺等困境，结合贵州省外刺绣发展的典型案例与启示进行研究，研究认为，毕节苗绣产业要强化文化传承功能，提高苗绣知识产权保护意识，以“研发设计+品牌”为突破口提高苗绣产品市场竞争力，以“平台+产业链”推进苗绣产业化发展，构建苗绣产业高质量发展人才支撑体系，全力推动苗绣产业高质量发展，助力毕节乡村振兴。

关键词： 苗绣产业　民族文化　毕节

苗绣是苗族刺绣的简称，是苗族历史文化中特有的表现形式之一，也是苗族对本民族精神世界的表达。探索苗绣产业高质量发展，是落实乡村振兴战略、巩固拓展脱贫攻坚成果和乡村振兴有效衔接的重要举措，对于传承民族文化、推进乡村产业兴旺具有重要作用。2021 年 2 月 3 日，习近平总书记赴贵州毕节市黔西市考察调研时指出：“传统的也是时尚的，你们一针一线绣出来，何其精彩！一定要发扬光大苗绣，既能继承弘扬民族文化、传统文化，也能为扶贫产业、乡村振兴做出贡献。”毕节市深入贯

* 王红霞，贵州省社会科学院农村发展研究所助理研究员，研究方向：乡村建设，乡村产业发展。

彻落实习近平总书记重要指示精神，开展一系列实践探索，并取得一定成效。但是，当前毕节苗绣产业发展与高质量发展的要求相比，仍然面临诸多难题。新发展阶段，毕节苗绣产业要以提高苗绣市场化程度和竞争力为核心，以苗绣创造性转化、创新性发展为方向，推进苗绣产业高质量发展，助力乡村振兴。

一　毕节苗绣产业发展实践

（一）党委政府重视，凝聚合力推进落实

一是加强组织建设。毕节市深入贯彻落实习近平总书记重要指示精神，由党委部门牵头抓总，整合文旅、民宗、妇联、工信等部门成立全市苗绣产业发展工作领导小组，组建工作专班，下设办公室，专门统筹推动苗绣产业发展工作。二是明确目标任务。党委相关部门先后多次组织召开会议专门研究苗绣产业发展相关事宜，组织力量深入苗族村寨开展实地调研。经过前期摸底调研，2021 年，出台《毕节市加快推进苗绣产业发展工作方案》，明确工作目标和重点任务，压实工作责任，相关职能部门做好精准服务保障，逐渐形成了推动苗绣产业发展的合力。

（二）着力项目支持，打造苗绣传承示范基地

一是多种形式推进项目落地。采取“一企一策”的方式，通过政策设计、购买服务、资金扶持、信贷支持、精准服务等多种形式，大力扶持贵州蔡群苗族蜡染刺绣有限公司、贵州巧姐蜡染刺绣有限公司、贵州鸿达蜡染刺绣有限公司等苗绣企业新建厂房、实施技改等，提升工艺水平、扩大生产规模。2021 年，毕节市文化产业发展专项资金支持苗绣企业实施项目 5 个。二是聚力打造苗绣示范基地。立足苗绣特色和产业基础条件，引导苗绣手工艺产业从分散生产转向集约化、产业化、规模化、市场化发展，打造集创意、生产、展示和销售为一体的苗绣手工艺传承发展示范基地。

（三）立足资源优势，探索开发苗绣创意产品

一是摸清家底、收集挖掘。采取实地调研与全面排查摸底相结合的方式，开展乡土人才、非物质文化遗产传承人、文化志愿者、资深绣娘等人才资源统计工作，充分挖掘不同地域、不同服饰的原始手工艺，涉及平绣、挑花、堆绣、锁绣、破线绣、绉绣、双针绣、辨绣、丝絮贴绣等20余种。二是立足市场、分类甄选。根据市场需求，结合国内外不同地区的审美风格和地域文化，从收集挖掘的20余种原始手工技艺中甄选图案精美、文化意义厚重、极具收藏价值的精美技艺，发挥能工巧匠的带头引领作用，运用到服饰、旅游商品、床上用品、玩偶等商品中，并根据消费群体的喜好，引导手工艺人从盲目分散生产转向规模化、市场化订单式生产，有效提升产品在市场上的竞争力，推动产品在质上实现提升、在量上实现突破。例如，黔西文丽蜡染刺绣有限公司立足本地传统手工技艺，甄选出凤凰、蝴蝶、鱼、龙、小鸟等12类精美技艺，结合市场需求和消费者喜好，制作服装、绣片、挂件等民族特色手工艺品，深受广大消费者喜爱。三是校企合作、协作创新。坚持市场导向，在保留原生态韵味的基础上，鼓励文化企业自主创新，加强与高等院校、科研院所和职业教育培训机构合作，积极将传统文化元素与现代工艺有机结合，引导苗绣企业及民族手工从业人员自主研发或与手工研发设计创意机构联合，推动文化产品多元化融合发展。开发设计出蜡染方巾、马尾绣绣片、银饰、苗家上衣、苗家背带、帽子等系列时尚产品，推出一批具有文化品位、技术含量和市场需求的传统手工艺时尚精品。例如，织金县杨晓珍鸿达苗族蜡染文化公司与北京大学合作，通过建立人才实训基地，不断创新创意设计理念，生产制作蜡染服饰、刺绣手工艺品等文化产品，远销北京、上海、马来西亚、新加坡等国内外市场。

（四）拓展多元培训，提升绣娘技艺水平

通过“走出去”和“请进来”相结合的方式，邀请省级、市级民族民间工艺大师对贫困少数民族群众进行苗绣手工技艺培训，组织绣娘到贵州省

锦绣计划博物馆参观，并赴相关苗绣龙头企业现场研学，不断提升绣娘的技艺水平，着力培养一支集知识、艺术、技能为一体的巾帼巧手。2021 年，通过采取多种培训方式，培育出季节性从事苗绣手工的人员 2 万余人，先后组织外出学习 130 人次。涌现出蔡群、杨晓珍、杨美、杨丽等一批手工先进典型人物，11 名传承人获“贵州十大民间蜡染刺绣工艺大师”称号。

（五）加强企业合作，探索龙头企业带动模式

加强与省外企业对接联系，积极推介毕节市苗绣优势资源和特色产品，成功对接北京依文集团到织金、黔县、大方、威宁等地深入考察调研，以期在苗绣产业、文旅融合、文化产品研发等方面通力合作，探索文旅融合发展合作路径和龙头企业带动模式，充分发挥龙头企业的引领、带动作用。比如，织金县积极与广东龙头企业唯品会合作，利用唯品会电商平台资源，用现代时尚推动非遗品牌发展，不断探索完善“妇联+商会+基地”的指导服务模式、“企业+基地+农户”的市场运作模式、“互联网+手工”的营销模式，形成了集培训、研发、生产、销售为一体的妇女手工产业链。

（六）强化线上线下结合，拓宽多元销售渠道

一是网络电商带货。依托“黔货出山”销售平台、“云上毕节”网络直播和“航空小姐姐”带货平台，充分运用直播带货，快手、抖音、微信朋友圈等新媒体，大力拓展国内外市场。

二是景区景点实体店销售。毕节坚持传承苗绣文化，以民族文化旅游为载体，开发集实用性、便捷性和观赏性于一体的苗绣旅游纪念品。通过举办旅游节庆、民俗活动的方式，推动苗绣产品进景区景点、进酒店、进游客服务中心、进高速路服务区、进交通站点等。比如，2021 年，黔西县新仁乡化屋村通过举办“苗族花坡节”系列活动，吸引游客 10.25 万人次，苗族刺绣服饰订单大幅提升。化屋村现已注册成立苗绣企业 1 家、大型手工作坊 2 家，共有绣娘 50 余人，综合销售收入超过 500 万元，村人均纯收入从 11260 元增加到 13590 元。

三是扩大销售渠道。不断整合销售资源和拓展市场空间，形成“小商品、大产业”“小企业、大集群”销售发展模式，鼓励有条件的苗绣企业将苗绣手工产品纳入各类商品展销会、博览会、民族节日等活动中，有效促进苗绣产品会展销售，增强影响力。2021 年，5 家苗绣企业参加深圳文博会、北京服贸会、贵州省旅游“两会”展示展销，与 45 家文旅企业达成合作意向，签订订单 600 余万元。

二　毕节苗绣产业发展面临的困境

（一）苗绣传承与发展认知有待提高，知识产权保护意识不强

一是传统思维固化。少数民族地区部分群众思想比较保守，发展意识比较淡薄，缺乏经营理念。多数苗族村寨的苗绣手工技艺虽然保存比较完好，但生产出的产品多以苗族服饰、饰品等为主，主要为了顺其自然地传承苗族风俗而实现自给自足，处于“机械的传承”阶段，在对苗绣传承和发展上局限于“自娱自乐”，苗绣经济价值未真正得到发展和体现。

二是产权保护意识不强。调研发现，部分传承人或经营主体对创造性转化出来的产品，或对传统元素改造创新的运用，缺乏基本的知识产权意识。在申请专利、商标注册方面意识淡薄，对申请专利保护是茫然且无助的，不知从“何处着手”，甚至对市场复制化生产、模仿泛滥等问题“无可奈何”，致使苗绣产品同质化越来越严重，既阻碍了创新动力，又直接影响经济收益。

（二）产品研发能力较弱，与市场需求还有差距

一是缺乏设计人才，多数企业或合作社从事低端代工服务。调研发现，各地缺乏研发设计人才的问题突出，企业迫切需要既懂文化又懂设计的设计大师。研发设计是苗绣企业赢得市场的关键环节，尤其是与时尚深度结合的研发设计更是非常重要。但现实是苗绣与服饰、箱包、银饰、手工艺品的融

合比较粗放，融合得比较生硬，颜色搭配和视觉效果与消费者审美有一定差距。主要原因是缺乏设计大师，大多数企业无法承受高昂的设计师服务费，也无法自建设计师队伍，只以同民族就近消费者群体的需求来设计新产品。

二是产品单一化、同质化的现象普遍。由于受传统思维束缚，大部分苗绣作品缺乏创新创意，产品比较原始，加工比较粗糙，成本较低，容易模仿，导致市场上的苗绣产品单一化、同质化严重，尤其苗绣纪念品、苗绣装饰品、苗绣银饰品等产品同质化现象更为普遍。面对市场对苗绣高端产品的需求，往往因缺乏与现代工艺的结合，导致受众面不广。如何把民族的元素与现代、时尚、流行的元素结合起来，推进苗绣产品走向高端化、精致化是一个较大的难题。

三是创意水平不高、创新动力不强。苗绣从业人员一般知识水平较低，仅靠传统记忆生产制作，工艺设计水平不高，创新创意能力较弱。再加上创新成本高，创新产品的价值又难以实现，导致绣娘缺乏创新动力。

（三）市场主体散小弱，产业化发展能力不足

一是缺乏龙头企业带动。毕节市正常经营的52家苗绣市场主体中，没有规上苗绣企业，大部分都是小微企业、合作社。在苗绣传统元素的挖掘、产品研发设计、生产销售等方面，苗绣企业和合作社各自为政的状况比较普遍，相互合作较少，缺乏龙头企业带动。

二是运行管理不规范，经营水平低。苗绣市场主体大多以合作社和个体户为主，其自身条件难以吸引高素质的专业人才，管理者也主要由绣娘兼任，经营管理能力难以跟上新时期市场发展的要求。并且，财务管理制度、人员管理制度和风险保障制度不完善，生产经营管理较松散，尤其是苗绣合作社仍停留在自发运行的状态，组织功能未得到有效发挥，制约了合作社可持续发展。

三是资金缺乏，运作困难。由于资金扶持力度小，而且普遍的苗绣合作社和公司自身资金积累能力非常有限，实力较弱，又缺少有效抵押物，较难从银行获得贷款，很多市场主体难以承担产品研发及市场拓展的费用和成本。且苗绣市场产品价格参差不齐，使得苗绣企业发展举步维艰。

四是产业链条短、品牌意识弱。调研发现，部分具有一定生产能力的企业主要还是以定做的方式生产，销售渠道单一，仅满足周边苗族群众购买需要，且无固定生产周期、数量较少、成本较高、利润较低，很难形成产业链条。从一些发展较好的企业经营情况来看，代工服务收入约占据营业收入的60%以上，有的甚至更高，这也表明绣娘虽技艺高超，但无市场产品话语权。部分企业培育品牌意识不强，同时又缺乏大品牌引领，小品牌一盘散沙，还形成恶性竞争，难以做大做强。

（四）技艺人才断层现象严重，人才支撑体系还不健全

一是从苗绣技艺人员看，一方面，经过专业培训的人才很少，绣娘普遍年龄偏大，都是从孩童起“自然而然”就具备的手艺，但是许多老手艺人已陆续离世，剩下的大部分视力已不是太好，苗绣技艺传承人断层现象严重。另一方面，由于传统的手工艺周期长、利润低，仅靠苗绣手工不能满足苗族群众生产生活的需要，加上从业人员收入不稳定，难以吸引具备一定文化知识的年轻人接受并传承苗绣技艺，很多苗族妇女外出务工。随着时间的推移，相关的苗绣传统技艺被逐渐淡忘，苗绣即将面临后继无人的窘境，急需引起高度重视。

二是从市场主体经营者来看，调研过程中发现市场主体经营者对苗族刺绣文化的元素内涵知之甚少，只有少部分人对苗绣文化传递的信息能进行清晰的表达，普遍缺乏对苗绣文化的自信，部分年轻的经营者更是迫于生计而无奈选择这个产业。市场主体经营者对苗绣文化的内涵认识不足，从而缺乏强劲的支撑力去推动苗绣文化传承、保护和产业化发展。

三　贵州省外相关案例及其启示

（一）案例

1. 苏绣小镇

苏绣作为中国优秀的民族传统手工艺，发源于苏州吴县一带。2006 年 5

月 20 日，苏绣经国务院批准列入第一批国家级非物质文化遗产名录。为促进苏绣产业化发展，江苏省各级政府共同发力，出台一系列相关政策文件，并提出具体实施方案助力苏绣产业健康发展。以苏绣小镇为例，苏州市高新区以省级旅游度假区和 4A 级景区为依托，打造了一个生产、生活、生态相融合（以下简称三生融合）的集创意创业和历史经典于一体的中国苏绣小镇。苏绣小镇位于苏州市高新区西部生态城（镇湖街道），是著名的“苏绣之乡”，建设用地面积为 423 亩，由高新区的一家国有企业负责筹建，并交由苏绣小镇运营公司运营，规划总投资 30 亿元，其中政府投入 10 亿元、融资 20 亿元。在产业要素配套方面，苏绣小镇不同于行政建制镇和产业园区的创新创业平台，着力多元业态布局，推进全产业链发展，集苏绣设计、生产、展示、销售、文旅创作、文化研究、体验互动、学习培训、精品民宿、体验旅游、非遗保护基地为一体，最大限度地汇集人才、资金、技术、信息等各种资源要素，形成汇聚效应，多维度驱动产业升级，实现苏绣文化产业化。在人才保障方面，与国内院校合作，联合开展文化研究和人才培养，截至 2021 年 8 月，苏绣小镇拥有专（兼）职刺绣从业人员 8000 余人，汇聚了 2 位中国工艺美术大师、2 位国家级非遗（苏绣）传承人、3 位首批“大国非遗工匠”、14 位省级工艺美术大师、8 位省级工艺美术名人、94 名高级工艺美术师，组成了一支系统的苏绣传承人队伍。①

苏绣小镇的成效显著。自创建以来，苏绣小镇聚焦苏绣特色产业发展，构建产业载体、吸引人才集聚、激活内生动力，以传承、创新焕发苏绣技艺新活力，“绣”出发展新画卷。创建期小镇荣获一系列荣誉，连续两年被评为省级优秀小镇，2019 年入选“第一轮全国特色小镇典型经验”名单，成为长三角特色小镇产业联盟成员单位，2020 年、2021 年苏绣小镇连续两年入选中国特色小镇 50 强。苏绣小镇围绕苏绣的产业化发展，促进了当地百

① 苏州高新区管委会（虎丘区人民政府）：《苏绣小镇入选 2021 年中国特色小镇 50 强》，苏州市人民政府网，https://www.suzhou.gov.cn/szsrmzf/qxkx/202108/4da0fde6832f4ddb8265d9752292644a.shtml，最后检索时间：2021 年 8 月 31 日。

姓增收、经济快速发展。截至2020年底，苏绣产业实现年销售额10亿余元，[①] 镇湖街道办每户家庭收入的75%以上来自刺绣行业。刺绣经济的发展壮大，还使镇湖从过去的“接包”加工刺绣产品转为“发包”，带动了周围乡镇大批农民的就业。[②]

2. “王的手创”品牌

杭州子卯文化创意有限公司以贵州苗绣元素为主要特色，研发符合现代审美的系列产品，并着力打通销售渠道，打造了“王的手创”品牌。该公司利用自身设计团队优势和在杭州的销售渠道，由设计师设计出现代年轻群体喜闻乐见的产品设计图，发包给贵州黔东南州的生产基地进行生产加工，通过保留传统的手工技艺，同时又将传统文化与时尚元素结合，形成了一系列更容易被当下市场接受的手工艺产品。通过电商平台、新媒体，建立粉丝流量圈，增加粉丝黏性，提高复购率。此外，公司在渠道推广上，充分与颐和园、松下、兰蔻、平安人寿等知名品牌跨界联名，推出新品，使品牌得到更大的宣传。

“王的手创”将贵州非遗文化和时尚结合，获得了中国国家博物馆授权，对其主要代表藏品进行设计和开发。并且与国漫电影《大鱼海棠》联名开发产品，苗绣元素得到广泛推广运用，在国内外产生了一定的影响力。“王的手创”在贵州省黔东南州、黔西南州的台江、凯里、剑河、贞丰等地建立许多手工基地。截至2020年底，已经带动近2000人在家就业增收，持续稳定生产的手艺人突破1200人，曾经参与生产和培训的手艺人近5000人，平均每人每月可增加2000元左右收入，稳定的绣娘年收入在15000~25000元不等。帮助近1000户农户脱贫致富，间接地促使绣娘的手工技艺得以传承。2020年，“王的手创”扶贫模式被列入国务院扶贫办企业扶贫50佳精准案例。

---

① 《最高扶持500万元！苏州高新区发布促进苏绣传承创新发展新举措》，我苏网，http：//www. ourjiangsu. com/a/20210513/1620881672862. shtml，最后检索时间：2021年5月13日。

② 《关于苏绣小镇》，苏州特色小镇官方网络平台，http：//www. js. xinhuanet. com/jsstatics/tsxz/xzcloud/suxiu/v1-xiaozhgk. html，最后检索时间：2021年5月13日。

（二）启示

1.“平台+产业链”是推进苗绣产业化发展的必由之路

苏绣在苏州曾经是散乱状态，绣娘分布在各地，以家庭作坊的形势存在。为了推进苏绣产业化发展，政府部门通过资本主导，以苏绣小镇为主要平台，历经产业集中、产业集聚的演变，现已经形成了较为完整的产业链，以成本优势吸引各地企业集聚，走向集群化发展。反观毕节苗绣，目前还是散小弱状态，缺乏苗绣产业化发展平台，多数市场主体处于各自为政、单打独斗的处境。同时，缺乏平台，相应的苗绣的业态发展较为单一，苗绣产品的成本较高，不管是机绣还是纯手工，与苏绣产业化推进历程相比，苗绣还处于正在探索产业化发展的第一阶段，即怎么推进苗绣产业集中。

2.“研发设计+品牌”是传承与发展苗绣的重要途径

“王的手创”品牌作为一个市场主体，自身最大的优势就是研发设计和创造品牌。与苏绣小镇的产业化发展不一样，它是零散刺绣市场主体中的一个缩影，具有自己的“生存之道”。而针对毕节苗绣产业市场主体自身而言，最难以突破的就是怎么研发设计出符合大众市场需求的苗绣产品，并且怎么打造自己的产品品牌。若没有好的设计、没有品牌，生产出来的产品就难以被广大消费者接纳。必须加强设计师与绣娘的联合培养，将苗绣非遗文化传承和时尚结合，丰富苗绣产品，研发设计出针对不同群体的苗绣产品，促进苗绣传承与创新发展。

3. 拓宽销售渠道是提升苗绣产业市场竞争力的关键

在苏绣小镇，除旅游销售外，每年政府会举办各类文创活动、展会、国际性设计大赛等大型外宣活动，通过各级政府官媒进行宣传推介，帮助企业外推产品，吸引国内外大品牌、经销商前往洽谈合作。因此，在推进毕节苗绣产业高质量发展上，需要整合各级部门外宣渠道、媒体资源，谋划好论坛、赛事等活动，在全国各地搭建营销推广平台，线上搭建电商平台，在条件成熟的园区、基地打造网络直播基地，多措并举为企业市场销售提供支撑，为苗绣发声。

四　推动毕节苗绣产业高质量发展的思路与对策

（一）强化文化传承功能，提高苗绣知识产权保护意识

1. 增强苗绣文化自信，强化文化传承功能

苗绣是苗族人的精神绘图，蕴含着苗族文化、苗族风情、苗族习惯，苗族文化元素具有共性，设计出来的苗绣产品是对当地苗族文化的传承和表达。如果对苗绣的认识只停留在它是一项技艺，那苗绣文化就可能面临被割裂、被遗失的境地。因此，毕节需要进一步加强对苗绣文化的基础研究，这是一个为苗绣传统文化守正的必要前提，守正才能创新，守正才能发扬。也只有让苗绣文化内涵深入人心，树立起文化自信，才能吸引更多人加入传承、保护和发展的队伍中来。

2. 增加苗绣知识产权保护的应对措施

从宏观上，需要强化全员对苗绣保护的意识，形成全社会对苗绣的自觉保护氛围，尤其要通过专门的苗绣宣传和教育来传播苗绣文化和技艺；为应对苗绣商业市场的开拓，要从专利、商标、地理标志、商业秘密这四个方面，系统的对苗绣技艺、图案、创意产品、来源地产品、承载的文化内涵等开展具体的知识产权保护，避免他人广泛滥用，造成巨大的经济损失和文化损失。从微观上，明确苗绣权利主体，探索在苗族中成立民间组织，行使保护苗绣的主体权利，从非物质文化遗产的角度对苗绣申请无期限的知识产权保护，并建立付费制度，确保既得利益者与苗绣创作者共享收益。

（二）着力研发设计和品牌培育，提高苗绣产品市场竞争力

1. 强化融合研发理念，聚焦“三个创新点”

靶向跨界融合是苗绣研发创意理念的切入点，鼓励苗绣企业与高端设计团队合作，共同设计一批与现代市场接轨且深受大众喜爱的苗绣创意产品，

积极将传统文化元素融入现代工艺，提高附加值，推动苗绣产品多业态发展。

一是在工艺创新上，“三位一体”协同发展。加快苗绣文化与科技融合发展，探索机绣、机绣+手绣、手绣“三位一体”的生产方式，构建纯工业化、工业化+手工制作、纯手工产品体系，为苗绣产业化、规模化、品牌化发展奠定基础。

二是在产品创新上，绣娘与设计师“联手”是关键。产品设计是提升苗绣竞争力的核心要素，没有好的设计，生产出来的产品就不会被消费者所接纳，这也是现实中多数苗绣市场主体开展业务仅以代工服务为主的原因。企业迫切需要既懂文化又懂设计的设计大师，通过提炼苗绣文化元素，让顶尖设计团队和本土绣娘、企业联动，推出“苗绣+”跨界融合产品系列，着重开发“苗绣+服饰、银饰、家居、家私、箱包、陶瓷、苗药、特色食品”等特色产品体系。

三是在原材料创新上，传统自给与合作兼顾。对地理标志产品、纯手工产品要利用传承技艺要求的布料和丝线，否则就会失去产品优势。对纯工业化产品，主要与大型纺织企业联合研发质量过硬、价格适中、实用性好的苗绣生产线和布，满足低中高端产品生产需要。

2. 加强公共品牌和个人品牌双培育，增加苗绣产品影响力

一是培育苗绣公共品牌。苗绣品牌培育需要政府主导，按照品牌培育模式，以大型文化产业企业为主体，从市级层面打造一个有公信力、有渠道的公共品牌，通过公共品牌，赋能其他散弱小的子品牌。公共品牌打造，要制定“毕节苗绣”公共品牌实施方案，着力加强苗绣宣传，全方位构建苗绣传播渠道，通过政府层面的大战略、大推介、大传播、大展示、大活动，培育推广品牌。二是推广绣娘个人品牌。以国家级非遗传承人绣娘为突破，一位国家级绣娘就是苗绣的一个品牌，探索突出绣娘个人的独特技艺塑造苗绣品牌模式，从而以个人品牌带动毕节苗绣的品牌效应。通过公共品牌和个人品牌联动发展，形成“1+1 >2”的苗绣品牌培育模式。

（三）聚焦平台建设和延长产业链，全力推进苗绣产业化发展

1. 搭建苗绣产业集中平台

产业发展，平台是基石。建设苗绣产业平台是毕节苗绣产业高质量发展的重要抓手，抢抓东西部协作和定点帮扶机遇，以共建苗绣产业园区为平台，加强苗绣产业项目谋划，引导入驻本地的零散苗绣向苗绣产业园区集中，尤其要瞄准相关行业龙头企业开展招商对接，引进一批优强企业入驻园区并投资苗绣产业。苗绣产业园区平台要整合优质资源，搭建苗绣文化体验、产品研发设计、生产加工、文化研究、原材料研究、品牌市场渠道、营销渠道、传播渠道、苗绣纹案素材等产业平台，为全市苗绣产业发展提供更加便捷的平台和高效聚合的发展空间。

2. 不断延长产业链

一是着力强链补链。以苗绣园区为平台，逐步为毕节苗绣企业提供公共服务和商业服务，降低中小企业经营成本，逐步培育苗绣产业企业集群，不断延伸产业链，做大做强市场主体。构建“市建示范、县市布局”的苗绣产业布局，积极谋划产业项目，以重点项目的实施带动产业链上下游资源集聚发展，强链苗绣纯手工技艺运用范围，补链苗绣原材料制作工艺。整合现有基础较好的产业区域，聚合零散企业和绣娘，推进苗绣优势产业集群发展，加快县区形成错位化、特色化的苗绣产业分工。

二是推进多元合作发展模式。充分发挥蜡染刺绣商会、文化产业发展协会和妇女手工协会“连心桥”、“服务器”和“智囊团”作用，持续推行“公司+合作社+绣娘”“企业+商会+人才+农户”“企业+商会+妇女”“妇联+商会+基地”联合发展模式，通过合作、引进、培育等措施，建立乡村振兴工厂、绣娘工坊、苗绣专业合作社等，培育龙头企业，带动小微苗绣企业发展壮大。

三是大力发展“苗绣技艺培训+旅游”，开展大众研学体验。以“非遗+旅游”为切入口，吸引外国、外省游客体验苗绣研学游，分类开发中小学生体验课程、服装设计专业类大学生课程、一般苗绣爱好者课程套餐，满足不同群体需要，打造苗绣旅游产业链。

（四）实施多元销售渠道，拓展苗绣产业市场

1. 政府主导宣传推广

政府加强宣传力度，加大苗绣在各级媒体的宣传力度，运用短视频、纪录片、影视剧、民族演艺、动漫等传播方式，大力宣传推广苗绣资源，构建多层次、立体式的宣传格局。利用电视、报刊、网络及新媒体平台，加大对苗绣经验做法的典型报道，营造良好的发展氛围。

2. 不断拓宽销售平台

借助深圳文博会、武汉文旅博览会等展会平台，组织苗绣企业和产品参与展示展销，促进苗绣文化对外交流，推动苗绣产品“走出去”。充分利用现代销售途径，积极推动苗绣产品进景区景点、进机场、进高铁、进服务区、进酒店、进超市，积极拓展线下销售渠道。充分运用直播带货，快手、抖音、微信朋友圈等新媒体，大力推介苗绣产品，帮助苗绣企业拓展国内外市场，开拓苗绣产品营销新路子。

（五）强化经营管理和资金支持，激发苗绣产业高质量发展活力

1. 规范经营管理

以中小微苗绣企业、合作社、个体工商户、分散作坊为重点，规范市场运营环境，引导市场主体不断完善经营管理制度。尝试聘请熟悉现代企业发展制度的经理人参与经营管理，逐渐向现代企业发展转变，政府鼓励支持在市场准入、减税退税等方面惠及苗绣企业，激发苗绣产业高质量发展的动力。

2. 强化资金支持

各级各部门要把加快推进苗绣产业发展作为贯彻落实习近平总书记重要指示精神的具体行动，强化组织保障，建立健全工作机制，定期研究解决苗绣产业发展中存在的困难和问题，为苗绣产业发展保驾护航。探索金融资本联合组建苗绣产业基金，发挥财政资金杠杆作用，同时，整合各级各类资金注入苗绣产业，支持苗绣主体发展重大项目。

（六）加强人才培育，筑牢苗绣产业高质量发展支撑体系

1. 分类推进苗绣人才培养

一是播下传承人“种子”。在有条件的苗族聚居地推动苗绣文化进校园，让苗绣文化植根于苗族青少年学生心灵，为苗绣传承发展播下希望的“种子”。

二是开展就业培训，培育新人。由政府主导，设立专门资金，针对无业人员、返乡人员、兼职人员开展“零基础”就业系统培训，并利用激励措施鼓励支持其从事苗绣产业。

三是开展在岗培训，提升创新能力。针对现有绣娘，定期举办绣娘技能大赛，提升绣娘技能水平，促进苗绣手工技艺传承创新发展。

2. 优化人才发展环境

一是优化苗绣创业环境，培育一批市场主体经营者。整合利用各类创业、返乡农民工创业、大学生创业等资金，支持年轻人围绕苗绣产业创业。引导金融机构和各类投资平台加大对创业企业的融资服务，在资金、土地、税收等方面向苗绣产业项目倾斜，带动年轻创业人员探索创新苗绣产业高质量发展。

二是引导培育苗绣高层次人才。推动校企合作，专业技术学校与苗绣市场主体共同创建苗绣产业实训基地，为广大苗绣专业学生搭建实习就业创业平台，支持各级大中专院校建设苗绣相关学科专业，积极为社会输送一批苗绣专业人才。同时，鼓励苗绣企业与高校、科研院所合作建设科研平台，主要突破研发瓶颈，以提高传统技艺与现代元素融合为重点，研发设计新产品，提升苗绣市场竞争力，并将研发设计与经济收益紧密联结，让双方兼具不断开拓创新的动力。

参考文献

邢瑞娟、王文东：《乡村振兴战略下贵州少数民族民间工艺传承与发展的对策》，

《贵州民族研究》2021 年第 3 期。

杨和英：《论现代科技境遇下传统苗绣的出路》，《贵州民族研究》2016 年第 8 期。

李卉、沈茜：《政府—社会组织—贫困对象治理格局下农村贫困治理实践——基于湘西州 H 村苗绣合作社项目的个案分析》，《贵州社会科学》2019 年第 4 期。

孙九霞、张涵：《行动者网络视角下民族传统手工艺合作社的形成与运作》，《山东社会科学》2019 年第 4 期。

刘文良：《“非遗”视域下湘西苗绣传承的创新路径》，《西北民族大学学报》（哲学社会科学版）2020 年第 5 期。

尚会芳、牟孝梅、王娇艳：《贵州苗绣的现状问题及对策研究》，《黔南民族师范学院学报》2018 年第 3 期。

董宝玲：《主位视角下苗族刺绣的文化释义及发展模式研究》，《黑龙江民族丛刊》2014 年第 2 期。

庞兆玲、孙九霞：《从脱嵌到再嵌：民族手工艺遗产的保护发展实践研究》，《广西民族大学学报》（哲学社会科学版）2020 年第 5 期。

人力资源开发篇

Human Resource Development Reports

B.15

毕节人力资源开发新体系构建的应对思路

马 琨*

摘 要： 本报告从区域人力资源开发的概念与理论着手，总结了毕节人力资源开发的现状与成效，剖析了毕节人力资源在政策开发、制度开发、投资开发和使用开发等四个方面存在的主要问题。在此基础上，提出了毕节人力资源开发的破题之要，即以创建人力资源开发示范区为目标，系统构建以人力资源政策开发体系、制度开发体系、投资开发体系、使用开发体系等为一体的人力资源开发新体系，并提出了打造“人力资源综合素质提升”等八大示范工程。

关键词： 人力资本 人力资源开发 毕节

---

* 马琨，南京大学中国哲学博士研究生，研究方向：健康产业、文化旅游和社会政策等。

一　区域人力资源开发概念与理论

（一）区域人力资源开发的概念与内涵

1. 区域人力资源开发的概念

人力资源开发的概念首次由美国伦纳德·纳德勒（Leonard Nadler）提出。伦纳德·纳德勒认为人力资源开发涉及培训、教育和开发等三个领域。美国培训与开发学会（American Society of Training and Development）把人力资源开发定义为，综合利用培训开发、职业生涯开发、组织开发等手段来改进个人、群体和组织的效率。[①] 区域人力资源一般是指一个国家或地区在特定时间内具有劳动能力的人口群体所具有的现实和潜在体力、智力、知识和技能的总和。[②] 区域人力资源开发是指一个地区以所在区域人力资源开发需求为依据，通过配置区域人力资源、规划实施区域教育培训和医疗卫生领域建设等方式，提高区域人力资源数量和质量，支撑和促进区域经济社会可持续发展而作出的全面系统安排。简言之，区域人力资源开发是政府、组织或个人以促进区域发展为目的，对人力资源进行的系统开发。

2. 区域人力资源开发的主要内涵

区域人力资源开发的内涵主要包括以下内容。其一，在区域发展中，人力资源是最重要的要素资源。英国经济学家哈比森（F. H. Harbison）在《国民财富的人力资源》中提出，国家和地区经济社会发展的资源包括人力、物力、财力、信息及时间等要素资源，人力资源在其中占据主导地位。在此，哈比森突出了人力资源的重要性及对其开发的必要性。其二，区域人力资源可以从数量和质量两个维度来度量。从数量上看，是指能够推动区域经济社会发展、具有智力和体力劳动能力的人的总和，即区域内

---

① 潘永明、毕小青、杨强主编《管理学》，上海财经大学出版社，2018，第 236 页。

② 张金锁、康凯编著《区域经济学》（第 2 版），天津大学出版社，2003，第 232 页。

具有劳动能力的人口数量。[①] 从质量上看，指区域经济活动人口所具有的体质、知识和技能水平；其中，人才资源是具有较多科学文化知识、较强劳动技能、在推进区域经济社会发展中起重要作用的人力资源。其三，区域人力资源开发是一项复杂的系统工程。主要是指政府、组织和个人以提高人力资源整体素质和使用效率、满足区域经济发展为目的，对区域内人力资源开展的教育培训、卫生保健、促进流动等一系列活动。[②]

（二）区域人力资源开发的基本理论

区域人力资源开发的基本理论由人力资本理论、新经济增长理论等构成。

1. 人力资本理论

20 世纪 60 年代以后，美国经济学家西奥多 · W. 舒尔茨（Thodore W. Schults）和加里 · S. 贝克尔（Gary S. Becker）提出了现代人力资本理论，认为人力资本是对具有劳动能力或潜在劳动能力的人进行教育、职业培训、健康保障等投资而形成的资本，表现为蕴含在人身上的各种生产知识、劳动与管理技能以及健康素质的存量总和。主要包括，其一，人力资本是促进区域经济增长的主导要素，人力资本的投资收益率远高于财、物等其他形态资本的投资收益率。其二，人力资本包括对人力资源质与量的开发。量的开发就是根据发展需要对人力资源进行恰当的培训、组织和协调；质的开发主要是指对人力资源的知识、技能、身体素质、思想、心理和行为进行有效的开发与管理，从而充分发挥人力资源的主观能动性；其中，质的开发是人力资本的核心。其三，人力资本主要有健康保健、在职培训、正规教育、成人教育以及适应就业形势变化而引起的迁移等五种形式，教育投资是人力资本投资的主要形式。

---

① 李燕萍：《区域人力资源开发程度的测定指标体系构建》，《统计研究》2001 年第 7 期，第 39~42 页。

② 周银珍、鲁耀斌：《区域人力资源管理的系统研究理念》，《经济地理》2008 年第 6 期，第 933~935 页。

2. 新经济增长理论

20 世纪 80 年代中期以来，以美国经济学家保罗·罗默（Paul M. Romer）和罗伯特·卢卡斯（Robert E. Lucas, Jr.）为代表提出了“新经济增长理论”。主要内容包括：其一，把人力资本引入经济增长模型中，认为人力资本与物质资本一样都是影响经济增长的关键因素；其二，指出知识积累和技术进步对于经济增长具有决定性的作用，认为知识和知识的载体——人力资本具有规模收益递增的性质；其三，强调对外开放对于区域经济发展具有促进作用，有利于区域知识、技术和人力资本水平的提高；其四，提出政府政策在经济发展中具有重要的地位和作用。

简言之，在区域经济发展中，人力资本是最重要的发展要素，要重视其量与质的开发，政府政策具有重要的引导作用，可以通过增加健康、培训、教育、促进就业等领域的投资及扩大对外开放来增加区域人力资本。

二　毕节人力资源开发现状与成效

近年来，毕节牢固树立“人力资源是第一资源”的理念，强化顶层设计，凝心聚力推动人力资源开发，取得了良好成效，为建设贯彻新发展理念示范区提供了有力的人力资源支撑。

（一）人力资源开发潜力巨大

第七次全国人口普查数据显示（以下简称“七普”），毕节市常住人口为 689.96 万人，位居贵州省 9 市州之首，人口资源极为丰富，人力资源开发潜力巨大。从区域结构看，全市 8 个县（市、区）具有明显的人口规模优势，其中七星关区和威宁县常住人口均超百万，分别为 130.51 万人、128.01 万人，大方县、织金县、黔西县、纳雍县、赫章县和金沙县常住人口分别为 85.76 万人、81.57 万人、73.20 万人、71.67 万人、64.85 万人和 54.40 万人。从年龄结构看，60 岁及以上人口为 95.48 万人，占全市常住人口的 13.84%，比全省平均水平 15.38%低了 1.84 个百分点，说明毕节老龄化程度较轻，人口结构年轻化；0~14 岁人口为 195.44 万人，占 28.33%，比全省平均水平 23.97%高出 4.36 个百分点，潜在人力资源供给数量较大；15~59 岁人口为 399.05 万人，占 57.84%，劳动力资源丰富，人力资源开发优势显著。

（二）人力资本投入持续增加

近年来，毕节市围绕教育、科技、社保与就业、卫生等重点领域，不断加大人力资本投资。2021 年，全市一般公共预算支出 675.4 亿元，比 2015 年的 409.7 亿元增长了 64.9%；其中，教育支出 169 亿元，比 2015 年的 110.9 亿元增长了 52.4%；科学技术支出 8.7 亿元，比 2015 年的 2.8 亿元增长了 210.7%；社会保障和就业支出 86.6 亿元，比 2015 年的 38.7 亿元增长了 123.8%；卫生健康支出 95.1 亿元，比 2015 年的 59.0 亿元增长了 61.2%。[①]

（三）人力资源质量稳步提升

教育普及水平大幅提升。2021 年，毕节市学前教育三年毛入园（班）率达 91.35%，小学适龄儿童毛入学率达 99.91%，初中阶段教育毛入学率达 114%，九年义务教育巩固率达 95.31%，义务教育阶段失学辍学学生实现常态化动态清零。高中阶段教育毛入学率达 91.96%。受教育程度及大学文化程度人口大幅提高。“七普”数据显示，全市常住人口中，15 岁及以上人口的平均受教育年限为 7.71 年，比第六次全国人口普查（以下简称“六普”）的 6.71 年提高了 1 年；每 10 万人中拥有大学文化程度有 6473 人，比“六普”的 2508 人增长了 158.1%。技能人才素质不断提升。“十三五”期间，全市年均开展各类职业技能培训 11 万人次，其中贫困劳动力培训 8.17 万人次；有 17.80 万余人取得相关职业技能等级认定证书，建成省级专业技术人员继续教育基地 2 个。人均预期寿命提高，2020 年，毕节市人均预期寿命达 74.07 岁，比 2010 年的 70.02 岁提高了 4.05 岁。

① 资料来源于历年《毕节市国民经济和社会发展统计公报》、《毕节市统计年鉴》、《贵州省领导干部手册》和实地调研；以下如未特别标示，均与此同。

（四）人力资源结构持续优化

截至2020年，毕节市人才资源总量达到83.4万人。高端人才不断集聚，全市拥有国家级和省级人才54人，享受国务院、省政府特殊津贴的人才71人，市管专家168人。中端人才规模增长较快，全市卫生人员从2015年的39661人增加至2020年的57991人，增长46.2%，比全省平均水平32.8%高了13.4个百分点；专任教师从2015年的89738人增加至2021年的105737人，增长17.8%；专业技术人才、企业经营管理人才和党政人才总量分别达到20.3万人、7.1万人和2万人。初端人才量质齐升，全市“十三五”期间年均开展各类培训20万人次左右，评选认定生产制造、农业农村、经营管理、保健护理、家政服务等人才1.51万人，形成“毕节工匠”人力资源品牌，技能人才和农村实用人才总量分别为20.6万人和33.4万人。

（五）人力资源开发政策体系雏形初具

强化顶层设计，着力打造人力资源开发的政策“高地”，先后制定出台《毕节市“十四五”人力资源开发规划》、《毕节市“十四五”人才发展专项规划》及教育、卫生、科技等专项发展规划，《毕节市加快推进人力资源开发工作的实施意见》“1+5”系列改革方案和《中共毕节市委关于推动新时代毕节人才工作高质量发展的实施意见》等一系列规划和配套文件，从人力资源开发体制机制和服务载体等多个方面加大支持力度，凝聚发展共识，为系统谋划并高质量推进全市人力资源开发工作打造了良好的政策环境。

三　毕节人力资源开发存在的问题

（一）在政策开发上，还未能形成引才聚才的良好环境

1. 引才聚才的政策环境有待优化

与周边城市相比，毕节的人才政策没有显著的吸引力和竞争力。存在人

才经费投入较低，科研启动条件差，后期服务跟进不足等短板，加之全市高新技术产业、技术密集型产业少，对人才的集聚能力不强，造成高素质、高技能、高学历的人才不多，人才资源约占人力资源总量的12%左右，占劳动年龄人口的15%左右，未能支撑及很好地推动当地经济社会发展。

2. 城市设施与服务承载人才能力弱

在城市建设、环境建设、公共服务等方面，毕节与省会贵阳及其他经济发达地区相比，还不够完善。有些引进的产业人才举家扎根毕节，面临子女教育困难、医疗卫生服务较弱、配偶随行不易、安居保障不足等衍生问题，城市基础设施及公共服务能力亟待改善提升。

（二）在制度开发上，人力资源开发与区域经济发展脱节

1. 引才机制与产业发展不匹配

重点平台载体少，且在打造上“重申请牌子”而“轻发挥功能”，硬件设施与柔性制度配套衔接不好，难以发挥吸引集聚人才的强大效用，特别是高层次科研和经管类人才难以引进。人才引进主要以“点”为主，产业上下游缺乏相互协作，相关部门围绕自身工作的“一亩三分地”各自引才，人才引进缺乏统筹。调研发现，联尚科技、欣扬农业、金沙贡茶、新中一种业、盈利玩具等招商引资进入的企业因人才引进困难，选择将企业研发基地留在原来省份。此外，绝大多数企业不知晓产业人才相关政策出自哪里、如何对接，且缺乏产业人才招聘专业市场，只能从普通招聘会中“大海捞才”，造成企业引才难、招才难。

2. 人力资源结构及培养模式有待优化

全市每万人人才资源数较低，还不能适应建设贯彻新发展理念示范区的需要，机械制造、新能源、城镇规划建设、现代物流管理、农业产业化、金融等重要领域专业技术人才比较匮乏。人才供给模式与产业发展脱节，高等院校和职业院校对重点产业人才的系统性培养明显不足，学科专业的设置难以精准对接产业发展的需求。据卓为环保新材料、远大新型环保建材等企业反映，在毕节高校招聘中无法找到专业匹配度高的人才，亟须构建“政府、

企业、院校、基地人力资源”紧密联动、产学研用一体融合的人才培养和供给体系。

3. 人力资源流动效能有待提高

人才引进未调动人力资源中介、企业等市场主体和用人主体的作用，造成“引”“用”错位。各县（市、区）对新型工业化、新型城镇化、农业现代化和旅游产业化（以下简称“四化”）等重点发展领域的人才整体情况、底数及需求还不清晰，引进的人才对推动“四化”贡献不大。技能人才和农村实用技术人才开发体制和统计机制滞后，同新形势、新任务的要求不相适应。县（市、区）均未建立有规模、规范的人力资源市场，市场配置人力资源的基础性作用没有得到发挥，人才利用率不高。人力资源市场的场地和设施均不健全，信息化服务水平较低，开展服务缺乏统一性和规范性。民营人力资源公司、劳务派遣等机构发展较弱，相应的运作机制还不够健全，没有形成有规模和市场影响力的人力资源服务品牌。

（三）在投资开发上，教育、医疗、社会保障等方面惠及不足

1. 人口受教育程度较低

“七普”数据显示，常住人口中，毕节每10万人口中拥有初中、高中（含中专）、大学（大专及以上）文化程度的人口分别为28244人、7794人和6473人，均居全省各市州末位，分别比全省平均水平低了7.3%、22.1%和40.9%；15岁及以上人口平均受教育年限仅为7.71年，居全省各市州末位，分别比全国和全省平均水平的9.91年和8.75年低了2.20年和1.04年；文盲人口（15岁及以上不识字的人）为70.12万人，文盲率达10.16%，比全省平均水平6.68%高出了3.48个百分点。省级示范性中职学校、省级示范性普通高中数量少且分布不均衡，普通高中“大班额”问题突出，远不能满足全市高中教育发展的需求。本科院校数量少，且无国家级一流专业；教师学科结构性缺编严重，职业院校“双师型”教师较少，高等院校高层次人才引进困难、流失严重。

2. 医疗水平仍然较低

医疗卫生服务存在基础设施薄弱、服务人力不足、疾控能力弱等诸多短板。全市每千人口拥有卫生技术人员数 6.47 人，比全省平均水平 7.50 人低了 1.03 人，在全省各市州中仅高于安顺市、列倒数第二位。地方病和传染病面广量大，防控任务艰巨。全市 8 个县（市、区）除威宁县外，其他 7 个地区处于燃煤污染型地方性氟中毒控制水平；纳雍县结核病发病率为 120/10 万~139/10 万，七星关区和威宁县年报告患者数在 1000 例以上，赫章县、纳雍县、织金县、黔西县、大方县等 5 个县年报告患者数在 600~999 例。医疗水平低、健康保障不足，造成人均预期寿命低。2020 年，毕节市人均预期寿命为 74.07 岁，比全省平均水平低 1.19 岁，在全省 9 市州中居末位。

3. 社会保障惠及不足

社会保障体系不完善，全市社会积极参保缴费的意识不足，尤其小微企业、个体工商户和灵活就业人员参保率低，保障基础薄弱。失业和工伤保险参保覆盖面窄，失业保险促进就业、预防失业的功能有待加强，工伤预防、工伤康复制度体系尚未健全。随着社会的发展，参保群众的需求从社会保障制度的可及性向经办服务的高效、便捷转变，社保经办能力特别是基层服务能力不足的问题愈显突出。社会保障惠及不足，不仅不利于居民个人或者家庭成员学习新技能、尝试新工作业态，而且影响对个人综合素质投资的积极性。

（四）在使用开发上，人才配置、使用等服务均不足

1. 人力资源配置不合理

供给与需求之间存在结构性矛盾。毕节广大基层特别是艰苦行业、农村人才严重匮乏，经济发展所需要的应用型、复合型、技能型人才得不到有效满足，人才培养、社会需求与就业之间还没有形成良性互动。推动应届毕业生面向基层的就业持续政策较少，精准针对大学毕业生创业扶持、返乡创业的政策覆盖面仍很局限，政策支持体系尚未形成。人才职称职数配置不合

理。高、中、初级专业技术岗位往往按照单位人数平均设置结构比例，专业技术人员相对集中、层次较高的单位，不同程度存在高级职称职数不能满足实际需求的现象。

2. 人力资源使用机制不完善

缺乏产业人才分类评价办法。现行职称评定条件与企业用人机制脱节，当前使用的考核评价机制未充分考虑人才对产业发展的贡献程度，多是按照学历、职称和技能等级评价人才，企业对产业人才职称评价标准和方式“看得见、摸不到”。技能水平和职称等级在工资体系中没有充分体现，管理岗位工资高于技术岗位工资的现象制约着产业人才积极性、创造性的发挥。如某国有企业，高级技师工资水平仅相当于企业中层副职，低于事业单位副教授的薪资待遇，某“大国工匠”称号获得者工资水平仅为7000多元/月。产业人才激励方式和范围较为单一，主要是通过政府资金补助方式激励人才，且大多仅针对高层次产业人才，成果转化收益分配、技术入股等新形式和举措应用少。

四　毕节人力资源开发新体系构建的方略思路

（一）毕节人力资源开发新体系的构建思路

以全局视野、系统观念，注重人力资源的“质”与“量”，兼顾系统构建与重点突破的“大”与“小”，统筹长远谋划和近处着手的“远”与“近”，抓重点、破难点、出亮点，坚持发展是第一要务、人才是第一资源、创新是第一动力，全面推动“人力资源开发示范区”建设。坚持问题导向，认真查找全市科技、教育、卫生、社会保障等领域中存在的突出短板和不足，紧紧围绕“补短板、强弱项、强体系、提能力”的思路，推进社会各领域优质均衡发展，提升人力资源质量。围绕目标导向，充分调动毕节区域内政府、组织和个人的积极性，系统构建涵盖知识教育投资、技能培训投资、健康保健投资、社会基础设施投资等人力资本投资活动，贯穿于人力资源形成期、成长期、稳定期和退化期等完整生命周期，建设人力资源政策开发体系、制度开发体系、投资开发体系、使用开发体系等“四位一体”的人力资源开发新体系。[①] 紧盯需求导向，按照“缺少什么开发什么”的原则，聚焦产业、教育、医疗及“四化”发展需求，以人力资源能力建设为核心，以城乡劳动者职业技能提升为重点，优化人力资源数量、结构和质量，推动实施毕节人力资源示范区建设的“八大工程”，统筹推进人力资源开发和人才队伍建设，创新人力资源开发体制机制、优化人才发展环境，以高质量人力资源支撑“示范区”经济社会高质量发展。

（二）毕节人力资源开发新体系的系统设计

1. 创新人力资源开发政策体系

一是加强人力资源产业开发政策集成创新。以重点产业发展需求为导向，推动引才标准的市场化、机制的协同化、政策的配套化，努力在特色产业技能人才、农村实用人才、社会工作人才、民俗文化旅游人才等队伍建设以及多党合作、东西部对口支援合作开发人力资源体制机制等方面，探索形成可示范可复制的毕节模式和经验。二是完善人才基本服务保障政策体系。围绕企业生产经营与人才生产生活、公共服务等，合理规划建设产业集聚区域的公共基础配套设施，提升公共服务效能。完善人才住房保障，创新货币补贴与实物配置相结合的人才安居保障方式。完善人才教育服务政策。在高层次人才子女接受学前教育、义务教育方面，结合本人意愿及当地实际，教育部门统筹安排公办学校就读。完善人才医疗保障政策。优化分层分类的人才医疗保障体系，完善高层次人才和特殊一线人才医疗保健和健康体检制度，提供个性化、针对性的健康指导。三是营造良好的引才聚才环境。破除不利于人才成长、创业的条条框框和束缚人才发展的思想观念、人才发挥作用的制度障碍，建立人才、就业工作考核激励机制。强化部门统筹协调，促

① 张德信、李军鹏、薄贵利：《人力资源开发的基本理论与基本方法》，《国家行政学院学报》2004 年第 3 期，第 61~63 页。

进人才、教育、就业、产业、财税、金融等政策协同。注重区域协调发展，发挥不同地方比较优势，促进人力资源合理流动，加快基本公共服务均等化和城乡一体化步伐。加强政策宣传，抓好新媒体建设和运用，拓宽宣传管道，积极营造有利于人才政策实施的舆论氛围。

2. 创新人力资源开发制度体系

一是健全引才聚才长效机制。建立政企协作引才机制，探索实行招才引智和招商引资"双招双引"融合发展，探索实施市场化引才荐才奖励政策。加强与协会组织的合作，发挥统战部门、工商联、侨联优势，推动成立毕节市人力资源服务行业协会，打造"智汇毕节"引才品牌。健全重点领域、重点产业人才需求预测预警和引才目录定期发布机制。创新柔性引才聚才机制，坚持"不求所有、但求所用"，引进一批重大项目推进、重点技术攻关、主导产业发展所急需的"高精尖"短缺人才。二是构建需求导向的人才培养机制。结合"四化"发展需求，优化高校学科专业布局，构建类别清晰、结构合理、定位准确、特色鲜明的高等教育高质量发展体系，加快培育重点行业、重要领域、战略性新兴产业人才，促进人才链与创新链、产业链和教育培养链相衔接。重视并大力推进农村人力资源培育，持续提高普通劳动力素质技能水平、稳步提高技术技能型劳动力质量。三是构建顺畅有序的人才流动机制。进一步破除妨碍人才顺畅有序流动的体制机制弊端，畅通城乡、区域和不同所有制单位间人才流动管道。打造在线、线下一站式人才服务平台，提高人才服务水平。全面推进人才服务数字化改革，打造集人才政策、人才业务办理于一体的一站式网络人才服务平台。建立重点产业人才跟踪服务机制，保持与人才的紧密联系，指导、帮助用人单位及时解决用才过程中的困难。

3. 创新人力资源投资开发体系

一是建立人才发展优先保障机制。把人才发展支出作为财政支出重点领域予以优先保障，扩大政府引导基金规模，充分发挥各类投资基金作用，为创新创业人才及其所在企业提供全链条金融支持。探索设立人才发展基金，保障重大人才工程项目实施。鼓励支持金融机构创新金融产品，推出"人才贷”“人才投”“人才保”“人才险”等产品。二是加大教育培训投资。设立学前教育发展专项资金，加大学前教育经费投入，支持和保障学前教育持续健康发展。提高各级各类毛入学率，特别是高等教育毛入学率。加大职业培训投入。新建一批职业技能公共实训基地、高技能人才培训基地、技能大师工作室，推进国家级世赛集训基地、省世赛技术推广中心和省级世赛重点赛项提升项目建设。三是加大科技投入。毕节社会 R&D 经费占 GDP 的比重提高到全省平均水平以上。大力推进科普信息化建设、科普基础设施建设和科普人才培育，加快县级科技馆的建设。四是加大卫生与健康投入。积极拓宽资金筹措管道，改善疾控基础条件，强化公共卫生服务体系建设，建成优质区域医疗中心。五是加大社会保障投入。积极促进灵活就业人员、新就业形态劳动者参加相应的社会保险，完善预防、康复、补偿“三位一体”的工伤保险制度体系，加快推动社保经办数字化转型，提升精细化服务水平。

4. 创新人力资源使用开发体系

一是构建人力资源配置机制。深化人才资源供给侧结构性改革，促进市场性流动、引导性流动和计划性流动，建立产业发展、转型升级与人才供求匹配机制，促进城乡之间、区域之间、产业之间人才分布相适宜。二是构建人力资源使用机制。实行“揭榜挂帅”“赛马制”等竞争性人才使用机制，支持帅才型科学家有效整合优势资源集中攻关。构筑“创新创业”特色平台。构建众创空间、孵化器、加速器、产业园相互接续的创业平台支持链条。持续创建创业孵化示范基地，择优推荐参评各级示范基地，发挥示范基地带动引领作用。三是创新人力资源评价机制。以职业属性和岗位要求为基础，根据不同职业、不同岗位、不同层次人才特点和职责分类建立科学合理、各有侧重的人才分类评价体系。深化事业单位人事制度改革，不断完善登记管理制度和岗位设置动态调整机制。落实工程技术领域技能人才评价与工程技术人才职称评价相衔接的政策。建立企业职工职称评审通道，推动企业职工职业资格（技能等级）与职称评审相互认证。四是创新人力资源激励机制。推动企业、高层次人才等工资分配与岗位价值、技能素质、实绩贡献、创新成果等因素挂钩，探索年薪制、协议工资、项目工资、股权激励等多种分配形式。对做出杰出贡献的科技领军人才、创新创业人才、高技能人才等，按照有关规定进行表彰奖励。

（三）毕节人力资源示范区建设的八大重点工程

1. 打造“人力资源综合素质提升”示范工程

实施全民健康工程。把提高卫生健康服务质量作为重点，加快优质医疗卫生资源扩容和区域均衡布局，强化防治结合和医防融合，普及健康生活方式，加强传染病和地方病防控，不断完善卫生健康体系，优化生命全周期、健康全过程服务，努力提高人均健康预期寿命。实施教育提质工程。坚持教育优先发展，以深化供给侧结构性改革为主线，着力优化布局、促进公平、补齐短板、扩大开放，积极构建“优质均衡的基本公共教育服务体系、支撑毕节经济社会发展的现代职业技术教育体系、开放多元的高等教育创新人才培养体系和普惠便利的终身学习体系”等为一体的毕节高质量教育体系。实施科学素质提升工程。以深化科普供给侧改革为重点，围绕青少年、农民、产业工人、领导干部和公务员等重点群体，构建主体多元、手段多样、供给优质、机制有效的全域、全时科学素质建设体系，推动全民科学素质服务高质量发展。

2. 打造“智汇毕节”集聚示范平台

构建人才集聚平台，布局设立“智汇毕节”人才工作站，建立人才工作贵阳联络站和省外人才工作站，发挥驻外机构等的引才作用。探索“人才飞地”引才模式，建立“候鸟”人才工作服务平台，鼓励通过兼职挂职、技术咨询、项目合作、周末教授等方式汇聚人才智力资源。建立“智汇毕节”微信公众号，提升人力资源服务信息化水平。编制急需高端智力支持的需求目录，并定期面向社会发布。建立公共服务共享专家人才库，吸引退休教师、医生、科技人员、文化工作者来毕节提供有偿服务或志愿服务。对接各级各类专家服务项目、挂职锻炼和对口帮扶项目，吸引各类人才到毕节开展咨询服务。支持各方面人才通过“互联网+咨询”方式为毕节提供志愿服务或兼职工作。继续实施“雁归毕节”“万凤还巢”工程，促进毕节籍大学生、青年创业者、企业家和科技工作者返乡创业。

3. 建设“职业教育产教融合”示范城市

深化职业教育体制机制改革。落实院校办学自主权，推进产教融合、校企合作，加强“双师型”职业教育教师队伍建设。创新校企合作办学机制。推广“产业园区+标准厂房+职业教育”办学模式，以支柱产业和优势专业（群）为基础组建区域性职业教育集团，鼓励支持社会力量通过独资、合资、合作等形式举办或参与举办职业院校，支持有条件的教育培训社会组织、人力资源服务机构开发产业技术课程和职业培训包。协同推进产教深度融合。打造一批引领产教融合的标杆行业，培育一批行业领先的产教融合型企业，设立一批高校师生创新服务示范基地，建设一批校企合作实训实习基地，培育一批产教融合集团（联盟）等。

4. 打造“六支人才队伍建设”示范工程

一是打造科技创新人才队伍。完善专业技术人才选拔标准和条件，加快高层次专业技术人才选拔培养体系建设，完善市管专家认定办法和科研评价办法。二是打造专业技术人才队伍。完善专业技术人员继续教育管理办法，分类制定继续教育科目指南和学习成果认定标准，促进继续教育“学习成果”与职称评审、职业资格认定标准相互衔接。三是打造产业人才队伍。加快企业经营管理人才培养，遴选具有战略眼光、市场洞察力的企业家进行储备培养，联合知名高校对民营企业家开展专项培训。实施“四化”创新人才集聚行动，精准引进培育急需紧缺人才，打造高素质产业人才大军。四是打造乡村振兴人才队伍。继续实施“头雁领飞行动”，加快农业生产经营人才，农村二、三产业发展人才和乡村公共服务人才等农村基层人才队伍的建设。五是打造社会事业人才队伍。完善基本公共服务人才培养体系，加强教师、卫生健康和社会工作人才队伍建设，制定社会事业人才培训、轮训计划，开展领军人才选拔培养。六是打造党政人才队伍。健全干部定期交流、轮岗制度，积极推动干部跨地区跨部门制度性交流，高质量开展党政干部集中轮训。

5. 打造“毕节技工”品牌示范工程

以支柱产业或产业集群为依托，面向农民、应届毕业生、企业员工、行政事业单位人员，持续实施就业创业技能培训、职业技能提升培训等专项培训计划。加快高技能人才培养基地、技能训练院、职业技能公共实训基地和技能大师工作室等基地型项目建设，夯实高技能人才队伍培训基础。鼓励支持企业完善职工教育培训体系，开展岗位练兵和职业技能竞赛，在重点企业推行企业新型学徒培训制。扩大高技能人才与专业技术人才职业发展贯通领域和规模，建设“职业技能学分银行”，实现职业资格证书、职业技能等级认定证书和职业技能培训证书等“非学历教育学习成果”的衔接、积累、认定、转换。大力弘扬新时代工匠精神，加强对高技能人才的表彰激励，着力打造毕节技能人才品牌，增强高技能人才的职业荣誉感、自豪感、获得感。

6. 实施“引向基层、引向企业”就业示范工程①

为人才去基层就业提供良好条件。合理增加基层岗位供给，加大政府购买基层教育卫生、农业农村、就业社保等服务力度，更多用于吸纳高校毕业生去基层就业。提高人才去企业就业的积极性。持续优化营商环境，支持小微企业、民营经济发展。市、县级公共人才服务机构应建立集体户，保障毕业生和人才落户需求。各县（市、区）通过配建、购置、租赁等方式集中建设人才公寓，统筹保障人才居住需求。建立多渠道灵活就业机制。加大新职业新岗位开发力度，引导共享经济、直播电子商务、社交营销以及零工经济、地摊经济、夜市经济发展。实施农民工稳就业专项培训计划。组织开展建筑、机械、维修、家政、养老、餐饮、保安、物流等劳务输出人员规范化培训，以及快递员、网约配送员、网络直播销售员、汽车代驾员等新职业技能培训。

7. 实施“人力资源服务业高质量发展”示范工程

依托“乡村振兴人才培训基地”“技能人才培养基地”“万名专家服务

① 马琨、冯文岗：《贵州高校毕业生就业现状及促进对策研究》，《贵州商学院学报》2021 年第 4 期，第 1~10 页。

基层”等载体和高层次创新创业平台，吸引专业性人力资源服务机构落户毕节或在毕节设立分支机构。深化毕节与深圳、广州等地人力资源产业园的合作，通过建立分园和定制服务等模式，构建开放性、多元化的人力资源服务网络。做强毕节人力资源服务集团，加大省级人力资源服务产业园建设力度，搭建专业性、行业性人力资源服务平台，引导人力资源服务业与重点产业集群的对接融合。完善职教园和高教园市政配套，积极推进教育园区与人力资源服务园区融合发展，促进人力资源就地就近转化为现实生产力，形成以教育培训为牵引的特色人力资源服务产业体系。

8. 打造“东西部人力资源协作”示范工程

加强与京津冀、长三角、珠三角等经济发达地区的对接，深化人力资源开发对口帮扶合作集成化、常态化、长效化发展。实施广州、深圳与毕节产业人才资源一体化开发的策略和措施。运用“互联网+”义务教育、职业教育、职业技能培训、继续教育和干部教育培训，实现广州、深圳与毕节教育培训资源共享。建立和完善劳务协作对接机制，推动广州、深圳与毕节在劳务输出人员职业（岗位）目录、职业技能培训标准、技能等级认定证书、人力资源市场供求信息、人力资源服务业规范规程等方面实现“五对接”。深化拓展“广深企业+毕节人才基地”“广深高校+毕节高校”合作模式，建设东西部职业教育协作试验示范区。聚合广州、深圳人力资源市场岗位需求类别，成立毕节劳务输出人员劳务派遣中介服务机构和驻广州、深圳劳务输出人员服务站，提高劳务输出组织化程度。

B.16

毕节职业教育高质量发展的实现路径*

王洪标　孙淑桥　张光华**

摘　要： 本报告采用文献分析法、调查法、访谈法等对毕节职业教育面临的机遇、取得的成绩、存在的短板、解决的路径进行分析。研究表明，毕节职业教育办学条件得到了一定改善，专业建设上了一个台阶，产教融合取得了一定成绩，学生赛事不断获得佳绩，社会服务功能日益凸显。尽管如此，毕节职业教育也面临一些亟须解决的难题，即办学基本条件比较薄弱，师资队伍建设还不够强，产教融合程度还不够深，办学体制机制尚未很好理顺等。基于此，毕节职业教育要做到多方协同改善办学条件，多措并举加强师资队伍建设，多管齐下融入区域经济发展，多维度理顺发展体制机制。

关键词： 职业教育　产教融合　毕节

职业教育与普通教育是两种不同类型的教育，二者在整个国民教育体系中具有同等重要的地位。职业教育能够培养社会所需的多样化人才，能够传承相应的技术与技能，能够促进就业与创业。毕节职业教育为毕节经济社会发展提供了有力的人才和智力支撑，为服务毕节经济社会发展做出重要贡

* 本报告系贵州省社会科学院毕节建设贯彻新发展理念示范区专项研究课题“毕节市职业教育高质量发展研究”的研究成果。

** 王洪标，贵州工程应用技术学院马克思主义学院讲师，研究方向：马克思主义中国化研究；孙淑桥，贵州工程应用技术学院马克思主义学院教授，研究方向：马克思主义基本原理；张光华，贵州省毕节市大方县第六中学一级教师，研究方向：职业教育发展。

献。随着经济结构的调整和产业的不断升级，毕节各行各业对技术技能人才的需求越来越紧迫，职业教育的地位愈发凸显。本报告对毕节职业教育在发展进程中面临的重大机遇、发展现状和高质量发展的实现路径进行调研分析，以期对毕节职业教育的发展具有一定裨益。

一　毕节职业教育高质量发展的重要机遇

毕节职业教育正处于发展的上升期，具备多重发展机遇。国家已经做出高质量发展的部署，各层级已经出台了支持职业教育发展的系列文件，为毕节职业教育发展提供了政策支持。毕节市“一区三高地、五个新毕节”的战略定位，包含了“人力资源开发”重要内容，对毕节的职业教育发展提出了更高要求。

（一）国家做出高质量发展的部署

国家围绕经济、社会、文化等各领域，做出高质量发展的重要部署。《中华人民共和国国民经济和社会发展第十四个五年规划和2035年远景目标纲要》指出，“我国已转向高质量发展阶段，制度优势显著，治理效能提升，经济长期向好，物质基础雄厚，人力资源丰富，市场空间广阔，发展韧性强劲，社会大局稳定，继续发展具有多方面优势和条件”。[①] 高质量发展不仅仅指经济领域，还包括党和国家事业发展的其他各个领域。各行各业需要把准风向标，寻求各自行业高质量发展之道，顺应高质量发展潮流，才能在历史前进潮流中站得住脚。毕节职业教育要按照国家做出高质量的部署，主动求变、及时应变、抓住机遇、优化布局，更加注重内涵式发展，从不同维度实现高质量发展，从而为毕节经济社会发展贡献力量。

① 《十九大以来重要文献选编》（中），中央文献出版社，2021，第789页。

（二）各层级对职业教育的政策支持

党的十八大以来，我国持续推进职业教育改革，从国家层面出台了一系列重要政策，从省级和市级层面出台了一系列有效措施，对毕节职业教育的驱动是强有力的。

从国家层面来说，出台了一系列有利于职业教育发展的宏观政策。2017 年，国务院办公厅印发《关于深化产教融合的若干意见》；2019 年，国务院印发《国家职业教育改革实施方案》，明确提出职业教育与普通教育是同等重要的类型；2020 年，《中共中央关于制定国民经济和社会发展第十四个五年规划和二〇三五年远景目标的建议》明确提出了建设高质量教育体系的重大任务。2020 年，教育部等印发《职业教育提质培优行动计划（2020—2023 年）》明确提出，通过加快体系建设、深化体制机制改革、加强内涵建设，系统解决职业教育吸引力不强、质量不高的问题，整体推进职业教育提质培优。2021 年，中共中央办公厅、国务院办公厅印发《关于推动现代职业教育高质量发展的意见》，明确提出职业教育高质量发展的工作要求。这些政策和文件的出台，为我国职业教育的高质量发展做出了顶层设计，为今后一个时期的职业教育改革发展提供了清晰蓝图和根本遵循。

从省级层面来说，贵州省出台了一系列支持本省职业教育发展的政策措施。2018 年，中共贵州省委、贵州省人民政府印发的《贵州省推进教育现代化建设特色教育强省实施纲要（2018—2027 年）》提出实施职业教育兴黔富民行动计划；2020 年，贵州省教育厅印发的《贵州省职业教育兴黔富民行动计划建设项目实施方案（2020—2022 年）》进一步“把职业教育摆在教育特色强省和兴黔富民的突出位置”；[①] 2020 年，贵州省人民政府印发的《贵州省支持职业教育发展若干措施》明确指出，要“把职业教育摆在贵州教育

① 《贵州省教育厅关于印发〈贵州省职业教育兴黔富民行动计划建设项目实施方案（2020—2022 年）〉的通知》，贵州建设职业学院，http：//www. gzjszy. cn/c856/20200603/i15066. html，最后检索时间：2020 年 6 月 3 日。

改革创新和经济社会发展更加突出的位置”。[①] 2021 年，教育部和贵州省人民政府联合印发了《教育部 贵州省人民政府关于建设技能贵州推动职业教育高质量发展的实施意见》，提出了贵州未来职业教育发展的目标，即“办学体系更加完备、体制机制逐步健全、服务能力明显提高、协作能力显著增强”。[②]

从市级层面来说，毕节市从全市层面对职业教育进行了谋篇布局。2021 年出台的《毕节市国民经济和社会发展第十四个五年规划和 2035 年远景目标纲要》指出，要“树立‘全市一盘棋’理念，以公办为主、民办为辅，突出公益性，统筹全市各类教育资源和财政教育支出，充分挖掘中职、高职和本科教育资源潜力”。[③] 这对毕节职业教育未来的发展进行了具体谋划，为未来毕节的职业教育指明了前进方向。毕节市第三次党代会确定了“一区三高地、五个新毕节”的战略定位，锚定了毕节未来发展的方向。其中“人力资源开发”是“三高地”的重要组成部分。毕节要建设“人力资源开发”的高地，就需要大量的人才作为强有力的支撑。毕节职业院校要抓住毕节经济社会对职业教育人才的大量需求，发挥各自优势，加强提质增效，为毕节各领域输送高素质人才，真正发挥出职业教育的重大作用，为西部地区技能社会的建设贡献“毕节经验”。

二 毕节职业教育的类型和模式

经过多年的发展，毕节职业教育已经形成以金海湖新区职教城为主体，

---

① 《省人民政府关于印发贵州省支持职业教育发展若干措施的通知》，贵州省教育厅，https：//jyt. guizhou. gov. cn/ywgz/zyjy/202011/t20201123_65343954. html，最后检索时间：2020 年 11 月 23 日。

② 《教育部 贵州省人民政府关于建设技能贵州推动职业教育高质量发展的实施意见》，贵州省人民政府，https：//www. guizhou. gov. cn/zwgk/zcfg/szfwj/qff/202112/t20211214_72026401. html，最后检索时间：2021 年 12 月 14 日。

③ 《毕节市国民经济和社会发展第十四个五年规划和 2035 年远景目标纲要》，毕节市人民政府，https：//www. bijie. gov. cn/bm/bjsfzggw/zwgk/ghjh/fzgh/202111/t20211124_74667711. html，最后检索时间：2021 年 11 月 24 日。

以金沙和威宁为“东西两翼”，以其余各县（市、区）为“多个节点”的“一体两翼多节点”布局。

（一）毕节职业教育的类型

根据不同的标准，可将职业教育划分为不同的办学类型。根据举办的主体不同，可将职业教育分为公办和民办。根据办学的层次差异，可将职业教育类型划分为高等职业教育、中等职业教育。据调研，截至 2021 年 12 月底，毕节共有职业院校 20 所，高等职业教育学校 5 所，中等职业教育学校 15 所。其中，公办中职院校 12 所，公办高职院校 4 所。公办中等职业学校在校生为 36609 人（全日制 35841 人、非全日制 768 人），公办高职高专学校在校生为 43616 人（含毕节电大 7051 人）。民办中等职业学校 3 所、民办高等职业学校 1 所（见表 1、表 2）。民办中等职业学校在校生为 100 人、民办高等职业学校在校生为 263 人。①

表 1　毕节高等职业教育学校

序号	学校名称	办学性质	办学地址	备注
1	毕节职业技术学院	公办	贵州省毕节市金海湖新区职教城文曲路	贵州省“双高计划”建设单位
2	毕节医学高等专科学校	公办	贵州省毕节市金海湖新区职教城	
3	毕节幼儿师范高等专科学校	公办	贵州省毕节市金海湖新区职教城	
4	毕节工业职业技术学院	公办	贵州省毕节市金海湖新区职教城	
5	贵州工贸职业学院	民办	贵州省威宁县滨海大道777号	

资料来源：毕节市教育局、毕节各高职院校网站。

① 《2021 年教育事业》，毕节市人民政府，https://www.bijie.gov.cn/bm/bjsjyj/zwgk/jytjnb/202203/t20220317_74671019.html，最后检索时间：2022 年 1 月 19 日。

表 2　毕节中等职业教育学校

序号	学校名称	办学性质	办学地址	备注
1	毕节市财贸学校	公办	毕节市金海湖新区职教城（21 路公交车财校站）	
2	毕节市七星关区中等职业学校	公办	贵州省毕节市七星关区观音桥办事处牌坊村	
3	毕节同心农工中等职业技术学校	公办	贵州省毕节市大方县东关乡	
4	金沙县中等职业学校	公办	贵州省毕节市金沙县经济开发区黄河大道	省级示范性中等职业学校
5	织金县中等职业学校	公办	贵州省毕节市织金县文腾街道西大街交警队对面	
6	纳雍县中等职业学校	公办	贵州省毕节市纳雍县雍熙街道职中路	
7	威宁自治县中等职业学校	公办	贵州省毕节市威宁县威宣路 58 号	省级示范性中等职业学校
8	赫章县中等职业学校	公办	贵州省赫章县平山镇平山国家森林公园内	
9	毕节市体育运动学校	公办	贵州省毕节市金海湖新区职教城	
10	毕节市特殊学校	公办	贵州省毕节市七星关区翠屏路 100 号	
11	毕节彝文双语职业学校	民办	贵州省威宁县海边街道滨海大道旁	
12	黔西市水西中等职业学校	民办	贵州省黔西市临泉镇山海社区	省级示范性中等职业学校
13	织金县精诚中等职业学校	民办	织金县八步街道办事处循环经济新区洪家渡	目前停办
14	贵州省毕节市卫生学校	公办	贵州省毕节市金海湖新区职教城	挂靠毕节医学高等专科学校
15	毕节市农业学校	公办	贵州省毕节市金海湖新区职教城	挂靠毕节职业技术学院

资料来源：毕节市教育局、毕节各中职学校网站。

（二）毕节职业教育的模式

毕节高职院校和中职学校根据自身优势，结合区域实际，努力挖掘自身

办学特色，主要形成了两种不同类型的办学模式。

1. 高职院校办学模式：产教融合发展模式

毕节高职院校的办学模式以产教融合发展模式为主。产教融合发展模式是指高职院校立足自身优势，优化资源配置，深入实施校企合作，促进双方资源互补，共建共享办学资源，不断提升教育教学质量，实现学校和企业共赢的一种办学模式。毕节高职院校积极对接省内外企业，实现产教深度融合。例如，毕节医学高等专科学校按照“1+1+N”产教融合模式（即一个专业与一个学校/医院/企业开展深度合作，建立多个实习基地），积极探索校企合作办学模式改革，不断深化产教融合。截至 2021 年 12 月，已与 100 余家医院、企业开展产教融合、医教协同合作，有效满足 20 个专业实习需求。毕节职业技术学院抢抓东西部协作机遇，加强与广东省特别是广州市和深圳市有关部门、企业、学校和工青妇等组织的对接，深入实施校际合作、校企合作、校政合作，促进双方资源互补、共建共享办学资源，积极探索以人力资源协作开发“资源联用一体化、校企联办订单化、基地联建实用化、权益联保最大化、平台联创公益化”等为主要内容的“五联五化”新模式，走出了一条后发地区职业院校人力资源开发的后发赶超之路。毕节幼儿师范高等专科学校按照合作办学、合作共建、合作育人、合作就业“四合作”模式，积极推进产教融合、校企合作，与其他院校合作开办艺术类专业。

2. 中职学校办学模式：中高职贯通培养模式

毕节中职学校的办学模式以中高职贯通培养模式为主。中高职贯通培养模式是指在中职学校就读的学生在接受完规定的教育后，由学校提供相应平台帮助有需求深造的学生进入高职学习，不断锤炼专业本领，实现更高层次的学习的一种培养模式。例如，近年来，织金县中等职业学校与贵州食品工程职业学院等 4 所高等职业院校联合实行中高职贯通培养，大大提高了升学率。毕节市七星关区中等职业学校以省级优质、示范、骨干专业建设文件精神和评选标准为指导，制订品牌专业建设规划，明确专业方向、专业定位、培养目标以及优质专业努力目标，积极与省内贵州电子商务职业技术学院、毕节职业技术学院等 7 所学校对接合作专业，贯通培养 670

人。黔西市水西中等职业学校已与省内 9 所高职院校合作开展“3+3”中高职融通培养，助力学生升学。

三 毕节职业教育发展成效

毕节职业教育立足毕节、面向贵州、辐射全国，聚焦自身主责主业，主动求变，紧扣区域主导产业和新兴产业，紧盯经济社会发展需要，积极服务乡村振兴战略，在发展的过程中，已经取得了一定的成绩。总体来说，毕节职业教育相比 2020 年得到了提高，又上了一个台阶。

（一）办学条件得到一定改善

毕节职业院校充分用足各种政策，千方百计通过多种渠道筹集相应资金，用于改善自身办学条件，为开展教学提供良好的硬件和软件环境。

1. 高职院校校舍续建工程有序推进

毕节高职院校通过申报地方政府专项债券和争取上级有关部门支持，对校舍、实训基地、教学仪器等项目进行改善，为高质量发展提供基础保障。例如，2021 年，毕节职业技术学院申报了二期校舍续建工程地方政府专项债券，获得了 6500 万元专债资金支持，重启二期校舍续建工程，为学校高质量发展提供强有力的基础保障。① 2021 年，毕节工业职业技术学院通过多方协调，积极争取到地方专项债、省能源局、省教育厅等 1. 3 亿余元资金以恢复启动学院二期工程建设、安全技术培训中心特种作业实操基地建设、校舍建设和维修改造、实训基地建设、教学仪器设备购置、图书资料配置等项目，二期工程实训楼主体完工，学生宿舍已投入使用，师生的教学和生活条件得到很大改善。

2. 中职学校扩容提质满足学生需求

毕节各中职学校通过自筹资金和向上级争取建设资金等方式，及时加强

---

① 资料来源：毕节市教育局内部资料。如果没有特殊说明，本报告所引数据均出自毕节市教育局内部资料。

校舍、专业实训室、学生食堂等扩容提质，办学条件得到一定改善。例如，2021 年，毕节市财贸学校争取到中央、省、市资金和学校自筹资金共 2364 万元，持续改善办学条件，实现了食堂扩容提质，增设粉面窗口、打饭窗口 11 个，增加餐位近 1500 个，满足学生选择性用餐的需求。近年来，毕节市七星关区中等职业学校使用贵州省人社厅支持资金 85 万元采购计算机 200 台用于计算机实训室的建设；使用现代职业教育提升计划中央专项资金共计 786 余万元用于幼儿保育、音乐表演、舞蹈表演、电子商务、数字化校园、心理健康咨询室、录播室等专业实训室、功能室的建设和校大门的建设；自筹资金 35 万元建成普通话测试站。

（二）专业建设上了一个台阶

毕节职业院校根据本校实际，紧密对接贵州、毕节区域产业发展对人才的变化需求，及时优化调整专业设置，积极进行本校专业建设。

1. 高职院校有序推进高水平专业群建设

毕节高职院校深入开展调查研究，以社会需求为导向，及时调整专业设置，优化专业结构，加强专业群建设。例如，2021 年，毕节职业技术学院有序推进省级高水平专业群建设，组建了山地农业、城乡建筑、装备制造、乡村电商、信息技术、旅游酒店、健康服务等 7 大专业群，开设专业 40 余个。2021 年，毕节医学高等专科学校获省级优秀项目 1 个（护理与保健重点专业群），合格项目 4 个（骨干专业医学检验技术专业、精品在线开放课程《基础护理学》、李珍武中医药大师工作室、口腔医学技术专业现代学徒制试点），内涵建设深入推进。

2. 中职学校依据市场需求动态调整专业

毕节中职学校在办好传统专业基础上，根据市场需求情况，通过调整和升级改造部分专业、新增市场所需新专业，不断优化专业结构。例如，2021 年，毕节市财贸学校运用互联网、5G 等新技术升级改造会计等传统专业；围绕乡村振兴，重点打造电子商务等专业；引非遗文化进校园，重点打造工艺美术等专业。2021 年度新增电梯制作与设备维修等 4 个专业，停办了学前教育专业，通过调整和升级改造，重点打造财经商贸、信息技术和旅游三个专业群共15个专业，形成“突出主业、结构合理、紧扣产业、错位发展”的专业体系。2021年，黔西市水西中等职业学校根据市场及教育需求，按程序获批增设音乐表演、美发与形象设计、城市轨道交通运营服务、航空服务、老年人服务与管理五个专业。

（三）产教融合取得一定成绩

毕节职业院校充分发挥各自专业优势，服务地方经济发展，及时与契合度高的企业积极对接，实现了校企合作、产教融合。

1. 高职院校抢抓东西部协作机遇推进产教融合

毕节各高职院校紧扣地方产业发展脉搏，不断提升教育教学质量，抢抓东西部协作历史机遇，积极与广东优质企业合作，产教融合取得了一定成绩。例如，2021年，毕节职业技术学院夯实与广东优质企业合作内容，与广州港集团、广汽集团等18家优强企业举办了41个订单班，在毕节全面实施“广东技工”“粤菜师傅”“南粤家政”等三大工程。2021年，毕节工业职业技术学院引入贵州拓海生活服务（集团）有限公司、贵州优米云科技有限公司投资合作共建二级学院“拓海学院”和“跨境电商学院”，着力培养符合市场需求的高质量物业管理人才和跨境电商人才，实现“学生”与“工人”角色的“无缝对接”，推动职业教育专业、地方产业、学生就业“三业联动”。

2. 中职学校依托省内外企业推进产教融合

毕节中职学校充分与本土企业开展深度合作，与省外企业开展密切合作，共建实训基地，共同推进专业建设发展，建立稳定的校企合作关系，实现校企互利共赢。如，2021年，毕节市财贸学校先后与毕节洪山大酒店、贵州原色青茫科技有限公司等4家本土企业，重庆立飞特机电工程有限公司等5家外地企业签订校企合作协议，在服装制作与生产管理等专业开展合作共建。2021年，黔西市水西中等职业学校建立了稳定的校企合作关系，企业把先进的生产工艺和生产线引入校园，实现了“工学交替、顶岗实习、校企互动、互利共赢”的运行机制，有12家企业与学校建立合作关系。

（四）学生赛事不断获得佳绩

毕节职业院校在强化学生专业理论的基础上，以技能大赛为抓手，积极组织师生参加省市职业技能大赛，强化专业实践能力提升，在各类赛事中取得良好成绩。

1. 高职院校以实践育人为导向组织学生参赛并取得不错成绩

毕节高职院校以实践育人为导向，积极组织师生参加各种赛事，取得了不错成绩。例如，毕节职业技术学院师生在2021年省级技能大赛中参赛53项，获奖31项。在第七届互联网+创新创业大赛中，荣获8个省级铜奖。2021年，毕节医学高等专科学校以实践育人作为导向，积极组织师生参加各种赛事。一年来，学生获省级、国家级奖项共84人次。2021年，毕节工业职业技术学院在强化学生专业理论的基础上，积极组织师生参加省市职业技能大赛，强化专业实践能力提升，在贵州省第一届职业技能大赛毕节市选拔赛暨毕节市第一届职业技能大赛中，师生取得5项一等奖、1项二等奖、2项三等奖、8项优秀奖。

2. 中职学校以技能成才为抓手组织学生参赛并取得良好成绩

毕节中职学校积极组织师生参加各级各类技能竞赛，积极营造“技能成才”的良好学习氛围。例如，2021年，黔西市水西中等职业学校参加毕节市地级技能大赛暨2022年全省职业技能大赛选拔赛，全校师生共参加了19个比赛项目，有14个赛项获奖，其中二等奖5项、三等奖9项。2017~2021年，威宁自治县中等职业学校师生共获由教育主管部门举办的国赛三等奖1人次，省级技能大赛一等奖10人次、二等奖1人次、三等奖53人次，市级技能大赛一等奖23人次、二等奖75人次、三等奖128人次，县级技能大赛一等奖212人次、二等奖247人次、三等奖326人次。

（五）社会服务工作日益凸显

毕节职业院校在抓好校内培养人才的主责主业过程中，积极承担社会责任，做好各类培训、各类职业资格的认定、脱贫攻坚与乡村振兴有效衔接等工作。

1. 高职院校发挥智力优势做好社会服务工作

毕节高职院校积极发挥智力优势，及时应对社会培训新形势，做精做优社会服务培训，全面提升技能培训、技能鉴定能力和质量效益。同时，根据脱贫攻坚与乡村振兴有效衔接工作需要，及时选派干部参与相关工作，奋力书写职业教育助力乡村振兴的新篇章。例如，2021 年，毕节职业技术学院开展近 60 余次专项职业能力认定和职业技能等级认定工作，共认定 4500 余人次。承接护士资格证、教师资格证等考试工作，服务考生 13000 余人。2021 年，毕节医学高等专科学校持续打造“威宁羊街 · 健康乡镇”试点项目，对羊街镇医务人员开展能力提升培训 7 场，共培训 173 人次，开展健康教育培训 2050 人次，发放健康读本 1000 余份。提供社会培训和技能鉴定服务 1800 人次，不断发挥职业教育社会服务功能。

2. 中职学校发挥专业优势承担社会服务工作

毕节中职学校充分发挥自身专业优势，积极承办各类培训，发挥智力支持作用。同时，及时开展好对口帮扶工作。例如，毕节市财贸学校充分发挥在毕节市的财经师资优势和培训基地作用，2021 共完成各类培训 2066 人次，完成劳动能力鉴定 4664 人次，在地方社会经济发展中充分发挥着智力支持、服务产业的重要作用。2017 ~ 2020 年，织金县中等职业学校选派了 4 名优秀党员教师到织金县白泥镇、后寨乡、茶店乡三个乡镇的三个村进行对口扶贫，参与基层党组织建设和脱贫攻坚工作，提供帮扶资金 30 余万元。2020 ~ 2021 年，学校对驻村干部调整轮换，选派 2 名优秀党员教师到织金县白泥镇对口帮扶，做好巩固脱贫攻坚成果衔接、乡村振兴工作。

四　毕节职业教育发展面临短板

毕节职业教育发展虽取得一定成绩，但与高质量的发展要求还有很大的差距，还有许多需要补齐的短板，主要表现在以下几个方面。

（一）办学基本条件薄弱

办学需要投入大量的资金作为后勤保障。毕节职业院校的办学基本条件比较薄弱。一是从学校数量上来说，职业学校数量不能满足人口大市发展需要。毕节作为人口大市，需要接受教育的人口众多。毕节市 15 岁及以上文盲人口总量大、文盲率高及受教育程度低，使毕节市人均受教育年限偏低。因此，需要充分发挥职业教育作用，加快提升人均受教育年限，推动建设人力资源开发高地。二是从硬件和软件的建设来说，投入的力度不能很好满足现实需求。毕节职教城二期工程进展缓慢，制约了毕节职业教育的发展和人力资源开发。有的学校教学实训设备老化，不能满足学生的教学实训需求；有的学校教学科研仪器比较陈旧，影响师生开展教学实验；有的学校生均占地、生均校舍面积偏低，不能很好适应教学需要。三是从资金的支持力度来说，有的项目专项经费到账难，导致一些教育项目建设进展缓慢。四是从发展的程度来说，区域之间发展不平衡。织金、纳雍、威宁等中职学校容纳量与人口大市、大县的生源优势不相匹配。

（二）师资队伍建设不强

教师是开展教学最核心的力量。毕节职业院校普遍存在教师队伍建设力量比较薄弱，引进高层次人才难的困境。数量上现有教师编制缺口大。教育部《普通高等学校基本办学条件指标（试行）》（教发〔2004〕2 号）要求，高职高专生师比应为 18∶1 以下。但毕节各职业院校教师缺口普遍较大。如毕节幼儿师范高等专科学校在校生约 7000 人，需专任教师 380 人，尚缺约 210 人。质量上师资力量水平与办学治校水平有差距。部分高职院校高级职称教师数量较少，存在“副教授现象”。[①] 同时，由于部分高职院校是近年在中职学校基础上创建的，办学时间较短，办学经验积累不够，师资水平与高等职业教育需求不相匹配。三是从教师学历构成来说，拥有硕

---

① 即很多老师评到副教授以后，或是不想再往上晋升，或是很难再往上晋升。

士、博士学位的高层次人才偏少，对学校学科发展带动不强。由于各种原因，学校引进高层次人才难，留住人才更难。

（三）产教融合程度不深

毕节职业院校在办学治校中，虽然在产教融合和校企合作工作取得一定的成绩，但与企业融合程度不够，有待进一步深化。一是从与企业的合作数量来看，校企融合数量有待增加。有的职业院校与企业联合办学的规模较小、数量不多。二是从融合的层次上来看，职业院校与企业融合质量不高。有学校虽然融合数量较多，但融合水平较低，未与企业进行深度合作。三是从融合的地域来看，未充分考虑区域内企业。毕节职教城与毕节高新区比邻，但与高新区企业合作数量不多，校企合作双元育人内涵尚需深入。

（四）办学体制机制未理顺

在毕节职业院校推进学校建设过程中，有的学校存在体制机制未理顺情况。一是从激励机制来看，未形成有效的分配机制。在毕节职业院校分配上，有的学校没有形成多劳多得、少劳少得的良好局面，没有很好激发广大教职工干事创业的积极性。有的职业院校未充分考虑既上课又上行政班的老师待遇。二是从自主办学机制层面来看，自主办学机制不顺畅。有的职业院校未很好落实教育部等五部门《关于深化高等教育领域简政放权放管结合优化服务改革的若干意见》（教政法〔2017〕7 号）提出的关于编制及岗位管理、进人用人、职称评审、薪酬分配等自主管理体制机制。三是从学校层面来看，现代化办学治理能力弱。有的学校自主办学机制未有效建立，不能很好适应现代职业教育的发展步伐，不利于学校长期发展。四是从专业设置来看，有的学校专业设置不够合理。有的学校专业设置与学校办学定位不够吻合，和地方产业需求不相适应，专业基础不扎实，特色不鲜明，各校优势特色专业不突出，错位发展、协调发展、共同发展的格局尚未形成。

五　毕节职业教育高质量发展的实现路径

毕节职业教育要做到高质量发展，最基本的是要做到办学条件好、师资队伍优、服务地方经济能力强、体制机制顺。因此，毕节职业教育需要认真对国家、省、市关于发展职业教育的部署进行梳理，结合毕节区域实际，从办学条件、师资队伍、服务地方、体制机制四个方面发力。

（一）多方协同改善办学条件

毕节职业教育办学条件的发展，要从多个维度着手推动。具体说来，可从以下几个方面进行推进。

一要用足上位政策红利，争取资金支持。要对上级对职业教育发展的部署进行认真梳理研究，争取资金支持。无论是高职院校还是中职学校的发展，都离不开大量资金的支持。毕节高职院校要充分用好上位政策红利，争取地方政府专项债资金支持，全面提升规范化、标准化、信息化、特色化发展水平，不断补短板、强基础。毕节中职学校要用好支持中职学校发展的政策红利，争取上级有关部门加大对职业教育的投入，为学校发展提供强有力资金支持。二要主动作为，加强硬件建设。本级政府要加大资金投入，加大校舍、实训室等基础设施建设力度，争取生均拨款政策落地实施，加大校园环境文化建设，为学校改革发展提供基础保障。毕节高职院校要加强学校的硬件建设，优化提升办学层次结构，稳定办学规模，积极举办本科职业教育，适度扩大技工教育。毕节中职学校要扩大职业教育规模，补齐职业教育体系的“短板”，让职业教育不再受制于基础条件的限制。三要紧跟时代，加强软件建设。毕节高职院校和中职学校都要在加强硬件建设基础上，加快数字校园建设，推动“新一代信息技术+职业教育”、人工智能、5G 等技术在教育教学、科学研究、人才培养、文化传承和社会服务等方面的全流程应用；强化管理信息系统数据共享和信息融通，消除信息孤岛，提升综合治理水平，规范信息化教学，实现学院管理服务科学化、精细化、个性化和便捷化。

（二）多措并举加强师资队伍建设

毕节职业教育的发展，离不开一支数量充足、结构合理、师德高尚、理念先进、业务精湛、专兼结合的高水平教师队伍。要打造一支高水平的教师队伍，需要多措并举。一要增加师资力量供给。从全市层面来说，要继续实施好“人才强市”引才计划，统计好职业教育类紧缺人才的缺口，加大引才力度、扩大引才数量、提高引才层次，继续做好引才的保障工作。毕节高职院校和中职学校都要与市人社局主动对接，将人才缺口及时反馈人社部门。毕节高职院校和中职学校在引才的学历结构上要做到有所侧重。高职院校在引进硕士同时，要重点引进博士。中职学校要以引进硕士为主、本科毕业生为辅，充实学校师资力量。同时，毕节高职院校和中职学校都要主动“走出去”，到有需求专业的高校去宣讲引才的相关政策，吸引优秀人才到校工作。二要完善师资队伍结构。毕节高职院校和中职学校要着力构建以双师素质为导向，推进教师队伍向结构化、团队化转型，更好适应学校的发展。毕节高职院校要完善教师生源结构、学历结构、职称结构，打造一支应用和研究相结合的师资队伍。毕节中职学校也需重视教师的来源学校构成、学历结构构成、职称结构分布，打造一支以应用为主的师资队伍。三要完善激励教师机制。毕节高职院校和中职学校都要出台并完善教师提升学历的激励政策，鼓励更多教师提升学历；要创造更多的培训机会，加大对教师的培训力度，加快知识更新，提高教师本领；要深入开展“青蓝工程”，以“专家引领、同伴互助、教学反思”为重点开展工作，整体提升校内教师水平；要完善收入分配制度，为广大教师解决生活的后顾之忧，使其可以全身心投入教书育人工作、心无旁骛从事科研工作，助推学校发展。

（三）多管齐下融入区域经济发展

毕节职业院校要以服务毕节示范区建设为核心，深入推进专业对接产业发展，不断提升社会服务能力。一要找准融入的切口。毕节高职院校和中职学校都要组织专门工作队开展调查研究，与毕节相关企业主动对接，了解企业需求，结合自身学校专业优势，更精准地做好人才培养工作。在与本区域企业做好对接同时，也要走出去，与高新技术企业对接，建立合作伙伴关系，提升学校人才培养质量。毕节高职院校和中职学校要根据本校开设专业情况，主动对接企业，找到融入的契合点。二要探寻融入的方式。找到融入的切口后，要充分考虑通过怎样的方式融进去。毕节高职院校和中职学校要主动与现代农业园、产业园区对接，深入推广“产业园区+企业+人才教育”培养模式，大力推行“引企入校”“引校进企”“前店后校”“校企合一、人员同训、设备共享”等合作模式，使校企合作从现有的专业、师资、基地项目共建型向全面合作型转变，进一步拓宽学生创业就业渠道。毕节高职院校和中职学校要根据本校实际探索适合自身发展的产教融合方式。三要提升融入的深度。毕节高职院校和中职学校都要瞄准地方经济发展需要，积极寻求国内一流企业深入开展校企合作，建立完善校企合作管理制度，建设“深度融合、多方面合作、关系稳定”的高水平产教融合实训基地，充分发挥其辐射引领作用；要与合作企业共同开展人才培养方案制定、课程设置、教材开发和师资培养，建立灵活开放的课程设置、工学交替、弹性学制等人才培养新模式，实现二者深度融入。毕节高职院校和中职学校要充分挖掘自身融合潜力，在融入的广度和深度上下功夫。

（四）多个维度理顺发展体制机制

毕节职业院校的发展，需要从多个维度理顺其发展的体制机制，为其顺利发展保驾护航。一要探索公办职业院校与市场主体联合办学的体制机制。毕节高职院校和中职学校都要扩宽办学思路，利用固定资产或无形资产，按有关程序与企业共同举办混合所有制二级办学机构，实现公办职业院校与市场主体联合办学的体制机制创新。在联合办学这一领域，毕节高职院校要走在前列，做示范、当表率。毕节中职学校要向做得好的毕节高职院校学习，紧跟其步伐，形成学校与市场主体联合办学的良好机制。二要用好东西部协作发展机制。毕节高职院校和中职学校都要抢抓东西部协作的历史机遇，尤其是广州对口帮扶毕节的“东风”，深化与广东和粤港澳大湾区的校企合作，与广州、深圳等发达地区联合共建职业技术学院和科研院所，大力推进政校合作、校企合作、校校合作，引入社会力量参与办学，深入实施产教融合，深化与东部优质职业院校建立结对共建关系。通过建立结对关系，实现毕节各职业院校在专业建设、师资培训、产教融合等方面的提质换挡。三要建立专业设置的动态调整机制。毕节高职院校和中职学校都要紧密对接贵州、毕节区域产业发展对人才的变化需求，加强专业体系建设，及时优化调整专业设置，打造省级高水平专业群、特色骨干专业群、新兴产业专业群，更好服务区域产业发展。毕节高职院校要以服务社会需求为导向，确保专业建设符合职业教育适应性，进一步推动学校专业建设与新型城镇化、乡村振兴等重要战略部署相契合，充分把学校的学科专业建设更好地融入地方经济社会发展，提炼办学特色和优势，不断增强竞争能力。毕节中职学校要对接区域支柱产业，在对区域特色行业分析调研的基础上，确定主干专业，直接服务区域经济的发展。

六　结语

通过不懈努力，毕节职业教育初步建成以高等职业教育为主干、中等职业教育为基础的技术技能人才培养体系，形成了以金海湖新区职教城为主体，以金沙和威宁为“东西两翼”，以其余各县（市、区）为“多个节点”的“一体两翼多节点”办学格局，已经取得了一定的成绩。但要实现毕节职业教育的高质量发展，还有很长的路要走。毕节要多措并举，强化“全市一盘棋”思想，打造黔滇川渝区域性职业教育中心。毕节各职业院校要围绕“四新”服务“四化”和“一区三高地、五个新毕节”的战略部署，紧扣区域主导产业和新兴产业，激发内生动力，搞好自身建设，理顺体制机制，一心一意谋发展，真正实现内涵式发展。“他山之石，可以攻玉。”毕节各职业院校要充分向外借力，充分用好各种有利于职业教育发展的政策，特别是新国发 2 号文件、《推动毕节高质量发展规划》，争取各级领导的支持，将职业教育办实办好。要充分用好东西部扶贫协作机制，乘着东部帮扶

西部的“东风”，丰富与广东优质企业合作内容，推进职业院校开展订单、定岗、定向培养，实施校企合作、产教融合，积极探索中高职贯通培养途径，构建职业教育“立交桥”，推动职业教育实现高质量发展。

参考文献

《中共中央关于制定国民经济和社会发展第十四个五年规划和二〇三五年远景目标的建议》，人民出版社，2020。

《国务院办公厅〈关于深化产教融合的若干意见〉》，中华人民共和国教育部，http：//www. moe. gov. cn/jyb_ xxgk/moe_ 1777/moe_ 1778/201712/t20171219_ 321953. html，最后检索时间：2017 年 12 月 19 日。

《教育部关于深入学习贯彻〈国家职业教育改革实施方案〉的通知》，中华人民共和国教育部，http：//www. moe. gov. cn/srcsite/A07/zcs_ zhgg/201905/t20190517_ 382357. html，最后检索时间：2019 年 5 月 17 日。

《教育部等九部门关于印发〈职业教育提质培优行动计划（2020—2023 年）〉的通知》，中华人民共和国教育部，http：//www. moe. gov. cn/srcsite/A07/zcs_ zhgg/202009/t20200929_ 492299. html，最后检索时间：2020 年 9 月 29 日。

《中共中央办公厅 国务院办公厅印发〈关于推动现代职业教育高质量发展的意见〉》，中华人民共和国教育部，http：//www. moe. gov. cn/jyb_ xxgk/moe_ 1777/moe_ 1778/202110/t20211012_ 571737. html，最后检索时间：2021 年 10 月 12 日。

《贵州省推进教育现代化建设特色教育强省实施纲要（2018—2027 年）》，贵州省教育厅，https：//jyt. guizhou. gov. cn/xwzx/tzgg/201812/t20181215_ 16573822. html，最后检索时间：2018 年 12 月 15 日。

《贵州省国民经济和社会发展第十四个五年规划和 2035 年远景目标纲要》，贵州省人民政府，http：//www. guizhou. gov. cn/zwgk/zdlygk/jjgzlfz/ghjh/zxgh_ 5870292/202102/t20210224_ 66840750. html，最后检索时间：2021 年 2 月 24 日。

《毕节市教育发展“十四五”规划》，毕节市人民政府，https：//www. bijie. gov. cn/zwgk/zdlyxxgk/ghjh/gmjjyshfzgh/202201/t20220105_ 74890758. html，最后检索时间：2022 年 1 月 5 日。

中共毕节市委党史研究室、毕节地方志编纂委员会办公室编《毕节年鉴 2021》，方志出版社，2021。

毕节市统计局、国家统计局毕节调查队编《毕节统计年鉴 2021》，中国统计出版社，2022。

B.17
毕节技能人才队伍建设现状、问题及对策

魏 鸿 李玉香*

摘 要： 技能人才队伍建设是人力资源开发的重要内容，是实施创新驱动发展战略的关键所在。毕节市正处于发展大好的机遇窗口期、优势最足的战略机遇期，毕节集政治、资源、人口三大优势于一体，要打造人力资源开发的样板区，技能人才是其中的一个重要方面。本报告基于毕节技能人才队伍建设的现状，找到当前毕节技能人才队伍建设的短板并进行因素分析，最后提出相关的对策，为毕节市人力资源开发相关决策提供可参考的依据。

关键词： 技能人才 人力资源开发 毕节

一 研究缘起：动因及概念

实施创新驱动发展战略是党在发展的关键时期做出的重大抉择，创新驱动的实质是人才驱动。技能人才是助推经济发展的重要力量，要适应经济发展新常态和引领发展新未来，需要大量高素质且具有卓越技能的人才。技能人才既掌握了高超技能和先进技术工艺，又能够解决各种关键

* 魏鸿，中共毕节市委党校公共管理教研部主任、教授，研究方向：领导科学；李玉香，中共毕节市委党校公共管理教研部讲师，研究方向：人力资源管理。

的、高端的生产技术难题。所以，技能人才队伍建设关系着毕节打造西部地区重要的人力资源开发培育基地的基础。

“技能人才”这个概念在现实中被高频使用，从已有文献来看，研究者通常将技能人才的概念等同于技能型工匠、技术工人、技能型人才、知识技能型人才、复合型技能型人才及高端技能型专业人才等具体的人才。与普通人才相比，技能人才主要指掌握了一定专业知识及操作技能的熟练工人群体，更加强调技能人才的实际操作能力。

本报告聚焦毕节市技能人才队伍建设的短板，分析其制约因素，提出毕节市技能人才队伍建设的对策，为毕节市人才队伍建设提供决策参考，为毕节市贯彻高质量发展注入强大活力。

二　毕节技能人才队伍建设现状

（一）技能人才存量渐增

进入新时代以来，毕节市技能人才队伍建设取得重大进展，技能人才队伍不断壮大。截至 2021 年底，毕节市内持职业资格证（职业技能等级证）技能劳动人员为 22.51 万名，全市获得汽车驾驶证的技能人员为 148.2 万人，持特种作业操作证技能人员为 2.6 万人，持技能培训合格证技能人员为 41.6 万人。如从掌握一定职业技能且持相关技能证书人员来看，全市技能型劳动者应为 214.91 万人（见图 1）。

（二）技能人才培养总体向好

近年来，毕节市技能人才培训主要是职业院校针对学生开展长期技能培养、政府组织劳动者开展免费职业技能培训、企业组织职工开展职工岗位技能提升培训和“师带徒”培训等多元模式。通过学校培养、社会机构培训、企业内部培养等方式提供技能人才。

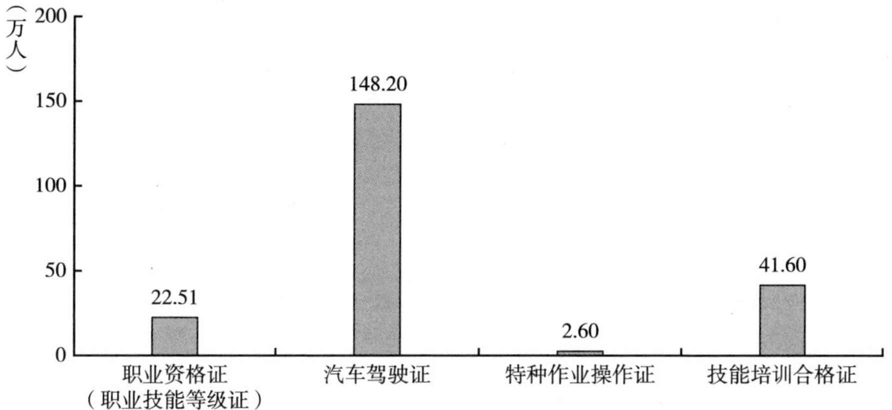

图 1　2021 年毕节市技能人才数量分布

资料来源：毕节市人力资源和社会保障局。

1. 职业院校技能人才培养逐渐成规模

毕节市现有职业院校 20 所，其中中等职业院校 15 所、高等职业院校 5 所，高职院校占比 25%、中职学校占比 75%，在校生规模为 8.05 万人。各职业院校针对学生大力开展职业技能培养培训，年均毕业生规模为 2 万人，其中高职院校毕业生 0.9 万人。中职学校毕业生中 90%升入高职院校继续就读；2017~2021 年，高职院校毕业生中年均取得“双证书”（即取得毕业证书和职业资格证书或职业技能等级证书）人数为 0.15 万人，占毕业生人数的 16.67%。

2. 政府组织开展免费职业技能培训种类较多

近年来，毕节市先后开展了农村青壮年相关技能培训、贫困劳动力技能培训、农民全员培训、职业技能提升行动等项目，主要针对贫困家庭子女、城镇登记失业人员、城乡初高中毕业未升学毕业生、高校毕业生、农村转移劳动力等五类人群开展就业技能培训。2011~2020 年，全市共开展各类职业技能培训 59.25 万人次（见图 2）。

3. 社会职业培训机构发展渐趋均衡

2021 年，全市市县两级审批成立的职业培训机构共有 84 家，市本级有

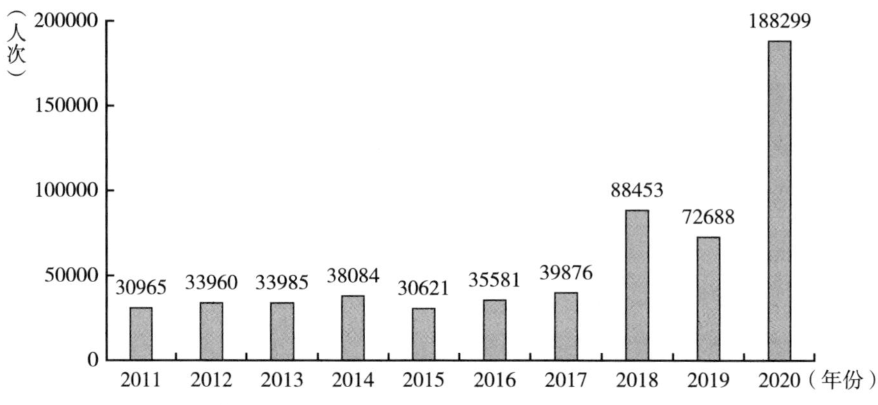

图 2　2011~2020 年毕节市职业培训情况

资料来源：毕节市人力资源和社会保障局。

51 家，各县区较少，引进参与毕节市职业技能培训的市外优质培训机构有 23 家，发展渐趋均衡（见图 3）。

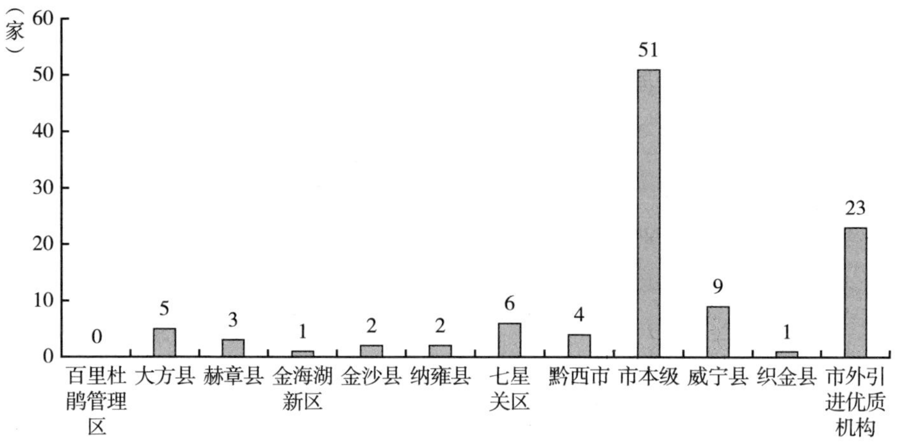

图 3　2021 年毕节市民办职业培训机构数量分布

资料来源：毕节市人力资源和社会保障局。

4. 技能人才培养平台建设进一步提升

2011 年国家启动高技能人才培养计划以来，毕节市积极培育并大力争取创建了一批高技能人才培训基地和技能大师工作室，其中国家级高技能人才培训基地2个、省级高技能人才培训基地1个、市级高技能人才培训基地7个，国家级技能大师工作室2个、省级技能大师工作室5个、市级技能大师工作室10个。全市高技能人才培养平台年均培养高技能人才1000人次。创建各类产业培训基地29个，省级家庭服务培训基地4个，南粤家政培训基地2个，围绕产业开展培训的能力得到进一步提升。

5. 企业组织职工开展培训有所提升

企业是技能人才培养的主要阵地，企业抓好技能人才职业培训制度建设，开展职业技能竞赛，提高技术工人待遇等，对技能人才队伍建设十分关键。毕节市部分企业比较注重企业职工技能培养，累计开展企业职工技能培训3.6万人次。

（三）技能人才品牌建设力度越来越大

技能人才的品牌建设是毕节市打造人力资源高地建设的一个重要方面，毕节市近年来建设的力度越来越大。

一是打造“毕节工匠”技能品牌。大力弘扬劳模精神和工匠精神，采取技能人才申报、行业协会或企业推荐、专家评审、行业主管部门认定或以赛代评的方式，分系列评选一批政治品德好、技能水平高、企业认可度高、社会影响好的技能人才作为“毕节工匠”。不断提高“毕节工匠”经济待遇和社会待遇，引领全市劳动者积极提高技能水平，铺设技能成才之路，大力营造精益求精的敬业风气和劳动光荣的良好风尚。

二是大力实施“制造能手”“种养能人”“经营人才”“贴心天使”“家庭管家”“自强先锋”六大品牌培养工程，着力壮大初端人才队伍。加快发展适应发展需求、产教深度融合、中职高职衔接、职业教育与普通教育相互联通、贯通终身教育理念的现代职业教育（技工教育）。大力培育新型职业农民，着力培养“会经营、懂管理、有技术”的乡村振兴所需人才。大力推进职业技能提升行动计划，鼓励和支持职业院校、民办培训机构、具备条件的各类企业充分发挥资源优势广泛开展职业技能培训。积极开展各类职业技能竞赛。畅通技能人才与专业技术人才职业发展通道，支持相应等级技能人才按规定申报专业技术职称。加快技能人才培养基础服务能力建设，支持各类优质培训机构大力发展职业技能培训，在扩大办学规模、补充实训设施设备等所需经费方面给予一定补助。深入贯彻落实国家职业资格制度改革，全面推进职业技能等级认定，加快各类技能人才培养和认定。

三　毕节技能人才队伍建设面临问题

（一）技能人才存量增量不足、待遇不高

虽然到2021年末毕节市技能型劳动者为214.91万人，但持有职业技能等级证的技能人才只有22.51万人，仅占10.47%。且技能人才中主要劳动年龄人口受过高等教育比例偏低，仅占9.2%。服务各行业的高技能人才严重匮乏。据2020年底摸底统计，全市留在本地服务的高级工及以上的高技能人才仅4871人，本地培养流向市外的达60%以上。

技能人才的发展也不够好，毕节市2019年当年新增职业技能鉴定取证人数与部分地州市都有较大的差距，在全省排倒数第三。当年新增高技能人才284人，远低于贵阳市和黔东南州，当年新增技师0人，当年新增高级技师0人，这与毕节市968万人口是不协调的（见表1）。

表1　2019年贵州省各市州职业技能鉴定表

单位：万人，人

市（州）名称	当年新增职业技能鉴定取证人数	当年新增高技能人才	当年新增技师	当年新增高级技师
全省	13.60	22214	959	302
贵阳市	0.96	2079	131	51
遵义市	1.34	229	6	2
毕节市	0.67	284	0	0
六盘水市	0.36	0	0	0

续表

市(州)名称	当年新增职业技能鉴定取证人数	当年新增高技能人才	当年新增技师	当年新增高级技师
安顺市	0.25	555	0	0
铜仁市	0.86	620	0	0
黔东南州	1.73	1263	32	11
黔西南州	1.10	0	51	0
黔南州	1.36	249	194	44

资料来源：贵州省宏观经济数据库。

注：本表缺贵安新区数据。

通过对毕节 8 个县（市、区）随机选择 20 家企业进行调研，了解毕节市企业职工中技能劳动者现状及薪酬待遇情况。综合调研企业反馈情况，在企业职工中，获得相关证书的技能劳动者占比在 8%以下，技能劳动者中，薪酬待遇在 5000 元以上的不足 10%。由于全市大部分企业用工较粗放，多数属于劳动密集型企业，企业职工流动性较大，技能劳动者薪酬待遇偏低，企业自主规范化组织开展职工技能培训意愿较低，对企业职工技能提升激励效果有限。

（二）职业教育相对滞后

一是技工人才培养总量小。毕节市有职业院校 20 所，技工学校 3 所，均为“双挂牌”技工学校，即普通技工学校与中职、高职学校一套班子，两块牌子，技工学校学生单独注册学籍，无独立技工学校，与发达地区相比，差距甚大。全市 3 所普通技工学校仅有在校生 2000 余人，2017～2021 年，年均毕业生数为 661 人，其中取得“双证书”（即毕业证书和职业资格证书、职业技能等级证书）人数为 284 人，占毕业生人数的 42.97%。

二是校企深度合作不够。近年来，国家、省、市均出台政策鼓励职业院校开展校企深度合作，共同开展技能人才培养。毕节市政府和社会对校企合作高度重视，部分职业院校已设立了试点，效果较好。例如，毕节职业技术学院与广州市相关企业合作开展了“广州港班”“广汽班”“雪松班”等订单培养，培养出的技能人才得到企业的高度认可。但其他大部分职业院校开展的一些校企合作，并没有达到理想效果。

三是培训与社会需求不对接。在毕节市现有的职业院校中，大部分职业院校由于教师总量不足、工作任务繁重、教师管理激励机制不够健全等原因，缺乏社会服务意识，缺乏联系企业的主动性，缺乏为社会和企业服务的理念。一方面，这不利于职业技术学校的发展，无法提高自身的教育水平。对毕业证书含金量的怀疑，导致招生困难，长远来说影响学校的发展；另一方面，给毕节市技能人才的培养带来了滞后效应，存在一个发展的悖论，一边是社会对技能人才的需求很大，而另一边是一些职业学校毕业生找不到工作。不对称的供求关系将无法提高毕业生的就业率，这可能会带来一些不稳定因素。

四是民办职业培训机构办学质量参差不齐，影响培养效果。由于职业院校参与社会技能人才培养培训的积极性不高，更多依赖民办职业培训机构，而民办职业培训机构设施设备、师资队伍、管理水平等均不高，技能人才培养目标难以实现。

（三）职业技能培训同质化问题较突出

近年来，毕节市职业技能培训内容针对性不强，同质化问题比较突出。大部分短期技能培训主要以农村种养殖业和家政护理等行业工种为主，生产制造类技能培训普遍较少，未真正围绕乡村振兴产业发展、围绕“四化”、围绕贯彻新发展理念示范区所需要的技能人才展开培训。如社会需求较大的紧缺工种中焊工职业技能培训，2020 年度仅培训 2 个班次 120 人；围绕“旅游产业化”的技能培训基本未实施。劳动者参加培训内容与就业岗位匹配度较低。

（四）技能人才评价落实不够

2017 年以前，在技能人才培养评价方面，国家执行统一的职业资格制度，通过发放职业资格证书认证技能人才的技能水平。从 2017 年国家开展职业资格制度改革起至 2020 年末的 4 年间，处于职业资格制度取消而职业技能等级认定制度未建立的过渡时期。毕节市 90%以上的职业工种均采取发放培训合格证的方式开展职业技能培训。但这 4 年间毕节市培训的 4.3 万名家政服务员、养老护理员均未取得职业资格证书（职业技能等级证书），无法进行技能人才认定。部分职业培训机构教育质量不高、考核技术水平普遍较低，缺乏系统的培训质量评估，对实际应用没有很大的帮助。目前全市技能评价体系由初级工、中级工、高级工、技师和高级技师五个等级构成，但其评价结果与工资薪酬关联度不大，技能水平评价落实不够、效果不佳。

四 毕节技能人才队伍建设不足的原因

（一）社会认知存在偏差，薪酬待遇偏低

由于毕节市地处西部欠发达地区，市场经济发展滞后，社会官本位思想浓厚。一些家长认为，只有当他们的子女进入公共机构，甚至成为公务员时，他们才算有一份稳定的工作，其他的工作是暂时的、没有未来的。社会对技能型人才有一种固化的刻板印象，认为在技校或职业院校就读的学生是那些学习成绩较差、无法进入本科院校学习的学生。人力资源和社会保障部对中国技能型人才职业选择的调查显示，52.7%的人认为技能型人才的社会地位低、不受尊重，67.7%的人不愿意把孩子送到技术学校学习。在社会舆论的影响下，大多数人愿意进入体制内从事相关的行政工作，而不愿学习就业技能，走技能成才之路。正是社会对技术人才认识的偏差和就业观念的扭曲，进一步加剧了毕节市技术人才短缺的问题。

薪酬待遇偏低影响劳动者参训积极性。受当地经济发展水平影响，技能劳动者的作用没有得到充分体现，薪酬待遇没有得到有效提高，大部分劳动者看不到提高技能水平带来的优势。同时，受就业观念的影响，大部分青年

劳动者不愿从事“脏、累”的技能工作，从相关职业院校、技工院校等毕业的技能型学生大多数选择到房地产、网络营销等行业就业。技能劳动者处于“不受待见”的尴尬境地。

（二）制度机制不顺，资金保障不畅

一是激励机制不够健全。近年来，国家出台了一系列提高技术工人待遇的相关文件，鼓励用人单位提高技术工人的薪酬待遇和社会地位。但到落实环节，企业从自身利益出发，并未真正将技能技术要素纳入企业职工薪酬分配体系，多数技术工人以计件或“苦力型”劳动获取报酬。绝大部分企业未建立内部技能人才激励机制，政府层面无监督执行的政策手段，离落实国家提高技术工人待遇的政策措施还有一定差距。有的企业存在“重学历、轻技能”的现象，在招聘新人时注重学历，对技能要求无相应表述。企业用人机制对技能人才培养和使用产生不利影响，从而会引导年轻人更多地选择普通高等教育，导致职业技术教育和技能培训缺乏吸引力。同样，高学历人才的晋升机会优于高技能人才，让很多没有学历保障的技能人才看不到职业发展前景。

二是考核机制不够顺畅。当前，从省级自上而下均采取下达目标任务的方式对职业技能培训进行考核。各级围绕考核指挥棒开展职业技能培训，大部分县（市、区）仅为了完成目标任务抓职业技能培训，参加职业培训的大多数劳动者属于基层政府无奈之下的“劝培训”“被动培训”，没有真正实现按劳动者需求培训，没有按照技能人才的培养目标开展培训，技能人才培养的数量和质量达不到效果。

三是投入机制不够完善。技能人才工作缺少相应投入机制，毕节市近年来投入了大量的资金开展职业技能培训，但是与国内发达地区相比差距较大。如 2019~2021 年，毕节市投入各类职业技能培训资金约 3 亿元，而浙江省宁波市投入的职业技能培训资金中职业技能提升行动专项资金就达 11 亿元，广州市、深圳市等经济发达地区投入的资金更多。毕节市用于开展职业技能培训的资金以中央转移资金为主，地方各级财政基本无配套资金。资金的投入不足，严重影响职业培训的质量，进一步影响技能人才队伍的壮大。

四是企业对技能人才培养的资金保障力度不够。企业应严格遵照法律和相关规定，落实把工资总额的1.5%~2.5%作为职工教育培训经费，用于提高企业职工技能水平和再教育工作，并将提取的企业职工教育经费纳入免税范围。大部分企业虽享受了免税政策但未实质性将提取的职业教育经费用于企业职工的技能提升培训，导致企业职工技能提升经费保障不足。

（三）人才重视不够，缺乏激励措施

各行业拥有技能劳动者的比例不均衡，部分行业对技能劳动者需求较大，但企业对技能人才培养重视程度不同。总体来看，对技能人才培养重视的企业，职工中技能人才占比较高，如黔希煤化工企业职工中技能人才占比达45%以上。但部分劳动密集型企业对自主培养技能型职工的积极性不高。如七星关区华耀服装厂对熟练的技术工人需求较大，员工计件领取报酬，企业对员工是否取得相应技能等级证书不关心。黔西市高山煤矿对劳动者技能需求较高，建立了员工技能水平与薪酬待遇挂钩机制，鼓励员工提高技能水平，但企业没有自主组织职工开展技能培训。

五　加强毕节技能人才队伍建设的对策建议

针对当前毕节市在技能人才队伍建设中存在的问题，在分析其影响因素的基础上找到如下路径。

（一）改善认知，营造良好的技能人才发展环境

1.加大政策宣传力度

要营造整个社会都尊重技能人才的良好氛围，一方面让民众充分感受到技能人才在社会发展中的重要作用，形成全社会尊重劳动、尊重技能人才的风气，真正诠释“三百六十行，行行出状元”；另一方面让更多人了解技能

人才的相关政策，用好用足政策，可以通过各种渠道积极宣传有关技能人才的相关政策，从而全面提高技能人才的积极性。通过强化宣传引导，鼓励国有企业带头建立健全企业职工技能技术参与薪酬分配机制，畅通技能劳动者发展通道，引导企业建立健全企业职工技能培训制度、激励机制，引导广大企业职工及技能劳动者走技能成才、技能报国之路。

2. 着力开展就业公共服务

落实好政策制定、公共服务、市场监督、机构管理等服务。改变考核模式，更加注重技能人才培养质量考核。政府部门强化对接洽谈、牵线搭桥、资源供给等公共服务，为技能人才培养落实资金保障。实现由“数字考核”向“质量考核”转变，健全“技能人才培养规模+培养培训资金保障+公共服务质量”相结合的立体化考核模式，逐步营造技能人才培养的良好氛围。

3. 进一步培育工匠精神

在技能人才培养培训中，要进一步强化工匠精神、劳模精神、劳动精神的培育。在职业院校、企业、民办职业培训机构开展的技能培训和技能人才培养时，应将党的方针政策、意识形态教育、职业素养、职业道德、工匠精神、劳动教育等纳入培训内容和课程设置，进一步提升技能人才综合素质，着力培养中国特色社会主义发展所需要的技能人才。建立健全激励培训机制，制定出台支持技能人才队伍建设的政策性措施，从培训、竞赛评价、交流、激励等各环节入手培育“毕节工匠”，把一线技能人才列为劳模和“五一劳动奖”章的重点推荐人选。激励技能人才增强创新意识，鼓励一线职工参与创新实践，激发创新活力，推广创新成果转化为生产力，以精益求精的工匠精神引导职工立足岗位“敬业、勤业、精业”。通过加强舆论宣传引导，营造人人渴望成才的良好氛围。

（二）理顺机制，完善技能人才队伍建设体系

1. 建立健全职业技能培训规划体系

大力深入实施职业技能提升行动和重点群体职业培训专项计划，广泛开展新业态新模式相关从业人员技能培训，切实提高培训质量。制定出台新时

代加强技能人才建设的政策措施，着力完善技能人才培养、使用、评价、激励机制，不断增强技能人才发展动力和创新创造活力。以企业自主培训和市场化培训为主要供给，以政府补贴培训为有益补充，以普通高校、职业院校、职业技能培训机构、公共实训基地为主要载体，以岗位技能提升培训、就业技能培训和创业培训为主要形式，构建布局合理、结构优化、资源充足、载体多样的培训组织体系，继续大规模开展职业技能培训。探索“互联网+”“智慧+”培训新业态，推动培训方式改革创新。不断完善线上线下职业技能培训模式，给劳动者更多职业技能培训机会和方式选择，逐步完善“长期职业教育+短期职业技能培训+线上线下灵活培训”体系，让广大劳动者结合实际选择职业技能培训方式。

2. 建立健全职业技能评价体系

一方面要深入推进职业技能等级认定制度，健全“职业资格证+职业技能等级证+专项能力证+特种作业操作证+企业规范考核认证”等相互补充的技能水平认证考核体系，不断完善技能评价考核体系，多维度认证劳动者职业技能水平，强化技能人才培养培训质量考核评价。深化职业资格制度改革，积极推行职业技能等级认定制度。对首次取得职业资格证书的技能人才，按规定给予一定的职业技能鉴定补贴。各级政府要给予经费支持，深入各种开展技能人才培训基地及分级分类的技能大师工作室项目建设，大力推行现代学徒制和新型企业学徒制，鼓励行业及企业对技能人才培训基地和技能大师工作室给予一定的经费支持。进一步打通人才使用政策壁垒，畅通技能人才与专业技术人才职称评审、待遇享受等方面的互通渠道。另一方面要加强职业技能认定工作。鼓励支持掌握高技能及复合技能并有突出贡献的技能人才按程序破格申报职业技能资格，积极畅通高级技能人才和工程类专业技术人才评审通道。对拥有本市户籍或在本市工作2年及以上，新取得国家三级及以上职业资格证书或技能等级证书的非财政供养人员，按规定根据三级、二级、一级分别给予3000元、6000元、9000元的标准给予一次性补助。积极调动企业的积极性并充分发挥企业在培养实用型高技能人才中的重要作用。

3. 建立健全岗位技能培训体系

充分发挥企业培训的主体作用，推动企业建立和完善员工技能培训机制，支持各类企业广泛开展各种岗位技能培训，强化高技能人才培训、行业紧缺人才培训、安全技能提升培训、转岗就业培训、职业素质培训和数字化技能普及培训，突出订单式项目培训，使培训的针对性更强也更实用。充分发挥行业协会、龙头企业、培训机构的作用，引导和帮助中小微企业开展员工培训。企业可与员工协商调整工作时间和培训时间，依法保障员工在培训期间的工资和福利。同时要深化高危行业安全技能提升行动培训，常态化按规定开展危险化学品、矿山等高危行业企业从业人员和各类特种作业人员安全技能培训。

4. 建立健全人才服务跟踪体系

创新技能人才的培养模式及方法，积极完善相关政策规定，鼓励大型企业及支柱产业等有条件的企业建立高技能人才的培养基地。比如，可采取校企联合、“师带徒”等方式开展技能人才培养，建立定期培训及相关技能考核评价制度，形成常态化、规范化的职工技能成长机制。要推动提高技术工人待遇落实，依照高层次人才引进待遇，落实技师及以上高技能人才住房、子女入学、职称评审等优先优惠政策，建立健全高技能人才跟踪服务机制，让高技能人才安心服务本地经济发展。同时，激励广大劳动者走技能成才之路。

（三）搭建平台，完善技能人才培养方式

1. 建立职业院校和企业为主、社会职业培训机构积极参与的技能人才培养模式

明确并督促职业院校落实相关的社会服务职能，强化技能实训，提高人才的实战技能，实现培养合格技能人才和促进就业的目标。鼓励企业加大职工技能提升培养力度，采取“企业新型学徒”培养方式，以师带徒，精准指导、精心培养、落实好导师带徒津贴和学徒薪酬待遇，提高“师带徒”积极性。强化政企联动、互动，政府应给予培训资金补贴，加快企业所需技

能人才培养。充分发动民办职业培训机构等市场力量，强化监督管理和考核评价，逐步提高技能人才培养的数量和质量。

2. 继续推进高技能人才振兴行动

把做优技能大师工作室建设和高技能人才实训基地作为重点工作来抓，以培养高级技师为重点、提高职业素质和技能水平为核心，加大财政投入，培养和造就一大批技艺精湛、技能高超、创新能力强的“大国工匠”。以培养高技能人才为重点，鼓励企业与高职院校建设一批重点行业急需的高技能人才实训基地、技能大师工作室、技能技术人才工作站、实训基地等，并按规定给予奖补。还要进一步强化围绕“四化”抓培训，因地制宜，有针对性的围绕新型工业化、新型城镇化、农业现代化、旅游产业化抓职业技能培训，着力培养一批促进“四化”发展所需的技能人才。着力培育好“制造能手”“家庭管家”“种养能人”等一大批产业所需的技能人才队伍。

3. 加强民办职业培训平台建设

应按照“积极鼓励、大力支持、正确引导、依法管理”的方针，优化民办职业培训发展环境，鼓励民办职业培训机构健康发展。建立招生、培养、实训、就业等全过程的技能人才校企合作培养制度，设立校企合作奖励项目，支持职业院校面向企业聘用兼职教师，鼓励企业接收职业院校学生实习和教师入企实践，结合实际需求推行“订单式培训”“委托式培训”，增强职业院校（技工院校）办学的针对性和实用性。

（四）协同推进，分门别类有针对性的加强技能培训

1. 加大特色办学力度

一方面要加快发展高级技工教育，创办技能特色鲜明的高级技工学校，规划每个县（市、区）建设一所公办技工院校，强化技能人才培养；把推动职业院校教学改革作为重点，完善教学方法，突出专业技能训练，融会贯通技能新知识、新工艺等内容，自觉让学历教育转变为能力教育。另一方面要有针对性的强化各类技能培训。加强重点群体的就业技能培训。实施以青

年为主的专项技能培训计划，为其提供职业技能培训，重点提高其就业和创业能力，使其适应毕节市的高质量发展。拟定实施青年学徒培训方案，通过企业和学校双师学徒制以及工作和学习交流，培养适合企业发展和岗位需要的高技能人才。对城乡未继续升学的高初中毕业生分批分次有针对性的实施劳动准备培训，大力开展年轻人创业和就业的技能提升培训。

2. 加强退役军人技能培训

可根据退役军人的实际情况和就业意愿，加强思想政治指导，引导合理的就业预期，可开展相关的适应性培训，以及开展职业技能培训。有条件的地方政府可对接共享优质教育培训资源，实现退役军人跨省培训。同时还可以依托高校、职业院校、社会培训机构、创业孵化基地等现有资源，建设退役军人就业创业园，发挥示范作用。

3. 开展适应农村农业发展的职业技能培训

积极开展为本地农民工、返乡农民工和脱贫农民工提供的职业技能培训和安全培训，鼓励他们就近就业创业，为了提高他们适应新时代的发展能力，还要大力开展新职业、新业态技能培训。同时要重视对准备外出务工的青年农民工进行职业指导和技能培训，依托职业院校和职业技能培训机构为他们提供有针对性的培训服务，促进他们职业技能的提升。另外，还要积极推进乡村发展中亟须的本地农业和农村技能人才的培训，尤其是在乡村振兴背景下培养适应产业发展的高技能农村专业人才和农村工匠，加强高素质农民实用新型技术和技能培训，以提高农业和农村产业发展能力和新型农业经营主体经营管理能力，开展各类现代农业技术、农业管理和其他涉农技术培训。

参考文献

李广义、弓秀云：《中国技能人才发展状况研究》，中国经济出版社，2019。

何莉：《河南省高技能人才培养模式研究》，《教育与职业》2017 年第 8 期。

李淑玲、陈功：《将“工匠精神”融入技能人才培养》，《人民论坛》2019 年第 30 期。

人力资源社会保障部、教育部、发展改革委、财政部《关于印发“十四五”职业技能培训规划的通知》（人社部发〔2021〕102 号）。

苏江：《东莞制造业企业高技能人才队伍建设现状及对策研究》，《教育与职业》2021 年第 7 期。

B.18
新冠肺炎疫情背景下毕节农民高质量创业就业的对策

谢　军*

摘　要： 新冠肺炎疫情以来，破解农民创业就业高质量发展难题，已成为推动乡村全面振兴、实现共同富裕的前提和基础。农民创业就业扶持政策不完善、职业技能培训机制不健全、就业质量不高、创业能力不足等问题是亟待解决之难题。基于此，本报告以毕节为研究对象，在实际调研基础上，采取实证研究方法，从强化扶持政策落实、优化政务服务、完善职业技能培训、鼓励创业创新等四个维度提出农民创业就业高质量发展的对策建议。

关键词： 农民创业　农民就业　毕节

就业是指在法定年龄内的劳动者所从事的为获取报酬进行的务工劳动；创业是指创业者及创业搭档利用已有资源或通过努力能够拥有的资源进行优化整合，从而创造更大经济或社会价值的过程。根据杰夫里·提蒙斯（Jeflry A. Timmons）在《创业创造》一文的定义："创业是一种思考、品行素质，杰出才干的行为方式，需要在方法上全盘考虑并拥有和谐的领导能力"。

农民创业就业分为外出农民创业就业和留守农民创业就业。外出农民创业就业是指户籍在农村，在户籍乡镇地域外主要从事非农业劳动和依靠工资收入的群体；留守农民创业就业是指在户籍所在乡镇地域内从事农业产业的

* 谢军，贵州省社会科学院农村发展研究所助理研究员，研究方向：农村经济。

群体，包括返乡农民。

新冠肺炎疫情出现以来，毕节紧扣乡村振兴主题，紧紧围绕“初端人才倍增”“职业技能培训提质”“技能品牌培育”等目标定位，采取强化组织领导、深化帮扶对接联络、优化政务服务、完善职业技术培训体系等措施，农民创业就业取得了明显成效，但也存在就业质量不高、扶持政策不完善、创业创新能力较弱等问题。基于此，本报告从提升农民素质、完善扶持政策、强化职业技能培训、健全部门联动机制等四个维度，深入分析毕节农民创业就业情况，并比较分析毕节 10 个县（市、区）农民创业就业现状，有助于推动毕节农民创业就业高质量发展，全面提升农民安全感、幸福感、获得感，更加体现以人为本的社会主义发展价值理念。

一　新冠肺炎疫情形势下毕节外出农民创业就业现状及面临困难

毕节市是国家级贯彻新发展理念示范区，亦是贵州省常住人口和户籍人口最多的地级市之一。截至 2021 年底，全市常住人口为 689.96 万人，户籍人口 937.76 万人，其中乡村人口（以下简称农民）399.33 万人，农民人口数分别占常住人口、户籍人口的 57.9%、42.6%。农民人口按照其工作性质可分为外出农民和留守农民。①

（一）新冠肺炎疫情形势下毕节外出农民创业就业现状

1. 外出农民就业人数较多

截至 2021 年底，毕节总计有外出农民就业人口 251.02 万人，② 其中省外外出农民就业人口总计 184.8 万人，省内外出农民就业人口 66.22 万人，

① 外出农民指户籍仍在农村，在户籍乡镇地域外主要从事非农业劳动和依靠工资收入的群体；留守农民指在户籍所在乡镇地域内从事农业产业的群体，包括返乡农民返回户籍所在乡镇群体。

② 《毕节市 2021 年国民经济和社会发展统计公报》。

外出农民就业人数占农民人口总数的68.7%。从毕节10个县（市、区）外出农民就业人数来看，威宁县、七星关区外出农民就业人数最多，分别达到307585人和298950人，分别占本县（市、区）常住农民人口总数的69.7%、64.2%。外出农民就业人数最少的是百里杜鹃管委会和金沙县，分别为26373人、129776人，分别占农村常住人口总数的47.0%、72.0%。由上述数据可知，毕节外出农民就业人口总数较多，但各个县（市、区）外出农民就业人数差别亦较大，其中金沙县外出农民就业人数占农村人口总数比例最高，百里杜鹃管委会外出农民就业人数占比最低。

2. 外出农民就业地比较集中①

从外出农民就业地角度分析，毕节外出农民就业地主要集中在珠三角、长三角地区等东部沿海发达城市，其中：浙江省占43.29%，广东省占18.52%，福建省占10.57%。从毕节10个县（市、区）外出农民集中在珠三角、长三角等东部沿海发达城市就业人数占比来看，七星关区占16.5%、大方县占10.8%、黔西县占9.2%、金沙县占7.5%、织金县占13.5%、纳雍县占12.5%、威宁县占16.3%、赫章县占9.2%、百里杜鹃管委会占1.4%、金海湖新区占2.1%。

3. 外出农民就业收入有所下滑

受新冠肺炎疫情及经济下行压力加大等多重因素影响，外出农民就业工资收入在不同程度上有所下降。2021年底，毕节实现外出农民人均工资性收入4697元，同比下降4.7个百分点。从10个县（市、区）外出农民就业人员工资性收入情况增幅来看，七星关区同比下降3.6%、大方县同比下降4.2%、黔西县同比下降7.6%、金沙县同比下降6.3%、织金县同比下降7.7%、纳雍县同比下降4.2%、威宁县同比下降4.7%、赫章县同比下降4.5%、百里杜鹃管委会同比下降4.8%、金海湖新区同比下降3.7%。

4. 外出农民就业主要集中在劳动密集行业

从外出农民就业行业来分析，毕节外出农民就业主要集中在劳动密集行

---

① 毕节市人力资源和社会保障局提供数据。如无特别指出，本报告相关数据均来源于《毕节市2021年国民经济和社会发展统计公报》及毕节市人力资源和社会保障局提供数据。

业，以制造业、建筑业、服务业为主，其中：制造业占 53. 22%、建筑业占 13. 33%、服务业占 7. 95%。从 10 个县（市、区）从事劳动密集行业外出农民就业人数占比来看，七星关区占 10. 5%、大方县占 10. 8%、黔西县占 11. 0%、金沙县占 11. 3%、织金县占 12. 6%、纳雍县占 10. 3%、威宁县占 12. 7%、赫章县占 10. 1%、百里杜鹃管委会占 8. 5%、金海湖新区占 3. 2%。

5. 外出农民创业率不高

从外出农民创业角度来看，毕节外出农民领办或参与创办企业 8604 家，创业带动就业 24850 人，以个体商户为主，来料加工小微企业、个体工商户、服务个体户占比达 93. 4%。从 10 个县（市、区）外出农民创业占比来看，七星关区占 15. 9%、大方县占 9. 3%、黔西县占 11. 2%、金沙县占 9. 2%、织金县占 11. 2%、纳雍县占 13. 6%、威宁县占 15. 3%、赫章县占 9. 8%、百里杜鹃管委会占 3. 2%、金海湖新区占 1. 3%。

（二）新冠肺炎疫情况下毕节外出农民创业就业面临困境

新冠肺炎疫情出现以来，毕节市各级党委、政府把外出农民就业创业作为“六保”“六稳”工作重中之重来抓，着力创新体制机制、强化政策宣传、加强技术培训，优化服务标准，全力扶持外出农民创业就业，取得了明显成效，但仍存在制约外出农民创业就业高质量发展的现实困境。

1. 外出农民就业“源动力”不足

通过调研发现，毕节外出农民受根深蒂固的传统思维影响，就业以改善经济条件为首要目的，普遍存在就业竞争意识薄弱，缺乏通过劳动力市场竞争上岗的耐心和勇气，“小富即安”的思想占外出农民总数的 94. 8%。

2. 外出农民就业“低技化”现象突出①

通过调研发现，毕节外出农民普遍存在学历较低的现象，具有初中及以下文化人数占 89. 65%，高中（中专）文化人数占比 9. 20%，专科及以上文化

① 李华红：《促进贵州省农民工有效创业就业的思路方略》，《贵阳市委党校学报》2012 年第 6 期，第 16~20 页。

人数占比 1.15%。外出农民技能水平较低，创新能力不足，劳动生产效率不高，主要集中在技术含量较低的劳动密集型行业就业，易导致结构性失业。

3. 外出农民就业难度有所增加

从外出农民失业情况角度来分析，2021 年全年总计跟踪监测外出农民 31.92 万人，外出农民尚未就业人数为 0.98 万人，失业率为 3.07%。从 10 个县（市、区）外出农民失业率来看，七星关区为 4.37%、大方县为 4.32%、黔西县为 4.86%、金沙县为 4.23%、织金县为 4.67%、纳雍县为 4.28%、威宁县为 4.3%、赫章县为 4.1%、百里杜鹃管委会为 4.56%、金海湖新区为 4.1%。

4. 外出农民就业“权利荒”现象不容忽视

有学者指出，近年东部沿海城市出现“用工荒”的本质就是农民工的“权利荒”。通过调研发现，毕节市外出农民就业主要集中在东部沿海中小企业，87%的调研对象反映工厂存在工作时间长、用工不稳定、工资发放不及时等侵害外出农民合法权益的现象。同时，存在外出农民维权成本高、合理诉求难以保障的问题。

5. 外出农民就业信息化服务水平有待提升

毕节外出农民就业信息化系统仍在建设中，数据壁垒尚未打通，没有实现互联互通共享。信息采集和“一人一档”等工作不够扎实，基础信息、就业状态、培训状态难以及时掌握，就业人数与培训情况统计仍然存在“统计加估计”现象，致使结果有出入，基层基础工作与高质量发展要求之间存在矛盾。

6. 外出农民创业“模仿跟风”现象严重

受自身经济状况及环境因素影响，外出农民异地创业主要倾向于餐饮、零售、代工等行业，这些行业市场已达到饱和状态，市场竞争激烈，盈利较少，严重影响外出农民异地创业热情。

二　新冠肺炎疫情下毕节留守农民创业就业现状及面临困难

截至 2021 年底，毕节市总计有留守农民 125.02 万人，占农民人口总数的31.3%，特别2020年以来受新冠肺炎疫情及经济下行压力多重因素叠加影响，留守农民人数不断增加。

（一）新冠肺炎疫情下毕节留守农民创业就业现状

1. 留守农民就业劳动人口占比较低

从毕节留守农民年龄角度来看，全市留守农民年龄在16~60岁的劳动人口有21.3万人，仅占留守农民总数的17.0%。留守农民以老年、幼年为主，青壮劳动力人口相对较少。从10个县（市、区）留守农民就业劳动力人口数量占比角度来分析，七星关区占10.1%、大方县占15.8%、黔西县占14.7%、金沙县占9.2%、织金县占9.9%、纳雍县占10.3%、威宁县占15.9%、赫章县占9.5%、百里杜鹃管委会占3.2%、金海湖新区占2.4%。

2. 留守农民就业主要集中在传统劳动密集型行业

从从事行业来看，毕节留守农民主要就业领域以农、林、牧、渔业及政府安排护林员、乡村公路保洁员等公益性岗位为主，其中，从事农、林、牧、渔业15.75万人，占留守农民劳动人口总数的73.9%，公益性岗位占9.8%，其他行业占16.9%。从10个县（市、区）留守农民从事农、林、牧、渔业人数占比情况来看，七星关区占10.4%、大方县占14.4%、黔西县占8.6%、金沙县占5%、织金县占10.9%、纳雍县占7.8%、威宁县占15.6%、赫章县占15.4%、百里杜鹃管委会占7.2%、金海湖新区占4.7%。

3. 留守农民就业收入增速有所提升

2021年底，毕节实现农村居民人均可支配收入12441元，同比增长10.7%，比上年提升2.3个百分点。从10个县（市、区）增速来看，七星关区同比增长11.0%、大方县同比增长10.6%、黔西县同比增长11.1%、金沙县同比增长10.2%、织金县同比增长10.6%、纳雍县同比增长10.5%、威宁县同比增长11.2%、赫章县同比增长10.1%、百里杜鹃管委会同比增长11.3%、金海湖新区同比增长10.1%。

4. 留守农民创业能力较弱

从留守农民创业角度情况来看，2021年全市留守农民创业人员中有

3756 人获得创业担保贷款。从 10 个县（市、区）获得创业担保扶持人数来看，七星关区占 10.3%、大方县占 10.5%、黔西县占 9.7%、金沙县占 10.2%、织金县占 9.5%、纳雍县占 10.4%、威宁县占 10.1%、赫章县占 10.2%、百里杜鹃管委会占 9.9%、金海湖新区占 9.5%。

（二）新冠肺炎疫情形势下毕节留守农民创业就业困境

1. 留守农民就业能力不强

毕节留守农民学历普遍较低现象突出，文盲或半文盲人数占比为 56.3%，具有小学至初中阶段文化人数占比为 36.8%，高中（中专）文化人数占比为 6.1%，专科及以上文化人数占比为 0.8%。留守农民学历普遍低，创新能力不足，劳动生产效率不高，主要集中在农业相关行业就业及季节性灵活就业。

2. 留守农民就业技能培训机制不完善

毕节大多数县（市、区）承训机构少、培训类别单一，培训内容同质化严重，没有建立留守农民专门职业教育培训机构，大多采取与社会机构临时合作的方式开展培训，没有形成系统性的培训课程、培训项目，对留守农民吸引力不强，留守农民参训率不高。各地培训项目主要为汽车驾驶、种植养殖、电工焊工等传统项目，这些技能对应的就业市场基本已趋饱和。通过访谈发现，94.6%农民认为以上培训项目在实践中用处不大或根本没用，参加培训的农民以老弱病残为主，主要目的是获得每天 40 元的政府技能培训补贴。

3. 留守农民就业岗位供需不匹配

用工企业与留守农民之间沟通不畅、信息不对称、需求不匹配，组织专场招聘会时常遇“冷”，企业招不到理想的员工，留守农民找不到理想的就业岗位。2021 年全市累计组织开展线上线下招聘会 549 场，参加企业 3331 家，提供就业岗位 19.77 万个，达成就业意向的仅 1.09 万余人。

4. 部门联动扶持留守农民创业机制亟待完善

留守农民创业扶持优惠政策涉及人力资源和社会保障局等多个职能部门，由于沟通协作联动、信息互通共享机制不健全，相关优惠政策申请流程复杂，导致优惠政策落实比较困难。专业化、公益性的留守农民创业就业服务机构尚未建立，政企沟通和社会组织参与还不到位，缺少发动社会组织充分参与农民创业的工作举措、激励办法，难以实现精细化、专业化、全过程的服务，没有形成政府推动、市场引导、社会参与的工作格局，服务指导力量明显不足与留守农民日益增长的创业需求之间存在矛盾。

5. 扶持留守农民创业政策有待加强

金融产品扶持留守农民创业达不到预期，如“创业 E 贷”“农耕贷”等金融产品需要企业提供经营流水，留守农民创业就业初期需要启动资金，无法提供流水，很难获得贷款。税收减免等优惠政策幅度与留守农民期望之间还存在差距。留守农民就业创业孵化园建设尚处于探索阶段，导致创业驱动力不足。

三　新冠肺炎疫情形势下毕节农民高质量创业就业面临的形势

自新冠肺炎疫情出现以来，毕节强化顶层设计、细化工作措施、压实工作责任，按照“强化外出就业服务、引导农民就近就业、鼓励创新创业”原则，着力打造“毕节苗绣”“毕节建筑工”等职业技能品牌，农民创业就业高质量发展工作取得明显成效。但在当前新冠肺炎疫情形势下，农民创业就业仍面临诸多机遇、挑战和政策短板。

（一）把握好发展机遇

受新冠肺炎疫情影响，毕节农民创业就业受到了巨大冲击，但随着国内国际经济态势企稳向好，同时伴随着国家出台一系列政策支持毕节经济社会发展，毕节农民创业就业将迎来新的发展机遇。一是全面科学开发人口资源是毕节农民创业就业的基石。丰富的劳动力资源为区域经济发展提供了基本条件，截至 2021 年底，毕节常住人口为 689.96 万人，户籍人口 937.76 万人，进入劳动力市场 505.48 万人，其中 16~40 岁青壮农民约 430.3 万人，庞大的人口资源转化为人力资源是未来发展的重要空间。二是国内经济发展态势企稳向好。随着国家一系列宏观经济政策和财政政策出台，2021 年上半年，国内生产总值同比增长 2.5%，经济发展呈企稳向好态势，特别是毕节农民工相对集中就业地浙江省、福建省、广东省分别同比增长 2.5%、2.6%、4.6%，经济企稳向好态势将进一步带动就业创业需求。三是新兴产业快速发展。新冠肺炎疫情出现以来，乡村旅游、养生养老、生活就业将迎来发展高潮，农村电商、共享农庄等产业融合发展的农业创新发展新模式快速增长，对农民创业就业人员需求量不断增加。四是毕节经济态势企稳向好。2021 年，毕节实现地区生产总值 2181.48 亿元，[①] 同比增长 6.79%，增速同比提升了 2.3 个百分点，GDP 总量排全省 9 个市（州）第三位，经济企稳向好运行态势为毕节创业就业高质量发展提供了潜在发展空间。

（二）正视面临挑战

当前新冠肺炎疫情形势下，毕节农民就业创业工作仍面临诸多困难和挑战。一是农民创业就业任务重。2021 年共计跟踪省外外出农民 32.63 万人，返岗人数为 31.15 万人，尚有 1.48 万人未落实就业，外出农民失业率为 4.54%，如以全市 399.33 万农民为基数，则尚有 20 余万外出农民尚未落实就业，省外外出农民一次性全部纳入就近就业难度大、任务重。二是新冠肺炎疫情形势仍不明朗。国内新冠肺炎疫情断断续续，国外新冠肺炎疫情严重，预测 7 成以上中小企业将维持现有员工规模不变或裁员，[②] 求职者就业渠道和计划受到严重影响，外出创业就业受阻，未来农民创业就业仍存在众多不确定性因素。三是就业结构不合理。跟踪调查发现，毕节农民就业主要集中在劳动密集行业，以制造业、建筑业、服务业为主，这些行业技术含量不高，创新能力不强，且抗风险能力不强，容易产生季节性和结构性失业。四是农民创业创新能力有待提升。毕节农民创业多以农业、餐饮服务业等传

① 《贵州省 2021 年国民经济和社会发展统计公报》。

② 莫荣主编《中国就业发展报告（2021）》，社会科学文献出版社，2021。

统行业为主，自主研发、创新意识不强，市场竞争力较弱，特别是受新冠肺炎疫情影响，经营绩效下滑明显，创业人员和经营规模严重缩减。

（三）亟待关注政策短板

2021年，毕节市委市政府印发了《关于实现巩固拓展脱贫攻坚成果同乡村振兴有效衔接的实施方案》《毕节市重点群体就业状况动态监测及处置应对方案》《高质量持续推进易地扶贫搬迁后续扶持工作的实施意见》等一系列促进农民创业就业文件，内容涉及若干减负稳岗扩就业政策措施，对农民创业就业提供了政策保障。但是，相关政策制定及执行仍存在一些问题。

1. 政府部门之间就业政策集成度不高

农民就业涉及部门多、政策广。毕节市、县两级政府专门成立了农民就业领导小组，就是为了加强部门联动和政策协同，合力推进落实农民就业难题。但从实际调研情况来看，现实中大部分政策处于一种碎片化状态，很多涉及农民就业的政策以零散的状态存在于各种部门文件中，没有形成部门协同优势。

2. 创业政策引导不到位

毕节部分地方政府缺乏积极有效的产业引导、项目指导，农民创业偏重劳务经济、忽视创业经济，导致盲目投资、照搬别人模式重复投资现象严重。

3. 创业扶持政策力度不够

尽管政府鼓励农民创新创业，并出台了一系列相关创新创业扶持政策，但仍不能满足农民创业创新需求。例如，现行毕节各项担保贷款都是线下办理，审核周期长、信贷程序复杂、贷款门槛仍较高，金融系统尚未针对农民创新创业出台专门的贷款扶持政策，农民创业融资难、融资贵问题尚未从根本上解决。

4. 创业环境有待优化

调研发现，尽管毕节市建立了市、县、乡三级“一站式”审批服务窗口，整体营商环境效率和水平有所提升，但仍然存在个别部门“门难进、脸难看、事难办”现象，不一次性告知办事流程，导致创业农民多跑路，增加了创业就业成本。

四　新冠肺炎疫情形势下毕节农民高质量创业就业的对策建议

推动毕节农民创业就业高质量发展，建议从外出农民创业就业和留守农民创业就业两个维度，分别制定出一批针对性强、含金量高、示范性价值大的政策措施。

（一）毕节外出农民高质量创业就业的对策建议

1. 完善外出农民就业对接联络机制

以广州对口帮扶毕节为契机，广泛开展与东部沿海城市之间劳务合作，健全劳务对接协调机制，加强劳务输出精准对接，积极发展劳务组织和经纪人，全面拓宽劳务协作范围、提升协作层次，为毕节外出农民提供岗位推荐、就业服务等个性化服务，全面推进毕节外出农民输出转移就业的主渠道作用，助推毕节外出农民稳定就业。

2. 强化外出农民就业技能培训

紧紧围绕“初端人才倍增”“职业技能培训提质”“技能品牌培育”等目标，全面落实校企合作的教育培训工作机制，建立外出农民职业技能证书衔接机制，做好外出农民职业技能等级证书认证工作。深入推行“企业提需求+第三方平台招聘+联合培训”方式，大力开展“订单式”“定向式”“定岗式”培训，全面落实外出农民短期技能培训“三免一补”（免学杂费、免住宿费、免技能鉴定费，并享受培训期间生活补助）政策，提高教育培训吸引力。继续办好外出农民工综合性职业技能大赛和专项职业技能竞赛，深化对口帮扶援助工作机制，探索依托广州市优质教育培训资源持续深入开展“广东技工”“南粤家政”等工程，全面提升外出农民就业职业技能。

3. 完善外出农民就业监测机制

加快构建系统完备、立体化的外出农民就业创业监测体系，实现外出农民创业就业全覆盖，全面反映外出农民就业增长水平、失业水平、创业创新状况。完善“外出农民信息、企业招聘岗位、组织输送需求”三本台账，全面摸清外出农民底数，并及时帮助外出农民实现再就业，确保全市外出农民创业就业大局稳定。

4. 提升外出农民就业服务水平

通过线上线下多渠道收集发布岗位信息，联合外省用工企业举办外出农民专场招聘会，建立健全动态更新的岗位储备机制和多方联动的快速响应机制，提供外出农民创业就业咨询、职业介绍、职业信息分析服务，强化就业指导、创业指导专业化队伍建设，及时帮助外出农民解决求职创业难问题。深化拓展在毕节外出农民相对密集的街道和社区成立“山海心连之家”，为毕节外出农民提供贴心的政策咨询和跟踪帮扶服务，切实增强外出农民的归属感，鼓励外出农民稳定就业。

5. 强化外出农民就业合法权益保障

建立完善与外省联合保护外出农民权益的机制，依法查处招聘过程中的虚假、欺诈现象，强化外出农民劳务用工监管，健全劳动合同制度，鼓励企业与外出农民签订固定劳动合同。设立市、县两级维护外出农民权益专门机构，为外出农民免费提供相关就业法律政策咨询、就业信息、就业指导和职业介绍，在外出农民合法权益遭受侵害时，及时免费提供专业法律援助帮助维护其合法权益。

6. 完善外出农民异地创业扶持机制

以毕节市人民政府驻东部沿海各大城市办事处为平台，完善毕节籍外出农民异地创业常态化联席机制，探索构建政企合作、技能培训、平台搭建、数据库建设、创业帮扶等机制，充分发挥外出农民异地创业“传、帮、带”制度，全面提升毕节异地创业外出农民市场管理水平、技能水准和市场信息收集分析能力。进一步完善金融市场环境，构建外出农民异地创业与留守农民创业同等优惠的融资贷款机制，切实为外出农民异地创业提供金融支持和服务。

（二）毕节留守农民高质量创业就业的对策建议

1. 发展产业吸纳留守农民就业

支持发展特色种养殖业，大力发展农林产品加工、农林产品物流冷链和产销对接等相关产业，推动农事体验、休闲观光、健康养生等乡村休闲旅游业发展，推动一二三产融合发展，带动留守农民就业。着力推进“一县一业”“一乡一品”优势特色产业项目，加强农村小型水利、高标农田、林下经济等基础设施建设，确保以工代赈项目劳务资金占总投资的15%以上，吸纳更多留守农民就近就业。

2. 落实扶持政策助力留守农民就业

全面落实减税降费、以工代训、以工代赈、失业保险稳岗返还等稳企稳岗政策，引导中小微企业开展生产经营，努力实现中小微企业不裁员或少裁员的目标。加大对住宿餐饮、文化旅游、家政服务、批发零售等服务性行业的针对性帮扶，最大限度稳定留守农民就业。针对社区就业创业需求旺盛、市场广阔、业态丰富、劳动密集等特点，健全完善社区服务体系，开发社区就业岗位，积极支持社区超市、菜店、洗染、维修等与居民生活密切相关的生活性服务网点建设，进一步增强托幼、养老、社会工作和心理疏导等社区服务业吸纳留守农民就业。

3. 优化服务扎实推进留守农民就业

按照“一窗口、一门户、一站式”服务原则，优化市县乡三级政务大厅就业服务窗口和政府服务网站功能，结合留守农民教育背景、技能状况、专业特长，采取针对性措施，分类施策、精准服务、精细施策、精确发力，最大限度保障留守农民就业。持续深化“放管服”改革，优化营商环境，积极主动为留守农民就业提供精准贴心服务，切实解决留守农民就业难题。

4. 鼓励创新创业带动留守农民创业

以市场为导向，持续深化“放管服”改革，开通行业准入办理绿色通道，深入推进多部门联合办公，一站式审批行政模式，合理引导留守农民创办投资小、见效快、风险小的小规模实体经济；支持发展各类特色小店，并给予创业担保贷款、税收优惠、创业补贴等支持，扶持留守农民创业创新。深化政企银合作，出台留守农民创业就业贷款融资政策，全面落实支农支小政策，探索开发“惠农贷”“劝耕贷”“小微企业贷”等金融衍生品，降低留守农民创业就业融资门槛和成本，切实解决留守农民创业创新过程中普遍存在融资难、融资贵问题。

参考文献

胡延华、李世超编著《农民就业创业百问百答》，广东人民出版社，2019。

李华南：《积极引导农民返乡就业创业》，《当代江西》2021 年第 3 期。

李晓晨、李胜超：《政策工具视角下的农民就业创业政策研究——基于 2004-2018 年的文本量化分析》，《青岛科技大学学报》2019 年第 2 期。

李涛、苗丽娥：《乡村振兴视域下农民就业创业能力的评价分析》，《记者观察》2018 年第 14 期。

莫尔佳：《做实职业培训为青年农民就业创业》，《西北大学学报》（社科版）2018 年第 5 期。

毕节市统计局、国家统计局毕节调查队：《毕节统计年鉴（2021）》，中国统计出版社，2022。

周力主编《江苏农村发展报告（2021）》，社会科学文献出版社，2021。

体制机制创新篇

Institutional and Mechanism Innovation Reports

B.19

拓展多党合作助推毕节建设贯彻新发展理念示范区新路径

安 静 周建华*

摘 要： 多党合作助推毕节从试验区到建设贯彻新发展理念示范区的实践充分彰显了中国新型政党制度的优越性。跃上毕节建设贯彻新发展理念示范区新征程，本报告从历史、理论、制度和实践四个维度回溯从毕节试验区到建设贯彻新发展理念示范区历程，透视分析多党合作助推毕节建设贯彻新发展理念示范区的新要求，提出拓展多党合作助推毕节建设贯彻新发展理念示范区的新路径，对于建成百姓富、生态美、活力强的示范区具有深远的现实意义。

关键词： 多党合作 新发展理念示范区 毕节

* 安静，博士，贵州工程应用技术学院彝学研究院专职研究员，研究方向：民族学；周建华，贵州工程应用技术学院试验区研究院院长、副教授，研究方向：区域经济学。

习近平总书记指出："中国共产党领导的多党合作和政治协商制度作为我国一项基本政治制度，是中国共产党、中国人民和各民主党派、无党派人士的伟大政治创造，是从中国土壤中生长出来的新型政党制度。"① 从多党合作助推毕节试验区建设，到毕节建设贯彻新发展理念示范区实践，充分彰显了中国新型政党制度的优越性。当前，毕节与全国一起正处于开启全面建设社会主义现代化新征程的重要发展期，落实习近平总书记对贵州、毕节系列重要指示批示精神，发挥新型政党制度优势，贯彻新发展理念，融入新发展格局，推动高质量发展，竭力将毕节建成贯彻新发展理念示范区，是新时代毕节发展的新方位，也是多党合作助推毕节高质量发展的新目标。因此，探索多党合作助推毕节发展新路径，对建成百姓富、生态美、活力强的示范区具有深远的现实意义。

一　多党合作助推毕节建设贯彻新发展理念示范区的路径溯源

植根于毕节大地的中国新型政党制度是推动毕节试验区走向贯彻新发展理念示范区的内核动力，毕节也是该制度推进改革开放和社会主义现代化建设的典型个案。这一制度开辟了多党合作的毕节道路，走出了推动毕节持续发展、跨越发展的历史、理论、制度和实践路径。

（一）历史路径：从毕节试验区到建设贯彻新发展理念示范区

毕节是一片备受关注的热土，从毕节试验区的建立、发展，再到当下建设贯彻新发展理念示范区，毕节的发展镌刻着多党合作助力发展的深刻印迹。

一是多党合作合力推动毕节试验建立。毕节是多党合作建立的"开发扶贫、生态建设"试验区。1985 年春夏之交，新华社《国内动态清样》刊发"赫章县有一万二千多户农民断粮，少数民族十分困难却无一人埋怨国

① 习近平：《坚持多党合作发展社会主义民主政治为决胜全面建成小康社会而团结奋斗》，《人民日报》2018 年 3 月 5 日，第 1 版。

家”的通讯报道，引起党中央、国务院高度重视。时任中共中央政治局委员、中央书记处书记的习仲勋同志当即做出重要批示。随后，时任贵州省委书记的胡锦涛同志前往毕节深入调研，在全面了解毕节地区的贫困现状及成因之后，提出了建立毕节“开发扶贫、生态建设”试验区的战略构想。1987 年 10 月，八省区智力支边座谈会在贵阳召开，各民主党派中央、全国工商联和贵州省委、省政府共同倡导建立智力支边固定联系制度，与贵州建立固定联系，以贵州为重点开展智力支边工作。1988 年 4 月，时任中共贵州省委书记的胡锦涛同志在北京邀请各民主党派中央、全国工商联领导进行座谈，介绍建立毕节试验区的设想，请求中央智力支边协调小组指导毕节改革试验。随即，中央智力支边协调小组派出工作组对毕节进行长达 13 天调研，提出“建立毕节试验区是一项战略任务，它将为我国西部地区开发扶贫、生态建设探索新路子，积累新经验”。同年 6 月，国务院批准建立毕节“开发扶贫、生态建设”试验区，全国政协原副主席、民盟中央原副主席钱伟长率领专家工作组赴毕节帮助制定了试验区规划。毕节试验区从构想到建立，再到发展规划的制定，是中国共产党与各民主党派精诚合作的结晶，从此开启了统一战线对口帮扶、多党合作共建毕节试验区的探索之路。

二是多党合作协力推动毕节试验区发展。从 1988 年毕节试验区建立至今的 34 年征途中，统一战线在中国共产党的领导下，强力推进毕节试验区走过四个阶段的发展历程。第一个阶段为肇启探索阶段，以毕节试验区建立为标志，到国家实施“八七扶贫攻坚计划”止。其间，统一战线发挥政治优势，积极参与毕节经济社会建设的“试验尝试”和“探索起步”，推动一系列发展改革举措在毕节落地实践，多党合作参与毕节试验区建设的帷幕徐徐拉开。这一期间的具体实践形式主要为智力支边活动，已成立 5 届专家顾问组指导毕节的工作，每年召开会议研究年度智力支边支持毕节试验区发展问题。第二阶段为全面推进阶段，到 2009 年 4 月 14 日中央统战部在京主持召开的支持毕节试验区建设工作研讨会（以下简称“4. 14”会议）为止。这一阶段，各民主党派中央主动作为，深化对毕节试验区 8 个县区的调研，结合党派的优势分别与毕节各县区结成定点帮扶对子，多党合作参与毕节试验区贫困治理工作全面铺开。其间，统一战线始终突出扶贫扶智扶志帮助转变思想观念，克服落后思想观念的阻力，注重帮助提升扶贫的造血功能和自我发展能力，派专人长期蹲守帮教开发扶贫示范项目，举办专家讲座共研毕节发展大计，促成有关重大基础设施建设和重大开发项目落户毕节。第三阶段为深化提质阶段，到毕节试验区建立 30 周年为止。经过统一战线坚持不懈的倾情帮扶，多党合作助推毕节试验区建设有了量的积累和质的跃升，服务内容更加具体、形式更加多样，统一战线参与毕节试验区建设的广度和深度得到极大拓展，形成常态化推进机制。这一时期，多党合作参与试验区改革发展的站位更高、思路更明确、措施更有力，铸就了享誉全国的五大“同心工程”，形成了独具统一战线特色的“毕节模式”。第四阶段为启新示范阶段，至当下推进毕节建设贯彻新发展理念示范区新征程。这一阶段，多党合作推动毕节发展的工作进一步明晰，以 2018 年 7 月 18 日（以下简称“7. 18 指示”）习近平总书记对毕节试验区工作所作的重要指示精神为引领，植根于毕节试验区这块热土，继往开新，迈入多党合作服务改革发展新格局，参与毕节从“试验区”到“示范区”的升级发展。

三是多党合作倾力推动贯彻新发展理念示范区建设。习近平总书记“7. 18 指示”明确了要“努力把毕节试验区建设成为贯彻新发展理念的示范区”。这从战略和全局高度为毕节改革发展把脉定航、指引方向，赋予了毕节试验区新的历史使命，开启了毕节从“试验区”到“示范区”的新征程；同年 8 月 17 日，贵州省出台了《关于支持毕节试验区按时打赢脱贫攻坚战夯实贯彻新发展理念示范区建设基础的意见》。2021 年春节前夕，习近平总书记亲临毕节看望慰问各族干部群众，希望贵州毕节走出一条生态优先、绿色发展的新路子。“国家 23 个部委先后出台 28 个支持毕节试验区改革发展的差别化政策，累计支持毕节实施项目 1200 多个。统一战线组织 8000 多人次专家学者前往毕节试验区考察调研，协调推动项目 1700 多个。”[①] 多党合

① 王一彪、禹伟良、万秀斌、汪志球：《脱贫攻坚看海雀》，《人民日报》2019 年 2 月 13 日，第 1 版。

作推动毕节贯彻新发展理念示范区的工作，在新时代建设社会主义现代化国家的地方实践探索中全面铺开。

（二）理论路径：从宏观引导到微观印证

政党是阶级的组织，这是马克思主义的经典概括。从实践论的角度看，中国共产党领导的多党合作和政治协商制度是马克思主义政党学说与中国社会实际相结合的产物，是我国的一项基本政治制度，习近平总书记将其概括为“新型政党制度”。在多党合作推进毕节试验区建设过程中，新型政党制度体现出卓越的制度优势和价值。

一是彰显中国新型政党制度的优越性。多党合作推进毕节试验区建设的实践，是中国新型政党制度扎根于中国西部喀斯特岩溶地区推进改革开放和社会主义现代化建设的一个成功范例。各民主党派和党外代表人士围绕试验区改革开放和社会主义现代化建设发展大事，积极参与试验区重大决策的协商讨论和民主监督，促进试验区民主决策、科学决策。统一战线充分发挥人才荟萃、智力密集、渠道畅通的优势，为试验区经济社会发展建睿智之言、献务实之策、出精诚之力，凝聚试验区改革共识、增强发展合力，汇聚推动试验区全面可持续发展的强大动力。

二是丰富新型政党制度理论内涵。中国新型政党制度深深根植于中国发展的土壤中，不断被赋予新的时代内涵。习近平总书记说：“说它是新型政党制度，新就新在它是马克思主义政党理论同中国实际相结合的产物，能够真实、广泛、持久代表和实现最广大人民根本利益、全国各族各界根本利益。”① 新时代推进毕节建设高质量发展，需要更加强化中国共产党对各民主党派的领导，他们以执政和参政关系共同代表着毕节各族人民的根本利益，齐心协力帮助毕节发展，把马克思列宁主义关于多党合作的理论发展成了长期性、根本性、战略性的国家政策，创新性地发展了马克思主义政党学说，在贯彻

① 习近平：《坚持多党合作发展社会主义民主政治为决胜全面建成小康社会而团结奋斗》，《人民日报》2018年3月5日，第1版。

新发展理念示范区建设的新起点上，不断丰富中国新型政党制度的时代内涵。

三是深化中国新型政党制度的实践性。一个好的制度唯有根植于实践，才会有生命力。在毕节发展改革进程中，统一战线特别是各民主党派充分发挥参政议政、民主监督的职能，争取国家相关部委支持毕节试验区在专项政策、体制机制等方面先行先试。各民主党派、工商联和无党派人士主动作为，东部十省市统一战线积极帮扶，相关部委和社会各界大力支持，多方联动、上下结合，形成了有效配置智力、人力、物力、财力等资源的集聚和示范效应,[①] 聚力解决毕节发展的重大难题，有效促进多党合作推进毕节发展的科学化和民主化，进一步丰富我国新型政党制度的实践内涵。

（三）制度路径：从初步探索到优势彰显

多党合作助推毕节试验区建设发展的实践充分证明，中国新型政党制度不是与生俱来的，而是在中国特色社会主义建设的实践中逐渐完善、在运行中展现制度效能和效果的。从多党合作推进毕节试验区发展的制度路径看，呈现出制度的科学性和时代性，民主的广泛性和实践性，模式的创造性和示范性。

一是彰显制度的科学性和时代性。政党制度产生于人类社会现代化发展阶段，连接着国家、政党和社会，为三者之间的互动提供制度渠道。从科学性看，多党合作推进毕节试验区建设的实践符合毕节历史文化、红色文化和民族文化发展需求，也契合毕节现代化发展要求。多党合作助推毕节发展的实践形成了一个强有力的领导核心和政治权威，各民主党派和无党派人士自觉、自愿选择中国共产党的领导，为推动毕节发展的共同奋斗目标进行深入广泛合作，在实践上使得中国新型政党制度具有更广泛的统一战线基础和群众认同。与此同时，还为人民政治参与、建言献策提供平台，形成政治协商、参政议政、民主监督的形式，为整合政治资源、聚拢社会力量，巩固统一战线提供保障。从时代性看，多党合作推进毕节从试验走向示范，始终与

① 李灿：《毕节试验区决战脱贫攻坚决胜同步小康的重大意义》，《贵州社会主义学院学报》2020 年第 2 期，第 43~47 页。

中国特色社会主义建设的时代脉搏同频共振，引领毕节实现了“人民生活从普遍贫困到全面小康、生态环境从不断恶化到明显改善的跨越”，谱写了中国战贫奇迹的毕节壮歌。

二是彰显民主的广泛性和实践性。从广泛性看，多党合作助推毕节试验区建设是由中央统战部统筹，各民主党派中央、全国工商联及相关省市统一战线参与的，并吸纳社会各界有识之士参与建设的统一战线开放平台，共商毕节发展之计，共出促进毕节发展之力，协同推进毕节快速持续发展，彰显出中国新型政党制度在一域治理发展中的多元价值。从实践性看，各级领导和专家的关怀和关心、倾情倾力指导帮助毕节试验区建设，通过制定国家层面专项支持毕节的规划引领和落实具体的项目支持，建立对口帮扶各县（市、区）一对一或多对一帮扶机制、干部挂职锻炼机制、联席会议制度等系列体制机制，充分发挥中国新型政党制度优势，全方位、立体性推动毕节从“试验区”走向“示范区”。

三是彰显模式的创造性和示范性。综观世界政党制度的治理模式，多党合作聚焦支持一域建设发展的个案较少，中国共产党的坚强领导、各民主党派和社会各界的广泛参与，创造了多党合作支持毕节建设发展的毕节模式和毕节实践，形成了“思想上同心同德、目标上同心同向、行动上同心同行”的“同心思想”，更加认同中国共产党以人民为中心的发展思想和实现社会主义共同富裕的目标价值追求，更好地画出同心共筑伟大中国梦的最大同心圆，创造具有全国影响力的“同心品牌”工程，形成了“1+1+9”帮扶毕节试验区工作新模式和“一企一村”的“公司+合作社+基地+农户”等利益联盟模式。多党合作推进毕节建设发展实践，提供了实施西部大开发战略的成功范例，破解了毕节试验区经济贫困、生态恶化、人口膨胀等重大难题，创造了多党合作助推贫困地区快速发展的毕节模式样板区，构筑了贫困地区自力更生、艰苦奋斗的精神高地。

（四）实践路径：从脱贫攻坚到高质量发展

毕节试验区是全国脱贫攻坚关键区域，纳雍、威宁和赫章三县作为最后一批国家级贫困县宣布出列，标志着毕节试验区与全国一道如期全面建成小康社会，跃上推动毕节高质量发展、奋力建设贯彻新发展理念示范区的攻坚期。

一是高层关怀，党派呼吁支持。党中央、国务院一直关爱试验区，国家有关部委和各民主党派中央等各级单位始终倾情支持帮扶毕节试验区。江泽民同志专门深入试验区视察指导，胡锦涛同志多次踏上毕节这片他深情牵挂的土地。尤其是党的十八大以来，党中央国务院对毕节改革发展、脱贫攻坚高度重视，习近平总书记对毕节县试验区工作作出重要指示时指出："30 年来，在党中央坚强领导下，在社会各方面大力支持下，广大干部群众艰苦奋斗、顽强拼搏，推动毕节试验区发生了巨大变化，成为贫困地区脱贫攻坚的一个生动典型。"统一战线通过信息报送、民主协商等方式，帮助试验区呼吁重大项目立项建设，驾起了毕节试验区与中央的"直通车"。多党合作的实践，形成了国家高层领导关心毕节发展，各民主党派中央和全国工商联奔走呼吁共建毕节，国家部委出台政策支持毕节发展，东部十省区统战系统情系毕节发展的和美氛围。

二是科学谋划，献智牵引发展。多党合作推进毕节建设发展进程中，发挥人才荟萃、知识集聚的优势，历届领导和专家持续不断深入毕节调研，结合毕节不同时期不同领域的不同需求，指导毕节制定总体规划和各类专项规划，明确发展目标和思路，精准施策、推动发展。各级领导亲临指导，专家学者献智献策，企业家现场指导帮扶，形成领导专家和企业家倾力献智帮扶引领毕节科学发展的磅礴力量。据 2022 年 7 月 20 日毕节市委统战部总结各民主党派支持毕节试验区工作总结显示：目前已有副部级以上领导 310 余人次和近万人次的专家学者和企业家深入毕节考察指导工作，专门召开各级各类专题论证会 70 余场，编制各类规划 50 余个，提出合理化建议 3000 余条，推动毕节更加科学发展。毕节试验区专家顾问组多次深入毕节各县区调研，将毕节的教育、医疗、卫生及许多重大民生问题、基础设施建设项目写入了国家规划或上升为国家各部委推动毕节发展的具体政策举措，对贵州毕节乃至中国岩溶贫困地区经济社会发展起到了积极探索和示范引领的作用。

三是项目驱动，聚力探路示范。聚焦毕节试验区能源、电力、交通、水利等基础设施发展瓶颈，夯实发展基础。统一战线充分利用联系广泛、直通中央的优势，推动一系列事关毕节改革发展的重大项目立项落地毕节。民主党派和全国工商联打造以“助推发展、智力支持、改善民生、生态建设、示范带动”为品牌的同心工程，开展立体式智力培训，培训教师、医务人员、基层干部、农技人员近30万人次；改善群众生存环境，建设“同心新村”，改善4600多户群众居所；建设“同心·小水窖”；改造和新建希望小学，支持基础教育发展；开展“同心康福”等精准扶贫项医疗项目，增强毕节试验区医疗能力；设置贫困帮扶基金帮助提高群众生活水平；选派了148名优秀干部到毕节挂职，协调落实道路交通、医疗卫生、人畜饮水、教育工程等一大批民生项目落地发展。结合毕节生态建设的现实需求，统一战线还协调生态环境部等国家部委在毕节实施系列生态建设工程，助力毕节试验区走上绿色发展之路。统一战线聚焦精准扶贫，整合资源全面帮扶毕节各县（市、区）精准脱贫，协调真金白银支持毕节相关县区建设65个农业科技示范基地，带动困难群众创业发展。同时发挥统一战线联系广泛的资源优势，实施“百企帮百村”项目，协调企业与毕节各县区相关自然村结成帮扶对子，投入资金和物资近5000万元支持毕节试验区农村产业发展。

二　多党合作助推毕节建设贯彻新发展理念示范区的时代要求

在中国特色社会主义进入新时代的背景下，毕节的发展目标也从“试验区”升级到“示范区”，建设重点也从“开发扶贫、生态建设、人口控制”的三大主题转移到“绿色发展、人力资源开发、体制机制创新”的新三大主题，从衔接乡村振兴建设到推动高质量发展，新时代新征程赋予多党合作推动毕节发展的新任务新要求。诚如习近平总书记“7.18指示”指出的那样，“统一战线要在党的领导下继续支持毕节试验区改革发展，在坚持和发展中国特色社会主义实践中不断发挥好中国共产党领导的多党合作的制度优势”。这是多党合作助推毕节发展的根本遵循和新要求，也明确了多党合作在促进毕节创新、协调、绿色、开放、共享发展中的更重任务、更高标准、更严要求，更加发挥出中国共产党领导的多党合作和政治协商制度效能。

（一）统一战线要在党的领导下继续支持毕节试验区改革发展

毕节建设贯彻新发展理念示范区是中国共产党人始终站在中华民族伟大复兴的战略高度、站在毕节各族人民对美好生活向往的政治立场，为建设社会主义现代化强国而不懈奋斗的毕节实践。统一战线在推进毕节高质量发展的进程中，需要坚持党的领导和多元力量共同治理相统一。一方面始终坚持和巩固中国共产党领导，保证民主党派和毕节各族群众在对国家治理方向、目标、举措上形成共识，形成强大的向心力和凝聚力，坚持“一盘棋”、做到集中力量办大事，保证党的各项决策落实有力，确保推进毕节建设贯彻新发展理念示范区各项工作的整体性和协同性；另一方面通过构建民主党派广泛多层制度化的政治参与途径和渠道，明确和理顺不同参与主体的关系和作用，有效吸收社会各阶层群体有序参与推进毕节高质量发展，鼓励和调动各方面积极性和主动性，凝聚起参与国家治理的强大社会力量。[①] 对多党合作推动毕节建设贯彻新发展理念示范区的新征程提出了新要求，正如马克思曾经指出的那样，“一个单独的提琴手是自己指挥自己，一个乐队就需要一个乐队指挥”,[②] 要始终坚持党领导推进毕节示范区建设发展的作用，指挥毕节高质量发展。首先需要中国共产党继续携手民主党派，互相尊重、相互依存、亲密友好、统一思想、凝聚共识，进一步增强民主党派和无党派人士参与毕节示范区建设实践的政治认同和思想认同，在推进毕节进入现代化建设发展的新征途上结成风雨同舟、历经考验、友谊深厚和合作多

① 唐琼：《中国新型政党制度的特色和优势研究》，南华大学硕士论文，2020。

② 《马克思恩格斯文集》（第5卷），人民出版社，2009，第384页。

元的伙伴。其次需要正视毕节发展面临的挑战，这些矛盾风险叠加的挑战有历史的和新生的、自然的和社会的、物质的和精神的、党内的和党外的、外因的和内因的、必然的和偶然的、预期的和突发的。从需求侧看，毕节各族人民对美好生活的向往十分迫切；从毕节的发展基础上看，毕节的人口基数大和经济总量较低的现实依然存在；从毕节的发展动力上看，外部仍须党和国家领导人的继续关怀与帮助、中央部委和省委省政府的高度重视和统一战线的广泛参与、倾力相助，内部仍需毕节干群勤作为、思改革、推发展的干劲和决心。最后需要从系统和全局的高度，结合毕节经济、政治、文化、社会和生态的发展现实，主动融入国家高质量发展战略，将创新、协调、绿色、开放、共享新发展理念贯彻落实到毕节新时代发展的各领域，用活用足多党合作优势，谋划一批关乎助推毕节高质量发展重大项目。

（二）需要在坚持和发展中国特色社会主义实践中不断发挥好中国共产党领导的多党合作的制度优势

推动毕节建设贯彻新发展理念示范区，是以习近平同志为核心的党中央高瞻远瞩谋一域而发展全局的战略安排。时代是思想之母，实践是理论之源，毕节建设贯彻新发展理念示范区是社会主义现代化建设的毕节实践和毕节探索，承担着为其他同类地区探路子、作示范的时代使命，为坚持和发展中国特色社会主义提供毕节实践。从这个意义上说，推动毕节高质量发展，需要继续发挥好中国共产党领导的多党合作和政治协商制度的优越性，坚持人民至上，从群众中来，到群众中去，更加突出人民群众的实践主体地位和历史推动作用，不断增强人民的参与意识、民主意识，形成全社会共同参与、共同享有、各尽其责的民主氛围，依靠一切可以推动毕节发展的各方力量，汇聚推动毕节示范区建设发展的强大动力。客观来看，任何一项制度既是时代的产物又要顺应时代发展需要，“衡量我国政治制度和政党制度，最根本的是要从我国的国情出发，以能否促进社会生产力持续发展和社会全面进步，能否保持和发挥社会主义制度的特点和优势，能否实现和发展人民民主、增强党和国家的活力，能否保持国家政局的稳定和社会安定团结，能否实现和维护最广大人民的根本利益为标准”。[①] 面对毕节建设贯彻新发展理念示范区的高标准和高要求，需要充分发挥中国新型政党制度优势，实现和发展全过程人民民主，增强毕节发展活力，瞄准建设贯彻新发展理念的示范区的共同奋斗目标，把各个政党和无党派人士紧密团结起来，充分用好用活用足用强多党合作资源，凝聚统一战线磅礴力量，继续发挥渠道畅通、人才荟萃、联系面广、资源富集等优势，集思广益商量事、集中力量办大事，汇聚共同奋进的力量，把多党合作的制度优势转化为推动毕节高质量发展的治理效能，为加快推动为毕节类似地区高质量发展积累和探索多党合作聚力帮扶的示范经验。迈上新征程，也需要正确认识毕节“试验区”到毕节“示范区”的新历史方位，新的历史方位赋予多党合作助推毕节发展的新使命。

（三）需要探索多党合作推进毕节示范区高质量发展的新路径

“7.18 指示”充分体现了以习近平同志为核心的党中央对毕节发展的高度重视和殷殷嘱托，为毕节试验区建设发展提供了根本遵循、注入了强大动力，是推动毕节高质量发展的总纲。从该指示的内涵上看，首先充分肯定了毕节试验区建设发展取得的巨大成就，“成为贫困地区脱贫攻坚的一个生动典型”，肯定了统一战线做出的重要贡献，“统一战线广泛参与、倾力相助”。其次对脱贫攻坚工作提出了明确要求，“要尽锐出战、务求精准，确保毕节试验区按时打赢脱贫攻坚战”。最后从长远发展战略的高度擘划了毕节试验区的发展目标及路径，战略思路是要“着眼长远、提前谋划”，路径是“做好同 2020 年后乡村振兴战略的衔接，着力推动绿色发展、人力资源开发、体制机制创新”，目标是“努力把毕节试验区建设成为贯彻新发展理念的示范区”，动力保障是“统一战线要在党的领导下继续支持毕节试验区改革发展，在坚持和发展中国特色社会主义实践中不断发挥好中国共产党领

① 《中共中央关于进一步加强中国共产党领导的多党合作和政治协商制度建设的意见》（中发〔2005〕5 号文件），共产党员网，https：//news. 12371. cn/2015/03/12/ARTI1426131307641285. shtml？from=groupmessage，最后检索时间：2022 年 10 月 20 日。

导的多党合作的制度优势”。“7.18 指示”两次强调了统一战线对毕节建设发展之重要，依据是统一战线推动毕节试验区发生了巨大变化，要求毕节建设示范区，并对“统一战线在坚持和发展中国特色社会主义实践中不断发挥好中国共产党领导的多党合作的制度优势”寄予厚望。基于此，需要探索多党合作助推毕节建设贯彻新发展理念示范区的新道路，需要发挥中国共产党领导的多党合作的制度优势，整合全国政协、各民主党派、全国工商联和无党派及社会各界的多方力量，在五大发展理念引领下，推动乡村振兴，实现乡村产业兴旺、生态宜居、乡风文明、治理有效、生活富裕的总目标，打造百姓富与生态美有机统一的和谐幸福新毕节；推动绿色发展，实施创新驱动发展战略，建设绿色家园，构筑绿色屏障，发展绿色产业，推动绿色制度创新，实现“绿水青山”与“金山银山”的有机统一，把生态环境优势转化为生态经济优势，全面推进生态文明建设；推动人力资源开发，全面提升教育质量，大力提高人口素质，强化人才服务，推进创新创业，实现从“人口大市”到“人力资源大市”的转变，促进人力资源开发与区域协调、共享发展的良性互动；推动体制机制创新，突出问题导向、需求导向、市场导向，在经济体制改革和乡村治理创新等方面先行先试，不断破除体制机制障碍，不断提升对内对外开放水平，释放改革新动力和发展新活力。① 丰富中国共产党领导的多党合作基层实践，健全同各民主党派、工商联和无党派人士共建毕节示范区的体制机制，发挥其智力及人才优势，拓展帮扶领域，逐步将外力转化为推动毕节高质量发展的内驱动力，不断总结统一战线参与毕节试验区建设的新实践和新经验，丰富和拓展中国新型政党制度服务改革发展大局的理论和实践。

三　多党合作助推毕节建设贯彻新发展理念示范区的路径创新

站在毕节建设示范区的新起点，推动毕节高质量发展更加需要充分发挥

① 中国发展研究基金会：《毕节试验区建设贯彻新发展理念示范区的研究》，2019 年 6 月。

中国新型政党制度优势，将制度效能转化为治理效能，结合统一战线新时代新使命和毕节各族人民所盼，主动融入新时代毕节发展的新需求，搭建各类发展平台，协调落地发展建设项目，完善体制机制，创新发展模式，拓展支持领域，精准发力，推动毕节示范区可持续发展、高质量发展。精准争取统一战线持续发力，努力争取更多更大帮扶成果，把毕节建设成为多党合作的示范区，坚持以高质量发展统揽全局，开启毕节现代化建设新征程，着力打造乡村振兴新典范、绿色发展样板区、人力资源开发培育基地、体制机制创新先行区，将毕节建设成百姓富、生态美、活力强的贯彻新发展理念示范区。

（一）继续发挥新型政党制度优势

坚持党的领导是中国特色社会主义最本质特征和最大优势，也是毕节贯彻新发展理念示范区持续健康快速发展的根本保证。新发展阶段推进毕节建设示范区，必须坚持党总揽全局、协调各方的领导，充分发挥党的政治、组织、制度和密切联系群众优势，继续让统一战线在推进毕节建设发展中参与并实践党中央对毕节试验区发展改革的高位谋划和部署安排，不断提高政治站位，磨砺意志，进一步增强拥护中国共产党领导的自觉性、主动性和坚定性。毛泽东同志曾经指出：“所谓领导权，不是要一天到晚当作口号去高喊，也不是盛气凌人地要人家服从我们，而是以党的正确政策和自己的模范工作，说服教育党外人士，使他们愿意接受我们的建议。”[①] 坚持党在毕节建设贯彻新发展理念示范区的领导作用，在乌蒙山区继续创造无愧于历史和时代的业绩，不断增强统一战线和毕节各族人民内心深处对中国特色社会主义事业的认同感，发挥中国新型政党制度优势，进一步坚定拥护社会主义的信念和决心，凝心聚力推动毕节建设示范区。

（二）建立完善推进发展新机制

体制机制是推动工作长效发展的重要保障。在推进毕节发展改革实践

① 《毛泽东选集》（第2卷），人民出版社，1991，第742页。

中，统一战线形成了由中央统战部牵头，各民主党派中央、全国工商联等参与，包括东部十省市、社会各界人士等参加的一股综合性力量。从这个视野看，要让这些来自各战线、各行业多元化帮扶单位聚力毕节发展，需要建立和完善统一战线协力助推毕节发展机制，这不仅是推动毕节高质量发展的现实需求，也是契合统一战线力量多元性的内在要求。首先要用好多党合作的联席会议机制，争取建立中央级协调机构和机制，实现汇报沟通、争取支持、交流对接常态化。其次要通过完善统一战线帮扶项目遴选机制、帮扶过程交流机制、帮扶成果采用和反馈机制等，进一步健全统一战线协力助推毕节发展的制度渠道。再次要搭建更加丰富的多党合作平台、合作载体机制，持续深化多党合作实践，提升统一战线全面参与和支持试验区改革发展的质效。最后要建立完善互派干部挂职机制，打造统一战线社会服务实践基地、党外干部锻炼基地和重点调研基地，提升挂职干部能力素质。通过互派挂职新模式，培养出大批爱学习、活运用、干实事的优秀干部，为今后党领导统一战线加快推进毕节示范区发展提供人才支撑。

（三）谋划重大项目驱动高质量发展

新时代推进毕节高质量发展，需要争取国家和省级项目以及毕节自身集聚的项目支撑。多党合作助力毕节高质量发展，需要系统谋划一批助力毕节民生和基础设施建设领域的重大项目，建立健全引资引技引才项目库，最大限度争取统一战线支持。要针对毕节当下发展的重点领域和关键环节存在的短板，发挥统一战线联系广泛、直通中央的优势，通过信息报送、民主协商等方式，积极搭建平台，为毕节发展敲定落实一批急需支持的帮扶项目。依托统一战线人才荟萃、资源富集等优势，通过专家调研论证、决策咨询，为毕节发展认真筹备和积蓄一批推动改革发展的项目。借助统一战线智力帮扶平台，积极推进科技、教育、卫生健康、文化、民政等领域的人才培训培养，不断激活各领域项目内生动力，为毕节发展培植孕育一批“软项目”。

（四）调整充实专家顾问组指导发展

毕节试验区专家顾问组是统一战线助推毕节试验区建设的重要载体。专家顾问组30多年来为毕节试验区发展做出了巨大贡献，是中国新型政党制度的有益探索和生动实践。毕节试验区专家顾问组自1989年成立以来，历经5届，现任组长厉以宁自2003年始就一直担任专家顾问组组长，目前已92岁高龄，专家顾问组正面临着领导干部高龄化、人才队伍老龄化的困境。推动毕节建设贯彻新发展理念示范区，争取中央统战部调整充实专家顾问组的力量势在必行，需要提请中央统战部牵头，在全国各领域和相关部门内遴选有组织力、有领导力、有影响力的高层次人才，作为毕节示范区专家顾问组领导后备人选。同时加强专家顾问组人才队伍建设，配齐专家顾问组办公室人员，充实人才队伍，加强团队力量，为推动毕节高质量发展提供保障。

（五）总结提炼多党合作助推发展经验

理论指导实践，实践丰富理论。多党合作推动毕节改革发展，开创了中国共产党领导的多党合作共同推进喀斯特岩溶地区科学发展的先河，迸发出中国新型政党制度的地方实践强劲动力。要坚持边实践边总结的思路，总结提炼推动建设贯彻新发展理念示范区的新做法和新经验，向全国推介并实践运用。同时，也要在统筹多党合作优势、抢抓政策机遇、争取多方外部力量支持的实践中不断查找问题，结合需求破解毕节发展的重大问题和难题，为推动毕节高质量发展提供科学指导。

毕节从“试验区”发展到“示范区”，凝结着多党合作助推区域改革发展的不懈探索和努力。回望毕节试验区建设历程，统一战线广泛参与毕节试验区建设，攻坚克难推发展，凝心聚力谱华章，创造了中国共产党领导的多党合作助推乌蒙山腹地沧桑巨变的发展经验。迈上毕节示范区建设新征程，毕节面临着人口素质相对低与经济社会发展需求之间、经济发展与环境保护之间的矛盾,[①] 其发展从中期上看关乎着全面小康之后2035年基本实现社会主义现代化的战略大局，远期则关系着2050年建设成社会主义现代化强国的战略全局。多党合作助推毕节贯彻毕节新发展理念示范区道阻且长，需要在新的历史起点上以习近平新时代中国特色社会主义思想为指导，贯彻习近平总书记对毕节的系列批示指示精神，继续探索多党合作助力地方发展新路子，坚守生态和发展“两条底线”，切实践行“两新使命”，不断深化新时代“三大主题”，全力建设“一区三高地、五个新毕节”，短期补足毕节发展基础薄弱的短板、完成示范区建设的各项任务，长期抓住新机遇、用好新资源，实现新旧动能转换，开创新发展模式实现高质量发展的新跨越。这不仅是新时代毕节发展的现实需求，对全国其他类似地区高质量发展仍然具有重要示范作用和深远的现实意义。

① 中国发展研究基金会:《毕节试验区建设贯彻新发展理念示范区的研究》，2019年6月。

B.20
毕节党支部领办集体合作社的对策

李 庄 张 斌*

摘 要： 党支部领办集体合作社是推动巩固拓展脱贫攻坚成果同乡村振兴有效衔接的重要抓手，也是发展壮大集体经济、促进共同富裕的有效路径。本报告从理论上梳理合作社理论的历史沿革，深入阐述党支部领办合作社夯实党在农村执政基础、破解农村集体经济薄弱难题、助力实现共同富裕的时代价值。在实际运作过程中，党支部领办合作社仍然存在着支部书记能力素质不相适应、群众参与不积极、利益实现不到位等问题。要着力从提升支部书记能力素质、激发群众内生动力、建立健全利益联结机制三个方面，强力推进党支部领办集体合作社高质量发展。

关键词： 党支部 合作社 集体经济 毕节

合作社既是一个老话题，又是一个新课题。毕节市在学习“塘约道路”的基础之上，立足本市实际，探索并在全市推广党支部领办集体合作社的做法。2020 年 7 月，中央全面深化改革委员会办公室《改革情况交流》第 26 期刊发了《贵州毕节创新推进党支部领办村集体合作社》，对毕节党支部领办村集体合作社的举动给予了充分肯定。毕节的这一探索创新，从全市的角度实现了党支部对村集体经济组织的全面领导，引领农民组织起来走合作化道路，有效助推毕节同全国全省按时打赢脱贫攻坚战，对推动巩固拓展脱贫

* 李庄，博士，中共毕节市委党校副校长，研究方向：党的理论与党的建设；张斌，中共毕节市委党校外训处副处长，副教授，研究方向：行政法学。

攻坚成果同乡村振兴有效衔接具有重大的现实意义，对推进实现共同富裕取得实质性进展具有较大的促进作用。

一 马克思主义政党合作化理论的历史演进

合作制理论是马克思主义经济理论和科学社会主义学说的一个重要内容，是无产阶级在执政后，对农村集体经济提出的重大理论问题与实践问题。马克思、恩格斯、列宁、斯大林以及中国的马克思主义者，把合作制看作联合农民实现农业社会化的基本经济形式。

（一）马克思和恩格斯的合作化理论

在马克思和恩格斯的时代，无产阶级尚未取得政权，但马克思与恩格斯却站在辩证唯物主义和历史唯物主义的视角，分析了农民和小农经济的优势和弊端，构想了未来对农民进行社会主义改造的实践路线。马克思认为，农民是私有者，又是劳动者，是无产阶级进行革命和建设的最可靠的同盟军。因此，对待农民，既不能“赎买”，更不能“没收”，而只能通过合作制的形式逐步引导他们进入社会主义。恩格斯认为：“我们对于小农的任务，首先是把他们的私人生产和私人占有变为合作社的生产和占有。但不是采用暴力而是通过示范和为此提供社会帮助。”①

（二）列宁和斯大林的合作化理论

列宁第一个将马克思和恩格斯的合作制构想付诸实践。十月革命胜利后，苏维埃共和国在土地国有化的基础上，把农民组织起来，搞集体经济，并且外国武装干涉被迫实行战时共产主义。战争结束后，苏联实行新经济政策，合作社得到了较快发展，列宁晚年口授的《论合作制》一文中，明确提出合作社是将小农逐步引向社会主义的最佳形式，走合作社道路是俄国未

① 《马克思恩格斯全集》（第 3 卷），人民出版社，1958，第 310 页。

来发展的必然选择。列宁指出：“在采用尽可能使农民感到简便易行和容易接受的方法过渡到新制度方面，合作社具有多么重大的意义。”① 列宁认为通过合作制找到了私人利益与国家利益相结合的尺度，找到了私人利益服从共同利益的尺度，而这是过去许许多多社会主义者解决不了的难题。斯大林继承和发展了列宁的合作社理论，以集体农庄形式大规模开展农业集体化。斯大林认为集体农庄作为一种经济类型，是社会主义的经济形式之一。他明确提出：“集体农庄是合作社的一种形式，是最明显的生产合作社形式。有销售合作社，有供应合作社，也有生产合作社。集体农庄是整个合作社运动不可分割的组成部分，也是列宁合作社计划不可分割的组成部分。”②

（三）中国共产党人的合作化理论

马克思主义关于合作化理论具有普遍的世界性意义，不仅对苏联合作化运动产生了重要影响，对中国的合作化运动也产生了深远的影响。事实上，早在大革命时期，毛泽东同志就对合作社问题进行了深入思考，在《中国社会各阶级的分析》《湖南农民运动考察报告》中，毛泽东同志认为，农民要摆脱地主的剥削和商人的盘剥，参加合作社是一种非常好的方式，他指出“合作社，特别是消费、贩卖、信用三种合作社，确是农民所需要的”。③ 此后，在土地革命战争时期、抗日战争时期、解放战争时期，毛泽东同志十分重视合作社工作，强调要改变农民的贫困状况，唯一的办法就是组织农民生产向集体化方向发展，主要方式就是建立合作社。新中国成立后，我国的农业合作化实践经历了“互助组—初级社—高级社—人民公社”的逐步探索的过程。中央通过召开会议、下发文件对合作社工作进行安排部署。毛泽东、刘少奇等领导对合作经济都进行了深入的研究和论述。毛泽东同志撰写了《把农业互助合作当作一件大事去做》《关于农业互助合作的两次谈话》《关于农业合作化问题》等文章，对合作社工作进行了亲自安排、亲自部

① 《列宁选集》（第4卷），人民出版社，1972，第682页。

② 《斯大林全集》（第11卷），人民出版社，1953，第98页。

③ 《毛泽东选集》（第1卷），人民出版社，1991，第40页。

署。他指出："目前农村中合作化的社会改革的高潮，有些地方已经到来，全国也即将到来。这是五亿多农村人口的大规模的社会主义的革命运动，带有极其伟大的世界意义。"① 毛泽东同志还亲自主持编写了《中国农村的社会主义高潮》，并为之写了2篇序言以及104篇按语。毛泽东同志读书常常进行批注，但对一本书写下如此多的按语，这是非常难见的，由此可见，他对合作社工作的重视程度。"一切地方的党组织都全面领导了这个运动。农民是那样热情而又很有秩序地加入这个运动。他们的生产积极性空前高涨。"这一时期，以毛泽东同志为核心的党的第一代中央领导集体继承了马克思主义合作化理论，把合作社看作是引导农民走向社会主义必然选择的道路，在领导中国农业合作化的实践中不断深化和拓展这一观念。改革开放以后，中国农村实行了包产到户的家庭联产承包责任制，提高了农民生产劳动的积极性。1990年，邓小平在谈到农业问题时指出："中国社会主义农业的改革和发展，从长远的观点看，要有两个飞跃。第一个飞跃，是废除人民公社，实行家庭联产承包为主的责任制。这是一个很大的前进，要长期坚持不变。第二个飞跃，是适应科学种田和生产社会化的需要，发展适度规模经营，发展集体经济。这是又一个很大的前进，当然这是很长的过程。"党的十八大以来，习近平总书记高度关注农业合作化工作。2016年5月，习近平总书记在黑龙江考察时指出："农民专业合作社是带动农户增加收入、发展现代农业的有效组织形式。"2018年9月，习近平总书记在中央政治局第八次集体学习时强调："要突出抓好农民合作社和家庭农场两类农业经营主体发展，赋予双层经营体制新的内涵，不断提高农业经营效率。"2020年7月，习近平总书记在吉林省四平市梨树县考察调研时强调："走好合作化的道路。我们要总结经验，在全国不同的地区实施不同的农业合作化道路。"习近平总书记关于合作社的重要论述，为抓好党支部领办集体合作社工作提供了根本遵循。

---

① 《毛泽东选集》（第5卷），人民出版社，1977，第168页。

二 毕节党支部领办集体合作社的时代价值

毕节党支部领办合作社是将党支部的政治功能与合作社的经济功能进行有机融合的制度创新。这种创新，通过党支部领导保证了合作社的正确发展方向。同时，通过合作社发展农村集体经济，积累了把农民重新组织起来的物质基础。这就能够有效破解毕节大多数农村存在的支部凝聚力差、村集体经济薄弱、群众各自为政、产业发展弱小的现状，对于坚持和发展中国特色社会主义具有重要的时代价值。

（一）党支部领办集体合作社是夯实党在农村执政基础的迫切需要

习近平总书记指出，农村工作千头万绪，抓好农村基层组织建设是关键。调研中发现，如果一个村集体经济是“空壳”的，这个村往往是“空心”的，那么党的领导必然也是“空转”的。经济基础决定上层建筑，党支部要实现对农村各项工作的领导，只有壮大集体经济，才能有更多的话语权，才能增强党支部的凝聚力和号召力，实现说话有人听、办事有人跟。党支部领办合作社，能把党组织的政治优势、组织优势同合作社的经济优势、产业优势叠加起来，形成集聚效应，实现党对农村经济的有力领导，确保农村改革发展沿着正确的方向前进。同时，党支部领办合作社，能够充分吸纳贫困群众加入，还能有效吸引外出务工人员回乡发展。毕节人口众多，其中有 1/3 左右外出务工，他们中的绝大多数是因为“一方水土养不起一方人”才背井离乡。参加合作社，在家门口务工创业，既可实现经济收入，又可照顾家庭，可谓两全其美。毛泽东同志指出，对于农村的阵地，社会主义如果不去占领，资本主义就必然会去占领。曾经有一段时间，一些农村宗教盛行，农民信教人数众多，甚至一些党员也信教。一些群众信教不信党，听教会的不听党组织的，党组织软弱涣散，党的执政基础受到侵蚀。为什么信教群众多的村以前大多是贫困村和“空壳”村，根源还在于群众的诉求党组织没有能力解决，从而诉诸宗教。党支部领办合作社，壮大村集体经济，能够有效解决群众的困难和诉求，树立起村党组织的威信，让广大群众共享发展成果，能够把群众吸引和团结到党组织的周围来，不断提升农村基层党组织的组织力、号召力、凝聚力、创造力和战斗力。党支部领办合作社、发展集体经济，就是建设共产党在农村中的经济组织，只有获得人民群众的支持，才能有效夯实党在农村的执政基础。

（二）党支部领办集体合作社是破解农村集体经济薄弱的有效途径

毕节以前是全国贫困面积大、贫困人口多、贫困程度深的深度贫困地区之一，农村集体经济薄弱，很多村属于“空壳”村。近年来，在市委的高度重视下，各县区多措并举发展壮大村级集体经济，绝大多数村都有了一定数量的集体经济积累。但在调研中发现，很多村的集体经济积累是上级部门或县区财政给的帮扶或启动资金，而不是真正意义上的生产经营性收入。近年来，各种各类各路资金大量向农村倾斜。但长期以来，这些生产要素都是分散经营，没有形成集聚效应，往往出现“垒大户”现象，好钢没有用在刀刃上，这也是农村集体经济薄弱的一个重要原因。毕节探索的党支部领办合作社与其他农民专业合作社的本质区别，就在于注重“集体”属性，积极鼓励村集体整合集体土地、集体资产、集体资金、帮扶项目和资金等资源，采取单一或组合方式入股合作社。同时，在收益分配上进行了严格的规定，从制度层面规定合作社的纯收益中的20%可以作为集体积累，用于发展和扩大再生产，有效保障了集体经济的发展壮大。比如，黔西市谷里镇清明村党支部领办了清明村绿意果蔬种植农民专业合作社，共有入社人数304人，入股资金35万元，2021年度经营性收入达116.32万元，净利润达46.57万元，村集体分红为9.31万元，社员分红为32.6万元。

（三）党支部领办集体合作社是实现共同富裕美好蓝图的生动实践

毕节是全国唯一以“开发扶贫、生态建设”为主题的农村综合改革试验区，从创办伊始，就承担着“近期作示范、长远探路子”的政治责任和历史使命。2018年7月，习近平总书记对毕节试验区工作做出重要批示，要求毕节着眼长远、提前谋划，做好同2020年后乡村振兴战略的衔接，着力推动绿色发展、人力资源开发、体制机制创新，努力把毕节试验区建设成为贯彻新发展理念的示范区。无论是“近期作示范、长远探路子”，还是贯彻新发展理念示范区，毕节都承载着党和国家的殷切希望，即欠发达地区如何走出一条生态美、百姓富的路子。共同富裕是社会主义的本质要求，是中国式现代化的重要特征。习近平总书记指出：“促进共同富裕，最艰巨最繁重的任务在农村。农村共同富裕工作要抓紧……要全面推进乡村振兴，加快农业产业化，盘活农村资产，增加农民财产性收入，使更多农村居民勤劳致富。”在脱贫攻坚决战决胜时期，党支部领办集体合作社，组织农民发展村集体经济，并将全村贫困户全部加入合作社，参与分红。从制度设计上看，就是为了实现农村贫困群众有财产性收入，尽快摆脱贫困。在乡村振兴时期，农民加入合作社，共同发展壮大村集体经济，从中获取分红，从而不断走向共同富裕。

三　毕节党支部领办集体合作社的主要做法

党支部领办集体合作社是对过去合作化运动的扬弃，符合马克思主义关于农村建设社会主义的基本理论，是在社会主义市场经济条件下将党的政治功能、组织功能、集中力量办大事等显著特征与合作社的经济功能、产业功能有机结合在一起的一种探索创新，是源于内生动力的组织方式创新，孕育了强大的生命力，具有远大的发展前景，是加强党对农村经济领导的重要体现，是增强农村党组织组织力的有效途径，拓展了党组织开展工作的广阔空间。

（一）突出顶层设计，高位推动

2016年底，毕节仍有7个贫困县、1981个贫困村、115万贫困人口。毕节如果不解决贫困问题，在全面建成小康社会的路上就会拖全国全省的后腿。面对如此艰巨繁重的任务，毕节主动突围，突出顶层设计、高位推动，努力探索一条发展集体经济的道路，以解贫困问题，进而与全国全省同步建成全面小康社会。这种主动精神体现在毕节一系列的重大决策部署中。毕节

在第二次党代会以及市委二届七次、八次、九次全会对党建引领及党支部领办集体合作社进行多次强调和部署。2017 年 3 月～2021 年 3 月，市委全面深化改革领导小组召开了 10 次会议，对党支部领办合作社的有关工作进行专题研究和部署，审议通过了一系列的重要文件。4 年的时间，对同一项工作进行了 10 次全面安排部署，重视程度力度可谓空前。事实上，没有这种顶层设计、高位推进，就不可能做到全市一盘棋。在较短的时间内毕节所有村都建立起党支部领办的集体合作社，有的合作社已经取得明显成效。比如，七星关区鸭池镇王家湾社区党支部领办了七星关区汇鑫源经果林专业合作社，共有入社户 80 户、入股资金 280 万元，2021 年度营业收入为 130 万元，净利润 25 万元，村集体分红 5 万元，入社群众分红 20 万元，2021 年人均可支配收入达 20500 元。

（二）突出党建引领，支部主导

《中国共产党农村基层组织工作条例》明确规定“村党组织书记应当通过法定程序担任村民委员会主任和村级集体经济组织、合作经济组织负责人”，这就为党支部书记承担合作社的引领作用提供了法理依据。在《毕节市党支部领办村集体合作社运行管理办法（试行）》（以下简称《管理办法》）中，明确村党支部书记通过法定程序担任理事长。若村党支部书记是机关事业单位下派干部的，那么合作社理事长由村党支部副书记担任，支部书记仍然履行领办责任，切实发挥党支部对发展村集体经济的组织和引领作用。村民富不富，关键看支部；支部强不强，要看领头羊。毕节试验区创办 30 多年了，从纵向看，取得了卓越的成绩，但从横向看，差距仍然很大。全面建成小康社会之前，毕节有大量深度贫困村和贫困人口的原因很多，但最根本最关键的还是人的因素，否则就无法解释，为什么有的村选好一个党支部书记，村容村貌就发生了翻天覆地的变化。这样的例子在毕节比比皆是。因此，毕节党支部领办合作社过程中，非常注重选优配强党支部书记，大力实施村级“头雁”提升和后备力量“育苗”工程，解决“有人领”的问题，积极通过实战训练等方式提升领办能力。比如，黔西市沙坝河村的刘家林，2016年辞去教师工作回乡选上村主任，后来选上村支书，注重宣传，将党员、群众拧成一股绳，通过养蚯蚓、种经济林、酿酒等产业，让“石旮旯”长出“金疙瘩”。2021年度，沙坝河村党支部领办的合作社，经营性收入达108万元，净利润34.7万元，村集体分红2.8万元，村民分红6万元，2021年全村农民人均可支配收入达11980元。

（三）突出机制建设，规范运行

毕节党支部领办集体合作社从一开始就十分注重机制建设、规范运行。毕节2020年就出台了《管理办法》，该《管理办法》是推动党支部领办村集体合作社规范运行的基础性文件，也是党支部领办集体合作社的施工图。明确党支部领办村集体合作社的类型、组织架构、入股方式、收益分配、组建流程、管理方式、经营模式、扶持政策、风险防控和组织保障等，并逐步形成“七统一”，即采取章程统一审核、资源统一评估、项目统一论证、收益统一规范、财物统一管理、社务统一公开、文档统一保管的管理模式。正是有了统一的模式，合作社才能较好地对标执行，这也是党支部领办合作社在全市得以迅速有效推进的原因之一。同时，注重建立健全奖惩机制。市级财政2021年设立500万元专项奖励资金用于奖励全市基层党组织领办集体经济组织示范点10个，每个集体奖励50万元，作为集体积累。此外，各县（市、区）、各乡镇、各村（社区）也在积极探索、创新模式。比如，七星关区鸭池镇探索由镇级联合社统筹生产前端和销售后端，由村级合作社领着干的“两统一干”举措，有效地推动了合作社的蓬勃发展，为巩固拓展脱贫攻坚成果，有效衔接乡村振兴打下坚实基础。2021年产值达3000余万元，净收益500余万元，群众分红资金300万元，2021年人均可支配收入达20000元。“两统一干”推动了各村党支部领办集体合作社走合作化、集体化道路，有效解决了村级合作社“不会干、不敢干、不想干、不能干”和“一个村单打独斗”的问题，凸显了党组织对实体经济的引领导向作用。再比如，大方县羊场镇新田村党支部领办的新田集体经济专业合作社探索一盘棋、一条链、一本账的“三个一”发展模式，把党组织政治优势、组织优势同合作社的经济优势、基地的地域优势和群众的能动性相结合，走出一条既强村又富民，以组织力提升促乡村振兴的共同富裕道路。2021 年度合作社营业收入为 107 万元，净利润为 32 万元，全村农民人均可支配收入为 10326 元。

四　毕节党支部领办集体合作社的现实困境

近年来，中央高度重视党对农村集体经济的领导和农村组织架构的重塑，《中国共产党农村基层组织工作条例》《中国共产党农村工作条例》等重要党内法规都对村党组织书记担任村民委员会主任和集体经济组织、合作经济组织负责人提出了明确要求，指明了方向。所以，毕节党支部领办合作社的探索符合中央的要求，体现了未来农村政治组织、群众组织和经济组织有机融合的方向。但在实践中，仍然存在不少现实困境。

（一）能力素质不足，难以有效引领

党的十八届三中全会提出“推动国家治理体系和治理能力现代化”重大命题，这在党的全会是第一次。党的十九届四中全会专门研究国家治理体系和治理能力现代化问题。党支部领办合作社，实质上也是对农村的治理，这就要求我们的治理体系和治理能力要符合新时代的要求，这就需要有一大批爱农村、懂经营、善管理的人才来引领。从毕节村支“两委”，尤其是党支部书记的现状来看，还存在不少短板和弱项，有一些村党支部书记思想陈旧、年龄结构老化、管理水平低下、市场意识淡化、知识结构单一、学历层次偏低，缺乏带着群众干、带着群众闯的勇气和干劲，其能力素质难以承担起有效引领合作社的重任。在一些村支“两委”干部，包括党支部书记的思维里，认为村干部的职责就是协调好农村的各种纠纷、为村民出具各种证明、填报好上级需要的各种资料等。对如何发展农村集体经济，如何盘活农村的各种资源，如何闯市场等思考不多。一言以蔽之，不少村干部脚步进入了新时代，而思维还停留在过去时。习近平总书记指出：让群众更多知道党和政府正在做什么、还要做什么，对坚定信心至关重要。党支部领办合作社同样

如此。要加大宣传培训力度，要举办各级培训班，请专家讲清楚党支部领办合作社的重要意义、运行机制和利益联结，让村支"两委"成员有思路、有信心、有办法领办合作社，让广大群众有激情、有意愿、有动力加入合作社。

（二）组织起来不够，难以抱团发展

组织起来，是我们党的一大优势。革命之所以成功，关键就在于把"一盘散沙"的旧中国组织成了"钢铁长城"，从而赢得了一个又一个的胜利。马克思主义认为，农民依靠个体力量无法应对市场竞争，更无法防范市场风险，除非将农户组织起来走集体化的道路，而合作社就是走集体化道路的必经之路。《半月谈》发过一篇题为《80%以上合作社沦为空壳？乡村振兴莫让形式主义带歪》的文章，按照农业部统计口径，全国有 200 多万个农民专业合作社，但有 80%是空壳的。很多合作社之所以沦为空壳社，关键是因为没有组织起来。党支部领办合作社，目的是把农民组织起来实现抱团发展，变"单打独斗"为"集体发力"，从而实现集聚的合力。然而，要发展合作社，就要把农民的土地、资源等集中起来，这对"手中有粮、心中不慌"的农民来说是一个巨大的冲击。同时，长期以来，分散经营、自给自足的观念在农民思想中根深蒂固，而且 20 世纪中期开始实践、后来中止的合作化运动并没有解决广大农民的贫困问题，也没有有效改善农村的经济环境，因此，农民对组织起来、抱团发展的认识不够。尤其是在党支部领办合作社运营初期，在利益效益还不明显的时期，把农民组织起来还需要做大量的工作。

（三）利益实现不好，难以惠及群众

合作社的关键在合作，而合作的要害在于利益联结，没有好的利益联结，合作社的吸引力不够，则无法形成有效的凝聚力，甚至会出现一盘散沙的情况。毕竟，党支部领办合作社，目的是增加农民的收入，确保脱贫后不再返贫，并逐步走向共同富裕。而实现共同富裕，是中国特色社会主义的本质特征之一。党的十九届五中全会明确提出，实现共同富裕要取得实质性进

展。因此，毕节党支部领办合作社在制度设计时，就充分考虑到发挥利益链“引擎”作用，建立了合理的利益联结机制，为共同富裕开好头、起好步。毕节从入股方式、持股方式和分配方式上进行了创新探索。在《管理办法》中规定，村集体留存资金、合作社管理人员的奖励资金、群众收入按照2∶1∶7的比例进行分配。这样的分配是比较合理和科学的，既能保证扩大再生产，也能壮大村集体经济，还能实现群众的增收。但在实际分配中，群众的占比不多、收益不明显，个别地方出现“垒大户”的情况。全市党支部领办的合作社中，农民的收益较为明显提升的并不多，相反，微薄的利益挫伤了群众加入合作社的积极性。比如，黔西市XX镇XX村富农种植养殖农民专业合作社，全村共有736户3658人，覆盖340户（人）入社。2021年育皂角苗230亩、香樟苗260亩等，实现营业性收入151.04万元，纯收益50.5万元，分红10.3万元。如果按340户平均分配，每户每年分红约为303元；如果每户按5人来计算，平均每人仅有60元左右的分红收入，可以说，这样微薄的收益对广大群众加入合作社的吸引不够。而且，XX村富农种植养殖农民专业合作社是黔西市党支部领办集体合作社中办得比较成功、效益比较好的。其他的合作社成效由此可见一斑。

五　毕节党支部领办集体合作社的对策建议

毕节市党支部领办集体合作社的发展方向与党中央提出的实现共同富裕取得更为明显的实质性进展具有目标的一致性。然而，在推进过程中，仍然存在着思想意识不到位、能力素质不相称、群众参与不积极、利益实现不到位等问题。下一步，要努力找到短板并补齐短板，发扬各地优势，积极探索新路径，适应毕节高质量发展要求。

（一）多措并举提升支部书记能力素质

党支部对合作社的引领是党支部领办合作社的核心和关键，也是最大的特色，这既能保证合作沿着正确的政治方向运行，又能提升党支部的凝聚力和号召力。任何时候，集体合作社都不能离开党支部的领导，否则就不能称其为党支部领办。要发挥好党支部书记引领作用。党支部领办并不等同于党支部书记领办，但党支部书记的作用非常关键，特别是在党支部书记、村委会主任、合作社理事长一肩挑的情况下，合作社的成功与否，取决于党支部书记的能力素质。要站在讲政治顾大局抓发展的视角，统筹好三个职责，既不能有所偏好，又不能顾此失彼。要强化培训力度。当前，毕节的党支部书记要么是换届后继续留任的，要么是年轻、学历高、新当选的，但普遍对党支部领办合作社没有很多的经验。要加大培训力度，通过市级示范培训、县级重点培训、乡镇兜底培训，甚至可通过域外培训，全面提升党支部书记能力素质。要强化“抓点”做样。要重视“抓点”工作，“抓点”的目的和意义在于“解剖麻雀”，从中找出内在规律和运行规则，总结出“点”上的经验做法，规避会出现的困难和弊端。在此基础上，发挥好“点”的示范带动作用，通过组织观摩学习等方式，带动其他合作社知道该如何做、怎么做，从而避免“各唱各的调、各吹各的号”，努力把“珍珠”串成“项链”、把“盆景”做成“风景”。

（二）千方百计激发群众内生动力

乡村要振兴、农业要发展，农民是主体也是基础。同样，党支部领办集体合作社，也要充分发挥农民的主体性和主动性，最大限度激发农民群众的内生动力。毕节党支部领办合作社开展前，毕节也存在不少个人领办的合作社，但真正运行好、能使群众受益的很少，大多因为运营不规范、市场把握不准、路子不对头、单打独斗而最终运行不下去。其中的原因很多，但没有发动群众是主要的原因之一。家庭联产承包责任制和一家一户的分散经营，在一定程度上弱化了农民群众对集体的依赖，淡化了群众的集体意识。一些村群众比较散漫。在决胜脱贫攻坚过程中，一些农村甚至出现了“要穷穷到底，政府来兜底”“坐在门口晒太阳，等着政府来帮忙”的怪现象。一些农民想问题、办事情，只关注自家的“一亩三分地”，事不关己高高挂起，对集体建设、公家事务不闻不问，只要权利不要义务，只要好处不愿意付出。党支部领办合作社是一件长期持久的富民事业，要靠群众积极参加才能实现可持续。要充分尊重群众的意愿，多做细致的思想工作，多带群众出去学习考察，给群众以看得见的利益，让群众自愿加入、自觉融入，决不搞指标摊派，更不能把群众入社作为硬性任务。毕节党支部领办集体合作社要取得实实在在的成效，就要千方百计、想方设法激发群众的内生动力，发挥好群众的主动精神，把群众组织起来，通过合作社，逐步走向共同富裕。

（三）齐心协力打造利益共同体

党支部领办集体合作社在利益层面涉及的群体很多，要充分考虑到各个群体的利益，把各个群体拧成一股绳，有效整合利益，激发积极性和创造性，不断扩大再生产，最终达到利益共享。要建立健全按劳分配为主，多种分配方式相结合的利益联结机制。长期以来，农民的收入主要靠务工。近年来，虽然收入有了持续提升，但与资本的收益相比不成正比，差距较大。要鼓励群众进入合作社务工和参与经营管理，提高务工和参与管理的收入，实现按劳取酬。要鼓励群众自愿将土地、山林、水域等资源资产流转或入股到集体合作社，实现按股分红。要拓展合作社的经营范围和领域，要在传统的种植业养殖业的基础上，逐步扩大到深加工和精加工领域，延长产业链，提高附加值，创造更多的利润，让各个群体都能获利，共同为合作社献计出力。

B.21
毕节新型城镇化发展质量评价及提升对策

陈其荣*

摘　要： 新型城镇化实现高质量发展不仅是检视城镇综合竞争力、市民融入程度、共享发展成效的重要内容，还是衡量县城补短板强弱项的地方实践效果的重要标尺。本报告以毕节为例，构建经济水平、社会进步、城镇建设、绿色发展、城乡协调等五个维度的评价指标体系，采用均方差法和综合指数法客观评估市域新型城镇化发展质量，并从城镇化发展质量、城区竞争力、基础设施、城乡协调和绿色发展方面提出了对策建议。

关键词： 新型城镇化　发展质量评价　毕节

经过30多年的发展，毕节经济社会发生了巨大变化，实现了人民生活从普遍贫困到全面小康、生态环境从不断恶化到明显改善的重大跨越，城镇化水平和质量稳步提升，城镇空间格局不断优化，城乡融合发展稳步推进，城乡基础设施承载能力逐步增强，特色小城镇建设提升较大，绿色发展成效突出，城镇化体制机制改革有序推进，为新阶段毕节新型城镇化高质量发展奠定了良好基础。

与此同时，毕节新型城镇化仍然存在较多短板，如常住人口城镇化率

* 陈其荣，贵州省社会科学院城市经济研究所助理研究员，研究方向：城市经济学、区域发展与管理。

水平低，城镇化质量有待进一步提高，中心城区辐射带动能力弱，重大基础设施承载能力有待加强，易地扶贫搬迁人口市民化长效机制亟待完善，城乡治理能力有待提升等。基于此，本报告通过构建经济水平、社会进步、城镇建设、绿色发展、城乡协调等五个维度的综合评价指标体系，纵横向对比分析毕节新型城镇化发展质量、剖析县域城镇化发展现状，致力于提升毕节中心城区和县城的人口及产业吸纳能力，增强城镇建设空间的安全韧性，逐步改善县城与城市的“割裂”现状，体现社会公平性的持续提升。

一　评价指标体系构建

国内现有研究中，城镇化质量评价的体系较为丰富、数据层次多样、研究内容各有侧重。从城镇化质量评价的体系来看，主要集中在城镇化发展的推动系统、完善系统和保障系统等三个层面①；从城镇化质量评价的研究尺度和范围数据分析来看，分为国家层面②、区域层面③、省域④及地级市⑤等四个层级；从研究内容的侧重点上看，分别从城镇化发展质量与资源环境⑥、产业

① 杨丽、孙之淳：《基于熵值法的西部新型城镇化发展水平测评》，《经济问题》2015年第3期，第115~119页；王新越、秦素贞、吴宁宁：《新型城镇化的内涵、测度及其区域差异研究》，《地域研究与开发》2014年第4期，第69~75页。

② 熊湘辉、徐璋勇：《中国新型城镇化水平及动力因素测度研究》，《数量经济技术经济研究》2018年第2期，第44~63页。

③ 余江、叶林：《中国新型城镇化发展水平的综合评价：构建、测度与比较》，《武汉大学学报》（哲学社会科学版）2018年第2期，第145~156页。

④ 王新越、宋飏、宋斐红、于世远：《山东省新型城镇化的测度与空间分异研究》，《地理科学》2014年第9期，第1069~1076页；张引、杨庆媛、李闯、杨孟禹：《重庆市新型城镇化发展质量评价与比较分析》，《经济地理》2015年第7期，第79~86页。

⑤ 牛晓春、杜忠潮、李同昇：《基于新型城镇化视角的区域城镇化水平评价——以陕西省10个省辖市为例》，《干旱区地理》2013年第2期，第354~363页。

⑥ 张引、杨庆媛、闵婕：《重庆市新型城镇化质量与生态环境承载力耦合分析》，《地理学报》2016年第5期，第817~828页。

升级[①]、创新驱动[②]等多维度进行了定性与定量的实证研究。这些研究在城镇化发展质量上均设置了经济发展、社会进步、城镇空间、生态环境等评价指标。本报告旨在对 2020 年毕节市新型城镇化发展质量进行系统评估，综观文献并借鉴现有研究，参考国家新型城镇化规划评价指标体系、部分省市评价指标体系、绿色发展指标体系等，结合毕节市绿色发展、人力资源开发和体制机制创新的新要求，主要围绕经济水平、社会进步、城镇建设、绿色发展、城乡协调等五个维度构建了三级评价指标体系，系统评估毕节在推进以县城为核心载体的新型城镇化建设上的典型经验、亮点做法、亟须补齐的短板等，并就提升新型城镇化发展质量提出了对策建议，在推进毕节高质量建成贯彻新发展理念示范区方面具有重大的理论价值和实践意义。

综合评价指标体系中经济水平维度是一定时期内该区域经济规模、经济效率、经济增长和经济平均量的综合体现。社会进步维度是一定时期内该地区各要素影响社会前进过程的表征，具体包括社会经济指标和社会非经济指标。城市建设维度体现了以县城为核心载体的城市建设、居民生活、公共资源共享机会的均等性水平。绿色发展维度是影响区域群众生存与发展、自然资源以及气候资源数量与质量的总和，是关系区域社会和经济持续发展的复合生态系统的综合表征，也是毕节建设新发展理念示范区的重要主题之一。城乡融合维度是区域城乡发展差距进一步缩小、城乡经济生产要素按照市场经济规律和经济内在联系及自然地理条件的体现，是突破城区的行政界限，形成城乡协同、双向互补的关键。

① 程莉、滕祥河、文传浩：《人口城镇化质量对经济增长影响的实证分析》，《统计与决策》2017 年第 2 期，第 136~139 页。

② 方创琳：《中国新型城镇化高质量发展的规律性与重点方向》，《地理研究》2019 年第 1 期，第 13~22 页。

二 评价模型构建

（一）指标标准化处理

为科学系统地测算毕节新型城镇化发展质量指数，对评价指标数据的标准化处理采用改进的功效系数法。本报告设定各指标取值范围为［0.6，1.0］，x_{ij} 表示样本数据中第 i 个样本第 j 个变量的取值，max（x）和 min（x）分别表示变量 x 所有取值中的最大值和最小值。计算模型如下。

其中，正向指标代表该研究内容向上、向前发展的指标值，数值越大，代表该指标在相应发展维度的贡献度越大，正向指标的标准化计算规则为：

$$X_{ij} = \frac{x_{ij} - \min(x_{1j}, \cdots, x_{nj})}{\max(x_{1j}, \cdots, x_{nj}) - \min(x_{1j}, \cdots, x_{nj})} \times 0.4 + 0.6$$

负向指标的标准化计算规则为：

$$X_{ij} = \frac{\max(x_{1j}, \cdots, x_{nj}) - x_{ij}}{\max(x_{1j}, \cdots, x_{nj}) - \min(x_{1j}, \cdots, x_{nj})} \times 0.4 + 0.6$$

本报告的评价指标采用均方差法对各指标进行赋权，均方差法的数据主要取决于评价指标监测值的变异程度，根据指标信息量来确定相应指标权重系数，具有计算过程直观、数据可靠性高等优点。在数据标准化处理后，计算各样本区域的综合评价指标在某一维度中的权重，计算规则如下：

$$W_{ij} = \frac{X_{ij}}{\sum_{i=1}^{n} X_{ij}}, (j = 1, 2, \cdots, 15)$$

$$X_{ij} = \sqrt{\frac{1}{n} \sum_{i=1}^{n} (x_{ij} - \bar{x}_j)^2}, (j = 1, 2, \cdots, 15)$$

$$\bar{X}_j = \frac{1}{n} \sum_{i=1}^{n} x_{ij}, (j = 1, 2, \cdots, 15)$$

新型城镇化发展质量的三级评价指标权重按照均方差法的原理，进行对应计算，结果见表1。

表1 毕节市新型城镇化发展质量评价指标体系

一级指标	二级指标	三级指标	单位	属性	权重
城镇化发展质量指数	经济水平 0.202	经济密度	万元/km^2	正	0.0622
		人均 GDP	元	正	0.0708
		二、三产业占 GDP 比重	%	正	0.0690
	社会进步 0.190	R&D 经费支出占 GDP 比重	%	正	0.0617
		千人拥有中小学专任教师数	人	正	0.0662
		城乡居民基本养老保障覆盖率	%	正	0.0623
	城镇建设 0.200	人均建成区面积	km^2/万人	正	0.0680
		城镇燃气普及率	%	正	0.0703
		建成区路网密度	km/km^2	正	0.0616
	绿色发展 0.198	建成区绿地率	%	正	0.0598
		人均公园绿地面积	m^2	正	0.0685
		生活垃圾无害化处理率	%	正	0.0699
	城乡协调 0.210	城乡居民收入差异度	—	负	0.0800
		常住人口城镇化率	%	正	0.0643
		农村广播电视综合覆盖率	%	正	0.0653

注：指标属性中“正”表示正向指标，即指标数值越大表明被评估的内容在维度中的贡献率越大；同理，“负”表示负向指标。

资料来源：《毕节统计年鉴2021》《毕节市2020年国民经济和社会发展统计公报》《2021年毕节市人民政府工作报告》。

说明：由于本文成文于2022年7月，有关部门还未正式公布2021年的相关统计数据（法定数据），为了严谨，本文均以2020年的法定数据为基础进行相关测算分析。

（二）新型城镇化质量指数评价模型

由于评价指标体系包含多个维度的衡量内容，新型城镇化质量指数计算采用综合指数法。综合指数法不仅确保了横向评价指标数据的可对比性，也从客观上转化了不同样本区的新型城镇化质量指数的纵向可比性。

三级指标的权重通过均方差法赋权，各评价指标标准化处理后的数据与指标权重系数的乘积和可得二级指标质量指数，进而求出二级指标权重，再采用综合指数法求得不同样本区域的新型城镇化质量指数，计算模型如下：

$$f_i = \sum_i (w_i \times x_i)。$$

f代表综合评估指数值，数值越大，表明该地区的新型城镇化质量越高。

三　毕节新型城镇化发展质量评价

（一）新型城镇化发展质量综合指数分析

根据前文计算模型，测算出毕节 8 个县（区、市）的新型城镇化发展质量综合指数。整体看来，2020 年毕节市新型城镇化发展质量进入提升阶段，其中七星关区、大方县、黔西市、金沙县等区域新型城镇化质量指数均大于毕节市新型城镇化质量指数，织金县、纳雍县、威宁县和赫章县均低于毕节市平均水平，赫章县新型城镇化质量指数低于毕节平均水平近 12 个点（见图 1）。

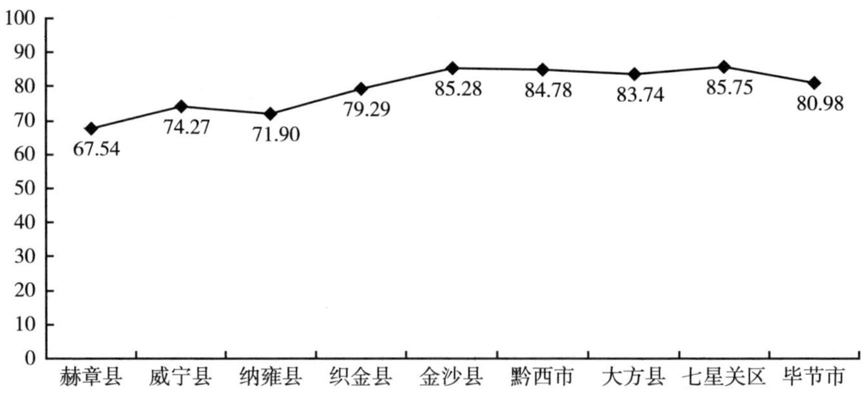

图 1　2020 年毕节市各县（市、区）新型城镇化发展质量综合指数

资料来源：《毕节统计年鉴 2021》《毕节市 2020 年国民经济和社会发展统计公报》《2021 年毕节市人民政府工作报告》。

2020年毕节新型城镇化工作向纵深推进，呈现发展稳健、质效提升、活力增强的良好态势。

一是新型城镇化发展质量进入提升阶段。全市新型城镇化工作重点由顶层设计转向改革攻坚，在产业支撑、城镇建设、农业转移人口市民化、脱贫攻坚等多项改革工作中取得明显突破，全市城镇常住人口比重持续提升，“十三五”期间年均增长1.59%，2020年人口城镇化率达到42.12%。

二是城镇空间格局不断优化。全市基本形成以“七星关—大方中心城区”为主要载体、各县（市、区）中心城区为节点、重点小城镇为纽带的市域城镇发展体系，城镇建成区面积、城镇建成区路网密度等持续提升，城市综合承载能力和吸引力逐步增强，城镇功能进一步凸显。

三是毕节市城镇人口就业支撑成效明显。大众创业、万众创新成为城镇化新动力，2020年毕节市创新开发“十大员”就业扶贫转岗，在岗人员达11.5万人，扶贫产业带动39.6万户群众脱贫。

四是人口流动以市内近域为主，县城城镇人口占全市城镇人口比重逐步提升，县级单元人口集聚态势加快现象，特色小城镇和农村中心村建设进程加快，成为农民就地城镇化的新载体，大力推进省级示范小城镇、特色小城镇以及“镇村联动”工程，共建成9810个项目，新增城镇人口188004人，城镇基础设施、公共服务设施和产业项目得到较大提升。

五是绿色发展成为引领毕节新型城镇化建设的新方向，中心城区、县城的生活污水处理率分别达到97.4%、87.9%，垃圾无害化处理率分别达到95.89%、92.8%，环境空气质量优良天数比例均达97%以上，县城以上集中式饮用水源地水质达标率达100%，国控、省控河流断面水质优良比例达100%，城镇化发展方式进一步优化。

六是城镇基础设施建设扩容与提质并重，加快完善城市道路面积、城市地下综合管廊、社会公共停车位、城镇公厕、县区垃圾收运系统、城镇燃气管道等市政基础设施建设，设市城区燃气普及率达79.55%，县城燃气普及率平均为61.9%，城市服务功能进一步完善。

七是城镇化对乡村振兴的带动增强，城乡融合发展步伐进一步加快，城乡居民收入差异度达 3.05，持续推进特色小城镇、美丽乡村建设，农村人居环境改善面貌突出，城镇和农村居民人均可支配收入分别为 34274 元、11238 元，年均增长 8.2%、10.1%。

（二）新型城镇化各子系统发展质量指数分析

1. 经济水平

从各县（市、区）经济水平子系统发展质量指数看，仅有七星关区、黔西市和金沙县发展指数高于毕节市平均水平，七星关区经济水平子系统发展质量指数最高，高于毕节平均水平 3.7 个点，其余五个县的经济水平子系统发展质量指数均低于全市平均水平，威宁县和赫章县经济水平子系统发展质量指数较低，均低于毕节市平均水平近 3.7 个点（见图 2）。

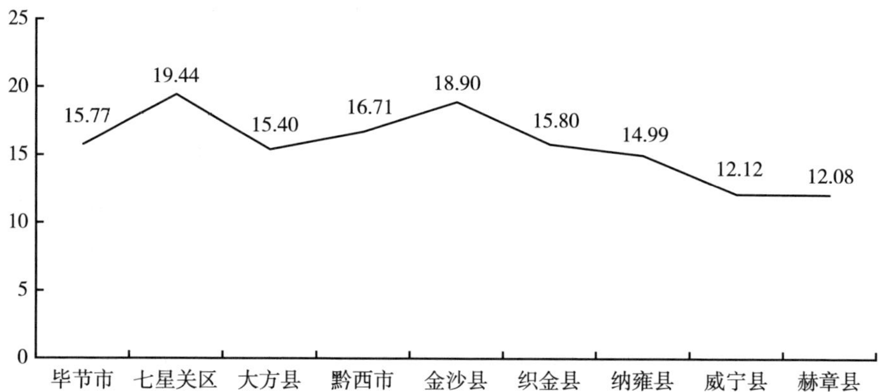

图 2　2020 年毕节市各县（市、区）新型城镇化经济水平子系统发展质量指数

资料来源：《毕节统计年鉴 2021》《毕节市 2020 年国民经济和社会发展统计公报》《2021 年毕节市人民政府工作报告》。

设市城区经济密度较大。七星关区经济密度最大，高达 1466 万元/km^2，其次是金沙县和黔西市，均远高于毕节市平均水平 752 万元/km^2，威宁县和赫章县经济密度最小，仅有全市平均水平的 60%、62%。

人均 GDP 在产业强县优势更凸显。金沙县人均 GDP 最高，2020 年高达 43437 元，远高于毕节市平均水平和其他县（市、区），人均 GDP 超过 3 万元的有七星关区和黔西市，分别为38490元、30601元，其余县人均GDP均在2万~3万元。

产业结构优化步伐加快。经济水平发展质量指数越高，二、三产业占GDP比重越高，其中金沙县和七星关区表现最为突出，均超过80%，分别为82.11%、81.33%。大方县、黔西市、织金县、纳雍县二、三产业占GDP比重均在70%~80%，赫章县和威宁县二、三产业占GDP比重分别为66.46%、59.74%。

2. 社会进步

从各县（市、区）社会进步子系统发展质量指数看，大方县和金沙县社会发展指数表现更加突出，均高于毕节市平均水平，分别为16.69、16.90，赫章县在社会进步方面也取得了较好的成绩，社会进步发展质量指数为15.46，高于毕节市平均水平（14.7），其余县（市、区）社会发展综合质量指数均低于全市平均水平，织金县最低为12.97（见图3）。

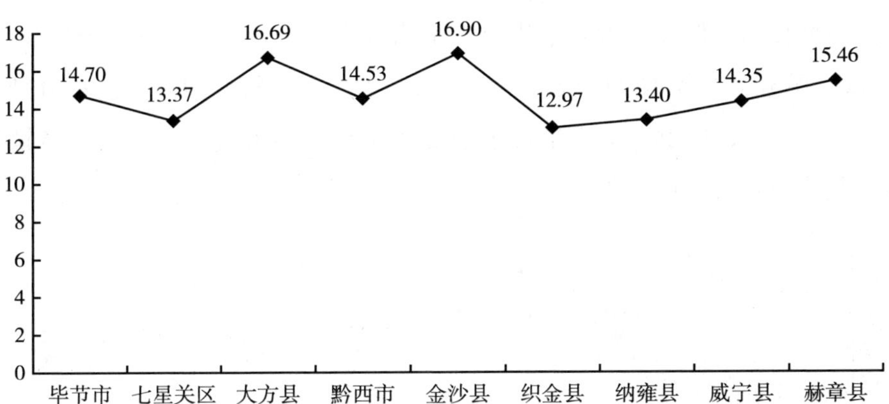

图3 2020年毕节市各县（市、区）新型城镇化社会进步子系统发展质量指数

资料来源：《毕节统计年鉴2021》《毕节市2020年国民经济和社会发展统计公报》《2021年毕节市人民政府工作报告》。

科技研发投入和创新能力差距较大。R&D经费支出占GDP比重在各县（市、区）差异突出，且差距较大。其中大方县和黔西市最高，分别为0.32%、0.22%；七星关区、纳雍县、威宁县和赫章县占比均在0.1%~0.15%，金沙县和织金县占比均在0.1%以下，分别为0.08%、0.04%，织金县仅有大方县 R&D 经费支出占 GDP 比重的 1/8。

义务教育阶段专任教师资源相对均衡。千人拥有中小学专任教师数在全市各县（市、区）相对均衡，均集中在 51~62 人，其中金沙县相对较高，高达 61.44 人，织金县最低，仅为 51.68 人，仅有黔西市、织金县和纳雍县千人拥有中小学专任教师数低于全市平均水平（56.47 人）。

社会保障覆盖范围持续扩大。各县（市、区）的统计监测数据显示城乡居民基本养老保险覆盖率稳步提升，绝大部分县域城乡居民基本养老保障覆盖率高于毕节市平均水平，仅有威宁县、黔西市低于毕节市平均水平；金沙县和赫章县最高，分别达 67.1%、67.22%。

3. 城镇建设

从各县（市、区）城镇建设子系统发展质量指数看，设市城区城镇建设成效明显，城市基础设施水平整体偏高，七星关区和黔西市城市建设子系统发展质量指数较高，均高于毕节市平均水平（17.02），分别高达 18.16、18.56；纳雍县和赫章县的城镇建设相对滞后，子系统发展质量指数分别为 13.15、13.51，低于毕节市平均水平近 4 个点，其余县（市、区）城镇建设质量指数相对均衡（见图 4）。

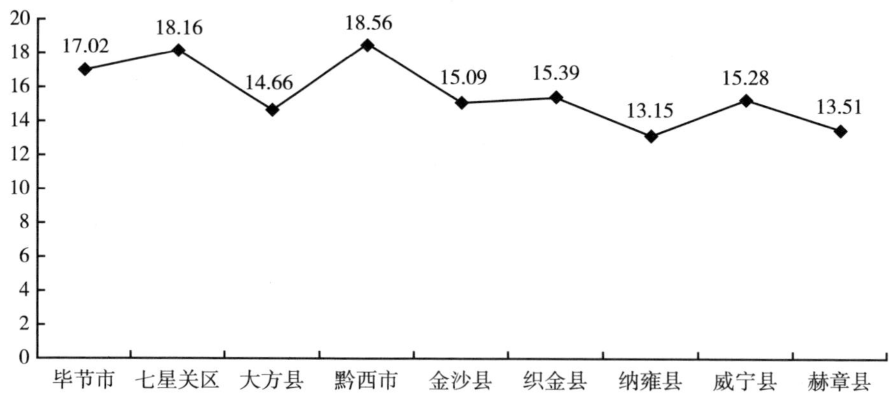

图 4　2020 年毕节市各县（市、区）新型城镇化城镇建设子系统发展质量指数

资料来源：《毕节统计年鉴 2021》《毕节市 2020 年国民经济和社会发展统计公报》《2021 年毕节市人民政府工作报告》。

城镇扩张速度和规模更加符合人口增长规律。城镇建成区面积扩张更加有序、理性和合理。毕节市人均建成区面积为3.39万人/km^2，纳雍县、威宁县和赫章县人均拥有城区面积较小，赫章县人均拥有建成区面积为5.45万人/km^2，金沙县和七星关区人口密度最小，分别为2.37万人/km^2、2.35万人/km^2。

城镇居民便捷度和生活质量明显提高。城镇燃气普及率稳步提升，设市城区燃气普及率较高，黔西市燃气普及率最高，高达88.1%，其次是七星关区，燃气普及率为79.55%，大方县最低，仅为51.2%，其余县（市、区）燃气普及率逐步提高，新型城镇化发展在改善城镇居民生活便捷度和质量上发挥了积极的作用。

城镇市政设施建设水平稳步提升。建成区路网密度可衡量城镇路网规划设计的合理性程度，黔西市建成区路网密度最大，为8.08km/km^2，其次是织金县、威宁县、大方县和赫章县，分别为6.47km/km^2、6.45km/km^2、6.05km/km^2、6.05km/km^2，金沙县最小仅有3.7km/km^2，与“十三五”初期相比，各县（市、区）指标均有明显提升，城镇市政设施建设稳步推进。

4. 绿色发展

从各县（市、区）新型城镇化的绿色发展子系统发展质量指数数据看，毕节全市绿色发展实现了较大提升，绿色引领的生态文明建设成效突出，绿色发展质量有序提升，其中威宁县的绿色发展质量指数表现最为突出，高达17.06，高于毕节市平均水平（15.17），七星关区、黔西市和大方县的绿色发展质量指数均高于全市平均水平，其余县（市、区）绿色发展质量指数低于全市平均水平，金沙县最低仅有13.01，绿色发展质量在各县（市、区）中差异较为明显（见图5）。

城镇建成区绿地率分异明显。设市城区和城镇建设较快的县城建成区绿色发展质量较高，绿地率较大，例如大方县和七星关区的绿地率较高，分别高达41.92%、39.07%，县城建设和发展较为滞后的地区建成区绿地率偏低，威宁县、纳雍县和赫章县等均是偏低的区域，威宁最低为19.84%，仅为大方县的0.47，全市8个县（市、区）的建成区绿地率分异明显。

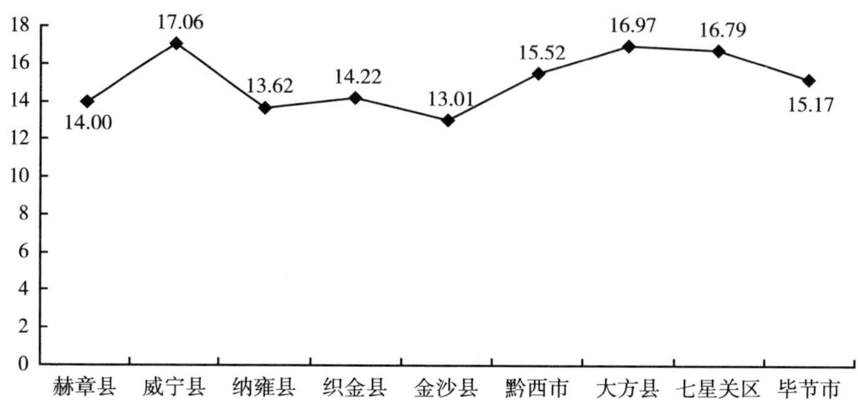

图 5　2020 年毕节市各县（市、区）新型城镇化绿色发展子系统发展质量指数

资料来源：《毕节统计年鉴 2021》《毕节市 2020 年国民经济和社会发展统计公报》《2021 年毕节市人民政府工作报告》。

城镇人均公园绿地面积逐步提高。全市城镇人均公园绿地面积为 13.07m^2，在绿色发展引领的城镇建设下，城镇公园数量增加，人均绿地面积扩张，但各县（市、区）差距较大，大方县和七星关区的人均公园绿地面积较大，分别为 16.54m^2、15.91m^2，纳雍县和赫章县人均公园绿地面积较小，分别为 9.75m^2、8.05m^2，绿色引领的城镇化发展成效逐步凸显。

城镇绿色生活方式持续深化。生活垃圾无害化处理率持续提升，绿色生活方式深入全市经济社会发展各方面，其中七星关区和大方县生活垃圾无害化处理率最高，分别高达 82.64%、81.57%，金沙县、织金县和纳雍县相对较低，金沙县最低仅有 60%。

5. 城乡协调

从各县（市、区）新型城镇化的城乡协调子系统发展质量指数数据看，毕节全市城乡融合发展取得突出成效，城乡居民收入差异度、常住人口城镇化率、农村广播电视综合覆盖率等评价指标监测数据变化趋势较好。其中金沙县、织金县、大方县、黔西市、威宁县等地的绿色发展质量指数高于毕节市平均水平（16.71），织金县和金沙县城乡协调发展质量指数超过 19，城乡融合发展进程较快，赫章县的城乡协调发展质量指数较低，低于全市平均水平 4. 2 个点，低于金沙县发展质量指数 7. 5 个点，部分区域城乡协调发展的矛盾仍然突出（见图 6）。

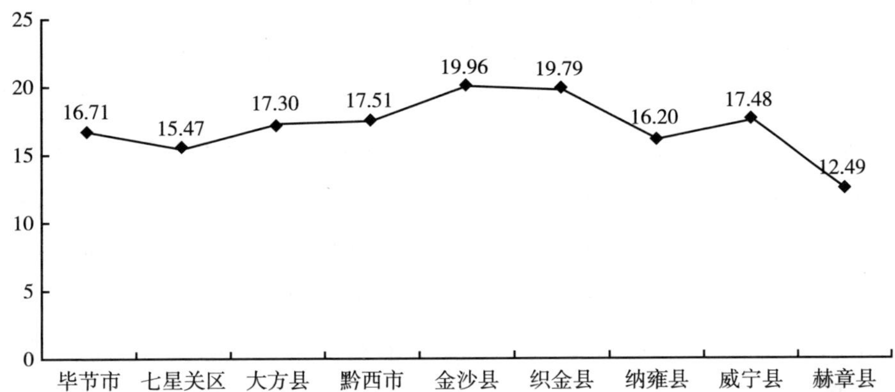

图 6　2020 年毕节市各县（市、区）新型城镇化城乡协调子系统发展质量指数

资料来源：《毕节统计年鉴 2021》《毕节市 2020 年国民经济和社会发展统计公报》《2021 年毕节市人民政府工作报告》。

城乡居民收入差异进一步缩小。毕节市全市城乡居民收入差异为 3. 05，仅有七星关区、纳雍县和赫章县城乡居民收入差异度大于全市平均水平，其中七星关区最大为 3. 18，其余县（市、区）的城乡居民收入比均低于全市平均生活水平，均在 2. 9 ~ 3. 0，金沙县最小为 2. 91，随着农民人均纯收入的快速提高，城乡居民收入差距进一步缩小，城乡发展更趋协调。

七星关区和金沙县常住人口城镇化率超过 50%。城镇常住人口城镇化率稳步提升，2020 年仅有七星关区、黔西市和金沙县常住人口城镇化率高于毕节市平均水平，分别为 52. 21%、48. 48%、50. 39%，织金县、纳雍县常住人口城镇化率在 40% ~ 43%，其余县常住人口城镇化率较低，均低于 40%。

城乡基本公共文化服务设施进一步缩小。农村广播电视综合覆盖率呈现均衡发展态势，全市农村广播覆盖率、电视综合覆盖率均较高，均超过 90%。其中未设市区域的农村广播电视综合覆盖率更高，织金县、金沙县、纳雍县等综合覆盖率在 94% ~ 97%，黔西市、七星关区和大方县的综合覆盖率相对较低，为 91% ~ 93%，多数区域综合覆盖率在平均水平上下。

（三）毕节新型城镇化发展存在的突出问题

1. 新型城镇化质量有待进一步提升

一是从农业转移人口供给看，农村可转移劳动力不断减少，“十三五”期间，毕节市在全力打好脱贫攻坚战的基础上，完成32.84万名群众搬出大山，大部分实现了城镇化安置。从全国第七次人口普查公布数据看，城镇人口占比提升到42.12%，乡村人口占比从73.84%下降到57.88%，农业转移人口数量稳中趋缓，全市年轻农村人口比重降低，加上老龄化趋势日益明显，农村劳动年龄人口不断减少，农村剩余劳动力已从“无限供给”转向“有限剩余”，加上乡村振兴的深入实施，农村对城镇化的人口供给危机逐渐显现。

二是从农业转移人口市民化意愿看，尽管毕节市全市落户政策实现了全面放开，但城乡居民人均收入差异逐步缩小，加上支农惠农政策力度不断增大，附着在农村户籍上的利益远多于城镇户籍。部分市民在城区落户后就业不理想，加之城镇生活成本高、家庭负担重等，导致农民进城落户的积极性不高，且越来越多的农民工正转变就业观念，从远距离“候鸟式”“钟摆式”流动转为就近兼业，使得地级城市的城镇化呈现“亦工亦农、城乡兼业”的现象，市民化的内在动力有所减弱。

三是从就业保障看，转移就业结构性矛盾突出。毕节市产业结构与就业结构不相匹配，2020年三次产业结构为24.1∶26.4∶49.5，2020年度农村劳动力外出就业人口为49.78万人、转移劳动力为18.58万人，期末在外农村劳动力就业184.8万人，全市外出就业人口中农业人口规模庞大，市内二、三产业相对不足，并不能满足农村劳动力转移就业需要。从劳动力供求看，农民工就业出现“两难现象”，呈现岗位需求高和技能素质低的两极分化现象，劳动力跟不上用工新需求，尽管出台了一系列政策配套，但由于农业转移人口就业具有流动性大的特征，相关保障政策难以全面落实。

2. 中心城区辐射带动能力还较弱

一是毕节市城镇化空间格局初步形成，但辐射带动能力还比较弱。七星关—大方同城化步伐明显加快，城市综合承载能力和吸引力逐步增强，城镇功能得到明显提升，但是中心城区的辐射带动能力还较弱。毕节市中心城区人口为 83.22 万人，仅占全市人口的 12.06%，中心城区还处于人口集聚的阶段，加上各县、乡镇的城区规模普遍较小，城镇体系结构呈现扁平化特征，边缘县城与中心城区联系较弱。

二是医疗和养老设施分布不均。毕节市全市共有医院 296 家，其中综合医院 236 家，有乡镇卫生院 231 家，城区的优质医疗资源明显高于县城，七星关区综合医院数量是黔西市、金沙县的两倍还多，城乡公共卫生健康服务均等化程度不高。养老设施建设不足，全市平均每千名老年人拥有养老床位数偏少，难以适应老龄化社会需求。

三是城镇市政设施配套总量不足。城镇用水、燃气、供热设施和地下综合管廊等配套设施不足且严重老化，地下管廊建设统筹协调不够，拉链马路现象存在，综合管廊敷设里程不足、占城市道路总长度的比例较低，排水防涝设施标准偏低，城市雨污分流工作有待深化，城镇生活污水处理、生活垃圾无害化处理有待巩固提升。

3. 城镇重大基础设施体系不健全

一是城镇内部基础设施仍需完善。城市建成区路网结构持续优化，但密度不高，公共停车设施缺乏，城市道路建设与机动车快速增长的矛盾比较突出。公共交通服务网络及运能扩张与发展需求不匹配，覆盖面广、便捷性强、可达性高和舒适性好的公共交通体系尚未形成。

二是城镇外联基础设施体系不健全。市域内的城镇中心区的铁路网络尚未全覆盖，仅开通了成贵铁路和织毕铁路，中心城区尚未有规划国家干线铁路经过。成贵高铁的开通加强了毕节与贵阳、成都的联系，但与重庆、昆明等西南地区核心增长极联系不够紧密，缺少直达交通，与遵义、昭通、六盘水等周边城市也仅有高速公路联系，川滇黔渝交通“十字枢纽”有待搭建。

三是市域骨干路网对乡镇服务效率低。全市普通省道道路等级明显偏低，三级及以上公路比重仅为 43.8%，全市 227 个乡镇中仍有 110 个未实现三级及以上公路联通，农村公路网络化水平偏低。市域内能源、水利和信息等基础设施网络保障水平有待提升，各县区经济水平差异影响导致城镇基础设施承载能力发展差距明显，城镇向乡村延伸的基础设施建设亟待加快。

4. 城乡协调发展的矛盾依旧突出

一是市域内各县（市、区）城镇化发展不均衡。2020 年各县（市、区）城镇化水平存在较大差距、发展不平衡，设市区的常住人口城镇化率与县域城镇化率最大相差一倍，设市区城镇化发展质量明显高于县城城镇化发展质量，城区、城镇、城乡差距突出。加上中心城区发展方式较为粗放，发展质量和效益不高，县城和小城镇产业支撑薄弱，吸引力不足。

二是人口分布与资源配置不相协调。城镇人口分布与资源配置不相协调，城乡经济发展差距较大，基本公共服务水平不均衡。2020 年全市城乡居民人均收入差距为 3. 05 倍，高于全国 2. 94 的平均水平，农村经济社会发展相对较慢，就业、教育、医疗、社保及公共服务配套等还存在突出短板，制约全市就地就近城镇化进程。异地扶贫搬迁和实行城镇集中安置的比重高，给搬迁群众的生产生活方式、思想观念、生活习惯等带来极大改变，但市民完全融入过程还比较长，当前安置区的产业发展和就业支撑还不足，城乡协调发展还需较长的过程。

5. 绿色发展治理效能有待提升

一是资源环境刚性制约加剧。毕节市是典型的喀斯特地貌地区，城镇资源性和工程性缺水危机日趋严重，地质地貌特殊，加上石漠化问题突出，城镇生态环境保护、生态修护等面临较大挑战。随着城镇化进程加快和城镇的规模集聚，对环境承载力形成了较大挑战，并形成了对环境基础设施的压力。

二是城市和区域性环境污染较为严重。空气污染在部分农业地区、城区表现较为突出，城市污水配套管网不完善、雨污分流难度大等问题还较为突出，部分工矿用地的集约节约利用度不高，加上因毕节市域内的地貌影响，乡村村落分散，农村生活生产等污染涉面广，集中治理难度大，绿色发展治理效能有待提升。

四 提升毕节新型城镇化发展质量的对策建议

（一）科学把握新发展阶段特征，稳步提高新型城镇化发展质量

城镇化是稳增长和调结构的黄金结合点，是稳住经济增长的利器。进入新发展阶段，加快县城城镇化补短板强弱项，推动县域经济优化结构、转化动能，深入推进新型城镇化重点领域和关键环节落地落实，是提高毕节新型城镇化发展质量的重要举措。一是加快推进农业转移人口市民化，从户籍、教育、就业、权益保障等多个方面综合施策，全面放开市域内户籍限制，促进有能力在城镇稳定就业和生活的农业转移人口举家落户城市，加快提高户籍人口城镇化率。二是保障农民工随迁子女受教育权利，巩固农民工随迁子女义务教育保障成果，加快落实符合条件的随迁子女在流入地享受普惠性学前教育和中等职业教育免学费政策。三是完善公共就业创业服务体系，实施市域农民工职业技能提升专项行动，确保农民工同等享受免费公共服务和相关就业创业优惠扶持政策。

（二）优化市域城镇空间，提高中心城区集聚和辐射能力

强化投资带动，加快中心城区基础设施建设，优化市域城镇化空间格局，形成“强心聚力、市县联动、协调高效”的城乡一体化发展格局。一是加快提升中心城区产业发展的要素集聚能力，巩固县域公共服务能力和设施环境，合理扩大县城教育设施数量规模，提高县级医院医疗服务能力，加大养老服务设施建设力度，建成一批生活便利、设施齐全、环境优美、社会和谐的示范小县城，增强中心城区的人口集聚能力。二是总结、提炼和推广示范小城镇建设经验，开展市级“百镇建设”示范试点建设，加快供排水、燃气热力、污水垃圾处理等基础设施建设，积极提供便民服务、文体活动、养老护理、科技服务、社会服务等服务，培育出功能齐全、设施完善的小城镇。三是提高农村新型社区建设质量，加快完善新型农村社区上下水、取

暖、供气以及垃圾污水处理等配套设施，健全教育、医疗、养老等基本公共服务，培育县域新型城镇化新载体，增强毕节中心城区、县城、小城镇、新型社区的综合竞争力。

（三）加快基础设施建设，建立健全重大基础设施体系

加快推进全域基础设施建设，建立健全重大基础设施体系。一是提升城镇中心区域交通整体效能，以公共交通、快速路为主干道，打通丁字路和封闭街区，进一步拓展支路网，加强道路“微循环”，提高城市道路网络的连通性和可达性，完善城市道路网络系统。加快建设绿道系统，改善自行车、步行等非机动化出行环境，围绕重点医院和重点公共区域，进一步加大公共停车设施建设力度，加快建立城市智能交通管理系统和交通出行综合信息服务系统。二是积极融入区域发展战略，加快推进毕节与省域、区域和国家战略通道的互联互通，以快速交通为引领，抓好以七星关区、黔西市、金沙县、威宁县等重要交通节点延伸的交通走廊建设，推进基础设施互联互通，促进市域内中心城市公共服务同城化，积极打造成为贵州新型城镇化发展示范区、贵州建设贯彻新发展理念示范区，形成全省新型城镇化发展的重要增长极。

（四）促进城乡要素流动，实现互促共进的城乡融合发展格局

实施创新驱动，建设新型城市，坚持新型城镇化和乡村振兴双轮驱动，深化农业供给侧结构性改革，强化质量导向，推动乡村产业振兴。一是优化生产生活生态空间，发挥创新资源密集优势，培育创新平台，加快人才集中集聚，优化创新发展环境，提高中心城区和重点县城的科技创新能力，激发创新活力，推动传统产业的改造升级，通过产业升级创新推进城乡要素合理流动，建设美丽城镇。二是建立健全城乡融合发展机制，促进资源要素双向流动、合理配置，加快推进城乡产业结构调整升级，积极推动服务设施配套完善，促进职住平衡，实现产城良性互动。加快城乡公共服务联动发展、城乡基础设施统一建设管护、城乡产业协同发展，建设宜居宜业的新发展理念示范区。三是着力做大做特做强中心城市、培育黔西和威宁两个副中心城

市，推进16个省级示范小城镇提质升级，加快推进200多个小城镇在科技信息、文化创意、金融电商等产业上带动大众创业、万众创新，促进中心城市、城镇和乡村实现高质量发展，实现互促共进的城乡融合发展格局。

（五）坚持绿色引领，建成贯彻新发展理念示范区的地级样本

贯彻新发展理念，推动绿色低碳发展，提升城市服务功能、城市文化形象和文明程度，生态环境持续优化。一是建设绿色引领的人文城市，积极开展绿色城镇建设，推动城镇化发展由外延扩张式向内涵提升式转变，推进绿色生态城区建设，提高城镇供排水、防涝、雨水收集利用、垃圾污水处理等市政设施建设水平。二是提高城镇化绿色发展能力，科学划定城镇开发边界，在重点生态功能区、生态环境敏感区和脆弱区等区域划定生态红线，确保生态功能不降低、面积不减少、性质不改变，同时提高环境污染治理能力，建立健全市域内污染治理协调机制，切实改善大气环境质量。三是加大城乡节能减排力度和环境整治力度，促进资源能源集约高效利用，鼓励土地混用利用，推行TOD开发方式，建设紧凑型城市，大力推广可再生能源建筑应用，实施一批近零碳排放建筑、社区、园区等示范工程，提升城市社会治理水平，注重科学化、精细化、智慧化管理。推进美丽乡村建设，开展农村环境集中连片整治，实施农村垃圾专项治理，加大农村污水处理和改厕力度，推广房屋低碳节能技术应用，加强农村清洁能源设施建设，建成全省乡村振兴示范性市、贯彻新发展理念示范区的地级样本。

（六）坚持分类推进，稳步提升县域新型城镇化发展质量

突出抓好县域城镇化发展质量，针对毕节市8个县（市、区）新型城镇化发展质量综合指数构成的内容，引导不同县城提升不同维度，进一步提升和完善县城城镇化发展的子系统维度，进而形成县域新型城镇化高质量发展的合力。一是赫章县、威宁县和纳雍县着力加强经济发展质量，围绕县域经济、镇域经济和民营经济推动创新跨越式发展，带动县域经济实现新突破。二是织金县、纳雍县和七星关区需要注重城乡教育、卫生、养老等基本

公共服务，以及区域科技创新方面的巩固提升，加快补齐城乡区域民生短板，推动社会进步实现新的突破。三是赫章县、纳雍县、大方县等应注重城镇建设领域的协调发展，加快城镇燃气、用水、生活垃圾处理、污水处理等市政基础设施建设，稳步推进县城中心城区城镇建设质量提升。四是金沙县、纳雍县、赫章县需注重绿色发展的核心引领，坚持提高县城园林绿化水平，拓展城镇绿色空间，加强城镇绿道建设，发展绿色建筑，推行建筑节能，加强污染综合治理，促进资源节约和循环利用，提高绿色发展的综合效应。五是赫章县、七星关区和纳雍县加快提高城乡居民收入水平，持续缩小城乡发展差距，促进县城、小城镇、新型社区扩容提质，巩固县域城镇化空间结构，推进城乡协调发展。

参考文献

《中共中央关于制定国民经济和社会发展第十四个五年规划和二〇三五年远景目标的建议》，中国政府网，http：//www.gov.cn/zhengce/2020-11/03/content_5556991.htm，最后检索时间：2022 年 7 月 29 日。

B.22
毕节城乡基本公共服务均等化发展成效、问题及对策

张蕴锦*

摘　要： 推进基本公共服务均等化是助力我国实现发展成果共享、促进社会和谐、体现社会公平的重要举措。基于毕节人民群众日益增加的公共服务需求同相对欠缺的社会供给的矛盾，本报告首先剖析城乡基本公共服务均等化内涵；其次，从基本公共教育、基本公共设施、基本公共卫生医疗、基本社会保障四个方面全面梳理了毕节城乡基本公共服务均等化发展成效；再次，从城乡基本公共教育匹配、公共交通协同、卫生医疗资源匹配及社会保障水平角度全面阐述了毕节城乡基本公共服务面临的问题；最后，提出建立健全基本公共服务多元参与机制、创新基本公共服务政府管理体系、完善强化财政资金支撑保障等建议，以促进毕节城乡基本公共服务均等化发展。

关键词： 基本公共服务　均等化　毕节

在高质量发展统揽全局的背景下，党中央高度重视城乡融合和基本公共服务均等化发展，多次做出重要指示批示。国家发展改革委《关于印发〈国家基本公共服务标准（2021年版）〉的通知》中明确规定了基本公共服务供给标准和内容，助力实现幼有所育、学有所教、病有所医等目标。我

* 张蕴锦，贵州省社会科学院农村发展研究所研究实习员，研究方向：城乡融合。

国城乡基本公共服务存在“制度不活、分配不均、保障不全”等普遍问题，研究如何提升城乡融合度、优化基本公共服务体系是助力巩固脱贫攻坚成果、迈向乡村振兴、走入共同富裕的关键一环。

“十三五”以来，毕节紧紧围绕国务院印发的《“十三五”推进基本公共服务均等化规划》，深化城乡融合发展理念，充分利用政策优势，不断改善农村基本公共服务体系，缩小城乡差距，为新阶段毕节城乡基本公共服务均等化发展奠定了良好基础。然而，毕节城乡基本公共服务均等化发展仍面临众多挑战，城乡文化教育资源供需失衡，城乡基础设施衔接断层、城乡医疗服务能力差异较大，城乡社会保障体系尚未健全，政府管理体制机制亟待完善。基于此，本报告综合政策要求和学界研究，从基本公共教育、基本公共设施、基本公共卫生医疗和基本社会保障四个维度，分析毕节城乡基本公共服务均等化水平及发展成就，总结其面临的问题挑战，思考提出具有针对性和建设性的建议，以促进毕节城乡基本公共服务均等化协调发展。

一　毕节城乡基本公共服务均等化内涵

（一）基本公共服务内涵

明确基本公共服务的内涵是推进我国实现现代化目标的先决条件。联合国开发计划署认为，“基本公共服务均等化的目标是确保所有社会成员平等享有义务教育、公共卫生与基本医疗、基本社会保障、公共就业服务等基本公共服务的权利”。2012 年，《国家基本公共服务体系“十二五”规划》明确指出“基本公共服务，指建立在一定社会共识基础上，由政府主导提供的，与经济社会发展水平和阶段相适应，旨在保障全体公民生存和发展基本需求的公共服务”。其内容包含基本公共教育、劳动就业服务、社会保险、基本社会服务、基本医疗卫生、人口和计划生育、基本住房保障、公共文化体育、残疾人基本公共服务等九大类。学界对基本公共服务内涵的研究有多和阐述，根据常修泽的观点，当前我国实行的基本公共服务包含基本民生性服务、公共事业性服务、公益基础性服务、公共安全性服务四方面的内容，其中基本民生性服务指就业服务和基本社会保障等，公共事业性服务包括义务教育、公共卫生和基本医疗、公共文化等，公益基础性服务包含公益性基础设施和生态环境保护等内容，公共安全性服务又可细化为生产安全、消费安全、社会安全、国防安全等。①

（二）城乡基本公共服务均等化内涵

学界对基本公共服务均等化的内涵理解有多个角度。从定义层面，陈昌盛、贾康等学者认为基本公共服务均等化是由政府制定一系列有关基本公共服务的国家标准，在确保政府、社会和各个服务机构消除歧视和偏见的前提下，保障各级政府都能均等负担，使得不论地区、不论城乡的所有居民都能平等享有相关项目的过程。② 从均等化标准界定层面，学者吕炜和王伟同对基本公共服务均等化的衡量标准做出了判断：一种是绝对的和毫无差别的均等，另一种是大体一致的、相对的均等。由于当前我国经济发展实际和社会现实基础的制约，非绝对的、大体一致的均等更适应现实。迟福林认为，机会的均等与结果的均等也应该成为是否达到均等化的标准。这就把公民的选择权摆在了重要位置，政府应该予以充分尊重，而在结果上应允许一定差距的产生和存在，尤其需要注意的一点是，要关注弱势群体。因此，政府需履行“兜底”职责，以确保机会均等和结果均等。③

综上所述，本报告紧紧围绕毕节经济社会高质量发展目标，聚焦“体制机制创新”要求，将毕节基本公共服务内容界定为基本公共文化教育、基本公共基础设施、基本公共卫生医疗、基本公共社会保障四个方面进行深入研究。

---

① 常修泽：《中国现阶段基本公共服务均等化研究》，《中共天津市委党校学报》2007 年第 2 期。

② 陈昌盛：《基本公共服务均等化：中国行动路线图》，《财会研究》2008 年第 2 期，第 15~16 页。

③ 迟福林：《加快推进基本公共服务均等化（12 条建议）》，《经济研究参考》2008 年第 3 期，第 21 页。

二 毕节城乡基本公共服务均等化成效

（一）城乡文化教育设施及服务大幅完善

总的来看，“十三五”以来，毕节城乡文化教育设施投入逐年增多，年均增长率为 1.08%。仅 2020 年毕节财政在文化、教育方面的投入分别达到 7.35 亿元和 170 亿元，城乡基本公共文化教育服务供给不断丰富。

具体来看，一是基础设施整体水平实现跨越式提升。近年来，毕节积极推进校舍新建改造、学位数量扩大、普惠文化站点建设工程。仅 2021 年，毕节完成了新（改、扩）建公办幼儿园 204 所、义务教育学校 502 所、高中学校 36 所，实施教育工程项目学校 2619 个。同时，毕节各县（市、区）实施农家书屋、体育场馆建设等项目，新建、改造达到国家三级以上标准的县级文化馆、图书馆共 12 个，乡（镇、街道）综合文化站、村（社区）综合文化服务中心设置率达到 100%。建成全民健身活动站点 379 个，全市易地扶贫搬迁安置区文化服务中心 135 个，实现农体工程全覆盖。

二是社会服务成果丰硕，人口素质有效提升。毕节各县（市、区）大力开展教育普惠行动，探索文化服务供给管理机制，有效提升全市人口文化素质水平。教育层面，2021 年，毕节九年义务教育巩固率达 95.31%，消除义务教育和普通高中大班额 5181 个，全市 15 岁及以上人口人均受教育年限提高到 7.7 年，其中七星关区、赫章县、威宁县人均受教育年限达 9 年以上。文化层面，毕节创建的图书馆总分馆制已被采纳成为全国经验，2020 年末，图书馆总藏书量达 591.62 万册，人均藏书量达 0.89 册，数量增长接近 1 倍，人均到馆次数提升 73.68%，每册图书年流通率提升 41.18%。与此同时，毕节各县（市、区）持续积极推进市级运动会、乌蒙文化艺术节等项目，形成“我的中国梦 · 文化惠民进万家”“每周一艺”等 12 个市级文化活动品牌，充分激发民间文艺创作热情，开展“四送七进”文化惠民行动，累计完成演出800余场，惠及群众100余万人，极大丰富了城乡居民的文化生活。

（二）城乡基本交通覆盖率和通信服务质量显著提高

总体上，“十三五”期间毕节全市累计完成公路水路固定资产投资约861亿元，是“十二五”时期的1.12倍。促进“硬件”设施全面升级，服务品质明显提升，养管水平不断提高，通信信息化水平逐步提升，绿色交通发展有序推进，治理安保能力显著增强，形成良好发展态势，城乡交通联系更加紧密。

具体来看，一是交通路网、物流运输建设提质扩面。毕节各县（市、区）有序实施“六网会战”“两通”“两硬化”等工程，全域交通路网衔接度有序提升。2021年，毕节市共实施交通运输建设项目33个。① 公路层面，全市年末公路通车里程达33994公里，同比增长3.88%，公路密度为126.59公里/百平方公里。铁路层面，织毕铁路、织纳铁路建成通车，铁路运营里程达538公里。农村道路层面，毕节建成通村油路1.12万公里，实施县乡道改造和路面改善提升2220公里，“组组通”硬化路1.46万公里，30户以上自然村寨全面通硬化路。物流运输层面，毕节飞雄机场直飞21个城市，“一站式”通达134个城市，建成粤港澳大湾区菜篮子配送中心，推动农特产品进京、进粤、进滇、进川、进渝等。② 全市水运通航总里程达399公里，水运货物周转量达91.34万吨，同比增长7.84倍；道路运输平安运送旅客1803万人次，同比增长10.25%；公交出行量为2.05亿人次，同比增长1.99%。③

二是民生通信供给增量增效。毕节在水利、电力、5G通信上加大投资，推进各县（市、区）变电站工程和通信工程，不断提升农村通信服务覆盖率，确保农村通电用电、网络通信稳步实现。2020年，毕节共建成5G基站20721个，七星关区、大方县、赫章县、金沙县、威宁县农村电网供电可靠

① 资料来源：毕节市交通运输局。

② 资料来源：《2021年毕节市人民政府工作报告》。

③ 资料来源：《毕节市2021年国民经济和社会发展统计公报》。

率均达99.4%以上，各县（市、区）行政村通光纤，30户以上自然村实现4G网络全覆盖。2021年，毕节全市广播、电视综合覆盖率均达92%以上（见表1）。2021年末，毕节市电话用户、固定互联网宽带接入用户、移动互联网用户分别达673.06万户、136.55万户和563.10万户，同比增长3.8%、24.9%、7.8%，全市交通通信服务得到快速发展。[①]

表1　2021年毕节市通信服务覆盖情况

单位：%

区域	城市	农村
电视覆盖率	95.24	95.15
广播覆盖率	92.16	92.12

资料来源：《毕节统计年鉴2021》。

（三）城乡公共卫生条件逐渐优化、服务能力逐步增强

综合看来，毕节以提升基层医疗服务为抓手，在各项工作中抓统筹、促创新、求突破、见实效。扎实落实“四早”防控要求，“四要四有”工作要求，健康扶贫政策，对口帮扶、人才培训、学科建设、基本公共卫生服务和行业监管等相关工作，实现防控监管、卫生服务、医疗条件、救治能力、人才建设等方面的显著提升。

具体来看，一是基层医疗基础设施覆盖面显著扩大。各县（市、区）大力推进乡镇卫生院、中医馆标准化建设，已基本实现行政村卫生室标准化建设全覆盖，有效推进城乡卫生医疗设施提质改造。2020年，毕节市共有医疗卫生机构9911个，医院、基层医疗卫生机构、街道卫生院、村卫生室数量同比增长4.05%、3.43%、38.89%、1.33%（见表2）。近年来，毕节完成6个县级医疗机构提质扩能，建成贵州省山地紧急医学救援基地，市第

① 资料来源：《毕节市2021年国民经济和社会发展统计公报》。

一人民医院金海湖院区即将投入使用，市中医院改扩建项目、市第三人民医院和市公共卫生中心建设项目加快推进。[1]

表 2　2019~2020 年毕节市医疗设施情况

单位：个，%

类别	年份		
	2019 年	2020 年	同比增长率
医院	284	296	4.05
基层医疗卫生机构	4978	5155	3.43
街道卫生院	11	18	38.89
村卫生室	4383	4442	1.33

资料来源：《毕节统计年鉴 2021》。

二是服务能力和内容双向提质。毕节各县（市、区）加快城乡医疗体制改革步伐，扎实落实健康扶贫政策，加强卫生医疗服务供给，有效控制公立医院医疗费用不合理增长。首先，增员强兵保障卫生医疗服务质量。2021 年，毕节市每千人执业（助理）医师数达 2.31 人、每千人注册护士数达 3.05 人。[2] 其次，“三针”齐下织密疾病预防服务网。通过打好爱卫运动、疫苗接种、健康建档“三针”，持续提高毕节卫生医疗服务均等化水平。2021 年，全市居民电子健康档案建档率为 97.52%，高血压患者规范管理率为 63.56%、2 型糖尿病患者规范管理率为 62.16%、严重精神障碍患者规范管理率为 93.22%，疫苗报告接种率达 95%。最后，政策兜底防止疾病返贫发生。毕节市作为脱贫攻坚的重要战场，20 万余名贫困群众享受县域内“先诊疗后付费”、“一站式”、“一单清”结报等便民惠民政策，政策落实率达 100%，人民群众健康权益得到有力保障。

（四）城乡社会保障服务范围有序扩大、管理体系不断优化

总的来说，毕节市坚持“以人民为中心”的发展思想，落实“兜底线、

① 资料来源：《2021 年毕节市人民政府工作报告》。
② 资料来源：《毕节市 2021 年国民经济和社会发展统计公报》。

织密网、建机制”的要求，以“常规工作抓完成、重点工作抓创新、难点工作抓突破、一般工作抓提高”的工作方法，坚持上下合力的工作机制，不断优化社会保障制度，增强保障能力，提升待遇水平，扩大覆盖范围，在社会救助保障、社保服务质量优化提升、基础社会治理，儿童和养老福利保障等方面取得显著成绩。

具体来看，一是增强资金救助力度，城乡居民基本生活生产安全得到保障。毕节全面推行乡镇临时救助备用金制度，临时救助时效性逐步提升，针对特殊困难群众、低保户、贫困家庭等的救助金发放超过 29 亿元，基本实现“应兜尽兜、应救尽救、应保尽保、应代尽代、应助尽助”。2021 年，毕节城乡低保发放总额超 24 亿元，城市、农村低保平均标准分别为 650 元/月、380. 5 元/月，较 2020 年分别增长 1. 56%、5. 81%（见表 3）。此外，毕节市坚持巩固脱贫攻坚成果，不断推进“3+1”保障。全市投资 29. 7 亿元建立“有偿用水、计量用水、错峰供水、应急供水”机制，基本解决 149. 7 万人安全饮水问题。

表 3　2021 年毕节市城乡低保情况

类别	区域	
	城市	农村
低保金发放额(万元)	58959	186736
人均低保补助(元)	4868. 6	3057. 2
低保平均标准(元/月)	650	380. 5

资料来源：毕节市民政局。

二是城乡社会保障管理体系逐步织密，治理效率显著提高。首先，社会保障管理内容更加完善。毕节全面推动养老保险省级统筹、“三位一体”失业保险制度和工伤预防体系构建。2021 年，毕节深入推进根治欠薪专项行动，强化执法监管，累计为 3. 34 万名农民工追回工资 7. 2 亿元，劳动人事争议案件调解仲裁质效大幅提升。同时，农村敬老院床位利用率达 60%，居全省前列。其次，社会保障待遇水平稳步提高。2020 年，城乡居民基本养老保险和基本医疗保险的参保人数分别达 381.64 万和 754.9 万，参保率稳定在 95%以上，企业年金覆盖面不断扩大，失业、工伤保险待遇水平不断提升。最后，社会保障能力持续增强。毕节连续 17 年上调企业职工退休人员养老金，惠及 5.8 万人，按时足额发放各类社会保险待遇 64.71 亿元，基金监管整治效果明显，民生保障网进一步织密扎牢。

三 毕节城乡基本公共服务均等化发展面临问题

（一）城乡基本公共教育匹配失衡

1. 供需不匹配，城乡基本公共教育提质难

义务教育层面，随着毕节城镇化建设推进和群众教育意识的加强，农村艺体类教师和全市高学历水平教师的缺乏，导致城乡义务教育学位供需失衡加重。2021 年，毕节市初中阶段毛入学率为 114%，因贫困、健康问题或思想引导欠缺产生的超龄初中生问题依然存在。职业教育层面，教学实训设施设备不能满足教学需要，教学、科研仪器陈旧，生均占地面积、校舍面积较小，织金、纳雍、威宁三县存在供需不匹配问题。师资力量欠缺，教学水平偏低、质量不高，投资力度和宣传推广的制约，使人力资源的本土开发和外部引进受到影响，教师后备力量不足，难以形成抓特色、补短板、互支持的良好发展态势，阻碍了职业教育的长期健康发展。

2. 组织结构不合理，城乡基本公共教育增效难

义务教育层面，教学目标设计存在偏差。农村留守儿童现象普遍，家庭教育缺失加大了教学难度，教学工作权责不明晰，考核频次过高导致教师承担了大量教学以外的行政和社会性工作，阻碍了毕节城乡义务教育质量的提升。职业教育层面，教学宏观设计不合理。毕节市技能型社会建设的要求强调职业教育的实用性，专业设置不够合理、社会合作能力欠缺、经费保障不足等问题制约了毕节职业教育的协调发展、错位发展和共同发展。

3. 市场监管制度尚未健全，城乡基本公共继续教育监督难

继续教育功能定位不明晰、制度体系不完善、缺乏人才支撑保障导致各类继续教育机构无序竞争，师资队伍高龄化，社会资源浪费，制约了继续教育事业标准化、规范化、社会化发展，加大了实现城乡基本公共文化教育均等化难度。

（二）城乡基本公共交通协同性较低

1. 公共交通运行效率较低

主要表现为城乡衔接不畅，通行安全、效率及服务水平较低。高速公路对沿线乡镇、旅游景区、产业园区等重要节点的服务、覆盖不足。全市普通省道技术等级明显偏低，三级及以上公路比重仅为43.8%；227个乡镇中，仍有110个未实现三级及以上公路连通，占比达48%。枢纽、集散、运输体系不完善，农村公路网络化水平偏低，部分重要资源基地、产业园区和旅游景区的公路连接不够顺畅，干线公路与城市交通体系的衔接不顺畅，存在“临而不接”“近而不便”现象。

2. 乡村物流存在短板

主要表现为组织集约化程度较低。连接港口、货运站场、物流园区的集疏运公路建设相对滞后，传统道路货运转型升级缓慢。个性化、定制化、高端化的客运服务供给不足，共享交通、分时租赁、自由流收费等新业态发展不充分，城乡客运服务一体化、均等化水平有待加强。先进运输组织方式发展滞后，旅客联程联运、货物多式联运、网络货运平台、冷链运输等推广不足。

3. 交通管护机制尚未健全

主要表现为融资、治理能力较弱。建设投融资难度加剧，资金短缺导致项目停止，进一步加重财政负担，增加社会不稳定因素。2021年，毕节市普通公路百日攻坚项目中，急需收尾的6444万元配套资金仍未到位。运行管理上，公路养护制度存在权责问题，常态化养护机制、市场化管理体系、交通路网数字化建设和资质管理和信用体系建设相对滞后，“重建轻养”“以建代养”问题有待解决。受宏观政策调整影响，城乡公共交通项目推进

方式发生转变，但行政管理方式尚未进行适应性改革，行业治理管理能力的精细化、数字化、智慧化程度不高，阻碍了交通建设的有序发展。

（三）城乡基本公共卫生医疗资源配置失均

1. 基层医疗机构建设质量有待提升

2020 年，毕节城镇人口数为 362.77 万，乡村人口数为 587.52 万，分别占总人口数的 38.17% 和 61.83%，农民市民化程度较低，基层医疗机构卫生服务体系存在条件设施、疾病预防、突发事件救援、医疗救治服务方面的短板。根据测算，基层医疗机构每千人拥有执业（助理）医师数、医疗技术人员数、床位数分别是城镇医院的 50%、35% 和 20%，乡村医疗卫生机构标准化建设有待提升。

2. 基层医疗救治、疾病预防水平亟须提高

随着新冠肺炎疫情的持续和众多疾病的涌现，增强基层医疗救治服务能力刻不容缓。救治方面，存在村医医疗服务水平较低、岗位空缺、社会保障弱、县乡村一体化管理体系不健全、职业化管理较弱、培养机制欠缺等问题。预防方面，城乡居民的健康意识和疾病预防知识存在差距，大卫生、大健康理念尚未牢固树立，缺乏卫生健康人才，难以开展妇幼保健、养老健康宣传等服务。

3. 城乡卫生医疗联动机制尚未健全

城镇化进程加速，部分地区卫生医疗服务供需失衡加重，异地就医带来了医保资金外流，各项优化改革受到严重影响。组织结构方面，卫生医疗资源支撑保障、监督管理、医防协同发展等体系建设存在短板，以城带乡，分级流动的发展态势尚未形成。乡村卫生健康医疗长期存在信息滞后、资金匮乏、人才流失、管理乏力的问题，学科建设、项目支持和人才培养的相关制度有待完善。

（四）城乡基本公共社会保障水平不等

1. 社会积极参保缴费的意识不足

主要表现在城乡居民社会保障意识存在一定差距，小微企业、个体工

商户和灵活就业人员参保率低，导致社保基金征缴难，高风险人群的社会保障基础薄弱，社会保障供需矛盾难以缓解，社会保障资金效用难以有效发挥。

2. 社会保障制度设计有所欠缺

主要表现在城乡居民和城镇职工的养老保险制度不均衡，在资金发放、设施建设、服务提高等方面的差距依然存在。失业和工伤保险参保覆盖面窄，机关（参公）单位人员参加工伤保险制度尚未出台，失业保险促进就业、预防失业的功能有待加强，工伤预防、工伤康复制度体系有待完善。

3. 社会保障体系信息化、网络化、共享化建设滞后

主要表现在社会保险经办服务业务量激增，基层管理服务能力不足问题凸显。信息、数据、资源不共享，重复录入政务服务系统耗时耗人、效率低下，导致社会保险关系转移接续难、重复参保、重复待遇、数据丢失等问题长期存在，难以从根本上解决。

4. 工作作风建设有待加强

主要表现在部分县（区）工作精准性、实效性不高，抓工作还不具体不深入，工作人员服务意识不够、服务能力有待提高。目前，社保基金存在安全风险，被征地农民社会保障政策落实不力，县级财政欠缴欠拨社保基金问题突出，阻碍了城乡基本公共社会保障体系的高质量发展。

综上所述，供需失衡、质量不均、管理效率较低、治理能力较弱等问题反映出毕节城乡基本公共服务的供给结构、管理体系、保障机制存在短板和不足，需从宏观层面切入，大力推进体制机制创新改革。

四　提升毕节城乡基本公共服务均等化水平的对策建议

（一）建立健全基本公共服务多元参与机制

1. 积极推进农民参与，构建农民对基本公共服务诉求的有效反馈机制

农村基本公共服务的有效性在很大程度上取决于农民对供给决策的

参与度。教育、卫生、医疗、交通、社会保障等基本公共服务的供需失衡反映了决策的低效和偏差，需要提高决策的精准度，强化农村基本公共服务的适配性。首先，增强农民对公共服务性质及内容的认知。受教育和生活环境影响，大多数农民对自身对享受、维护公共服务的权利、义务缺乏了解。因此，政府应对农民进行公共服务知识的宣传普及，可采用广播、电视、网络平台、宣传册、专家培训等方式进行。其次，推进农民合作组织建设，提高管理高效性。随着城镇化进程加快，农民在城乡之间的流动更加频繁，他们在社会中的职业发展逐渐多样化，对公共服务的需求也更加多元。因此，政府应促进农村社会组织有序构建，提高反馈信息的精确度和流动效率。可激发乡贤寨老、农民企业家、乡村干部等具有凝聚力和号召力的人员参与，统筹协调，收集整理各类农民群体对公共服务的诉求，建立双向合作机制，切实提升农民参与程度。

2. 鼓励吸引社会组织参与，优化公共服务供给模式

随着市场经济的稳步发展，多方社会组织和市场主体的经营能力逐渐增强，具备了提供公共服务的意愿、基础和潜力。政府作为提供公共服务的执行主体，应充分激发社会组织参与的主观能动性，加快公共服务供给侧改革，推动城乡基本公共服务均等化发展。第一，完善政府公共服务职能。从公共服务的性质来看，公共服务可分为营利性和非营利性，政府应主导非营利性公共服务，引导社会组织有序提供营利性公共服务，参与公共文化、公共体育、公共职业等方面的供给和设施建设运营。因此，需灵活转变政府角色，发挥中国共产党领导的多党合作和政治协商制度优势，简政放权，统筹协调，营造良好的公共服务发展环境，促进多元化供给主体之间的协同发展。第二，巩固加强权责制度。责任到人、任务压实是解决公共服务供给低效、资源浪费、发展受阻的重要手段。因此，需完善制度设计，精简事前行政流程，强化事中监督管理，完善事后反馈维护，促使公共服务供需平衡。

（二）创新基本公共服务政府管理体系

1. 健全城乡基本公共服务均等化标准体系

农村基本公共服务潜在问题难以发现是阻碍城乡基本公共服务均等化发展的一大原因。因此，需根据地方发展特色，建立城乡文化教育、卫生医疗、基础设施、社会保障等基本公共服务的指标体系，扩大数据收集范围，明晰统计目标，推进城乡融合发展的量化分析，为后续工作开展提供有力参考。可以通过“政府+专家”合作模式建立标准体系，利用数字政府建设形成信息共享平台，整合专业人才形成多方支持的组织架构，动态分析，及时发现问题，帮助政府做出调整和优化，加快城乡基本公共服务均等化进程。

2. 建立健全城乡基本公共服务均等化评估体系

农村基本公共服务基础薄弱，提升其发展水平需要长期耕耘，开展工作的难度较高，干部工作积极性受挫。因此，建立科学合理的绩效评估制度是政府建设公共服务的推动力，具有激励和约束作用。首先，绩效评估体系需结合农村实际情况和市场经济情况，结合短期利益和长期利益，公平、公正综合评价政府公共服务质量和效率，实现全面协调可持续发展。其次，公共服务强调“以人为本”，为实现习近平总书记提出的“见实效”要求，要做到一切服务为了人民，一切成果都要与人民群众共享，让人民群众参与到政府绩效评价中来。政府可以建立人民群众监督公共服务的渠道，鼓励社会各界进行监督，从文化教育、卫生医疗、基础设施、社会保障等方面进行统筹，提高绩效评估的综合性和客观性。

3. 创新城乡基本公共服务动态管理机制

公共服务内容的变化与社会发展息息相关，静态管理模式是导致城乡基本公共服务发展错位的因素之一。因此，需创新政府管理体系，广泛利用信息化、网络化手段，推进多方联动协作，提高领导干部统筹能力，提升城乡基本公共服务管理效率和质量。

（三）完善强化财政资金支撑保障

1. 完善财政资金转移支付制度

城乡二元结构、区域经济差异带来的财政资金不均是阻碍城乡基本公共服务均等化发展的重要原因。事权财力不匹配、转移支付效率不高、资金来源单一问题有待改善。因此，完善一般性转移支付制度和专项转移支付制度对城乡基本公共服务供给均等化具有提升作用。细化各级政府事权财权，上级政府应根据国务院印发的《基本公共服务领域中央与地方共同财政事权和支出责任划分改革方案》等政策，以民生优先、兼顾效率、城乡协调为原则，充分考虑区域供给成本和规模差异，完善不同层级政府在城乡基本公共服务供给上的责任，建立健全收入、支出划分机制，努力推进事权与财力相适应。

2. 提高资金利用效率

相关研究表明，专项转移支付在缩小城乡基础教育服务和医疗卫生服务差距方面效果显著，但是对完善城乡基础交通设施的影响并不显著。① 一般性转移支付在城乡由地方政府作为财力统筹安排体现出较高的灵活性和支撑性，对提升农村基本公共服务软实力具有一定作用，是实现城乡均等化的补充剂。因此，上级政府应优化公共服务宏观设计，统筹协调城乡基本公共服务资金供给，优化支付制度与公共服务适应性，通过各级政府对城乡基本公共服务的需求制定发展优先级，提高财政资金利用率，分阶段推进城乡基本公共服务均等化。

参考文献

《习近平对毕节试验区工作做出重要指示》，新华网，http：//www. xinhuanet. com/politics /leaders/2018-07/19/c_ 1123150609. htm，最后检索时间：2022 年 7 月 17 日。

贾康：《公共服务均等化要经历不同的阶段》，《中国人口报》2009 年 11 月 27 日。

① 张帆、吴俊培、龚旻：《财政不平衡与城乡公共服务均等化：理论分析与实证检验》，《经济理论与经济管理》2020 年第 12 期，第 28~42 页。

皮 书

智库成果出版与传播平台

✤ 皮书定义 ✤

皮书是对中国与世界发展状况和热点问题进行年度监测，以专业的角度、专家的视野和实证研究方法，针对某一领域或区域现状与发展态势展开分析和预测，具备前沿性、原创性、实证性、连续性、时效性等特点的公开出版物，由一系列权威研究报告组成。

✤ 皮书作者 ✤

皮书系列报告作者以国内外一流研究机构、知名高校等重点智库的研究人员为主，多为相关领域一流专家学者，他们的观点代表了当下学界对中国与世界的现实和未来最高水平的解读与分析。截至 2021 年底，皮书研创机构逾千家，报告作者累计超过 10 万人。

✤ 皮书荣誉 ✤

皮书作为中国社会科学院基础理论研究与应用对策研究融合发展的代表性成果，不仅是哲学社会科学工作者服务中国特色社会主义现代化建设的重要成果，更是助力中国特色新型智库建设、构建中国特色哲学社会科学“三大体系”的重要平台。皮书系列先后被列入“十二五”“十三五”“ 十四五”时期国家重点出版物出版专项规划项目；2013~2022 年，重点皮书列入中国社会科学院国家哲学社会科学创新工程项目。

皮书网

（网址：www.pishu.cn）

发布皮书研创资讯，传播皮书精彩内容
引领皮书出版潮流，打造皮书服务平台

栏目设置

◆关于皮书
何谓皮书、皮书分类、皮书大事记、
皮书荣誉、皮书出版第一人、皮书编辑部

◆最新资讯
通知公告、新闻动态、媒体聚焦、
网站专题、视频直播、下载专区

◆皮书研创
皮书规范、皮书选题、皮书出版、
皮书研究、研创团队

◆皮书评奖评价
指标体系、皮书评价、皮书评奖

◆皮书研究院理事会
理事会章程、理事单位、个人理事、高级研究员、理事会秘书处、入会指南

所获荣誉

◆2008 年、2011 年、2014 年，皮书网均在全国新闻出版业网站荣誉评选中获得“最具商业价值网站”称号；

◆2012 年，获得“出版业网站百强”称号。

网库合一

2014年，皮书网与皮书数据库端口合一，实现资源共享，搭建智库成果融合创新平台。

皮书网

“皮书说”
微信公众号

皮书微博

中国社会发展数据库（下设 12 个专题子库）

紧扣人口、政治、外交、法律、教育、医疗卫生、资源环境等 12 个社会发展领域的前沿和热点，全面整合专业著作、智库报告、学术资讯、调研数据等类型资源，帮助用户追踪中国社会发展动态、研究社会发展战略与政策、了解社会热点问题、分析社会发展趋势。

中国经济发展数据库（下设 12 专题子库）

内容涵盖宏观经济、产业经济、工业经济、农业经济、财政金融、房地产经济、城市经济、商业贸易等12个重点经济领域，为把握经济运行态势、洞察经济发展规律、研判经济发展趋势、进行经济调控决策提供参考和依据。

中国行业发展数据库（下设 17 个专题子库）

以中国国民经济行业分类为依据，覆盖金融业、旅游业、交通运输业、能源矿产业、制造业等 100 多个行业，跟踪分析国民经济相关行业市场运行状况和政策导向，汇集行业发展前沿资讯，为投资、从业及各种经济决策提供理论支撑和实践指导。

中国区域发展数据库（下设 4 个专题子库）

对中国特定区域内的经济、社会、文化等领域现状与发展情况进行深度分析和预测，涉及省级行政区、城市群、城市、农村等不同维度，研究层级至县及县以下行政区，为学者研究地方经济社会宏观态势、经验模式、发展案例提供支撑，为地方政府决策提供参考。

中国文化传媒数据库（下设 18 个专题子库）

内容覆盖文化产业、新闻传播、电影娱乐、文学艺术、群众文化、图书情报等 18 个重点研究领域，聚焦文化传媒领域发展前沿、热点话题、行业实践，服务用户的教学科研、文化投资、企业规划等需要。

世界经济与国际关系数据库（下设 6 个专题子库）

整合世界经济、国际政治、世界文化与科技、全球性问题、国际组织与国际法、区域研究 6 大领域研究成果，对世界经济形势、国际形势进行连续性深度分析，对年度热点问题进行专题解读，为研判全球发展趋势提供事实和数据支持。

法律声明

“皮书系列”（含蓝皮书、绿皮书、黄皮书）之品牌由社会科学文献出版社最早使用并持续至今，现已被中国图书行业所熟知。“皮书系列”的相关商标已在国家商标管理部门商标局注册，包括但不限于LOGO（ ）、皮书、Pishu、经济蓝皮书、社会蓝皮书等。“皮书系列”图书的注册商标专用权及封面设计、版式设计的著作权均为社会科学文献出版社所有。未经社会科学文献出版社书面授权许可，任何使用与“皮书系列”图书注册商标、封面设计、版式设计相同或者近似的文字、图形或其组合的行为均系侵权行为。

经作者授权，本书的专有出版权及信息网络传播权等为社会科学文献出版社享有。未经社会科学文献出版社书面授权许可，任何就本书内容的复制、发行或以数字形式进行网络传播的行为均系侵权行为。

社会科学文献出版社将通过法律途径追究上述侵权行为的法律责任，维护自身合法权益。

欢迎社会各界人士对侵犯社会科学文献出版社上述权利的侵权行为进行举报。电话：010-59367121，电子邮箱：fawubu@ssap.cn。

社会科学文献出版社